세계사 교과서 바로잡기

오류와 편견으로 가득한
세계사 교과서 바로잡기

2007년 10월 18일 초판 1쇄 펴냄
2016년 9월 27일 초판 6쇄 펴냄

펴낸곳 (주)도서출판 **삼인**

지은이 이옥순 이종득 이태주 이평래 이희수 조흥국 한건수
펴낸이 신길순

등록 1996.9.16. 제 10-1338호
주소 03716 서울시 서대문구 연희로 5길 82(연희동, 2층)
전화 (02) 322-1845
팩스 (02) 322-1846
전자우편 saminbooks@naver.com

표지디자인 (주)끄레어소시에이츠
출력 문형사
인쇄 대정인쇄
제책 은정제책

ISBN 978-89-91097-74-2 03900

값 19,800원

세계사 교과서 바로잡기

이옥순·이종득·이태주·이평래·이희수·조흥국·한건수 지음

삼인

글 싣는 순서

일러두기

1. 외국 인 · 지명 표기는 되도록 원어 발음에 가깝게 하되, 중국 인 · 지명은 한국어 한자음에 따라 적었습니다.

2. 서력기원 전의 시기는 '서기전'으로 표시하고, 서력기원 이후의 시기는 '서기'로 표시하거나 '서기' 표시를 생략했습니다.

3. 교과서에 실린 문장을 인용한 경우, 본문과 띄어쓰기를 통일하지 않고 원문대로 두었으며, '기원전' '아스텍 문명' 등 용어 표현도 본문과 같이 '서기전'이나 '아스떼까 문명' 등으로 고치지 않고 원문대로 두었습니다.

4. 자료로 실은 사진의 출처는 모두 밝히고 저작권자의 허락을 얻으려 애썼으나, 혹시 빠진 경우가 있다면 알려주십시오.

5. 분석 대상으로 삼은 교과서는 아래 목록과 같이 『중학교 사회1』 10종, 『중학교 사회2』 8종, 『중학교 사회과부도』 8종, 『고등학교 세계사』 3종, 『고등학교 세계지리』 3종, 『고등학교 역사부도』 8종, 『고등학교 지리부도』 8종입니다.

『중학교 사회1 』: 고려출판(2006), 교학사-차경수 외(2006), 교학사-황재기 외(2006), 금성출판사(2006), 동화사(2006), 두산(2006), 디딤돌(2006), 성지문화사(2006), 중앙교육진흥연구소(2006), 지학사(2006).

『중학교 사회2』: 고려출판(2006), 교학사-차경수 외(2006), 교학사-황재기 외(2006), 동화사(2006), 디딤돌(2006), 성지문화사(2006), 중앙교육진흥연구소(2006), 지학사(2006).

『중학교 사회과부도』: 교학사(2006), 금성출판사(2006), 두산(2006), 보진재(2006), 삼화출판사(2006), 성지문화사(2006), 지학사(2006), 천재교육(2006).

『고등학교 세계사』: 교학사(2006), 금성출판사(2006), 지학사(2006).

『고등학교 세계지리』: 대한교과서(2006), 지학사(2006), 천재교육(2006).

『고등학교 역사부도』: 교학사(2006), 금성출판사(2006), 도서출판 신유(2006), 보진재(2006), 삼화출판사(2006), 성지문화사(2006), 지학사(2006), 천재교육(2006).

『고등학교 지리부도』: 교학사-김종욱 외(2006), 교학사-허우긍 외(2006), 금성출판사(2006), 법문사(2006), 보진재(2006), 성지문화사(2006), 천재교육(2006), 지학사(2006).

교과서가 잃어버린 세계사를 찾아서

세계화와 다문화 시대, 어느 때보다 균형 감각을 갖추고서 문화상대주의 입장에서 세상을 들여다보고 나와 다른 모습, 나와 다른 생각을 가진 사람들을 이해하는 일이 절실해졌다.

1990년대 이후 우리 사회에는 많은 외국인 이주민이 정착하여 다양한 일에 종사하는 한편 국제결혼이 널리 이루어져, 2세 자녀들의 교육, 이주 노동자들 삶의 조건과 인권 문제 등이 제기되었다. 우리 사회는 이미 다양한 문화가 공존하는 다문화 사회의 성격을 띠기 시작한 것이다. 게다가 한국 기업의 노동자들이 외국에 거주하며 그곳 사람들과 어울려 일하는 경우도 많아졌다. 한국 기업의 해외 마케팅 의존도는 또 얼마나 높은가. 이것만 생각해도 다른 문화나 역사를 올바로 이해하는 것이 얼마나 중요한 과제인지 새삼 강조할 필요조차 없을 것이다. 이런 점에서 오랫동안 단일 민족 이데올로기와 문화 독창성만을 강조해온 기존 교육에서 벗어나, 급속하게 진전되는 세계화와 다문화 시대의 현상을 이해하고 이를 순기능으로 전환하는 역량을 발휘해야 한다.

이런 목표들 위해 바른 교과서는 무엇보다 중요하다. 초등학교를 졸업하고 본격적으로 다른 세상의 문화와 역사, 지리를 익히기 시작할 때 백지와 같은 깨끗한 생각의 종이에 어떤 그림을 그리느냐에 따라 우리 아이들 인식의 밑바탕과 미래 설계가 좌우될 수 있다. 교과서는 다른 세상을 이해하는 데 길잡이가 되고, 세계화 시대를 살아가는 데 필요한 자세와 균형 감각을 세워주는 기본이기도 하기 때문이다.

따라서 우리 교과서를 돌아보아야 할 때가 되었다. 좋은 교과서가 만들어지려면 우선 바람직한 교육 철학이 정립되어야겠고, 동시에 기존 교과서의 문제점을 찾아내고 바로잡는 작업이 시급하고 절실하다. 우리 중·고교 교과서에 기술된, 특정 지역의 문화와 역사에 대한 고정관념과 편견, 무지의 악순환, 서구 중심의 세계 문화 이해, 중국·한국·일본 중심의 아시아 역사관을 성찰하지 않고서 제대로 된 세계 문화 이해와 협력적 공존 체제를 고민하는 것 자체가 무의미하다는 생각이다.

특히 우리 사회에서는 지금 일본 교과서 왜곡 문제, 독도 영유권 문제, 동북공정 문제, 고구려사 왜곡 문제 등으로 말미암아 이웃 나라의 역사 인식을 질타하고 비난하는 목소리가 크다. 동시에 국내에서도 역사 교육 부재가 미래 세대의 역사 인식 부재로 이어지리라는 우려가 현실화되고 있다. 우리가 이웃 민족에게 잘못된 역사 인식과 서술을 바로잡아 달라고 당당하게 요구할 수 있으려면 우리 교과서 속의 다른 문화·역사 왜곡이나 오류도 과감하게 인정하고 정확한 방향으로 고쳐야 한다.

물론 우리 교과서도 그동안 여러 차례 개정을 거듭하면서 많이 바뀌고 새로운 내용이 소개되어, 지구촌 지식의 기초로서 꽤 자리를 잡게 되었다. 그럼에도 비교적 잘 알려지지 않거나 오랫동안 강대국들의 지배를 받아온 지구촌 많은 지역의 문화와 역사에 관한 서술은 아직 만족할 만한 수준에 이르지 못한 느낌이다. 의도적인 왜곡이나 편견이라기보다는 자료의 편중, 기존 자료의 답습, 현지 문화나 역사에 대한 전문성 부족에 기인한 것으로 여겨진다.

우선, 우리 교과서에 담긴 '세계'는 세계가 아니다. 동북아시아와 미국, 유럽이 중심되고, 그 지역 밖의 더 넓은 세상과 더 많은 사람들은 구색 맞추기로 끼어 있을 뿐이다. 지금 중학교 사회과 교과서와 고등학교 세계사 교과서는 진정한 '세계사'를 잃어버렸다. 교과서의 내용 배분뿐만 아니라 우리 교과서에 담겨 있는 고대 오리엔트와 서아시아, 아프리카, 인도, 동남아시아, 중앙유라시아, 라틴아메리카, 오세아니아 지역의 역사와 문화, 지리에 관한 지식은 대개 서구 자료에 근거한 바가 크다. 학문적 통로가 극히 제한된 탓에 다양한 현지 자료와 연구, 주장들에 접근하지 못하여 주로 서구의 자료에 의존한 결과이고, 유럽 중심 사관이 크게 작용한 것으로 생각된다.

이 책 한 권으로 기존 역사관을 근본적으로 바꾸거나 뒤엎을 수는 없을 것이다. 당장 가능하지도 않고 이것은 시간이 흐르면서 자연히 성숙하는 과정이리라. 다만 기존 역사관에 문제를 제기하고, 사실을 왜곡하거나 실제 상황을 적절하게 반영하지 못한 부분과 해당 지역 문화나 역사를 지나치게 부정적으로 기술한 부분, 외교적으로 말썽을 불러일으킬 수 있는 지리 용어나 해석, 설명이 부족하여 사실 파악이 어려운 부분들을 지적하고, 수정하고, 첨가하고, 바람직한 대안을 제시하는 작업을 해보았다.

그동안 각 지역의 문화를 연구해온 전문가 일곱 명이 이런 고민을 공유하고 바람직한 길잡이를 제시하자는 사회적 소명에 공감하면서 2년에 걸친 이 작업은 시작되었다. 그동안 우리 교과서에 문제가 있다는 점은 모두 공감하는데, 도대체 무엇이 어떻게 잘못되었는지, 어떤 방향으로 고쳐나가야 하는지 알려주는 자료도, 참고할 문헌도 없고 기초 방향조차 잡히지 않아 교과서 집필자들이나 교육 현장에 있는 교사들의 고충이 심했고, 이에 대한 욕구가 강하게 분출되었다.

이 책은 이러한 사회적 욕구에 대한 작은 반향이다. 이 책의 분석과 내용이 기존 교과서를 바로잡는 데 가장 적확한 지침이라고 단언하지는 않는다. 다만 우리 젊은 세대가 편견 없이 더 올바르게 다른 문화를 이해하여 더 나은 세계 인식과 문화 포용력을 갖추게 되는 고민의 장이고 소통의 통로였으면 족하겠다. 그리고 교과서를 배우는 학생뿐만 아니라, 지금까지 강대국과 동북아시아 중심 역사만을 배워온 동료 한국인들이 세계의 다양한 문화와 역사를 이해하는 데도 작은 보탬이 되었으면 한다. 또한 이 책으로 말미암아 더 많은 전문가의 견해와 현장 교사들의 실질적인 제안이 활발히 제기되어, 더욱 정교하게 보완된 교과서를 만들려는 과정으로 이어지길 빈다. 우리는 지금까지 연구하고 분석한 결과를 통해서도 시급히 고쳐야 할 많은 문제점과 심지어 위험성이 도사리고 있음을 확인할 수 있었다.

집필진에는 해당 지역·문화 관련 국내 학계를 대표할 수 있는 각 분야 전공 학자들이 참여했다. 모두들 이론뿐만 아니라 오랜 현지 생활과 현지조사 경험을 통해 현실적인 감각을 함께 갖춘 이들이라, 이들의 교과서 내용 분석과 방향 제시는 큰 의미가 있다고 생각한다.

무엇을 찾았는가?

잃어버린 역사―중앙유라시아

오아시스를 삶의 터전으로 하는 중앙 유라시아 지역은 일찍부터 실크로드를 경영하면서 가장 혁신적인 첨단 문명을 호흡하던, 동서양 교류의 젖줄이었다. 중앙 유라시아 지역은 동과 서의 신문화를 접하며 정주 국가인 중국에 앞서 서방의 종교를 받아들이고, 서아시아와 유럽에 앞서 중국의 제지 기술을 체득했다. 그 주민들은 선진 문화를 수용하여 새로운 문화를 창출했으며, 특히 중개 무역을 통해 축적한 경제력을 바탕으로 수준 높은 문화와 역사를 창조한 주역들이었다.

그러나 우리 역사 교과서에는 이런 내용이 거의 없다. 무엇보다 교과서의 구성 자체가 이러한 내용을 담을 공간을 설정하지 않는다. 문화권 지도에서부터 중앙유라시아(또는 중앙아시아)라는 역사 무대는 공백으로 처리되고 만다.

고등학교 세계사 교과서에서 중앙유라시아의 역사는 독립 단원이 아니고, 동아시아와 서아시아로 쪼개져 있다. 그나마 동아시아 편에서는 내용이야 어떻든 무언가 쓰여 있기는 하다. 반면에 서아시아 부분에서는 극히 일부 사실만이 서술된다. 근현대에는 중앙유라시아 사람들이 어디론가 사라져버리기라도 한 듯, 어디에서고 전혀 기술되지 않는다.

전근대 역사 부분에서 우리 교과서는 북방 유목민의 활동을 중국 왕조사의 한 부분으로 기술한다. 그나마 중원에 왕조를 수립한 이른바 '정복 왕조'(요·금·원·청)만을 다룬다. 흉노, 선비, 유연, 돌궐, 위구르 등 동아시아는 물론 세계사 전개에 큰 영향을 미친 유목 국가의 역할은 역사 기술에서 전부 제외되었다. 유목민 집단이 예외적으로 등장할 때에는 중국을 침략했다거나 중국인이 이들을 쫓아냈다는 식의 상투적인 역할을 맡을 뿐이다.

현행 교과서의 유목 → 물자 부족 → 약탈(혹은 침략)이라는 도식은 왜곡 수준이 아니라 유목민에 대한 편견의 근원으로, 우선 개정되어야 할 대상이다. 이들의 생활 방식을 약탈(또는 침략)이라고 폭력적으로 표현하는 것에도 비판을 가할 수 있다.

중국사 중심으로 역사가 쓰이는 과정에서, 세계 역사의 주무대 역할을 했음에도 오랑캐 문화로 격하되고 의도적으로 잊혀버린 중앙유라시아 역사와 문화를 복원하는 일이 시급하다.

동남아시아의 약동과 다양성을 얼버무리는 교과서

동남아시아는 오늘날 한국, 한국인과 경제적·정치적으로 밀접한 관계를 맺고 있는데도 이 지역에 대한 한국인의 주된 관심은 관광에 맞추어져 있다. 이 지역 국가들의 문화나 역사에 대한 이해도는 매우 낮은 편이고, 그만큼 교과서에서도 많은 오류가 발견된다.

그중 첫째가 용어의 한글 표기 문제다. 이를테면 태국 수코타이 왕조의 대표적 불교 사원인 왓 마하탓을 "와트 만 다트"라고 쓰고, 베트남의 주요 왕조인 응우옌·왕조를 "구엔 왕조"로 소개하며, 고대 라오스 왕국의 별칭인 란상을 "란창"이라고 표기한다.

둘째 문제는 적절하지 않거나 잘못된 개념이다. 모든 교과서에 "소승불교"라는 개념이 등장하는데, 오늘날 소승불교는 상좌上座불교만 남아 있으며, '작은 수레'를 뜻하는 "소승小乘"이라는 명칭도 나중에 생긴 대승불교 쪽에서 소승불교의 개인주의적 구도 방식을 비판하여 일방적으로 붙인 것이다. 동남아시아와 스리랑카의 불교는 소승불교보다는 '상좌불교'라고 하는 것이 적절하다.

또 "화교華僑"라는 명칭은 그 사회에 동화되지 않고 중국적 정체성을 강하게 가지면서 '외국에 일시적으로 체류하는 중국인'을 의미하기 때문에, 오늘날 그 나라 국민으로 현지 사회에 동화되어 살고 있는 중국인들은 '화인華人'이라고 표현하는 것이 더욱 적절하다.

동아시아 개념도 적절하지 않게 사용된다. 우리 교과서는 "동아시아"란 말을 중국, 몽골, 한국, 일본 등 이른바 '동북아시아' 지역을 지칭하는 데 사용한다. 그러나 일본과 서양에서도 그러하듯이, 동아시아East Asia는 동북아시아와 동남아시아를 모두 포괄하는 개념으로 봐야 하지 않을까?

동남아시아의 역사와 문화에 대한 오해는 고대사 분야와 19세기 이후 식민주의·민족주의 시대에 관한 서술에서 많이 발견된다. 예컨대 프랑스가 인도차이나를 식민지로 만든 것은 19세기 후

반인데, 그 일이 마치 17세기에 일어난 것처럼 설명하는 교과서도 있다. 식민주의는 근·현대 동남아시아 역사에 지대한 영향을 미쳤기 때문에, 이 시기에 관한 서술에 더욱 세심한 주의가 필요하다.

인도네시아와 말레이시아에서 갈수록 강해지는 이슬람의 위상, 동남아시아에서 끊임없이 일어나는 민족·종교 갈등, 베트남의 시장경제 개방 등으로 동남아시아는 오늘날 세계의 다른 지역과 마찬가지로 정치·경제·사회 각 분야에서 급변하고 있다. 그러나 우리 교과서에는 2차 세계대전 이후 이 지역에서 일어난 다양한 변화와 발전을 설명하는 부분이 별로 없다. 사회과 교과서의 목적이 궁극적으로는 오늘날 지구촌에서 우리와 함께 살아가는 사람들을 더 잘 이해하도록 하는 것이라면, 현대 동남아시아에 대해 더 풍부한 내용을 담아야 한다.

우수한 고대, 열등한 현재? – 인도

우리에게 인도는 '신비한 나라'다. 아시아에 있지만, 심리상의 거리는 런던이나 뉴욕보다도 훨씬 먼 곳이다. 근대 이전 우리에게 인도는 주로 '불교의 나라'로 인식되었고, 지금은 내용이나 정신을 거의 알지 못하는 힌두교의 나라일 뿐이다. 근대에 들어 간디라는 인물을 통해 영국의 식민 통치에 저항하는 모습으로 인도를 다시 만났지만, 그들을 보는 시선은 놀랍게도 영국이 만들어놓은 지배자의 논리 틀(열등하고 낙후된 인도)을 크게 벗어나지 못했다. 그러고는 최근 들어 IT 강국으로 인도가 떠오르면서 전혀 연결되지 못하는 인도 역사의 공백에 갑자기 인식의 대혼란을 경험하고 있다.

우리 교과서에서 인도의 역사와 문명은 고대 힌두교와 이슬람교 등 종교를 중심으로 서술되고, 근대와 현대 문명에 대한 설명은 빠져 있다. 은연중 인도에는 고대만 있다는 인식을 심어주기 십상이다. 과거의 인도를 미화하는 것은 영국의 전형적인 수법이다. 교과서에서 인도 역사는 대개 19세기 말이나 1905년에 끝난다. 이는 영국의 교과서와 비슷한 설정이다. 식민지로서 아픈 경험을 겪은 우리가 교과서에서 영국의 제국주의적 역사 서술 방식을 수용하는, 어처구니없는 모순을 되풀이하는 셈이다.

적대적 고정관념으로 왜곡된 서아시아-이슬람권

무엇보다 서아시아-이슬람 세계는 현재 14억 인구에 유엔 정회원국 57개국을 거느린, 지구촌 최대 단일 문화권으로 꼽힌다. 오늘날 한국의 중요한 에너지·경제 협력 상대일 뿐만 아니라, 통일신라시대 이후 실크로드를 통해 주고받은 문화적 접촉과 영향이 광범위하여 우리 문화의 기층과 뿌리에도 그 흔적을 남겼다.

최근 들어 팔레스타인 문제와 이라크 전쟁 등으로 이 지역과 미국의 관계가 악화되면서, 서구 매체의 영향으로 서아시아-이슬람 전반의 이미지가 부정 일변도로 비춰지는 것도 사실이다. 사실상 서아시아-이슬람의 적대적 이해 당사자가 되어왔던 서구의 관점과 자료에 무조건 따를 것이 아니라, 우리 스스로 줏대를 세워 서아시아-이슬람 세계와 지구촌을 바라보지 않고서 세계화 운운하는 것은 자칫 공허한 메아리로만 그칠 우려가 있다. 이런 점에서 아직도 우리 교과서의 서아시아-이슬람 문화 관련 서술은 바람직한 단계나 수준에 도달하지 못했다는 평가다.

첫째, 이슬람교의 본질을 왜곡 전달하는 문제가 있다. 가장 대표적인 사례가 '알라 신'이라는 표현과 무함마드 초상 게재다. '하느님'의 아랍어 낱말일 뿐인 알라Allah를 "알라 신"으로 표기했던 것이 5차 교과서 개편(1989년)으로 "유일신 알라"로 수정되었다가, 일부 중·고교 교과서에 다시 "알라 신"으로 표현되었다. 더욱이 무함마드 초상화 게재는 매우 민감한 문제다. 우상 숭배를 금지하는 이슬람에서 예언자인 무함마드(마호메트)의 얼굴을 그리는 것은 가장 큰 신성 모독이다. 그런데 일부 『중학교 사회1』교과서에서, 천사 가브리엘로부터 계시를 받는 무함마드의 모습을 실었다. 이는 자칫 이슬람권과 외교 마찰을 불러올 수 있는 중대한 문제다.

둘째, 분쟁의 초점이 되어온, 민감한 지리·영토 명칭을 표기하면서 일방적으로 한쪽의 견해를 수용한 경우가 있다. 한 예가 "페르시아 만" 문제다. 전통적으로 아랍은 '아라비아 만'으로 이란은 '페르시아 만'으로 그 이름을 고집하면서 이는 첨예한 영토주권 문제가 되어왔다. 미국과 서방 국가들도 민감한 현실을 고려하여 1990년 이후 '걸프 해'라는 중립적인 용어를 쓰고 있다. 그런데 우리 교과서와 거의 모든 지리부도, 역사부도는 이 지역을 한결같이 "페르시아 만"으로 표기한다. 결과적으로 아랍의 이해에 반하는 관점을 채택한 것이다.

셋째, 한 교과서에서 한 지역에 관한 용어를 달리 씀으로써 혼란을 일으킨다. 모든 『중학교 사회1』교과서에서, 지리 편에서는 "서남 아시아"로, 역사 편에서는 "서아시아"로 표기한다. 이런 현상은 지리부도와 역사부도에서도 마찬가지다. 지리부도는 서남아시아로, 역사부도는 서아시아로 각각 다른 용어를 사용한다. 이는 교과서 집필 과정에서 충분히 논의되고 절충되었어야 함에도 지리학계와 역사학계가 양보 없이 기존 주장만을 되풀이한, 경직된 자세의 발현으로밖에 볼 수 없다.

넷째, 이슬람 문화에 관한 사실들을 왜곡 전달하거나 한 세대 전의 낡은 관습을 오늘날의 모습으로 소개하여, 그 사회의 전근대성을 부각하는 서술이 많은 것도 커다란 문제점으로 지적된다.

아프리카에 대한 한국인의 상상과 재현

아프리카는 지질학적으로 가장 오래된 대륙이자 인류가 기원한 대륙이지만 동시에 가장 알려지지 않은 미지의 대륙이다. 이집트 문명의 모태였고, 지중해와 유럽 문명의 성숙과 발전에 커다란 공헌을 했으며, 가장 열악한 자연환경에서 다채로운 문화적 성취를 이루었음에도 아프리카는 늘 역사 없는 곳이며, 그 문화는 원시·야만·미개·블랙이라는 열쇳말로 설명되었다. 15세기 이후에는 노예무역의 희생지였으며 19세기 들어서는 본격적인 식민 지배와 자원 약탈이 지속되었던 곳, 근래에는 기아와 분쟁, 에이즈가 창궐하는 절망의 땅이 되어버렸다. '역사 없는 땅', '미지의 땅', '신비의 땅'이라는 이미지는 우리 교과서에도 그대로 투영된다.

교과서 소제목에서도 아프리카는 다른 지역의 화려한 수사와 달리 다만 "발전이 기대되는" 곳일 뿐이다. 아프리카를 "'타잔'과 '제인'이 때 묻지 않은 자연 속에서 아름다운 사랑을 나누던 곳"으로 묘사하는 교과서 지문이나 "아프리카인들은 기쁠 때나 슬플 때나 노래와 춤으로 감정을 표현한다"는 별난 소갯글이 넘쳐난다. 노래와 춤으로 감정을 표현하지 않는 민족이나 인종이 어디에 있는가? 왜 하필 아프리카인들에게만 이런 설명이 필요한가? 이 서술에서는, 백인은 이성적이고 흑인은 본능적이라는 인종주의적인 편견이 발견된다.

대부분 교과서가 아프리카인을 설명할 때, 극소수에 불과한 키 작은 피그미 사람들을 일반화하여 등장시킨다. 그리고 아프리카는 "니그로 인종의 본고장"이라는 표현을 서슴지 않고 사용한다. 현대 사회에서 '니그로'라는 용어가 띠는 인종 비하적 함의를 고려한다면 '니그로'는 결코 교과서에 등장할 수 없는 단어다. 인종을 분류하는 학술 용어로 사용했다면 왜 다른 인종은 '백인종' '황인종'이라고 쓰면서 흑인종만 '니그로 인종'이라고 하는지?

아프리카에 관한 우리 교과서의 기술에는 편견뿐만 아니라 객관적 사실을 오도하는 잘못된 내용도 많이 포함되어 있다. 아프리카의 기후나 자연환경을 설명하는 지문에서도 오류가 발견되며, 아프리카인의 사회 집단을 설명하는 용어들, 민족·종족·국민·부족 개념도 부정확하게 사용되거나 혼용된다. 민족 갈등의 원인을 설명할 때도 지엽적인 사실이 가장 중요한 원인으로 잘못 기술되며, 식민 지배에 관한 역사적 사실을 전달하는 부분에도 오류가 있다.

아프리카가 역사 기술에서 소외된 가장 큰 이유는 문헌 사료가 부족하기 때문일 것이다. 아프리카는 대표적인 무문자 사회였기 때문이다. 문자 아닌 구술의 가치를 재평가해야 한다는 이야기는 제쳐놓더라도, 교과서에서는 실재했던 왕국들조차 제대로 설명하지 못한다. 서아프리카의 경우 가나나 말리 왕국에 관한 내용은 있지만 요루바 민족의 여러 왕국들은 전혀 언급하지 않고, 유럽인들이 식민지를 확장할 때 베닝이나 아샨티 왕국 등 아프리카의 여러 정치 세력이 어떻게 저항했는지도 기술하지 않는다. 동아프리카에 관해서도 마찬가지로 쿠시나 악숨 왕국의 의미가 올바로 평가되지 못하며, 중앙아프리카에 존재했던 소규모 왕국들의 역사도 인정받지 못한다.

아프리카는 결코 화려하지는 않았지만, 열악한 환경에서 다채로운 문화 전통을 만들어내며 인류 역사의 최전선에서 자신의 소임을 다한 주역이다. 현재와 미래에도 당당한 역사의 주체로서 우리와 함께 호흡해나가는 동반자임을 잊지 말았으면 좋겠다.

야만과 문명의 틈새에서—라틴아메리카

스페인 정복자들이 아메리카에 진출하기 이전에 인디오들은 풍요로운 자연 속에서 전쟁 없이 평화롭게 살고 있었다. 그들은 순수하여 물질에 물들지 않았으며, 고도로 발달한 문명을 이룩해냈다. 콜럼버스가 아메리카 대륙을 발견한 이후, 스페인 사람들이 침략하여 고대 문명을 무자비하게 파괴하고 인디오들을 살육했다. 식민지 시대에는 이들의 노동력을 착취하여 엄청난 부를 쌓아 올렸다.(본문에서)

라틴아메리카를 서술하는, 익숙한 문장이다. 그러나 위 문장에는 유럽인들이 꿈꾸어왔던 이상향 유토피아가 투사되어 있다. 아메리카의 자연환경은 목가적인 풍경으로, 원주민은 자연과 조화를 이루며 진정한 삶을 구현하는 '선한 야만인'의 모습으로 포장되어 있다. 이러한 이미지는 유럽인들이 낭만적인 상상으로 재구성한 것일 뿐이다. 아메리카 원주민들은 야만인도 아니고 모두 그저 선하기만한 사람들도 아니었다. 고대 동아시아나 유럽 사람들처럼 고대 아메리카 사람들도 권력 다툼과 전쟁을 벌였다. 한편, 악마 숭배라는 야만적인 악습을 단절하고, 희생되는 착한 원주민을 구출해야 한다는 대의명분 아래 에스빠냐는 아메리카 정복의 피 묻은 칼날을 정당화했다. 또한, 미개하고 타락한 영혼을 악마로부터 구해야 한다는 명목하에 원주민들의 영혼에 십자가를 휘둘렀다.

콜럼버스가 아메리카 대륙을 '발견'했다는 표현에는 서구 중심주의의 우월 의식이 함축되어 있다. 콜럼버스가 '발견'하기 전에는 아메리카에 사람이 살지 않았던가? 독자적인 문명을 건설한 원주민들의 역사는 역사가 아닌가? 엄격한 의미에서 아메리카를 최초로 발견한 인류는 베링 해협을 건넌 몽골인이 아니었던가? '발견'과 '진출'이라는 인식에는 기독교 신앙을 바탕으로 이슬람 세력(모로족)을 이베리아 반도에서 몰아냈던 에스빠냐인들의 당당한 모습이 중첩되고, 이교도의 땅은 먼저 점유하는 자의 수중에 떨어졌던 당시의 관습이 얼룩져 있다.

교과서의 라틴아메리카 관련 내용을 시기별로 분류해보면 고대 문명, 정복 시기, 식민 시기, 근현대사로 나눌 수 있다. 그중 오류가 가장 많고 황당무계한 부분은, 주로 교과서가 지면을 상당히 할애하여 설명하는 고대 문명에 관한 서술이다. 이는 국내에 오랫동안 고대 원주민 문명을 연구한 학자가 거의 없었고, 라틴아메리카 국가와 교류도 적어 우리의 관심을 끌지 못했기 때문이다. 유럽인의 유토피아 관점이나 '야만과 문명'의 틀 속에서 고대 문명이 미화되거나 비하되며, 무엇보다도 역사적인 사실을 잘못 이해하거나 왜곡한 학문적인 오류가 빈번히 발견된다.

정복 시기에 대해서는 에스빠냐인을 비롯한 유럽인들의 제국주의적인 시각과 원주민을 동정하는 시각이 병행하여 나타난다. 식민 시기에 대해서는 교과서 대부분이 경제 구조에 치중하여 아씨엔다(봉건제적 대농장 제도)와 플랜테이션을 집중적으로 다루면서 원자재 수탈과 원주민의 노동력 착취에 초점을 맞추고, 그와 함께 인종 혼혈 문제를 다룬다.

근현대사에 와서는 민감한 정치 상황은 거의 다루지 않고, 경제적인 문제만 크게 부각한다. 풍부한 자원이 있음에도 산업을 발전시키지 못했고 오늘날까지 가난에서 벗어나지 못한 게 라틴아메리카의 현실이라는 것이다. 또한 인구의 도시 집중에 따라 다양한 문제를 안고 있으며, 아마존 열대 지역에서는 무자비한 환경 파괴를 일삼아 지구 온난화를 가속화시키고 있다는 설명도 함께한다.

식민 시기 이후부터 현재에 이르는 라틴아메리카의 역사는 지나치게 부정적이며 암울하다. 모든 불행과 악이 압축되어 있어서 사람 살 곳이 못 되는, 마치 지옥 같은 지역이라는 인상을 받는다. 이러한 시각에는 유럽과 미국이 라틴아메리카에 대해 품은 편견과 멸시가 담겨 있고, 동시에 경제 발전을 이룬 한국이 아직도 못사는 라틴아메리카를 무시하는 오만함도 도사리고 있다.

그리고 용어 문제가 있다. 교과서는 아메리카 원주민에 대해 두 가지 용어(인디오와 인디헤나)를 섞어 쓰지만, 라틴아메리카의 많은 나라에서 '인디오'는 인종적으로 비하하는 의미를 띤다. 원주민들은 자신들을 "인디오"라고 부르면 벌컥 화를 내기도 한다. 그래서 '인디오'보다는 원주민을 뜻하는 '인디헤나*indígena*'가 애용된다.

교과서에 라틴아메리카 역사의 전모를 다 담을 수는 없겠지만, 역사의 다양한 측면을 총체적으로 다루고자 노력할 필요는 있다. 특히 근현대사에서는 라틴아메리카 국가들이 시도했던 정치 개혁이나 산업화 열망을 좀더 긍정적으로 소개해야 한다. 이들 역시 독립 이후 여러 차례에 걸쳐 산업화를 시도했으며, 국가를 발전시키고 민중을 빈곤에서 구해내고자 다양한 노력을 기울였기 때문이다. 더불어 다양한 문화와 전통을 소개하여 학생들이 라틴아메리카를 더욱 폭넓게 이해할 수 있는 계기를 마련해주었으면 한다.

오세아니아는 백인과 양떼의 대륙인가

오세아니아를 떠올리면 오스트레일리아와 뉴질랜드가 생각나고, 따뜻한 크리스마스와 남태평양, 산호초, 그리고 드넓은 초원에 한가로이 양떼가 노니는 지상 낙원 같은 그림이 떠오른다. 최근에는 관광 명소로도 인기가 높다. 이렇게 만들어진 표피적인 인상은 우리나라 중·고교 사회 교과서에서도 그대로 그려진다. 과연 오세아니아는 교과서에서 강조하는 것과 같이 '양들의 천국'이고 '백인들의 대륙'인가?

우리 교과서에서 오세아니아에 관한 기술의 오류는 크게 네 가지로 요약된다.

첫째, 오세아니아는 '원시의 땅'이고 세계사에 거의 있으나 마나 한 존재로 등장한다. 교과서 속의 오세아니아는 극지방과 다름없는 '오지'이고, 인류 문명의 요람도 아니고, 독자적인 문화를 전개하지도 않았고, 유럽의 침략과 지배에 반反식민주의·반제국주의 운동으로 맞선 역사도 없는, '텅 빈 땅'이다.

둘째, 오세아니아는 백인들이 '발견'하고 '개척'한 유럽인들의 대륙이다. 원주민의 수만 년 역사는 완전히 무시되고, 유럽인의 침략과 약탈, 지배는 미화되고 합리화된다. 원래부터 존재하고 이어져왔던 오세아니아의 역사는 유럽의 역사로 탈바꿈되었다.

셋째, 우리 교과서에 등장하는 오세아니아는 오스트레일리아와 뉴질랜드뿐이다. 멜라네시아, 폴리네시아, 마이크로네시아라고 불리는 광활한 바다, 수많은 섬들은 어디로 간 것일까? 원주민들의 다양한 문화와 생존 방식, 군소 섬나라들의 특수한 역사와 환경에 대해서는 단 한 구절도 찾아볼 수 없다.

넷째, 오세아니아는 '양떼의 천국'으로 묘사된다. 텅 빈 대륙에 백인들이 정착하여 개척한 신대륙으로 그려진다. '텅 비어' 있으니, 사람보다 수십 배나 많은 양떼, 소떼가 방목되고 있다고 묘사한다. 오세아니아는 섬 2만 5000여 개로 이루어진 거대한 바다 지역이다. 5대양 6대주 중에서 육지 면적으로는 가장 작은 대륙이면서 바다 면적은 가장 큰 대양으로 둘러싸여 있다. 그래서 대양주라고 한다. 그런데 백인과 양떼만 남고, 2만 5000여 개나 되는 남태평양의 다채로운 섬들과 그 원주민들의 삶이 세계사에서 완전히 사라져버렸다.

어쩌다 오세아니아는 우리네 세계사 교과서에서 완전히 증발한 것일까? 최소한 서양 근대사에서 "신항로 개척과 유럽의 팽창"이라는 장에서는 유럽인들이 오세아니아 지역을 탐험하게 된 경위, 식민지를 개척한 역사를 언급해야 한다. 또한 아시아 근현대사 편에서도 오스트레일리아와 뉴질랜드, 남태평양 섬나라들의 독립과 독립운동, 원주민운동 등에 대해 짧게라도 설명해야 한다. 그러나 본문에 오세아니아를 소개한 고등학교 세계사 교과서는 한 종도 없다. 다만 일부 역사부도에서 지도로써 설명할 뿐이다.

사회 교과서의 지리 편에서도 오세아니아는 자원은 많은데 '아직은' 경제적으로 발전하지 못한 후진 지역으로 분류한다. '앵글로아메리카'는 왜 '선진 지역'인가? 경제 수준을 중심으로 지역을 구분하는 방식이 세계를 올바로 이해하고자 하는 미래 세대의 공부에 얼마나 도움이 될까? 경제는 호황과 불황, 발전과 퇴보가 언제나 교차하며 진행되는 영역이다. 그러므로 경제적으로 잘사는가 못사는가를 기준으로 지역을 나누는 데에는 오류가 뒤따르기 쉽다. 문화와 환경에 대한 이해가 아니라 경제를 중심에 놓는 세계관은 인종 차별, 지역 차별로 귀결되기 십상이다.

오세아니아는 세계에서 가장 다양한 종족과 언어, 문화가 존재하는 광활한 지역이다. 원시와 현대가 공존하는, 살아 있는 인종·문화 박물관이라고 할 수 있다. 이러한 다양성에는 주목하지 않은 채 백인 사회와 양모 생산, 양들의 천국과 같은 편중된 정보만으로 잘못된 이미지를 생산하는 것은 이 지역을 세계에서 더욱 고립시키는 결과를 낳는다. 우리 교과서는 서구에 의한 강압적 문화 변동으로 말미암아 심각한 정체성의 혼란과 서구 자본 중심 세계화의 위협 속에서 살아가는 오세아니아 사람들의 역사와 문화를 제대로 알려야 한다.

새로운 교과서를 위하여

7차 교육과정에서 새로 개편된 중학교 사회 교과서는 우선 편집과 판형, 구성 등에 놀라운 변화를 보였다. 다양한 학습 기법과 자료 사용, 인터넷 시대의 교육 매체 활용, 깨끗하고 풍부한 사진 자료와 삽화 등으로 외형의 획기적인 발전을 이룩한 반면, 내용 면에서는 오히려 6차 때 1종 사회 교과서의 수준과 정확도에 훨씬 미치지 못하는 불량품이 양산되었다. 고등학교 세계사 교과서도 형편이 비슷하다.

우리 중·고등학교 교과서에 표현된 제3세계 문화와 역사 부분은 상당히 왜곡된 인식을 드러내며, 심지어 본질을 뒤엎는 표현과 편집으로 심각한 외교 분쟁을 불러일으킬 수 있는 내용까지 담고 있다는 사실을 지적하고 싶다.

이러한 왜곡과 오류의 원인은 다음과 같다.

첫째, 다른 역사와 문화를 객관적으로, 혹은 우리 스스로의 관점으로 들여다보지 못하고 서구나 중국 중심 시각, 심지어 적대적 이해 당사자의 관점을 고스란히 반영한 경우가 많다.

둘째, 특히 중학교 교과서의 경우 종전 국정교과서 체계이던 1종에서 자유 집필 후 검정 단계를 거치는 2종 체계로 전환함으로써 8~10종의 서로 다른 교과서가 발행되어, 집필자의 성향이나 채택한 참고 자료의 편중에 따라 내용이 왜곡되었다.

셋째, 교과서 검정 과정에서 전문가의 충분한 검정이 이루어지지 못함으로써 치명적인 결함들이 걸러지지 못했다.

그럼 우선 시급히 해결해야 과제를 정리해보자.

　중학교 교과서가 1종(국정-단일)에서 2종(자유 집필 후 검수)으로 바뀜에 따라 일부 집필자가 과거에 익숙해진 표현과 지식에서 벗어나지 못하고 오류를 되풀이한 것으로 보인다. 특히 검수 과정에 해당 분야의 전문가가 배제됨으로써 초보적인 오류를 엄청나게 양산했다는 느낌이다. 이 점은 비교적 전문가 집단의 검증이 용이했던 1종 교과서(1995년 중학교 사회)보다, 2종(2006년 중학교 사회와 1995년 고등학교 세계사) 교과서에서 훨씬 많은 잘못이 발견된다는 점에서도 명백하다. 따라서 2종 교과서 검정에 전문가 집단의 철저한 검증과 사전 참여가 필요하다.

　　나아가 곧바로 기존 교과서를 엄밀히 분석하고 수정하는 작업에 착수해야 한다. 무엇보다도 각 지역 역사·문화 전문가와 현장의 교사들이 검수위원회에 참여하여 잘못된 내용을 찾아내고, 가장 바람직한 서술 초안(교과서 모델)까지 제안하도록 해야 한다.

　　아무쪼록 이 작업이 더 나은 교과서 집필을 이끄는 자극이 되고 작은 지침이 되기를 희망한다. 그리하여 우리의 미래 세대가 세상을 있는 그대로 균형 감각을 가지고 들여다볼 수 있게 되고, 세계화 시대의 진정한 경쟁력, 곧 나와 다른 남을 이해하고 받아들이며 그것을 통해 자신을 돌아볼 수 있는 능력을 키우는 데 주춧돌이 되기를 염원한다.

2007년 9월

『오류와 편견으로 가득한 세계사 교과서 바로잡기』 글쓴이들

잃어버린 역사

중앙유라시아   이평래

비어 있는 역사

중 · 고교생들이 배우는 역사책을 펴면 이른바 문화권 지도라는 것이 그려져 있다. 이 지도에는 세계 모든 지역이 종교나 민족, 언어 등 일정한 기준에 따라 분류된 어떤 문화권 중 하나에 속해 있다. 그런데 단 하나 유일하게 빈 공간으로 남아 있는 데가 있으니 중앙유라시아Central Eurasia가 그곳이다. 왜 이곳은 빈 공간으로 남아 있을까? 거기에는 사람이 살지 않았을까? 분명 그렇지는 않다. 아득히 먼 옛날부터 이곳에도 사람이 살았고 지금도 살고 있다. 그렇다면 무슨 이유일까? 사연을 말하기 전에 중앙유라시아란 어떤 곳인가부터 알아보자.

중앙유라시아는 유라시아 대륙 중앙에 위치한 광대한 지역을 말한다. 동서로는 중국의 대흥안령大興安嶺 산맥에서 헝가리 평원, 남북으로는 동서 시베리아 삼림 지대에서 만리장성萬里長城, 곤륜崑崙 산맥, 파미르 고원, 힌두쿠시 산맥 사이의 중간 지대다. 과거에는 이 지역을 가리켜 내륙아시아Inner Asia라는 말을 많이 썼다. 그러나 내륙아시아가 가리키는 실제 범위는 일부 유럽까지 포괄하기 때문에 이 말도 정확하다고 할 수 없다. 비슷한 의미로 북아시아나 중앙아시아라는 용어도 쓰인다. 북아시아는 말 그대로 아시아 북방의 초원 지대를 가리킨다. 중앙아시아는 중국의 신강新疆위구르자치구동투르키스탄와 옛 소련령 중앙아시아서투르키스탄의 오아시스 지대를 가리키지만, 최근에는 주로 후자를 지칭하는 말로 쓰이고 있다. 따라서 중앙유라시아는 대략 중앙아시아와 북아시아를 합한 개념으로 생각하면 된다.

중앙유라시아는 다시 위치와 자연환경에 따라 북부의 초원과 그 남쪽의 사막, 파미르 등 산악 지대로 대별된다. 초원과 사막, 황무지와 산악이 펼쳐진 거친 자연조건에도 불구하고 사람들은 먼 옛날부터 이곳에 삶의 터전을 마련했다. 초원과 산악 지대에서 목축을 하며 살아온 유목민遊牧民과, 사막에 녹지綠地를 만들고 농업이나 상업을 하며 삶을 이어온 오아시스 정주민定住民이 그 주인공이다.

유목민과 오아시스 정주민은 삶을 유지하는 방식은 달랐지만, 지리적으로 이웃하면서 끊임없는 접촉을 통하여 정치·경제·군사·문화적으로 공생 관계를 유지했다. 유목민은 군사력으로 오아시스 정주민의 무역 활동을 보호하고 상업상 이권의 일부를 보호세나 통행세 명목으로 징수했으며, 또한 이들을 통하여 종교나 문자 생활을 비롯한 문화적 욕구를 충족시켰다. 이렇게 수천 년을 살아오는 과정에서 초원과 사막을 아우르는 중앙유라시아라는 독자적인 세계가 이루어졌다.

유목민은 말 그대로 유목으로 살아가는 사람이다. 유목은 계절의 변화와 물과 풀의 형편에 따라 주기적으로 거처를 옮기는 목축이다. 몽골 고원에서 시작하여 신강위구르자치구 북부를 지나 카자흐스탄과 흑해 북방에 이르는 유라시아 북부의 초원, 그리고 파미르 주변의 산악 지대가 이들의 고향이다. 스키타이, 흉노匈奴, 훈족, 선비鮮卑, 유연柔然, 돌궐突厥, 위구르, 몽골 등 유명한 유목민 집단이 이곳을 무대로 활동했다. 몽골 제국의 사례가 보여주듯이 북방 초원에 강력한 유목 국가가 성립되면 그 힘은 언제나 주변으로 퍼져나갔고, 그 과정에서 유목민은 인류 역사에 거대한 발자국을 남겼다.

고대 페르시아 제국을 위협하고 유라시아 전역에 동물 양식Animal Style이라는 뚜렷한 예술적 흔적을 남긴 흑해 북방의 스키타이, 몽골 초원을 본거지로 한漢나라와 치열한 각축을 벌인 흉노, 그들의 후예로서 서쪽

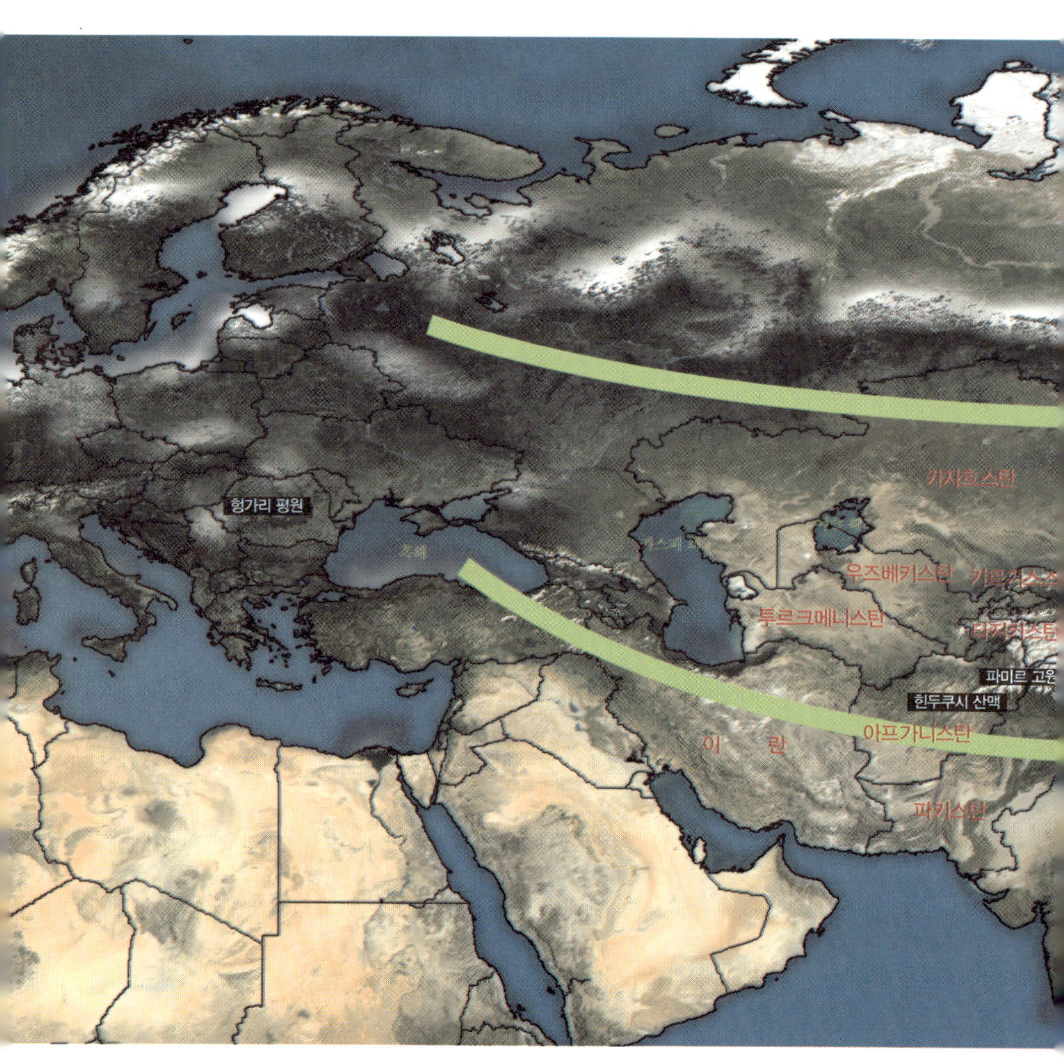

헝가리 평원
흑해
카자흐스탄
우즈베키스탄
키르기스스
투르크메니스탄
타지키스탄
파미르 고원
힌두쿠시 산맥
이 란
아프가니스탄
파키스탄

러시아연방
바이칼 호
몽골
대흥안령 산맥
신강위구르자치구
만리장성
중화인민공화국
곤륜 산맥
네팔
부탄
방글라데시
미얀마
인도
베트남

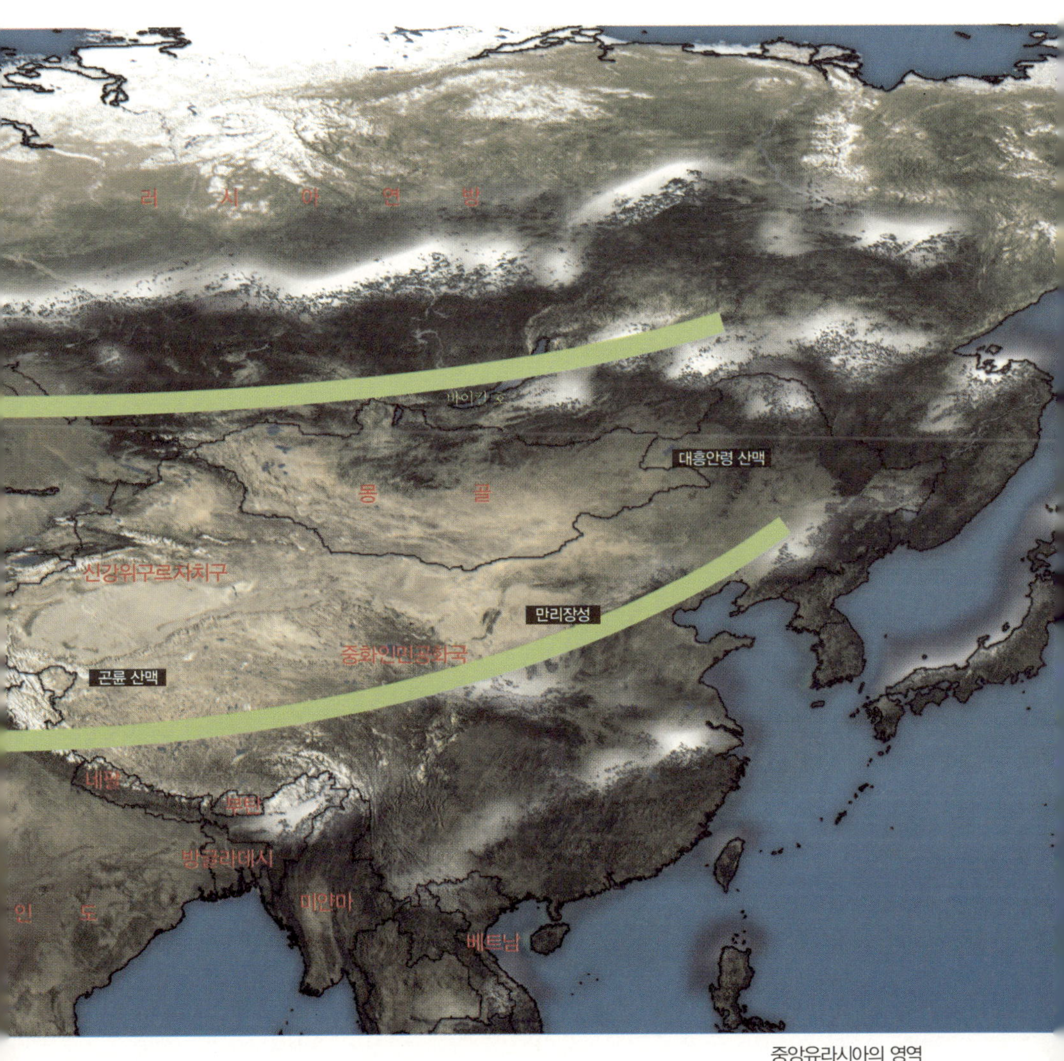

중앙유라시아의 영역

으로 이동하여 게르만족의 이동을 촉발해 유럽의 재편을 불러온 훈족, 몽골 초원 동북방에서 일어나 중앙유라시아를 하나로 통합하고 세계사의 물줄기를 바꿔놓은 몽골의 위업이 이를 말해준다. 또한, 고대 중국의 은 주殷周 문명은 유목 세계와 접촉하면서 형성되었고, 수당隋唐 제국도 따지고 보면 유목 세계와 정착 세계의 충돌과 융합의 산물이다. 그 밖에 선비, 유연, 돌궐, 위구르를 비롯해 몽골 고원에서 활동한 유목민 집단이 중국과 주변 세계에 미친 크고 작은 영향까지 합하면 유목민이 이룩한 역사적 역할은 실로 헤아리기 어렵다.

유라시아 초원 지대 남부의 동서투르키스탄 각지에는 타클라마칸, 키질쿰, 카라쿰을 비롯해 크고 작은 사막이 펼쳐져 있다. 이러한 척박한 사막에서 천수泉水나 주위의 고산 지대에서 만년설이 녹아내린 물을 모아 인간이 살 수 있게 조성한 녹지대를 오아시스라 한다. 우리가 잘 아는 실크로드는 이들 오아시스와 오아시스가 연결된 국제 통상로다.

오아시스 정주민들의 생업은 농업이다. 그러나 살아가기 위하여 상업에 종사하는 사람이 나타났고, 그중에는 주변 지역 사람들과 교역하여 막대한 부를 모은 사람도 생겨났다. 특히 오늘날의 사마르칸트를 중심으로 활동한 소그드인들은 이미 4~5세기경부터 유라시아의 육상 교통로를 이용하여 각지에 거류지를 만들고 동서 무역을 독점했다. 어려서 글을 깨우치면서 장사를 배운다는 소그드인들은 당나라에서 호상胡商이라 불리면서 진귀한 외국 상품을 팔거나 고리대금업을 하여 재산을 모았다. 이들은 몽골, 중국, 서아시아, 심지어 유럽에 이르기까지 이익이 남는 곳이면 어디든 달려갔다.

물자의 이동은 문화와 사람의 이동을 수반하게 마련이고, 그래서 물자의 중개를 담당한 오아시스 주민은 항상 동과 서의 신문화를 접할 수 있었다. 그들은 중국인에 앞서 서방의 종교를 받아들였고, 서아시아와 유럽인에 앞서 중국의 제지 기술을 체득했다. 선진 문화의 수용은 자연스레 새로운 문화의 창조로 이어졌으며 특히 중개무역을 통하여 축적한 경제력은 동서양의 선진 문화를 통합한 신문화 창조의 밑거름이 되었다. 이른바 간다라 불교 미술이 그 대표적인 사례다. 널리 알려진 것처럼 간다라 양식은 인도 불교와 그리스 예술이 만나 이루어진 것으로, 파미르 고원과 서역西域을 거쳐 동아시아 각지로 전해졌다.

오아시스 주민은 또 동서 두 세계에서 흡수한 이질 문화나 자신이 창조한 혼합 문화를 주변 세계로 전파하는 역할을 담당했다. 9세기 후반의 위구르 문자는 소그드 문자를 모델로 한 것이고, 13세기 초 몽골인들은 위구르 문자를 가져다 자신들의 문자(몽골 문자)로 사용했다. 7세기 말 또는 8세기 초 돌궐 문자를 만드는 데도 소그드 문자를 참고했으며, 조로아스터교나 마니교, 네스토리우스파 기독교 등 서아시아에서 기원한 종교 역시 이들의 손을 거쳐 초원에 전해졌다.

이처럼 초원의 유목민과 오아시스 정주민은 유라시아 역사와 문화 발전의 동력으로 작용했다. 유목민의 활동은 역사의 주요 고비마다 현상을 타파하는 혁신 세력으로 등장했고, 오아시스 정주민은 그 자체가 동서 교역의 주역 또는 신문화의 창조자 역할을 했다.

몽골 제국 시대는 역사 발전의 동력으로서 두 집단의 에너지가 최대로 발휘된 시기다. 즉 이 시기에 유목민의 군사력과 오아시스 정주민의 경제력이 효과적으로 결합하고 중앙유라시아가 몽골 정권 아래 통합됨으로써 동서 간에 사람과 물건, 종교와 사상이 자유롭게 이동했다. 그때까지 유라시아 대륙은 서로 밀접한 관계를 유지하면서도 각 지역의 역사는 사실상 개별적으로 움직였다. 이제 그 대부분이 몽골에 의하여 통합되면서 각자 별개로 움직이던 동서 세계가 유기적으로 연동하는 진정한 세계사가 탄생했다.

그러나 이러한 세계사 전개의 엄연한 사실에도 불구하고, 학생들이 배우는 현행 역사 교과서에는 이런 말들이 거의 없다. 무엇보다 교과서의 구성이 그렇게 짜여 있다. 문화권 지도가 말해주듯이 중앙유라시아(또는 중앙아시아)라는 역사의 무대는 공백으로 남아 있다. 도대체 무엇이 문제이고, 왜 이런 일이 일어났을까?

공적으로 차별받는 역사

고등학교 세계사 교과서에서 아시아사 부분은 동아시아, 인도와 동남아시아, 서아시아가 각각 독립 단원으로 되어 있다. 『중학교 사회1』에서 배우는 아시아사도 분량만 다를 뿐 구성은 마찬가지다. 그런데 여기에 중앙유라시아의 역사는 동아시아와 서아시아 양쪽으로 분산되어 있다. 즉 중앙유라시아의 동부는 동아시아사에서, 서부는 서아시아사에서 다루어진다. 동부는 그나마 형편이 나은 편이다. 그 내용이야 어떻든 무언가 쓰여 있기는 하다. 그러나 서부의 역사는 극히 일부가 서아시아사 부분에서 서술되었을 뿐 나머지는 모두 생략되었다. 더욱이 근현대사에 이르면 중앙유라시아에 대한 내용은 동부와 서부를 막론하고 아예 찾아볼 수 없다.

중앙유라시아에 대한 차별은 여기에 그치지 않는다. 앞에서 언급한 문화권 지도에도 중앙유라시아는 공백의 땅이다. 『중학교 사회1』(두산 203쪽)에는 "문화권의 형성과 발전"이라는 제목으로 "전 세계에 존재하는 모든 문화는 인종이나 언어, 종교, 풍속 등이 비슷한 몇 개의 문화권으로 나눌 수가 있다"는 설명과 세계를 10개 문화권으로 나눈 지도[1]

가 실려 있다. "북극 문화권, 유럽 문화권, 서남 아시아와 북아프리카 문화권, 아프리카 문화권, 인도 문화권, 동북아 문화권, 동남아 문화권, 오세아니아 문화권, 앵글로아메리카 문화권, 라틴아메리카 문화권"이 그것이다. 한눈에 보아도 이 지도가 지역을 기준으로 했음을 알 수 있다.

다른 교과서도 비슷하거나 거의 같다(디딤돌 201쪽, 교학사 차경수 외 238쪽). 이로 미루어 어떤 '대본'이 있었던 것 같다. 문제는 대본의 영향이든 집필자들의 창작이든 이러한 문화권 구분이 지극히 형식적이라는 것이다. 두산 교과서의 문화권 구분에서 보듯이 굳이 특정 문화권이라는 이름을 붙이지 않아도 알 만한 내용이다. 더욱이 이 지도는 "북극 문화권"이라는 해괴한 것을 설정하면서도 유라시아 중앙부는 공백으로 놓아두었다. 북극해 연안의 영구 동토인 툰드라 지대와 타이가 지대인 시베리아에도 먼 옛날부터 인간이 살았으니 이곳을 한 문화권으로 분류한 데 대해서는 이의가 없다. 그렇다면 그 남쪽의 초원과 사막에는 사람이 살지 않았다는 말인가? 아니면 북극해 문화권에도 미치지 못할 정도로 이곳에는 문화라고 할 만한 것이 없었다는 뜻인가? 이도 저도 아니라면 결국 집필자들이 아무런 생각도 없이 어디에선가 무언가를 가져다 썼다는

1 『중학교 사회1』(두산 203쪽)의 문화권 지도

말일 수밖에 없다.

『중학교 사회1』(금성출판사 248쪽)의 문화권 지도[1]는 이보다 더 혼란스럽다. 여기에도 중앙유라시아나 북아시아 문화권은 없다. 유럽·북미·오세아니아의 "게르만 문화권", "라틴 문화권", 슬라브어 사용 지역을 포괄한 "슬라브 문화권", 북아프리카와 서아시아의 "이슬람 문화권", "아프리카 문화권", "인도 문화권", "동남 아시아 문화권", "동아시아 문화권", "태평양 문화권"이 그곳의 지도를 먹어버린 탓이다. 주로 슬라브 문화권과 동아시아 문화권이 중앙유라시아를 나누어 먹었다. 문제는 이것만이 아니다. 이 문화권 지도의 분류 기준이 무엇인지 의심스럽다. 종교인가? 아니면 언어인가? 그것도 아니면 지역인가? 내가 보기엔 이 모두가 섞여 있다.

『중학교 사회1』(지학사 230쪽)의 문화권 지도[2]도 이상하기는 마찬가지다. 집필자는 지역에 따라 문화권을 나눌 수 있다고 하면서 "아메리카 문화권, 유럽 문화권, 북극 문화권, 건조 문화권, 아프리카 문화권, 동양 문화권, 오세아니아 문화권"을 들고 있고, 이 중 건조 문화권은 북아프리카와 서아시아, 중앙유라시아를 포괄하고 있다. 그런데 이때 동양 문화권과 건조 문화권을 나눈 기준이 무엇인지 모호하다. 또한, 다른 것은 모두 해당 지역 명칭을 사용하면서 유독 아시아만 "동양 문화권"과 "건조 문화권"이라 이름 붙인 이유 또한 궁금하기 짝이 없다.

그나마 양심적이고 정직한 것이 『중학교 사회1』(성지문화사 222쪽)[3]의 문화권 지도다. 이 지도에서는 세계를 "크리스트 교 문화권, 이슬람 문화권, 유교 한자 문화권, 힌두·이슬람 문화권"으로 단순화시켜 분류 기준의 모호함에서 오는 혼란은 없다. 그러나 여기에도 물론 문제는 있다. 불교 문화권은 어디에 갔는지? 이슬람교와 티베트 불교(속칭 라마교)가 주류를 이루는 중앙유라시아를 "유교 한자 문화권"으로 색칠한 이유

1 『중학교 사회1』(금성출판사 248쪽)의 문화권 지도

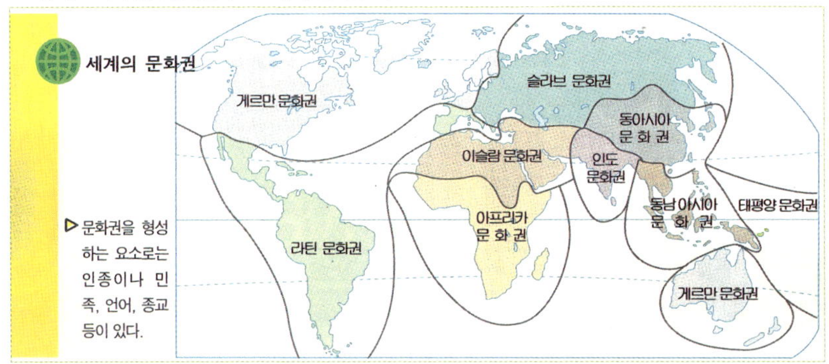

2 『중학교 사회1』(지학사 230쪽)의 문화권 지도

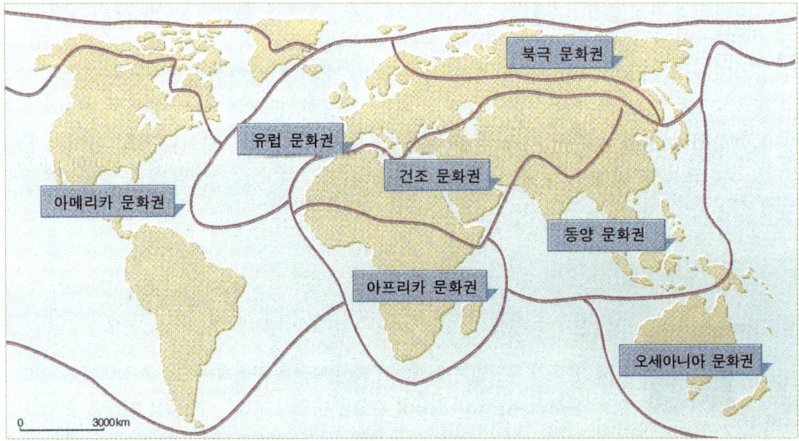

3 『중학교 사회1』(성지문화사 222쪽)의 문화권 지도

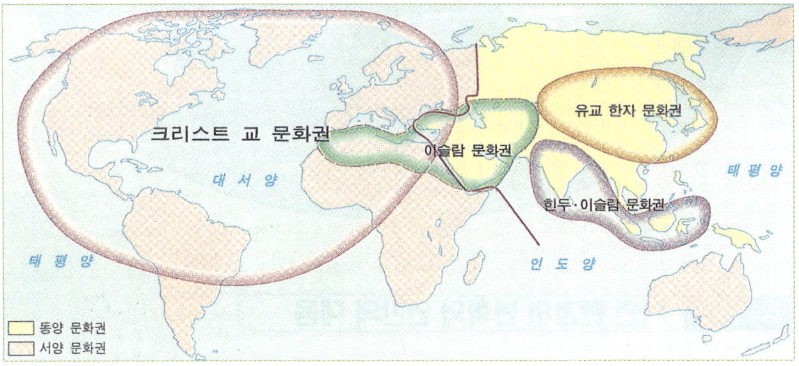

는 또 무엇인지? 정직함은 있었을지 모르나 초보적인 상식이 결여되었다고밖에 볼 수 없는 분류다.

이처럼 역사 교과서의 구성에는 중앙유라시아 역사가 아예 없거나 다른 곳에 편입되어 있다. 문화권 지도에도 이 지역은 비어 있거나 전혀 어울리지 않는 곳에 배속되어 있다. 우선, 동아시아, 서아시아, 남아시아가 다 있는데 북아시아만 빠진 것이 문제다. 복잡하게 생각할 것도 없다. 북쪽도 사방의 하나이니 원칙적으로 북아시아 지역이 포함되어야 마땅하다. 중앙에 위치해서 그럴까? 중앙유라시아는 주변 지역에 공평하게 분배되었다. 그래서 비어 있다. 아마도 독립적으로 다룰 가치가 없다고 판단했기 때문일 것이다.

그렇다면 왜 이런 결과가 나왔을까? 내가 보기에 이는 단순히 교과서 단원 구성이나 문화권 구분의 문제가 아니다. 교과서 집필자들의 중앙유라시아에 대한 인식(무지와 무성의)을 반영한 구조적 문제다. 그리고 이러한 인식의 근저에는 뿌리 깊은 정착 문명 중심의 역사관, 중심부(문명)와 주변부(야만)를 나누고자 하는 문명관이 자리하고 있다. 옛날 이란인들이 아케메네 조 페르시아^{서기전 550~330}가 지배한 곳을 '이란^{이란인의 땅}', 아랄 해로 흘러드는 아무다리야 강 건너편 투르크인들의 거주지를 '투란^{페르시아 고전『자 나마』에 나오는 말로, '투르'에게 준 땅이라는 뜻}'이라 부른 것이 그 한 사례다. 전자는 문명 세계, 후자는 야만 세계라는 관념이 내재되어 있다. 고대 중국인의 화이사상^{華夷思想}, 그리스인의 '헬레네스'와 '바르바로이' 관념도 이와 유사하다.

이 구도를 동아시아로 갖다 놓으면 중국 중심의 역사 인식으로 귀결된다. 과거 중국인들은 실체가 모호한 중국을 중앙에 놓고 그 주변 거주민을 뭉뚱그려 '오랑캐'라고 깎아내렸다. 특히 서북방의 융적^{戎狄}은 중국인들에게 항상 증오와 멸시, 추방과 타도의 대상이었다. 동남쪽 오랑캐는 일찍이 중국의 사상과 문화를 수용하여 범凡 중화 세계의 일원이 되었다. 한민족韓民族도 그중 하나다. 한민족을 포함한 동남쪽 오랑캐들은 중국인처럼 일정한 지역에 정착하여 농사를 짓고 살았다. 문화적 일체성과 생업의 일치가 상대를 받아들일 수 있게 했던 것이다. 반대로 서북방 유목민들은 중국 문화와 사상을 배격했고, 정착 농경 대신 이동 목축을 하며 살았다. 사상과 문화의 불일치, 유목과 농경이라는 화해 불가능한 삶의 방식은 상대를 용납할 수 없게 만들었다.

"인간의 얼굴을 하고 있지만 금수禽獸의 마음을 가진 존재". 지금부터 2000여 년 전, 후한後漢의 반고班固, 32~92라는 역사가가 유목민을 가리켜 한 말이다. 반고의 인식은 이후 중국인들의 유목민에 대한 인식의 전범이 되었다. 그리고 이는 20세기를 지나 현재의 중국인들에게까지 일정한 영향을 미치고 있다. 한 사람의 생각이 이처럼 시대를 초월하여 살아남을 수 있었던 것은 사료史料 때문이다. 유목민들은 대부분 자신에 관한 기록을 남기지 않았다. 우리가 가진 유목민에 대한 지식은 중국인을 비롯한 주변 사람들이 남긴 것이다. 그 기록은 피해 의식과 편견과 오만으로 가득 차 있다. 기록자의 편견이 투영된 사료가 후세 역사 연구의 기초 자료가 되고, 이를 토대로 한 역사 인식이 시대를 초월하여 반복된 것이다.

한 지식인의 생각이 이처럼 시공을 초월하여 살아남았다는 것이 그저 놀라울 뿐이지만, 어떻든 모든 것이 기록에서 비롯되었다. 역사학은 기록의 학문이다. 당연히 기록을 남긴 쪽이 승리하게 마련이다. 유목민과 유목 문화에 대한 편견은 이러한 기록의 승리일 뿐 역사의 진실과는 거리가 멀다. 얼마 되지는 않지만 유목민이 남긴 기록이 그렇게 말한다. 7세기 말 또는 8세기 초기에 만들어진 돌궐 문자와 13세기 초의 몽골 문자로 쓰인 기록이 대표적이다. 두 문자는 모두 서방 문자 계통인 소그드 문자에서 기원하거나 그 영향을 받았다. 그들이 지리적으로 가까운 한자를 모방하지 않고 서방 문자를 채택한 사실은 그들이 서방과 긴밀한 사회·문화·경제적 관계를 맺었음을 말해주고, 또 한편으로는 한자의 번잡함 때문이거나 중국에 대한 주체 의식의 발로로 한자를 모방하지 않았다고 볼 수 있다. 특히 돌궐 문자로 쓰인 비문 자료에는 중국에 대한 저항 의식이 강하게 나타나 있다.

소중화小中華를 자처했던 우리 선조들은 유목민에 관해서라면 철저할 만큼 중국적 사고에 물들어 있었다. 근대에 와서는 여기에 서양의 문명주의가 더해졌다. 우리 선생님과 그 제자, 그 제자의 제자가 유목민과 유목 문화에 대하여 이유 없이 뒤틀린 생각을 갖게 된 것도 이 때문이다. 교과서를 쓴 사람들도 예외가 아니다. 그들의 머리에는 서구 문명과 중국, 또는 이른바 '문명 발상지'의 문명만이 진정한 것이고 나머지는 가치가 없다는 사고가 자신도 모르게 똬리를 틀고 있다.

물론 이것이 전부는 아니다. 교과서 단원이 지금처럼 구성된 또 다른 이유는 근대 이후 현재에 이르는 중앙유라시아 국가들의 어려운 상황에 있다. 앞서 언급했듯이 몽골 제국에 의하여 동서 세계가 하나로 통합되었다. 이때가 중앙유라시아 거주민의 에너지가 최대로 발휘된 시기라고 한다면, 몽골 제국의 몰락은 그들의 역사적 역할의 종말을 의미했다. 이는 곧바로 인류사의 대변동으로 이어졌다. 이 변화는 15세기 이후 서구의 해양 진출과 함께 시작되었고, 17~18세기를 기점으로 중앙유라시아는 외부 세력의 침략을 받고 그들의 지배 아래 들어갔다. 서부는 제정러시아, 몽골과 신강과 티베트를 비롯한 동부는 청淸나라에 종속되었다. 이렇게 하여 한때 세계사를 주도한 유목민과 오아시스 정주민들은 역사의 뒷전으로 물러났다.

20세기에 들어와 그들은 소수 약자로서 세계에서 가장 가난한 집단으로 전락했고 그러한 상황은 현재까지 이어지고 있다. 지역에 따라 조금씩 차이는 있지만 오늘날 몽골, 신강, 티베트와 소련에서 독립한 중앙 아시아 국가들에서 목격되는 가난과 저개발은 17세기 이후의 역사적 귀결이다. 예전에는 강대국에 종속되어 있었고, 지금은 가난한 나라들. 이들이 사람들의 관심을 받지 못하는 것은 어쩌면 당연하다. 그리고 이러한 중앙유라시아의 현실 때문에 과거 그들의 조상이 이룩한 역사적 역할마저 무가치한 것으로 망각되고 있다. "역사는 과거와 현재의 대화"라고 했던가? 이 말처럼, 현재의 상황이 그들의 과거까지 지워버린 꼴이다.

이쯤 되면 중앙유라시아 역사가 독립 항목으로 설정되지 못하고, 문화권 지도에서 빠진 이유를 이해할 수 있으리라. 유목민에 대한 뿌리 깊은 편견, 근현대 시기 종속의 역사와 현재의 별 볼일 없음이 사람들의 인식을 그렇게 만들었다. 주범은 뿌리 깊은 문명주의와 현재 그들이 처한 어려운 상황이다. 교과서의 단원 구성과 문화권 지도는 이러한 인식을 그대로 드러내는 뒤틀린 그림이다.

인위적으로 쪼개지고 지워진 역사

교과서 단원 구성에서 드러난 공적인 차별은 크게 두 가지로 집약된다. 하나는 일관된 체계에 따라 기술되어야 할 역사 세계가 자의적으로 쪼개지고 주변 세계의 부속물로 편입된 점이다. 또 하나는 근현대사를 마음대로 생략한 점이다. 무엇이 문제인지 동아시아 세계부터 그 실상을 알아보자.

쪼개진 역사

교과서에는 북방 유목민의 활동이 중국 왕조사의 한 부분으로 기술되어 있다. 이는 교과서가 북방 유목민 가운데 중원에 왕조를 수립한, 이른바 정복왕조인 요·금·원·청만을 다루고 있는 데서 확연히 드러난다. 흉노, 선비, 유연, 돌궐, 위구르 등 동아시아는 물론 세계사 전개에 큰 영향을 미친 유목 국가의 역할은 기술에서 완전히 빠져 있다. 설사 이들 유목민 집단의 이름이 나오는 경우가 있다 해도 이들이 중국을 침략했다거나 중국인들이 이들을 쫓아냈다는 상투적인 설명뿐이다. 북방 초원에 성립된 유목 국가는 중국사와 관련을 맺을 때만 의미가 있다는 생각의 반영일 것이다. 역대 유목 국가 중에서 정복왕조만을 지면을 할애하여 다룬 것도 이런 생각의 연장이다. 물론 이것도 철저하게 중국 왕조사 발전 과정의 일부로 취급된다. 중국을 중심으로 설정한 채 이들이 잠시 정권을 가졌지만 이는 어디까지나 중국 왕조라고 말한다. 심지어 몽골족이 세운 원元나라에 대한 인식마저 유목민의 관점보다 중국 왕조사의 관점이 짙게 배어 있다.

과연 북방 유목민의 역사는 중국사와 관련이 있을 때에만 역사적 의미를 갖는 것일까? 그러니 현재와 같은 교과서 구성과 기술은 각 시기의 역사상을 온전하게 드러내고 있는 것일까?

서기전 8~3세기 흑해 북방에서 위세를 떨친 스키타이, 서기전 3세기 몽골 초원에서 국가를 수립한 흉노는 시간과 공간의 격차가 있음에도 생업, 풍속, 전술戰術 등 많은 부분을 공유했다. 스키타이인의 풍속은 놀랄 만큼 흉노와 유사하고, 스키타이인의 전술은 흉노에게서 다시 반복된다. 이는 곧 생업으로서 유목, 거기에 기초한 유목 문화의 독자성을 말해준다. 역대 유목민들은 독자적인 발전 논리에 따라 국가를 세우고 흥망을 거듭했다. 흉노에서 시작된 중국 북방 유목 국가의 형성과 전개 논리는 선비, 유연, 돌궐, 위구르, 거란契丹을 거쳐 몽골 제국에서 반복된다. 이 과정에서 흉노의 십진제什進制, 십, 백, 천, 만 명 단위의 장정을 기초로 한 군사-사회 조직와 그들의 국가 구조는 시대를 초월하여 후속 국가로 이어졌다.

그들은 때로 중원의 국가에 압도되어 세력이 약해지기도 했지만, 그에 못지않게 중원을 지배하고 주인 노릇을 하기도 했다. 또한 흔히 알려진 것처럼 양측의 관계는 대립 일변도로 치닫지만도 않았다. 양자는 내외 여건에 따라 화해와 대립을 반복하면서 그 나름의 정체성을 유지했으며, 이 과정에서 서로에게 영향을 주었고 전 역사를 통하여 주도권을 주고받았다고 보는 것이 사실에 들어맞는다.

그 전형적인 사례가 흉노와 한의 관계다. 한 고조高祖 유방劉邦, 재위 서기전 202~195이 흉노 원정에 나섰다가 오늘날 산서성山西省 대동大同 부근에서 흉노에게 포위되어 풀려난 뒤 흉노는 양자 관계에서 절대적인 우위에 있었다. 그 후 무제武帝, 재위 서기전 141~87의 적극적인 대외 원정과 흉노의 내분으로 상황이 역전되지만, 흉노는 한이 멸망할 때까지 살아남아 한과 운명을 같이했다. 한의 멸망과 함께 시작된 5호 16국五胡十六國 시대 5호의 주력 역시 흉노 집단이다. 흉노가 중국사 전개에 직접 개입한 사례다.

그런데 이러한 사실은 교과서 어디에서도 찾을 수 없다. 모든 교과서가 공히 한나라를 제법 자세하게 설명하고 있다. 그러나 한이 망할 때까지 그 나라의 존망을 좌우하고 서방 세계의 재편을 몰고 온 흉노에 대해서는 단 한마디, 즉 한 무제가 대對 흉노 작전의 연합 세력을 얻고자 장건張騫, ?~서기전 114을 서역으로 보냈다는 말뿐이다. 만약 실크로드의 개척자로 불리는 장건이 없었다면 교과서에서 흉노라는 말 자체를 찾아볼 수 없었을 지경이다.

어디 그뿐인가? 흉노에 이어 몽골 초원에 거대한 유목 국가를 세우고 중앙유라시아와 중원의 역사에 직접적으로 영향을 미친 선비와 유연도 다를 바 없다. 특히 선비의 일파인 탁발拓跋 즉 타브가치는 북위北魏, 서기 386~534를 세웠으며, 세계 제국이라 일컬어지는 수당 제국의 황실 가계는 모계나 부계로 타브가치의 후손이다. 북위 이후 수당에 이르는 중국사의 전개를 호胡와 한漢의 융합과 충돌 과정이라고 하는 것도 이 때문이다.

그 다음으로 성립된 돌궐6~8세기과 위구르 유목 제국8~9세기의 흥망은, 중국사는 물론 현재까지 지속되는 중앙유라시아 투르크 시대의 서막이 되었다. 흥안령에서 카스피 해에 이르는 대제국을 수립한 돌궐. 이들은 동서로 분열되어 한때 당나라의 기미지배羈縻支配, 무력이 아닌 회유와 관작 수여 등을 통해 소수민족을 지배하는 방식를 받았지만, 8세기 중엽 같은 투르크계인 위구르인들에게 몽골 초원을 내줄 때까지 당, 사산 조 페르시아226~651, 동로마와 교류하면서 세계사 전개의 견인차 노릇을 했다. 안사安史의 난으로 숨통이 꺼져가던 당을 구해준 위구르. 이들은 세계사의 물줄기를 바꾼 몽골 제국의 교사 노릇을 했고, 위구르 제국의 멸망에 따라 서쪽으로 이동하기 시작한 투르크족의 이산은 동투르키스탄과 서투르키스탄의 성립으로 이어져 세계사의 재편을 주도했다. 이렇게 보면 세계사라는 메이저리그에서 활동한 흉노, 돌궐, 위구르인들이 현행 교과서에서는 중국사라는 마이너리그의 후보 선수로 출전하고 있는 셈이다.

독립 항목으로 된 정복왕조도 내용을 들여다보면 한마디로 처리된 흉노와 별반 다를 게 없다. 이 문제는 절을 바꾸어 자세히 비판하겠는데 그 전에 우선 한두 사례를 지적하겠다. 요와 금은 동화同化를 피하기 위하여 이중 체제를 고수했지만 결국 동화되거나 망하고, 원은 몽골족 제일주의 때문에 망하고, 청은 회유와 강압 정책을 병행하여 중국을 지배했지만 결국 망했다는 부정적 서술을 제하고 나면 나머지는 중국 왕조사의 일상적인 내용이다. 그 결과 원(몽골 제국)의 세계사적 의의는 먼 나라의 이야기가 되고, 청은 중국화한 중국 왕조로만 기술된다.

청나라. 누구나 알듯이 만주족이 세운 나라다. 그러나 청에 대한 교과서 서술에서는 이민족 정권이라는 청의 성격이 깡그리 무시된다. 기껏해야 "변발을 강요했다", "회유와 강압 정책을 썼다"는 정도다. 그러나 청조는 출발부터 중국의 왕조가 아니었다. 1636년 후금後金의 홍타이지淸太宗는 만주족, 한족, 몽골족에 의하여 황제로 추대되고 국호를 대청大淸이라 개칭했는데, 이때 홍타이지가 원나라 황제의 국새國璽를 손에 넣었다고 전해진다. 자신이 몽골 제국의 계승자임을 내외에 선포하기 위해서였다. 그 진위야 알 수 없지만 그가 세 민족에 의하여 추대되고 원나라의 마지막 대칸인 릭단 칸재위 1604~1634의 아들과 부인으로부터 국새를 넘겨받았다고 선전한 것은 그가 단지 중국 황제를 자처하지 않았음을 말해준다. 동시에 그는 유목민의 칸임을 나타내고 싶었던 것이다.

청의 건국에 관한 이러한 사정은 1911년 청조가 망할 때까지 그 나라의 성격을 결정했다. 청은 통치 측면에서도 이를 철저하게 준수했다. 청은 고유 문자인 만주어 및 한자와 함께 몽골어, 위구르어, 티베트어를 공용어로 사용했다. 이는 단순한 문자의 문제가 아니라, 다민족 또는 몽골 제국의 계승 국가로서의 청의 성격을 말해주는 사실이다. 사실 중·고교 교과서뿐 아니라 대학 교재나 중국사 개설서 어디에도 청의 이러한 성격이 반영되어 있지 않다. 그저 정복왕조이며, 결국 중국 문화에 동화되고 민족까지 없어졌다는 기계적인 서술뿐이다.

이러한 문제는 서아시아와 남아시아 부분에서도 똑같이 확인된다. 지면 부족 때문인지 모르겠지만, 동아시아 쪽보다도 정도가 더 심하다. 중앙유라시아 서부 초원에서도 일찍부터 유목민이 활동했다. 특히 아랄 해에서 카스피 해 북방에 이르는 카자흐 초원은 스키타이를 비롯한 이란계 유목민의 본거지였다. 중국 북방의 유목민들이 남쪽 거주민들에게 '야만인'으로 불렸다면, 이곳 유목민들은 그 서쪽 거주민인 페르시아인들에게 '야만인'으로 간주되었다. 그래서 그럴까? 교과서는 하나같이 이 지역 유목민들의 활동에 대하여 침묵한다.

그 유명한 스키타이도 예외가 아니다. 흉노와 마찬가지로, 동서 문화 교류 부분에 이름이 잠깐 나오는 정도다. 그리스의 역사가 헤로도토스서기전 485경~425경가 자신의 저서 『역사』에서 그 많은 지면을 할애한 스키타이를 한국의 교과서 집필자들이 송두리째 지워버린 것이다. 그 이후의 역사도 지우기와 쪼개기의 연속이다. 심지어 오늘날 우즈베키스탄과 카자흐스탄의 원형이 된 우즈베크 칸국과 카자흐 칸국16세기 초기 성립의 역사도 깡그리 없어졌다. 그 대신 같은 시기에 비슷한 유목민들이 세운 무굴 제국의 역사는 소략하게나마 모든 교과서가 다루었다. 인도에 세워졌고 인도의 역사가 되었기 때문이다.

이는 곧 유라시아 동부처럼 유라시아 서부의 유목민도 정착 세계와 관련된 경우에만 의미가 있다는 생각의 반영이다. 그 때문일까? 1~3세기경의 쿠샨 조, 5세기 중엽에 한 세기 동안 활동한 에프탈, 10세기 이후 투르크계 이슬람 왕조 등 인도 서북부를 지배한 유목민들 이름은 인도사에서 한마디씩 언급된다. 인도사라서 그랬을 것이다. 같은 맥락에서 무굴 제국도 인도사의 관점에서, 셀주크 조와 오스만 조도 오로지 서아시아사의 관점에서만 다루어진다. 이들이 인도의 국가이고 서아시아의 국가라는 것은 역사적 사실이다. 따라서 이러한 기술을 틀렸다고 할 수는 없다. 문제는 여기에서 유목민들의 역할은 완전히 배제되었다는 점이다.

따지고 보면 인도의 역사는 문명 발생 초기를 빼면 근대에 이르기까지 유목민에 의한, 유목민이 지배한 역사라 할 수 있다. 오늘날 인도인의 주류를 차지하는 아리아인은 아랄 해 북방 중앙아시아 어딘가에서 온 유목민이다. 1~3세기경에 아프가니스탄을 중심으로 서북 인도에서 데칸 고원까지 지배한 쿠샨 조의 지배 집단 역시 동방에서 이주한 유목민이다. 5~6세기 아프간을 중심으로 천산天山에서 펀자브 지방까지 지배한 에프탈, 이들 역시 이란계 또는 이란화한 투르크계 유목민이다. 아프가니스탄의 가즈니를 중심으로 서북 인도까지를 지배한 가즈나 조977~1187, 구르 조1150~1215, 델리술탄 조1290~1526, 그리고 무굴 제국은 모두 투르크계 유목민이 세운 전형적인 유목형 왕조다.

교과서에는 이런 내용이 전혀 없다. 기껏해야 한두 교과서에서 아리아인이 중앙아시아에서 온 유목민이라고 한 정도다. 어느 교과서도 쿠샨 조에서 무굴에 이르는 여러 나라의 창건 세력이 유목민임을 올바로 밝히지 않았다. 중앙아시아 이주민이라고 한 것이 그나마 모범적이다. 심지어 상대적으로 많은 지면을 할애한 무굴 제국까지 티무르재위 1370~1405의 후손인 바베르바부르, 재위 1526~1530가 세웠다는 말이 고작이다.

무굴Mughul. 몽골의 페르시아어 변형이다. 무굴 제국1526~1857은 그 이름부터 몽골 제국을 계승한 국가이다. 왕실은 부계나 모계로 칭기즈 칸의 혈통을 이어받았고 지배 계층은 몽골 제국의 후예들로 이루어졌다. 또한 지배 집단은 정체성, 정치 질서와 이데올로기, 심지어 법질서까지 칭기즈 칸의 것을 따르려고 했다. 그래서 무굴 제국은 동시대인들에게, 심지어 주변의 적대 세력에게까지도 몽골을 계승한 국가로 간주되었다. 19세기 말에서 20세기 초에 영국과 프랑스의 일부 학자들이 엇비슷한 시기에 성립된 우즈베크 칸국과 카자흐 칸국, 무굴 제국을 몽골 제국사의 일환으로 다룬 것도 이 때문이다. 따라서 청조를 이해할 때 몽골 계승성을 이해해야 하듯이 무굴 제국도 몽골을 빼놓고 생각하기 어렵다. 모든 교과서가 상당한 지면을 할애한 타지마할 묘당도 중요하지만, 이러한 본질적인 문제가 더 중요하다는 것이 필자의 생각이다. 따지고 보면 타지마할 묘당의 '빼어난 이슬람 양식'도 이슬람화한 투르크인, 투르크화한 몽골인들의 공로가 아닌가?

중앙유라시아 서부 역사 가운데 유일하게 지면을 할애하여 기술한 티무르 제국1370~1507이 서아시아에 편입되어 있는 것도 큰 문제다. 이는 티무르 제국의 본질을 전혀 이해하지 못한 말 그대로 무지의 소치다. 정확히 말하면 종교(이슬람교)가 같고 구성원(투르크족)이 같음을 근거로 틀을 잘못 짠 후대 서양 학자들의 설을 생각 없이 따른 결과다. 바로 앞에서 언급했듯이 초기 서구 학자들은 티무르 제국과 상기 세 나라를 몽골 제국사 범주로 다루었다. 그러나 후에 언어에 따라 중앙유라시아 유목민들을 투르크계와 몽골계로 억지로 분리하면서 이들의 역사를 이슬람 세계사나 범凡 투르크 민족사로 다루게 되었다.

그러나 티무르 제국은 기본적으로 몽골 제국의 연장이다. 제국의 창건자 티무르가 지향한 목표도 몽골 제국의 부활이었다. 제국의 지배 구조 또한 몽골의 것을 그대로 이어받았고 지배층 역시 몽골에서 기원한 부족민이었다. 티무르 제국의 이러한 몽골 지향성은 그 후 성립된 우즈베크 칸국과 카자흐 칸국, 무굴 제국에서도 공통적으로 발견된다. 따라서 티무르 제국과 이어 등장한 계승 국가들은 13세기에 창건된 몽골 제국과 그 계승 국가의 흥망사 측면에서 조망할 때 그 실체를 올바로 이해할 수 있다.

비단 몽골 제국만이 아니다. 그전 유라시아 초원 유목민들의 동향도 이처럼 일관된 체계로 보아야 할 이유가 있다. 다시 스키타이로 돌아가보자. 아랄 해에서 카스피 해 북방에 걸쳐 살던 스키타이가 흑해 북방으로 이주한 것은 동방에서 밀려온 마사게트라는 유목민 때문이었다.

이때가 서기전 8~7세기경이다. 그리고 서기전 3세기 스키타이가 흑해 북방의 초원에서 사라진 것도 사르마트라는, 동방에서 밀려온 또 다른 유목민 때문이었다. 사르마트 자신은 서기 4세기 말~5세기 사이에 동방에서 밀려온 훈족에게 자리를 내주고 역사 무대에서 사라진다. 그 후에도 크고 작은 유목민 집단이 동방에서 서방으로 진출했다. 마자르족도 그중 하나일 것이다. 그러나 그 결정판은 투르크족의 서방 이동이다.

투르크족은 8~9세기 몽골 초원에서 거대한 국가를 이루었던 위구르 제국이 붕괴하면서 서쪽으로 이동하기 시작했다. 그리고 그 결과는 역사상 투르키스탄투르크인의 땅의 성립으로 이어졌다. 그 이전 투르키스탄은 아리아인들의 세계였다. 이곳으로 투르크족의 한 지파인 위구르인들이 옮겨오면서 이 땅은 투르크인의 땅으로 바뀌었다. 이렇게 하여 오늘날의 중국 신강과 옛 소련령 중앙아시아 지역은 투르크인의 땅이 되었다. 이것도 변화의 전부는 아니다. 중앙아시아로 진출한 투르크계 유목민들은 이미 그곳에 퍼져 있던 이슬람교와 이란의 고급문화를 받아들인다. 9세기 말부터 10세기 사이에 일어난 일들이다. 이렇게 하여 중앙유라시아의 투르크-이슬람 시대가 시작된다.

투르크-이슬람 시대의 개막은 투르키스탄 자체는 물론 서아시아와 인도사에도 지대한 영향을 미쳤다. 앞에서 말한, 인도사 전개에 관여한 투르크계 유목민이 바로 이들이고, 서아시아의 셀주크 조와 오스만 조도 투르크계 유목민이 서쪽으로 이동하다가 최종 기착지에 세운 왕조들이다. 이는 단지 기착지만의 문제가 아니다. 중요한 것은 오스만 제국이든 셀주크 조든, 유목민 또는 유목 국가의 요소와 논리, 체질과 전통이 구현된 왕조라는 점이다. 여기에다 13~14세기 몽골 세계 제국의 등장은 유라시아 전 지역의 역사를 새로 쓰게 만들었다. 유라시아 대륙은 몽골에 의하여 새로이 조직되었고, 그 결과는 몽골 제국과 계승 국가가 해체되거나 토착 정권으로 대체되는 세계사의 재편으로 나타났다. 서구의 해상 진출, 오스만 제국과 대청 제국의 웅비, 러시아의 자립이 그것이다.

이렇게 보면 유목민은 세계사 전개의 변혁을 주도했고, 각 지역으로 분산된 역사를 하나로 연결했고, 개별적으로 움직인 것처럼 보이는 각 지역의 역사를 세계사적 시각에서 설명할 수 있게 해주었다. 바로 이것이, 현행 교과서처럼 유목민의 활동을 동서 두 세계로 쪼개서 기술하고 그것도 주변국 역사의 일부로 다루어서는 안 되는 가장 큰 이유다. 따라서 현재의 교과서 구성이 지속되는 한 유목 민족사는 물론, 세계 각 지역의 역사를 유기적으로 이해할 수 없고, 각기 고립 분산적으로 존재하는 각 문화권의 역사를 일정한 연계 속에서 이해하기도 곤란하다.

지워진 역사

중앙유라시아 근현대사가 교과서에서 모두 빠진 것도 그냥 넘길 일이 아니다. 지면이 한정되어 있었으니 가치가 있다고 판단된 것을 먼저 썼을 것이다. 따라서 중앙유라시아 근현대사가 빠진 것은 일단 그 가치에서 밀렸다고 볼 수 있다. 그렇다면 중앙유라시아 근현대사는 정말 우리가 배우고 익힐 가치가 없는 것일까? 생각해 보면 어느 나라 역사든 영광과 오욕의 시기가 있게 마련이다. 대부분 나라들은 대체로 영광스러운 시기를 치켜세운다. 그러나 영광의 역사 못지않게 좌절과 치욕의 역사도 우리에게 값진 교훈을 준다. 영광만을 내세우고 그 영광의 시기에 저지른 범죄를 조금도 인정하지 않는 일본을 필자가 후진국으로 단정하는 것도 그런 이유다.

17세기 이후 중앙유라시아의 역사는 말 그대로 가시밭길의 연속이었다. 러시아와 청조에 의한 분할 지배와 부당한 탄압, 이에 맞선 처절한 항쟁과 분열, 그리고 좌절. 그 과정에서 그들은 전통 종교(이슬람교와 티베트 불교)를 포기하기도 하고, 자신들의 존립 기반인 초원에서 쫓겨나기까지 했다. 또한 그들은 인간 해방을 내세운 사회주의 체제 아래서 소련과 중국의 소수민족으로서 크고 작은 차별을 받는 이율배반의 세월을 보냈으며, 신강이나 카자흐 초원의 아름다운 대지가 핵실험장으로 쓰이는 것을 우두커니 바라보아야 했다.

이 모두가 현재 진행 중인 가난이라는 유산과 다수 속의 소수로 살아가면서 겪는 설움과 민족 갈등의 직접적인 원인이다. 또한 현재 중앙유라시아 지역에 있는 국가들은 대부분 20세기 이후에 독립했거나 그 운명이 결정된 젊은 나라들이다. 몽골은 1911년에 청조로부터 독립했고 티베트와 신강은 1949년 이후에야 명실상부하게 중국의 땅이 되었다. 옛 소련령 중앙아시아는 러시아 혁명 이후에 소련으로 통합되었다가 1990년을 전후하여 분리 독립했다. 그만큼 정치적으로 유동적이고 불안과 낙관이 교차하는 곳이다.

중앙유라시아 근현대사는 한 나라의 역사도 한 개인의 인생 유전처럼 흥함과 성함이 교차한다는 평범하지만 위대한 진리를 가르쳐준다. 최근 100여 년 동안 그곳에서 벌어진 일, 현재 진행 중인 유동적인 역사는 민족 문제와 환경 문제 등 인류의 당면 과제를 몸과 눈으로 확인할 수 있는 훌륭한 교과서다. 더구나 중국 신강은 중국 정부의 이른바 서부 대개발의 중심지고, 옛 소련령 중앙아시아는 카스피 해 주변의 자원 이권을 찾아 세계 자본이 집중되는 곳이다. 이것이 우리가 이 지역의 역사와 문화를 학습해야 할 현실적인 이유다.

이처럼 인위적으로 쪼개지고 지워진 중앙유라시아의 역사, 근현대에 들어와 영광스러운 역사를 뒤로하고 주변 강대국의 압제에 시달린 중앙유라시아, 그 결과로서 현재의 가난과 별 볼일 없음, 이 모든 원인이 결과적으로 그들의 역사를 부정적으로 서술하게 만들었고 서술상 오류의 원인이 되었다. 이제 그 오류와 편견의 실태를 구체적으로 살펴볼 차례다.

편견과 오류의 역사

잘못 본 역사

유목민에 대한 서술의 가장 큰 문제는 그것이 부정적이라는 점이다. 이것은 요, 금, 원, 청 등 정복왕조 시기의 특징을 기술한 대목에 잘 나타나 있다. 세부적인 차이를 무시하면 유목민에 대한 편향적 서술은 다음 네 가지로 요약할 수 있다.

"요와 금은 한족을 원활히 지배하기 위하여 이중 지배 체제를 고수했다", "원은 몽골 제일주의를 내세워 한족을 철저하게 차별했다", "청은 한족을 통치하는 데 회유책과 강경책을 병행했다", "시간이 갈수록 지배자들은 중국 문화에 길들여지고 결국 동화되었다".

이런 식의 기술은 나름대로 그 시대의 특징을 드러낸 것이고, 따라서 이를 곧바로 옳다, 그르다고 할 수는 없다. 하지만 여기에는 북방민이 중국에 동화되는 것이 당연하다는 사고가 깔려 있다. 무엇보다 이민족들이 정권을 비정상적으로 탈취했다는 인상을 심어줄 우려가 있다. '몽골 제일주의', '한족에 대한 철저한 차별'이라는 말은 더욱 그렇다. 『중학교 사회1』(교학사 차경수 외 284쪽)은 본문보다 분량이 많은 "탐구 활동"란에서 원의 한족 차별을 집중 부각시키고 있는데, 그중에는 "몽골인이 한족을 죽이면 약간의 벌금과 장례 비용만 물어 주면 되었으나, 한족이 몽골인을 죽일 경우에는 사형을 당하였다", "한족은 활과 화살을 가질 수 없었으며, 심지어는 개나 닭을 기르는 것도 허가받지 못하였다"는 자극적인 내용도 보인다. 또한 본란의 맨 아래에 있는 "자신을 몽골족의 지배를 받는 한족이라고 생각하고 그 마음을 상상해 보자"라는 말은, 마치 선악을 두고 어느 것이 좋은가를 묻는 듯한 느낌이다.

일부 『중학교 사회1』(지학사 280쪽, 성지문화사 272쪽)은 한족이 원의 강압과 민족 차별 정책 때문에 몽골족을 추방하고 명明을 건국했다며 마치 원이 민족 차별 정책 때문에 멸망한 것처럼 기술했다. 그런가 하면 "명의 태조(주원장)는 원의 지배 아래서 파괴된 한족 문화를 일으키는 데 힘을 기울였다"(『중학교 사회1』 디딤돌 242쪽)고 하여 몽골족이 문화 파괴자처럼 느껴지도록 묘사하고 있다. 또한 "시대가 좋았다면 고위 관료가 되었을 지식인들이 통속적인 연극 대본 속에 불굴의 저항 정신을 담았다"(『고등학교 세계사』 교학사 106쪽)며 원나라를 '악', 한족을 이에 저항한 '선의 화신'인 것처럼 쓴 교과서도 있다.

'민족 차별'은 중국의 원대사元代史 연구자들이 수없이 반복해온 상투어다. 그들은 마르크스주의 역사관을 따르면서도 원대를 민족 모순이 극대화한 시기로 규정한다. 그러나 원은 중국만이 아니라 몽골, 티베트 등 주변국을 아우르는 다민족 국가였다. 이러한 체제를 원활히 유지하고자 몽골족은 자신에게 협조적인 색목인色目人을 우대하고 나머지를 그 밑에 두었다. 한족도 그중 하나다. 역사상 제국을 건설한 지배 집단이 제국 내에서 최고 계급으로 군림하지 않은 적이 한 번이라도 있었던가? 그렇다면 현재 중화인민공화국에서 소수민족이 한족에 비하여 차별받는 것을 어떻게 설명할 수 있을까?

부정적 서술은 여기에 그치지 않는다.

"쿠빌라이 칸이 죽은 후, 원은 왕권 다툼, 가혹한 세금 징수, 한족 차별 대우에 따른 사회·경제적 혼란 등으로 인하여 쇠약해지고, 각지에서 농민 반란이 일어나 멸망하였다."(『중학교 사회1』 중앙교육진흥연구소 290쪽)

이것만 보면 원은 쿠빌라이원 세조, 재위 1260~1294 사후 곧바로 붕괴로 치달았다고 짐작하게 된다. 쿠빌라이가 1294년에 죽고 원이 1368년에 망했으니 이 말을 따르면 나라가 망하는 데 75년이 걸린 셈이다. 어지간한 왕조의 존속 기간에 맞먹는 세월이다. 억지로 말을 만들자니 왕권 다툼, 가혹한 세금, 한족 차별, 사회·경제적 혼란 등 동원된 말도 지극히 상투적이다.

『중학교 사회1』(두산 244쪽)에서 "중국에서 불교가 크게 발전한 것은 위·진·남북조 시대부터인데, 열등한 문화를 가지고 있던 북방 민족들을 차별하지 않고 평등하게 대하였기 때문이다"라고 불교의 성행 이유를 설명하는 대목도 유목 문화는 열등하다는 기본 전제를 깔고 있다. 어떻게 해서 하등의 이해관계도 없고 동시대인도 아닌 집단에 대해 이러한 편향된 시각이 생겨났을까? 그가 배운 교과서가 주범이다. 그가 쓴 교과서를 본 학생도 그렇게 될 것이다.

동화(同化)된 역사

두 번째 문제는 북방민의 활동이 죄다 동화론의 시각에서 기술되었다는 점이다. 이를테면 "(북방 민족은) 중국 문화의 영향을 받아 국가의 형태로 발전하였다. 그 과정에서 중국 문화와 융합하거나 한족에게 동화되기도 하였다"(『중학교 사회1』 지학사 276쪽, 괄호 안은 필자 부기), "우수한 한족 문화에 동화되면서 점차 세력이 약화되고 말았다"(『중학교 사회1』디딤돌 239쪽), "한자를 모방하거나 참고하여 고유 문자를 만들어 사용하였다"(『중학교 사회1』교학사 황재기 외 266쪽), "유목민들은 중국 지배 후, 군사력으로는 한족을 정복하였지만 문화면에서 열등감을 느낄 수밖에 없었다. 그래서 불교를 받아들이고 고유 문자를 만들었다. 그러나 그들이 만든 문자는 한결같이 한자를 모방한 것이었다. 결국, 지배층이 중국 문화에 물들고 사치스런 생활에 빠짐으로써 유목민의 힘이 약해졌다"(『중학교 사회1』금성출판사 293쪽) 등등 필자가 초등학교 때부터 들어온 언설뿐이다.

유목민이 중국 문화의 영향을 받아 국가를 수립했다는 것이 도대체 무슨 말인가? 흉노, 선비, 돌궐, 위구르, 몽골이 중국 문화의 영향을 받아 국가를 수립했다는 뜻인가? 이는 유목 국가의 성립 논리를 원천적으로 부정하는 것으로, 중국에서 발행된 북방 민족사의 축소판을 보는 듯하다. 더욱 놀라운 것은 문화적 열등감 때문에 불교를 받아들이고 고유 문자를 만들었다는 기술이다. 무지 때문인지 모르지만, 유목민들이 열등감 때문에 불교를 받아들였다는 말을 나는 들어보지 못했다. 또한 통치의 필요성이나 문화적 자각이나 나름의 독자성을 지키기 위하여 문자를 제작했다는 말은 들었어도 그것이 열등감 극복용이라는 글을 읽어본 적은 없다. 더욱이 유목민들이 한결같이 한자를 모방하여 고유 문자를 만들었다는 데 와서는 할 말이 없어진다.

중국 주변의 이민족이 사용한 문자 중에는 여진 문자, 서하西夏 문자, 거란 문자와 같이 한자와 비슷한 것들이 있다. 그러나 투르크 문자, 위구르 문자, 몽골 문자, 만주 문자, 파스파 문자처럼 한자와 전혀 다른 문자가 더 많다. 티베트 문자(산스크리트에서 기원)를 모방해 만든 파스파 문자를 제외하고 이들의 기원은 아람Aram 문자로 거슬러 올라간다. 아람인은 고대에 지중해 연안의 시리아를 중심으로 활동한 셈족 계통의 사람들이다. 서장에서 언급한 중앙유라시아의 상인 소그드인들은 아람 문자를 모방하여 소그드 문자를 만들었다. 7세기 말 또는 8세기 초 돌궐인들은 소그드 문자를 참고하여 돌궐 문자를 창제하고, 돌궐에 이어 몽골 초원을 지배한 위구르인들은 소그드 문자를 토대로 위구르 문자를 만들었으며, 13세기 초 몽골인들은 위구르 문자를 배워 자신들의 문자로 썼다. 그리고 청을 세운 만주인들은 다시 몽골 문자를 개량하여 만주 문자를 만들었다.

이들 여러 문자로 쓰인 기록이 현존함은 물론, 현재까지 쓰이는 문자도 있다. 그리고 이 모든 문자들이 이른바 서방 문화권에서 비롯한 것들이다. 이는 곧 해당 문자를 만든 집단들이 문화적으로 중국보다는 서방의 영향권에 있었음을 말해준다. 따라서 문자 창제는 단지 문자만의 문제가 아니다. 그들의 다문화 접촉을 말해주는 근거다. 소그드 상인을 비롯한 오아시스 정주민들이 그 중개 역할을 담당했다. 불교와 네스토리우스파 기독교, 마니교 등 서아시아에서 발생한 여러 종교가 그들의 손을 통하여 유목민에게 전해졌다는 것은 앞에서 말했다. 문자와 종교의 전래가 말해주듯이 유목민의 문화 통로는 중국으로 한정되지 않았다. 따라서 유목민들이 중국 문화를 수용하여 국가를 수립하고, 문자를 만들고, 발전을 도모했지만 결국 동화되었다는 것은 앞뒤가 안 맞을 뿐 아니라 사실과도 다르다.

굳이 동화라고 말한다면 근현대 그리고 현재 진행되고 있는 중국 정부의 영내 소수민족에 대한 중국화 정책의 결과라고 해야 이치에 맞다. 앞에서 말했듯이 청은 한족의 나라가 아니었다. 만주족이 지배 집단이고 그 안에 수많은 민족을 포괄한 다민족 국가였다. 제국 내 모든 민족은 자신의 언어를 쓰고 민족 문화를 보존했다. 적어도 19세기 중엽까지 청의 정책이 그랬다. 문제는 청 말기, 한족이 청조의 권력을 장악하면서부터 시작되었다. 이때부터 이른바 중국화가 개시되고, 그 물결이 현재까지 이어지고 있다. 청조를 이은 중화민국과 중화인민공화국은 사실상 청조가 넓혀 놓은 판도版圖를 그대로 인수했다. 그리고 이 시기에 와서 한족이 주축이 되어 주변에 대한 본격적인 동화 정책을 추진했다.

문제는 이 과정에서 수많은 부작용이 생겨났다는 것이다. 티베트와 신강위구르자치구의 예에서 보듯이 일부는 지금도 중국 중앙정부의 중국화 정책에 극력 저항하고 있다. 중국 동북방의 조선족 거주지에 대한 이른바 동북공정도 이 중국화 정책의 일환으로 보면 된다. 고중세에 이미 서북방민들이 중국에 동화되었다면, 현재 중국 정부가 무슨 이유로 '민족 통합'을 외치겠는가? 결론적으로 중국 영내 55개 소수민족의 중국화가 대부분 최근 1세기 사이에 이루어졌다는 사실을 감안하면, 고중세기에 중국에 동화되었다는 말은 타당하지도 않을 뿐 아니라 최근 상황을 잣대로 하여 과거를 재단한 결과라고 단언할 수 있다.

침략과 약탈의 역사

세 번째 문제는 유목민을 침략자의 전형으로 기술한 점이다. "진이 중국을 통일할 무렵부터 흉노족은 중국의 북쪽 국경을 위협하였다. 이때부터 중국 역사는 '북방 민족과의 투쟁사'라고 할 만큼 북방 민족들은 중국을 괴롭혔다"(『고등학교 세계사』 금성출판사 45쪽)는 말이 그 전형이다. 이는 집필자 자신도 모르게 괴롭힘을 당하고 혼란에 시달린 중국은 선하고 가해자인 유목민은 악하다는 생각을 전제로 한 말이다. 모든 교과서가 표현만 다를 뿐 이와 별 차이가 없다. 이렇게 하여 학생들은 배움의 시작부터 유목민에 대한 부정적 이미지를 습득하게 된다. 이 생각이 평생 변하기 쉽지 않음은 물론이다. 그것이 우리 뇌리 한구석에 버티고 있는 부정적 유목민 상이다.

　　나는 유목민이 침략하지 않았다고 강변할 생각은 없다. 침략은 역사적 사실이다. 다만 침략에도 분명한 이유가 있다. 이에 대한 올바른 설명 없이 '침략'만을 부각한 것이 문제다. 예컨대 한 교과서에는 "이동 생활을 하는 유목민들은 오로지 소, 양, 말 등의 가축을 이용하여 음식을 포함한 생활의 대부분을 해결해야 했다. 그래서 이들은 중국을 침략하여 농경지에 살고 있는 사람들의 재산을 약탈하거나 그들을 지배하였다"(『중학교 사회1』 지학사 276쪽)고 기술되어 있는데, 요약하면 유목민은 물자가 부족하기 때문에 농경민을 침략하고 약탈할 수밖에 없었다는 말이다.

　　일리가 있는 이야기다. 그렇다고 이를 양자 관계에 대한 올바른 설명으로 보기는 어렵다. 유목이 농경에 비하여 생산성이 낮고, 그래서 많은 유목민들이 외부에서 물자를 구입하여 삶을 유지한 것은 사실이다. 이 과정에서 침략도 있고, 약탈도 있었을 것이다. 그러나 역사상 존재했던 유목민과 정착민의 관계를 편견 없이 고찰하면 서로 있는 것과 없는 것을 바꾸는 이른바 유무상통有無相通에 의한 교역이 더 일반적이었다고 하는 것이 사리에 맞다. 약탈이 이루어지기도 했지만 이는 어디까지나 비정상적인 관계에서 비롯된 것이었으며 약탈 그 자체를 일상적인 행위로 볼 아무런 근거도 없다.

　　따라서 현행 교과서의 유목→물자 부족→약탈(침략)의 도식은 사실 왜곡을 넘어 유목민에 대한 편견의 근원으로 우선 개정의 대상이다. 약탈(또는 침략) 자체도 그렇다. 이것 역시 유목민만의 전유물은 아니다. 그렇다면 역대 중국 왕조에 의하여 자행된 대외 원정을 어떻게 설명하고, 19세기 말부터 20세기 전반기에 서구와 일제日帝가 저지른 침략 전쟁을 무슨 이유로 변명하고, 현재 미국의 약소국 침략을 어떻게 정당화할 것인가? 미국의 사례가 말해주듯이 침략은 강자의 본질이 아닌가? 따라서 기록을 남긴 쪽의 기록에 유목민의 침략이 기록되었다는 것은 스스로 힘이 약했음을 실토하는 고백이 아닌가?

이와 관련하여 '만리장성은 중국인들이 북방을 정복하고 그곳을 통제하기 위하여 쌓은 것, 즉 침략의 상징물'이라는 말은 장성이 유목민들의 침략을 막기 위한 방벽이라는 우리의 통념에 많은 것을 시사해준다. 만리장성, 그 남북에는 지금도 풀이 무성한 초원이 펼쳐져 있다. 유목민의 고향이라는 말이다. 그 초원으로 슬금슬금 기어들어가 괭이를 꽂고 말뚝을 박고 인위적 장막을 친 사람들이 누구인가? 타인의 삶의 터전을 갈라놓았으니 굳이 말하면 침략자는 중국인들이 아닌가?

머리에 각인된 부정적 이미지는 거짓 기술로 표현되었다. 문제의 근원은 편견이다. 북방민이 한자를 모방하여 문자를 만들었다는 말은 절반은 맞고 절반은 거짓이다. 열등감 때문에 불교를 수용했다는 말, 당나라에서 통치술을 배워서 토번吐蕃, 7세기에 수립된 티베트 최초의 고대국가과 위구르가 국가를 세웠다는 말(『고등학교 세계사』 금성출판사 80쪽)은 무조건 틀린 말이다. 아마도 잠재된 편견이 그랬을 거라고 단언하도록 했을 것이다.

무지로 얼룩진 역사

네 번째 문제는 집필자들의 사실에 대한 무지, 유목 민족사에 대한 잘못된 시각, 그리고 시중에 유통되는 오류투성이의 책이나 외국 교과서를 무비판적으로 따르고 인용한 데서 온 잘못도 적지 않다는 것이다.

"몽골 인민 공화국에서는 해마다 혁명 기념일에 각 나라의 외교관들을 초대하여 30km 경마 대회를 연다."

(『고등학교 세계사』 금성출판사 17쪽)

이 역시 용납이 불가한 오류다. 몽골은 1992년 2월에 체제를 바꾸고, 이때부터 국호도 몽골국이 되었다. 몽골인민공화국은 벌써 11년 전(2003년 초판 기준)에 이 세상에서 사라졌다. 이는 러시아연방을 1991년 말 해체된 '소련'이라고 하는 것과 차이가 없다. 경마 대회는 매년 7월 11~12일 사이에 열리는 나담(축제)을 가리킨다. 1921년 7월 11일 몽골 인민군이 수도 울란바토르를 접수하고 이를 기념하고자 축제를 개최하면서부터 날짜가 이날로 고정되었을 뿐, 나담은 몽골의 고유한 축제다. 따라서 혁명 기념일이라고 하는 것은 반은 맞고 반은 틀린 말이다. 더구나 체제가 바뀐 1992년 이후에도 이를 '혁명 기념일'이라고 하면 큰 문제가 아닐 수 없다. 이 축제에는 외국 외교관만이 아니라 몽골인, 외국인을 불문하고 모든 사람이 참가하기 때문에 외교관을 초청하여 경마를 연다는 것도 잘못된 설명이다. 30킬로미터의 경마 대회라는 말도, 말의 나이에 따라 코스의 거리가 다르기 때문에 사실과 무관하다.

> "몽골인들은 소매가 짧은 웃옷과 바지 등 말을 타는 데 편리한 옷을 입는다."(『고등학교 세계사』 금성출판사 17쪽)

오늘날 몽골 유목민들이 입는 전통 복장 델은 원피스 같은 카프탄 형태이니 이 서술도 문제다. 이 문장은 전국시대 조趙, 서기전 403~228나라 무령왕이 제창한 호복胡服, 즉 활동하기에 편리한 유목민 옷의 특징을 그냥 가져다 쓴 것이다. 현재는 이런 옷을 입지 않고, 전통 복장인 델도 이것과 다르니 무조건 틀린 기술이다. 앞서 든 첫 번째 사례(경마 대회)는 출전을 밝히긴 했지만 책의 인용도 집필자의 선택이기 때문에 책임을 면하기 어렵다. 사소한 것 같지만, 교과서이기 때문에 하나라도 틀려서는 안 된다는 것이 필자의 생각이다.

"색목인: 유럽이나 서아시아, 중부 아시아 서쪽에서 온 외국인을 이르는 말로, 피부색이나 눈동자의 색이 다르기 때문에 붙여진 이름이다. 주로 투르크 인, 이란 인, 유럽 인 등을 가리킨다."
(『중학교 사회1』 교학사 황재기 외 268쪽)
"눈동자의 색이 다른 인종, 즉 투르크 인, 이란 인, 이슬람 인, 유럽 인 등을 가리키는 말이다."(『중학교 사회1』 동화사 285쪽)

원대 '색목인'은 제색목인諸色目人, 즉 '각양각색의 사람'의 준말로 몽골의 중국 지배를 뒷받침한 준지배 집단이다. 주로 몽골의 정복 과정이나 정복 후 몽골 지배에 협력한 투르크계나 이란계 사람들이 여기에 속한다. 따라서 눈동자 색깔에 따라 그렇게 불렀다는 말은 그럴듯하지만 잘못이다. "중부 아시아"라는 말도 이상하기 짝이 없다. 중앙아시아나 중앙유라시아 등 있는 말을 쓰면 된다.

"유목 민족: 일정한 거처가 없이 물과 목초를 따라 가축을 몰고 다니며 이동 생활을 하는 민족."(『중학교 사회1』 디딤돌 238쪽)

이 서술도 유목민에 대한 설명으로 매우 부적절하다. 여기에 나오는 유목민은 마치 일정한 거처가 없이 떠돌이 생활을 한다는 인상을 준다. 한 곳에 머물지 않을 뿐 유목민은 정해진 경로를 따라 봄 집, 여름 집, 가을 집, 겨울 집을 정기적이고 규칙적으로 옮겨다닌다. 생업의 필요 때문에 거처를 자주 옮길 뿐 유목민은 결코 방랑하는 사람들이 아니다. 따라서 최근 자주 얘기되고 있는 이동성 형질 운운은 전혀 근거가 없는 비과학적인 말이다.

"중국의 서북 지방으로부터 서아시아에 이르는 지역에는 고비 사막,

타림 분지, 타클라마칸 사막, 파미르 고원 등 드넓은 사막과 초원이 펼쳐져 있다. 이곳이 바로 유목 민족의 고향으로, 중국에서는 서역이라 불렸다."(『중학교 사회1』 금성출판사 281쪽)

이것도 유목민의 고향에 대한 서술로서 매우 부적절하다. 중국과 서아시아 사이에는 위에 든 사막과 고원이 분명히 존재한다. 유목민의 고향은 그중 북부의 초원 지대다. 그런데 왜, 유목민이 집단 거주하는 초원을 빼고, 거의 없거나 드물게 존재하는 고비 사막, 타림 분지, 타클라마칸 사막, 파미르 고원을 그들의 고향이라고 했을까? 특히 타클라마칸 사막과 타림 분지가 유목민의 고향이라는 말은 거의 창작 수준이다.

"티베트에서 14세기 말 촌 카파가 티베트 불교(라마 교)를 개혁하여 승려의 결혼과 음주를 금지하는 등 계율이 엄한 황모파를 열었다. 이 황모파의 라마(교주)는 살아 있는 부처로 여겨져, 라마가 사망한 지 1년 이내에 라마가 유언으로 지정한 지방에서 태어난 남자애 중에서 새 라마를 선발하도록 하였다. 16세기 후반 몽고의 알탄 칸이…… 당시의 라마에게 달라이 라마(바다와 같은 교주)라는 칭호를 바친 후 지금의 14세 달라이 라마까지 황모파의 라마는 모두 달라이 라마로 불리게 되었다. ……제2차 세계 대전 후에도 티베트는 독립 정부를 구성하고 있었으나, 1949년 중국 전역을 장악한 중공군이 이듬해 티베트를 침공하여 중공의 종주권과 티베트의 자치권을 인정하는 평화 협정을 체결하였다."(『고등학교 세계사』 교학사 188쪽)

인용문이 좀 길다. 그만큼 문제가 있다. "촌 카파"는 응당 '총가파Khongkhapa, 1357~1419'라고 표기해야 한다. 그가 누런 모자를 썼다고 하여 그를 추종하는 종파를 '황모파'라 불렀다(반면, 홍모파는 비개혁 종파를 지칭한다). '라마'는 스승 또는 사부라는 뜻이지 교주라는 말은 아니다. 또한 황모파의 모든 라마가 살아 있는 부처활불活佛로 여겨지지도 않았다. 달라이 라마 등 특별한 스님만이 활불로 불렸다. 알탄 칸1507/8~1583이 달라이 라마 칭호를 헌상한 후 14대 달라이 라마(현재 인도에 망명 중)까지 황모파 라마는 모두 '달라이 라마'로 불리게 되었다는 것도 사실 모독이다.

달라이 라마는 총가파의 제자인 제1대 달라이 라마 겐둔 둡 1391~1474부터 현재의 제14대 달라이 라마 텐진 갸초1935~에 이르는 14명에게만 주어진 특별한 칭호다. 고승대덕은 영혼과 육체를 자유로이 분리할 수 있고, 특히 달라이 라마 같은 스님은 열반과 함께 영혼이 다른 사람의 몸으로 옮아간다고 티베트인들은 믿고 있다. 죽은 스님의 영혼을 갖고 태어난 아이가 이른바 화신化身 라마다. 이렇게 하여 달라이 라마, 판첸 라마(달라이 라마 다음으로 칭송받는 활불)라는 활불의 계보가 만들어졌다. 따라서 현재 살아 있는 제14대 달라이 라마는 이론상 제1대 달라이 라마의 영혼이 전이된 그의 화신이다. 달라이 라마가 다음 화신, 즉 전생轉生을 유언으로 남긴다는 말도 부적절하다. 유언은 전생자를 찾는 데 참고 자료의 하나일 수는 있을지언정 직접 지명하지는 않는다.

티베트와 중국이 평화협정을 체결했다는 말도 쉽게 할 수 있는 말이 아니다. 이 협정으로 티베트에 평화가 왔다는 오해를 불러일으킬 수 있기 때문이다. 이는, 여기에 인용하지는 않았지만 집필자가 이 인용문의 서두에서 중국은 티베트의 독립운동에 대처해야 한다고 말한 것과도 상치된다. 이 사태의 개요를 요약하면 다음과 같다.

1950년 중국의 인민해방군이 티베트를 침공했다. 그 이듬해 1951년 5월 23일 양자 사이에 이른바 17개조의 평화협정이 체결되었다. 그러나 이 협정은 강압과 인장 위조 문제가 제기될 정도로 비정상적인 상황에서 이루어졌다. 따라서 이는 티베트 인민의 고난을 상징하는 티베트

현대사의 비극적 사건일지언정 평화하고는 무관하다. 굳이 말하면 폭력에 의한 평화다. 한 가지 더. '중공군'과 '중공'도 시대의 조류에 맞추어 '인민해방군'과 '중국'으로 바꿔 써야 하지 않을까?

> "몽고 제국은 칭기즈 칸이 죽은 이후 왕위 분쟁이 계속되어 13세기 중엽에는 여러 나라로 분열되었다."
> (『중학교 사회1』교학사 차경수 외 284쪽)

이 서술은 유목 국가의 제위 계승 방식과 몽골 제국에 속한 여러 칸국의 성격을 오해한 데서 나온 잘못이다. 유목 국가의 제위 계승은 적장자 상속 같은 일정한 원칙이 없다. 때로는 동생에게, 때로는 아들이나 다른 친족에게 칸의 자리가 넘어간다. 그때그때의 상황에 가장 적합한 자가 칸이 되었다. 굳이 말하면 적임자 계승 제도다. 그래서 칸이 죽은 후 혼란은 거의 필연적이다. 이런 설명 없이 칭기즈 칸 사후 왕위 분쟁이 계속되었다고 하면 불필요한 오해를 불러올 수 있다. 더구나 이것이 원인이 되어 13세기 중엽 여러 나라로 분열되었다는 말도 전혀 사실과 다르다. 13세기 중엽은 쿠빌라이가 원조를 개창하고[1271], 서방에 세 칸국차가타이, 일. 킵차크이 등장한 시기다. 이를 두고 통상 몽골 제국의 분열이라 한다.

그렇다면 당시 쿠빌라이는 제국의 분열을 기정사실화하고 세 칸국을 독립국으로 인정했다는 것이 입증되어야 한다. 그러나 물론 그렇지 않았다. 쿠빌라이는 집권 초기, 동생 아리크 부케와 전쟁을 벌이려고 서방 칸국의 자립성을 인정했을 뿐 추호도 이들을 다른 나라로 보지 않았다. 원조는 여전히 몽골 제국의 종주국으로서 제국 내 크고 작은 분쟁에 개입하고 조정자 역할을 했다. 이러한 관계는 쿠빌라이 재위 시는 물론, 그의 사후 원조가 멸망하기 직전까지 유지되었다.

"몽고가 정복한 영역은 너무도 넓어 통일 체제를 유지할 수 없었으므로, 몽골 고원·만주·중국만 직접 통치하고 나머지는 왕족에게 나누어 다스리게 하였다."(『고등학교 세계사』 금성출판사 81쪽)

이 역시 유목 국가에 대한 오해에서 비롯된 오류다. 유목 국가는 본질적으로 군주 일족의 재산이었다. 따라서 이 재산은 유목민의 관습에 따라 일족들에게 분배되었다. 이것이 이른바 분봉分封이다. 1206년 몽골 제국을 창건한 칭기즈 칸이 자식과 동생들에게 제국의 일부를 떼어준 것도 가산家産 분배적 성격이 짙다. 차가타이 칸국, 킵차크 칸국, 그 후의 일 칸국도 모두 이러한 분봉의 결과로 성립되었다. 분봉이 계속되면 군주 직할령이 줄어들게 마련이다. 그래서 군주는 다시 정복 전쟁에 나서고 정복지는 다시 분봉된다. 기계적인 것 같지만 사실은 사실이다. 바로 이것이 몽골 제국이 지속적으로 팽창하면서도 외형상 분열된 것처럼 보이는 이유다. 따라서 위의 서술과 같이 땅이 넓어 떼어준 것과는 본질적으로 다르다.

이와 관련하여 또 하나 기억해야 할 것이 있다. 제국의 분열 문제다. 분봉을 전제로 하면 몽골 제국은 가운데 대칸이 있고 멀리 또는 가까이에 소칸이 존재하는 형태가 된다. 대칸이든 소칸이든 이들이 다스리는 영역을 '울루스Ulus'라고 한다. '사람' 또는 '국가'라는 뜻인데, 정확히는 영민領民의 집합을 말한다. 어디까지나 영민이 중심이지만, 영역이 없는 영민은 의미가 없으므로 분봉은 당연히 땅이 전제된다. 이렇게 수많은 울루스가 모여 1206년 대몽골국에케 몽골 울루스이 성립되는데, 이를 보통 몽골 제국이라 한다. 따라서 이상한 말 같지만, 몽골 제국을 비롯한 유목 국가는 우리의 시각으로 보면 그 안에 분열이 전제되어 있다고 할 수 있다. 그러나 이 분열은 우리가 말하는, 나라가 쪼개진다는 의미의 분열과는 질적으로 다르다.

게으름으로 놓쳐버린 역사

끝으로 교과서 집필자들이 조금만 부지런하고 새로운 지식을 익히려고 했더라면 피할 수 있는 오류도 적지 않다. 비단길 문제도 그중 하나다. 모든 교과서에는 "동서 문화의 교류"라는 단원이 있다. 집필자들은 동서 교류가 이루어진 경로를 초원길, 사막길, 바닷길로 분류하고 지도에 이를 표시해놓았다. 유사 이래 동서양 사람들이 이들 경로를 통하여 교류했으니 틀린 말은 아니다. 문제는 사막길만 유독 비단길이라 한데 있다. 이 길을 통하여 비단이 거래되었으니 이 또한 완전히 틀렸다고는 할 수 없다. 그러나 이 사안은 그렇게 간단치 않다.

'비단길'은 '실크로드Silk Road'의 번역어다. 실크로드라는 말을 누가 맨 처음 사용했는가는 확실하지 않다. 다만 이 말을 학계에 널리 보급한 사람은 독일의 지리학자 리히트호펜이다. 그는 1877년에 간행된 『중국China』이라는 책 제1권에서 중국과 트란스옥시아나서투르키스탄 및 인도 사이에 비단 무역이 이루어진 무역로에 '비단의 길들Die Seidenstrasse'이라는 이름을 붙였다. 그 뒤 1910년 독일의 동양학자 알베르트 헤르만이 이 길을 중국에서 시리아까지 연장한 후 이 말이 학자들 사이에서 널리 쓰이게 되었다. 실크로드라고 하면 보통 이 길, 즉 중앙유라시아의 사막을 관통하는 통로를 말한다. 교과서에서 이 길을 사막길이라 한 것도 이 때문이다.

그러나 제2차 세계대전 후 동서 문화 교류 연구가 진전되면서 그 개념이 더욱 확대되어, 실크로드라는 말은 북방의 초원길과 지중해에서 중국에 이르는 바다의 길을 포함한 동서 교통로를 총칭하는 말로 쓰이고 있다. 이렇게 하여 실크로드는 비단이 거래된 루트를 지칭하는 개념에서 동서 간에 인적 물적 교류가 이루어진 모든 통로와 그곳에서 이루어진 문화 교류를 통칭하는 용어가 되었다. 최근 자주 볼 수 있는 "바다의 실크로드"라는 말도 이렇게 생겨났다. 따라서 간단한 용어도 최근 연구에 맞추어 조정할 필요가 있다. 학생들에게 굳이 반세기 이전의 지식을 가르칠 이유가 없지 않은가?

이와 관련해서 하나 덧붙일 것이 있다. 소위 실크로드 사관 극복 문제다. 실크로드는 주로 동서 교역로 또는 문화 전파의 길로 이해되어 왔다. 실크로드란 말 자체에 이미 이런 관념이 내포되어 있다. 먼 옛날 중국의 비단이 로마로 수출되었다는 생각의 반영이다. 이럴 경우 중심은 어디까지나 동쪽 끝(중국)과 서쪽 끝(지중해 세계)에 있고 실크로드는 한낱 비단이 거래된 통과 지점에 불과하게 된다. 동서 문화 교류도 마찬가지다. 이 길은 단지 사람과 물건과 종교가 거쳐간 곳이란 생각이 지배적이다. 모든 교과서에 이렇게 되어 있다. 동서 간에 무언가 오갔다는 말만 있고, 그 길목이 되는 땅의 주인공 이야기는 한 글자도 없다.

왜 그랬을까? 이는 19세기 말~20세기 초기 실크로드 연구자들의 생각이 그랬기 때문이다. 그들의 눈에는 동서 양 끝 세계만 문명의 세계로 보였던 것이다. 그리고 그 문명의 결과물이 이 길을 통해 교류했다는 생각에 따라 그곳에서 열심히 중국 또는 서아시아 또는 그리스·로마적인 것을 찾아냈다. 이것이 주인이 없는 동서 문화 교류사가 탄생한 배경이다. 그러나 실크로드는 동서 양 끝의 상품이나 문화가 그냥 통과한 지역이 아니고, 그 길목에서 새로운 문화가 창조되고 그 문화가 다시 동서 두 세계로 전파된 길이다. 1절에서 언급한 간다라 예술이나 소그드인 이야기도 그중 하나다. 따라서 교과서도 반세기 전 것을 반복할 것이 아니라 20년 전의 지식만이라도 갖다 쓸 필요가 있다.

또 하나 오해의 소지가 있는 것은 진시황이 흉노의 침략을 막기 위하여 만리장성을 쌓았다는 전 교과서 공통의 기술이다. 역사적 사실이지만, 전후의 설명이 없으면 시황제가 처음 만리장성을 쌓았다고 생각할 수 있기 때문이다. 실제로 정규 교육을 받은 사람들은 대부분 이렇게 믿고 있다. 이를 전적으로 틀렸다고 할 수는 없지만, 그렇다고 올바른 것도 아니다. 정확히는 그전 전국 시대에 제후들이 쌓은 장성을 시황제가 하나로 연결하여 거대한 성벽을 만들었다고 해야 한다. 일부 교과서(『중학교 사회1』 고려출판 239쪽, 동화사 276쪽)는 그렇게 기술했다. 사소한 것 같지만 고칠 건 고쳐야 한다.

"장건에 의하여 비단길이 열렸다"(교과서 공통), "비단길: 한나라 때 처음 개척된 동서 교통로"(『중학교 사회1』 디딤돌 234쪽)도 마찬가지다. 이 역시 완전히 틀린 말은 아니다. 그렇다고 정확하지도 않다. 이 말은 중국인들이나 일본인들이 즐겨 쓰는 '장건에 의한 착공鑿空'을 그대로 갖다 쓴 경우인데, 엄밀히 따지면 장건 이전에도 민간 차원의 자유로운 교역이 있었지만, 장건 이후 한나라에서 서역 4군을 설치하고 동서 교역을 보호하면서 교류가 확대되었다고 해야 올바르다. 지면이 적어 번잡하다면 시황제의 경우와 같이 모든 것을 장건이 시작했다는 인상을 줄 수 있는 기술은 생략하는 것이 좋다. 현재 교과서에 쓰인 내용만 보면, 장건 이전에는 교역이 이루어지지 않았고 장건에 의하여 처음 이 길이 개척되었다고 오해할 수 있다. 필자도 이 분야를 공부하기 전에는 그렇게 믿고 있었으니 대다수 사람들도 그럴 가능성이 있다.

게으름 때문에 빚어진 또 한 가지 잘못이 있다. 유명한 칭기즈 칸에 관한 것이다.

"칭기즈 칸은…… 치밀한 준비 끝에 역사적인 서방 원정을 시작하였다. 이 과정에서 중앙 아시아 전 지역을 정복하고, 이슬람 세계를 공격하여 대부분의 도시를 철저하게 파괴하였다. 이어 인도 북부, 흑해 연안 등으로 진격하여 러시아 연합군을 격파한 후 돌아오는 길에 서하를 정복하는 과정에서 병으로 죽었다."

(『중학교 사회1』교학사 황재기 외 267쪽)

먼저 칭기즈 칸이 서방 원정에서 돌아오는 길에 서하 정복에 나섰다는 것은 거짓이다. 칭기즈 칸은 1225년에 몽골 본영으로 돌아와 전열을 정비한 다음, 이듬해인 1226년 서하 원정에 나서고 그 이듬해 사망했다. 작은 문제 같지만 틀린 것은 틀린 것이다.

또한 중앙아시아 원정 도중 대부분의 도시를 철저하게 파괴했다는 말도 가려 쓸 필요가 있다. 중앙아시아 원정 과정에서 많은 도시가 파괴된 것은 사실이다. 그러나 대부분 파괴되었다는 것과는 근본적으로 다르다. 대부분 파괴되었다고 하면 우리 머릿속에 각인된 '살상과 파괴'라는 칭기즈 칸의 이미지와 합치되어 이해하기는 수월하다. 그러나 몽골인의 파괴성이 불필요하게 부풀려질 우려가 있다는 점에서 사실에 입각한 정확한 기술이 필요하다. 그러잖아도 중앙아시아 전투의 사망자 수는 공격을 당한 무슬림 역사가들이 과장한 탓에 믿기 어려운 부분이 많다. 작은 문제이지만, 러시아 연합군을 격파한 것도 칭기즈 칸이 아니고 그의 부장들이다.

몽골 유목민의 이동식 천막을 "빠오"(『중학교 사회1』 지학사 276쪽)나 "파오"(『중학교 사회1』 금성출판사 292쪽)로 쓴 것도 게으른 사례다. 30여 년 전 필자가 학교에서 배운 파오(빠오)가 아직도 살아 있다니 그저 놀라울 따름이다. 파오(빠오)는 중국어 '포빈'에서 온 말이다. 이는 마치 외국 교과서에 한국 고유의 음식 김치를 '기무치'로 소개한 꼴이다.

한-일 간의 불편한 민족 정서 이상으로 몽-중 간의 정서도 껄끄럽다. 수천 년 국경을 마주하고 이해가 엇갈린 결과다. 따라서 파오(빠오)는 원래대로 '게르ger'라고 써야 마땅하다. 용어 문제가 나온 김에 말하자면, 일부 교과서에 쓰인 라마교라는 말도 '티베트 불교'로 고쳐야 한다. 라마 는 티베트어로 선생 또는 사부라는 뜻이니 라마교는 선생교, 사부교가 되 어 말 자체가 이상하지 않은가?

"돌궐(552~744): 터키계 유목 기마 민족으로, 중앙 아시아 일대 에서 활약하였다"(『중학교 사회1』 중앙교육진흥연구소 281쪽)는 기술도 무책 임하다. 우선 돌궐 제국을 그냥 중앙아시아 일대에서 활약했다고 쓸 일이 아니다. 중심지가 몽골 초원이니 그대로 쓰면 된다. 또한 돌궐은 터키계 가 아니고 투르크계다. 터키는 20세기 초기에 아나톨리아 반도에 세워진 나라 이름이고, 터키인은 투르크족의 일파일 뿐이다.

"4세기 후반에는 흉노가 한의 공격을 피해 유럽으로 이동하여 게 르만 족을 서유럽으로 나아가게 하였다"(『중학교 사회1』 교학사 차경수 외 311쪽)는 것도 참으로 이상한 서술이다. 우선 같은 책 275쪽의 서술대로 한은 3세기 초에 망했으니 흉노를 공격할 수가 없다. 이는 필시 흉노의 남북 분열 전후 상황을 혼동한 데서 생긴 오류일 것이다. 즉 48년에 흉노 의 내분과 선비의 공격, 자연재해 등이 겹치면서 남쪽의 여덟 흉노 집단 이 한나라에 투항한 사건이 발생했다. 이를 흔히 흉노의 남북 분열이라 한다. 그 후 몽골 초원의 북흉노는 동쪽의 선비와 오환烏丸, 남쪽의 후한과 남흉노, 북쪽의 정령丁零의 공격을 받고 서방으로 이동했다. 그러나 2세기 경 천산 북방에 있었다는 것을 끝으로 그들은 기록에서 사라진다. 그리고 350년경 훈이라는 집단이 카스피 해 북안에 나타난다. 이들은 4세기 말 ~5세기 초에 중부 유럽까지 진출하여 게르만족의 이동을 촉발한다. 따라 서 위 내용은 이러한 역사적 사실을 토대로 하여 조정되어야 할 것이다.

그 밖에도 많다. 그러나 지면을 무한히 확대할 수 없다. 그 밖의 문제는 후일로 미루고, 앞으로 어떻게 할지 따져봐야겠다. 정답은 제대로 복원하라는 것이다. 그 이유를 앞에서 말한 사항을 개괄하고 본질적인 문제를 제기하면서 밝히도록 하겠다.

복원되어야 할 역사

열심히 읽고 찾고 쓰고 달려왔다. 숨이 찰 정도다. 그런 만큼 많은 문제점을 발견했다. 한두 가지가 아니다. 틀부터 잘못되었다. 주춧돌이 어긋나 있으니 서까래와 지붕이 온전할 리 없다. 이렇게 하여 유라시아 대륙 중앙부의 역사는 흩어지고 쪼개지고 지워졌다. 땅에 붙어산 사람들(농경민)이 합심하여 그렇게 만들었다. 한 번도 모여 공모한 적은 없다. 그러나 모두가 공범이다. 누가 더하고 누가 덜하지도 않았다. 집단 범죄가 분명하지만 주범과 종범의 구별이 흐릿하다.

이 범죄는 그 역사가 실로 오래되었다. 근원을 찾자면 문명을 창조하고 국가 제도를 만들었다고 우리가 치켜세우는 사람들이 처음 시작했다. 그 후 오늘에 이르기까지 그곳에서 사는 사람들은 자신이 전수받은 틀을 한 번도 바꾸지 않았다. 아니 바꿀 필요가 없었다. '문명'이 존재하기 위하여 '야만'이 필요했던 것이다. 이렇게 중앙에 살던 사람이 변방민이 되고, 변방에 살던 사람들이 중심의 거주자로 변했다. 인간의 욕구가 방향까지 바꾼 것이다. 자신들이 세계의 중심에 살고 있다고 착각하는 중국이 딱 그렇다. 물리적으로 보면 분명히 중국의 변방은 대륙의 중앙이다. 따라서 현재 그들이 이해하는 '변방'은 역사 과정에서 조작된 것이 확실하다.

　　이것이 동서양의 야만인, 즉 변방민이 창조된 과정이다. 그러나 이것으로 안심할 수 없었던 모양이다. 물리적 중앙을 억지로 변방으로 만들었으니 이를 사람들에게 영원한 진리로 인식시킬 확실한 보증이 필요했다. 그 발견물이 상대편과 자신의 ‘다름’이었다. 정착과 이동, 농경과 목축, 집과 천막, 도보와 기마……. 엄청난 다름이다. 자세히 보니 문화와 윤리 의식까지 달랐다. 그럴 수밖에 없었겠지만 어쨌거나 정확한 관찰이다. 다름의 발견은 그들(유목민)에게 확실한 야만의 굴레를 씌울 수 있는 근거가 되었다. 이 위대한 발견이 동서의 초기 역사서에 기록된 후, 사람들은 이를 베끼고 또 베껴 천 년을 두 번 보냈다. 이렇게 하여 한번 오랑캐는 영원한 오랑캐가 된 것이다. ‘변하지 않는 것은 세상의 모든 것이 변한다는 그 사실뿐’이라는 말이 무색하다.

　　앞에서 지적한 문제점들은 끈질긴 생명력으로 살아남은 ‘야만’이라는 붉은 글씨의 잔재다. 그 글씨는 지금도 올바름을 넘어 불변의 진리로 되어 있다. 교과서 집필자들은 2000년 동안 이어진 그 글씨를 베낀 행위자에 불과하다. 그렇다고 그들의 허물이 면제되는 것은 아니다. 조금만 노력하면 안 틀릴 수 있는데도 틀렸다는 것은 분명 게으름 탓이다. 또한 그리 많이 학습했으면서도 전대前代의 인식에 문제가 있음을 발견하지 못한 것도 학자로서 허물이다.

　　그러나 세상은 결코 주홍글씨의 신봉자들만 있었던 것은 아니다. 이미 2000년 전에 이 문제의 심각성과 이른바 문명의 허위를 질타한 사람이 있었다. 한나라 환관宦官 중항열中行說, 서기전 2세기 전기이 그 사람이다. 중항열은 한나라 종실의 여인이 흉노의 군주 노상 선우에게 시집갈 때 수행원으로 따라갔다가 흉노에 투항한 사람이다. 『사기』에는 그 중항열과 한나라 사신이 주고받은 문답이 실려 있다. 한나라 사신이 “흉노는 아버지와 아들이 같은 천막에서 잠자고, 아버지가 죽으면 계모를 처로 삼고, 형제가 죽으면 형수를 아내로 삼는다. 위계에 상응하는 복식도 없고, 궁정의 의례와 제도도 없다"고 비판하자, 중항열이 "흉노는 가축과 함께 생활하고 계절에 따라 이동한다. 법규가 간소해 지키기 쉬우며 군신 관계도 단순하다. 한 국가의 정치는 한 사람의 신체와 같다. 부자와 형제가 죽으면 그 처를 취하는데, 이는 혈육을 잃는 것을 꺼리기 때문이다. 중국에서는 겉치레만 하고 실제로는 친족을 서로 살해하고 있다. 흉노에는 그런 허식적인 의례나 복식이 없다"고 반박했다.

흥미로운 문답이다. 이것이 문명과 야만의 본모습이다. 겉보기엔 문명인의 말이 그럴듯하지만, 자세히 보면 야만인의 말이 훨씬 사람답다. 중항열이 이런 생각을 하기까지에는 고민으로 지새운 실로 수많은 밤이 있었을 것이다. 그 역시 문명 세계에서 교육받았다. 따라서 처음에는 당연히 한나라 관리처럼 생각하고 행동했을 것이다. 그러나 막상 흉노와 더불어 동고동락하는 과정에서 야만의 기준이 된 '다름'이라는 것은 삶의 조건이 만든 차이일 뿐 그 이상 아무것도 아니라는 것을 깨달았다. 경험이 편견의 창을 깨고, 그리하여 그는 야만 역시 삶의 한 방식이라는 것을 자각하고 기꺼이 야만인이 되었던 것이다. 물론 가기 싫은 북행길을 보낸 데 대한 불만으로 흉노에 투항하고 이렇게 말했을 수도 있다. 그러나 그가 어떤 의도에서 이런 말을 했는지는 몰라도 두 사회를 비교한 그의 관찰은 소름 끼칠 만큼 정확하다.

사실 개인이 수천 년 동안 지속된 편견의 창을 부수기란 쉽지 않다. 역사의 두께만큼이나 그것은 강고한 철옹성이다. 그러나 일단 그 벽을 넘어서면 모든 것이 새롭게 보인다. 비단 유목민뿐 아니고 나를 둘러싼 모든 것, 나와 다른 모든 것이 다른 모습을 하고 다가온다는 뜻이다. 이것이 앞에서 지적한 교과서의 문제점을 바로잡고 유목민의 역사를 새로 써야 할 첫째 이유다. 더구나 그 유목민은 흩어진 역사를 연결하여 진정한 세계사를 창조한 주역이 아닌가? 편견을 걷어치우면 그들이 세계사 전개에 얼마나 지대한 영향을 미쳤는지가 훤히 보인다. 필자도 그랬는데, 교과서 집필자들이 왜 못하겠는가? 이는 '탈서구, 탈중국, 세계 주요 문화권의 균형적 서술, 지구촌 차원의 역사상 제시'를 추구하는 7차 교육과정의 목표에도 부합된다.

이와 함께 동서 문화 교류의 당사자들(오아시스 주민)이 복권되어야 한다. 문화 교류라는 보이지 않는 실체에 집착하지 말고 소그드인, 무슬림 상인 등 실물로 이야기하자는 것이다. 그래야 그들과 공생하며 세계사를 주도한 유목민의 역할도 확연해진다. 더구나 사람이 등장할 때 역사 공부의 재미도 배가되지 않는가? 육상 무역을 담당한 오아시스 주민을 빼버린 것은 바닷길의 주인공인 인도, 아랍, 이란, 동남아 제 민족의 역사를 꽤 자세하게 기술한 것과 비교된다. 또한 모든 교과서에 알파벳을 개발했다는 페니키아 상인의 역할은 부각되어 있고 내륙에서 그 역할을 한 소그드 상인은 일절 언급되지 않은 것을 어떻게 받아들여야 할 것인가? 한쪽은 '문명 세계(유럽)'에 문자를 전해주고, 다른 쪽은 '야만 세계'에 문자를 전해준 결과라는 것을 어떻게 부인하겠는가?

"모든 인간은 한 몸의 일부다." 페르시아 고전 문학의 거장 사디 시라즈[1184~1291]의 유명한 시구다. 지당한 말이다. 이것이 유목민의 역사가 원상회복되어야 할 둘째 이유다. 지금과 같은 서양 중심의 세계사 서술이나 중국 중심의 아시아사 서술은 학생들의 올바른 세계관 형성에 바람직하지 못한 결과를 초래한다. 우리 모두 잘 알듯이 세계에는 실로 다양한 언어와 종교를 따르는 집단이 모여 산다. 그들 다양한 인간 집단은 이를테면 사람의 몸을 구성하는 신체의 일부다. 사람 몸의 기관은 그 기능에 따라 중요성에 차이가 있을 뿐 어느 하나라도 고장 나면 몸에 이상이 생긴다. 따라서 모든 기관은 절대적인 가치 기준에서 따지자면 가치가 같다. 필자는 세계(또는 아시아)를 구성하는 인간 집단들이 만든 역사도 마찬가지라 생각한다. 우리가 적어도 인간의 평등을 믿는다면 어떤 인간 집단이 창조한 역사도 보편적인 가치가 있다는 것을 사실로 받아들여야 한다. 그리고 이를 학교 교육에 반영해야 한다. 어떤 집단이 현대 세계에서 소수 약자로 전락했을 경우, 특히 그래야 한다. 이 문제는 궁극적으로 강자와 약자가 공존할 수밖에 없는 우리 사회를 어떻게 보아야 하느냐와 같다. 그리고 우리는 교육을 통하여 현대 강자(서구와 중국, 일본 등)의 역사도 중요하지만 소수 약자의 역사도 한때는 세계사의 수레바퀴를 힘차게 돌렸다는 것을 깨달아야 한다. 이렇게 하여 약자든 강자든 모든 인간을 똑같은 눈으로 볼 수 있는 혜안을 학생들에게 길러주는 것이 교육의 본령이라고 필자는 생각한다.

우리는 현실적인 목적을 위해서도 유목민과 오아시스 정주민의 역사를 다시 써야 한다. 이 글의 분석 대상인 중학교 사회, 고등학교 세계사 교과서를 보면서 중국 학자들이 한국 사람들을 어떻게 생각할지 고민되었다. 본론에서 언급했듯이 한국 교과서에서 중국 주변 민족의 역사는 한국만 빼고 모두 중국 역사로 편입되어 있다. 아니 언급 자체가 없거나 중국사와 관련된 맥락에서만 언급했다. 엄밀하게 따지면 불공정하다. 교과서 체제를 보면 한국사도 마땅히 중국사 속에 들어가야 맞다. 아마 교과서 집필자들의 귀에는 지금도 망명정부를 세워 중국으로부터의 독립을 준비하고, 때로는 무장봉기까지 마다하지 않는 티베트나 위구르인들의 처절한 목소리가 들리지 않았을 것이다. 비록 반쪽은 중국 땅이 되었지만 엄연한 독립국인 몽골, 중국정부의 강압적인 중국화 정책을 무릅쓰고 정체성을 지키기 위하여 몸부림치는 서북방 소수민족의 역사를 중국인의 역사에 넣어놓고, 우리만 빼달라는 말이 얼마나 설득력이 있을까?

어디 이것뿐이겠는가? 유목 민족사가 복권되어야 할 이유는 더 있다. 이것은 우리가 살아남기 위해서도 꼭 필요하다. 유목민의 생계인 유목, 이것은 현대인의 '오래된 미래'다.

유목의 가장 큰 특징은 자연에 인위를 가하지 않는 것이다. 대자연의 선물인 목초지에 가축을 풀어놓으면 가축은 그 풀을 뜯어먹고 자라고 사람은 그 가축에 의존하여 살아간다. 풀을 잘 자라게 하려고 비료를 줄 필요도 없다. 아주 특별한 경우를 제외하고 가축에게 따로 사료를 주지도 않는다. 농업이 어떤 식으로든 자연에 인위人爲를 가하는 생업이라면, 유목은 자연을 있는 그대로 이용하는 삶의 방식이다. 이런 점에서 유목은 인류가 개발한 생계 방식 중 가장 환경 친화적이라 할 수 있다. 그러나 20세기에 들어와 유목은 낡은 생산양식이라는 이유로 폐기 처분될 운명을 맞이했다. 과학적 합리주의를 내세워 목초지를 개간하고, 그곳에 유목민을 강제로 정착시켰다. 무력을 동원하여 시행된 정착화 작업은 종종 유혈을 동반하기도 했다(1930년대 소련령 중앙아시아의 사례 등).

이렇게 해서 극히 일부를 제외하고, 유목과 유목민은 지구상에서 완전히 사라졌다. 그러나 그 결과는 결코 인간에게 우호적이지 못했다. 사막화로 인해 환경이 파괴된 것이다. 초원이 초원인 이유는 물이 부족하기 때문이다. 유목은 그런 환경에 적합한 생업이다. 농업은 많든 적든 물이 필요하다. 그래서 일단 농경지가 조성되면 그 주변에서 물을 끌어다 써야 한다. 이런 과정이 수십 년 지속되면 농경지 주변이 사막이나 황무지로 변한다. 현재까지 유목을 하는 몽골국(속칭 외몽고) 초원에 비하여 사실상 정착 목축을 하는 내몽고 초원의 사막화가 훨씬 심각하다는 것이 이를 말해준다. 해를 거듭할수록 심해지는 황사도 이른바 개발의 산물이다. 이런 점에서 자연을 손상하지 않고 물자를 생산하는 유목은 현대를 살아가는 우리의 진정한 '오래된 미래'인 것이다.

유목의 또 다른 특징은 초원을 이용하되 누구도 그것을 소유하지 않는다는 것이다. 유목민의 사고에 따르면 땅은 본디 하늘에 속한 것이다. 인간은 하늘의 선물인 땅을 일시적으로 빌려 쓰는 존재다. 그러나 언제부터인가 그 땅에 주인이 나타나고, 그래서 땅이 인간을 지배하는 세상이 되었다. 공동으로 관리하고 소유해야 할 땅, 이것이 개인의 재산이 되면서 빚어진 비극은 인류사의 비극이다. 이런 점에서 비록 과거로 돌아갈 수는 없지만, 유목과 유목민이 우리에게 일러주는 교훈은 간단치 않다. 비록 외모는 초라해 보이지만, 몽골인들은 아직도 초원을 자기 소유로 하지는 않는다.

유목민의 가르침은 여기에서 그치지 않는다. 유목은 이동 목축이다. 아니 이동을 하기 때문에 유목이다. 이동하지 않으면 유목 자체가 이루어질 수 없다. 방랑벽 때문이 아니고 물과 풀이 부족하기 때문이다. 좋은 물과 풀을 따라 끊임없이 이동하는 목축, 이것이 유목의 본질이다. 그래서 이동은 몸이 가벼워야 한다. 가축도 적절해야 하고, 세간도 너무 많으면 안 된다. 일정한 기준을 넘어서면 이동하는 데 문제가 되고, 결국 유목의 존립 기반이 무너져버린다. 따라서 유목민들은 그것이 가축이든 물건이든 부를 무한정 증식할 수 없다. 안타깝지만 사실은 사실이다.

게다가 주기적으로 찾아오는 초원의 들불, 겨울의 한파와 폭설, 가축의 질병으로 매년 수많은 가축이 떼죽음을 당한다. 그 수가 다를 뿐 1000년 전이나 100년 전에도 그랬고, 금년에도 여전히 그럴 것이다. 그래서 역대 유목민들은 역설적이게도 항구적인 가축 부족에 시달렸다. 이것이 지난 수천 년 동안 북방 초원에서 살아온 유목민의 숙명이다. 생업의 특성상 가축을 무한정 늘릴 수 없고, 그래 봤자 목초지가 부족해지면 그 생산 기반이 무너질 수 있고, 그것마저 자연재해와 질병에 노출되어 있는 삶, 그런 삶을 사는 유목민은 진정 고달프고 애처로운 존재임이 분명하다. 그러나 세상은 이상하게 공평하다. 힘들고 고달프고 가련하기까지 한 유목민의 삶은 우리 인류에게 미래의 길을 알려주니 말이다.

방금 말한 유목의 정의에 따르면 고전적인 의미의 유목민은 생존에 필요한 최소한의 물자를 가지고 살아가는 사람들이다. 아니 그럴 수밖에 없지 않은가? 원래 선한 존재이기 때문이 아니라 그래야 살 수 있기 때문이다. 그래서 학자들은 유목의 가장 큰 특징을 간소함과 질박함에서 찾는다. 유목 세계에서는 생각조차 투명하고 소박하다. 그래서 역사에도 자신의 흔적(기록)을 남기지 않았다. 대자연 속에서 하늘이 준 운명대로 진솔하게 살다가 죽는 것이 유목민의 삶의 철학이다.

무한정한 부의 증식이 제한되는 것과 마찬가지로 구성원의 절대 빈곤 역시 제한되는 것이 유목 사회의 특징이다. 생존에 필요한 최소한의 가축을 소유하지 못한 유목민은 유목을 중지할 수밖에 없고 만약 그렇게 되면 강고한 연대를 기반으로 하는 유목 사회 자체가 붕괴되어버린다. 실제로 역사 속의 유목 사회를 보면 구성원 간의 연대가 무엇보다 중시되었다. 낮은 생산성, 열악한 기후와 자연조건 때문에 씨족이나 부족 단위로 단결하지 않으면 생존 기반이 무너지기 때문이다. 그래서 유목 사회에서는 언제나 호혜 평등과 상부상조가 최선의 미덕으로 지적되었다. 생존 조건이 극부極富와 극빈極貧을 저지하고, 다 같이 망하는 것을 막기 위하여 역사 속의 유목민들은 서로가 서로를 돕고 살았다.

물질 만능주의, 생산 지상주의, 각종 지위 쟁탈에 찌든 우리가 한번쯤 되새겨볼 만하지 않은가? 사실 이것이 유목, 유목 사회, 유목 문화, 유목 민족사를 다시 써서 이를 가르치고 딸딸 외우게 해야 할 가장 큰 이유다.

참고문헌

고마츠 히사오 외, 『중앙유라시아의 역사』, 이평래 옮김, 소나무, 2005.

김장구, 「중국사 연구자들의 원대사 연구와 '몽고'인식」, 『중국 역사가들의 몽골
　　　사 인식』, 고구려연구재단, 2006.

김호동, 『근대 중앙아시아의 혁명과 좌절』, 사계절, 1999.

니콜라 디코스모, 『오랑캐의 탄생』, 이재정 옮김, 황금가지, 2005.

르네 그루쎄, 『유라시아 유목제국사』, 김호동 · 유원수 · 정재훈 옮김, 사계절, 1998.

모흐센 마흐말바프, 『칸다하르』, 정해경 편역, 삼인, 2002.

민병훈, 「실크로드를 통한 역사적 문화 교류」, 『실크로드와 한국문화』, 소나무,
　　　1999.

杉山正明, 『유목민이 본 세계사』, 이진복 옮김, 학민사, 1999.

오카나 히데히로, 『세계사의 탄생』, 이진복 옮김, 황금가지, 2002.

이주엽, 「16세기 중앙아시아 지배계층의 몽골제국 계승성 연구」, 『중앙아시아 연
　　　구』 9, 중앙아시아 학회, 2004.

정수일, 『씰크로드학』, 창작과비평사, 2001.

정재훈, 『위구르 유목제국사』, 문학과지성사, 2005.

정재훈, 「중학교 사회 교과서 세계사 서술 속의 타자 읽기- 북아시아사 서술의
　　　분석을 중심으로-」, 『역사교육』 93, 역사교육학회, 2005.

『몽골의 유목문화』, 이평래 · 朝倉敏夫 옮김, 경기도박물관, 1999.

동남아시아의 약동과 다양성을 얼버무리는 교과서

동남아시아 조흥국

동남아시아를 향한 두 가지 태도

한국과 동남아시아 지역 각국의 관계는 나날이 긴밀해지고 한국의 대외 관계에서 동남아시아가 차지하는 비중도 매우 높다. 매년 많은 한국인이 태국, 필리핀, 베트남, 캄보디아, 싱가포르, 인도네시아 등으로 관광을 가고, 반대로 동남아시아에서는 많은 노동자들이 한국에 와서 일을 한다. 최근에는 이른바 '한류韓流'를 타고 한국의 대중문화가 동남아시아 여러 나라에서 인기를 얻으며 한국과 동남아시아 간에 인적·문화적 교류가 활발해지고 있다.

동남아시아는 원유, 천연가스, 주석 등 지하자원은 물론이고 쌀과 고무, 수산물과 목재 등 농수산물과 임산자원이 풍부한 지역이다. 또 인도양과 태평양의 중간 지대에 위치해 유리한 유통 조건을 갖추고 있으며 한반도와 비교적 가깝고 임금이 저렴하기 때문에 한국의 많은 기업이 동남아시아 지역에 진출해 있다. 한국 정부가 중국, 일본과 함께 **아세안**[1] +3을 통해 이 지역 국가들과 외교 및 무역 관계를 활발히 전개해나가고 아세안과 자유무역협정FTA을 추진하는 것도 그만큼 동남아시아가 한국의 경제에 중요하다고 판단하기 때문이다.

그러나 이렇게 중요한 지역인데도 동남아시아에 대한 한국인의 관심과 이해는 아직도 적고 낮다. 한국인이 관광지로 동남아시아를 선호하는 이유는 이 지역 국가들의 민족과 문화에 관심을 가지고 이해하고자 하는 것이기보다는, 쇼핑이나 골프 여행 같은 휴식과 쾌락에 있는 경우가 많다. 한국인 대다수가 여전히 동남아시아의 민족과 문화를 낮추어 보는 태도를 버리지 않고 있다. 이러한 태도는 한편으로는 한국인들이 가진, 동북아시아 즉 한·중·일 중심적인 사고에서 비롯되었고, 다른 한편으로는 동남아시아 지역에 대한 무지와 오해에서 비롯된 듯하다.

이에 다른 문화에 대한 무지와 오해를 바로잡으려는 노력의 하나로 국제 이해 교육이 기획되었다. 국제 이해 교육은 제2차 세계대전 후 국가 간, 민족 간 전쟁을 회피하고 지구촌의 평화를 유지하려는 목적으로 유네스코 주도하에 만들어졌다. 그리고 1990년대, 탈냉전과 세계화 시대에는 그 의미가 더욱 커졌다. 이념의 장벽이 무너지고 교통과 통신 혁명, 특히 인터넷의 발달로 국가 간 정치·경제 관계뿐만 아니라 민간 차원의 문화·학술·관광·스포츠 교류도 폭과 깊이가 넓고 깊어진 오늘날, 국가 간, 민족 간, 문화 간 상호 이해와 존중이 과거 어느 때보다도 절실히 요구되기 때문이다.[2]

국제이해교육은, 학교 교육에서는 사회 및 세계사 교과서를 통해 다른 지역의 국가와 민족을 교육하고 학습함으로써 이루어진다. 나는 이 글에서 한국 중등 교과서에 나오는 동남아시아 부분을 분석하여, 내 눈으로 보기에 수정이나 보완이 필요하다고 판단되는 용어 및 개념 설명과 역사·문화·정치·경제·사회 등에 대한 서술을 지적하고 그 오류와 미흡함에 대한 수정·보완을 제안하고자 한다. 올바르게 된 것으로 보이는 설

---

1 아세안(ASEAN) 역내의 경제·문화 협력과 안보 안정을 위한 협력 관계가 필요함에 따라 1967년에 태동한 아세안, 즉 동남아국가연합은 1999년까지 동티모르를 제외한 동남아시아의 모든 국가를 회원국으로 흡수하여 오늘날 명실 공히 이 지역 전체를 대표하는 국제기구로 자리를 잡았다. 1997년 태국에서 시작된 아시아 금융위기 이후 아세안은 한·중·일 동북아 3개국과 경제적으로 더욱 긴밀히 협력할 필요성을 인식하게 되었다. 이로써 발족한 아세안+3은 세계 곳곳에 지역주의적 경제 블록이 형성되어 있는 상황에서 차후 동아시아의 새로운 지역 협력체로 발전하려고 애쓰고 있으며 이는 한국의 경제적 미래와도 직접 이해관계가 있다.
2 이삼열 편, 『더불어 사는 세상 배우기』, 서울: 아시아·태평양 국제이해교육원, 2001, 3쪽. 정두용, 「한국의 국제이해교육과 아시아 국가 관련 내용」, 『한국－인도네시아 상호 이해증진을 위한 교과서 개선에 관한 연구』, 서울: 한국교육개발원, 2002, 41~42쪽.

명과 서술에 대해서는 논하지 않는다. 보완할 사항으로 제시하는 것들은 한국의 중·고등학교 학생들이 동남아시아를 이해하려면 반드시 알아야 하나 현행 교과서에는 빠져 있는 내용들이다. 이 글에서 제안하는 수정과 보완 작업은 국제적인 동남아시아 학계에서 보편적으로 인정되는 데이터와 학설을 근거로 한다. 분석 대상으로 삼은 교과서는 2006년에 출판된 『중학교 사회1』 10종(고려출판, 교학사 차경수 외, 교학사 황재기 외, 금성출판사, 동화사, 두산, 디딤돌, 성지문화사, 중앙교육진흥연구소, 지학사)과 『중학교 사회2』 6종(고려출판, 교학사 차경수 외, 동화사, 디딤돌, 중앙교육진흥연구소, 지학사), 『고등학교 세계사』 3종(교학사, 금성출판사, 지학사)이다.

교과서 속 용어와 개념의 오류

용어의 한글 표기 오류

각 과정 교과서의 동남아시아 관련 내용 중 가장 심각한 문제는 잘못된 용어 사용과 개념에 대한 오해, 한글 표기 오류다. 특히 동남아시아 용어의 한글 표기는 지식의 세계화를 생각할 때 결코 가벼운 문제가 아니다. 동남아시아 지역은 많은 나라에 다양한 민족들이 살고 있으므로 언어도 다양하다. 그 언어들 대부분이 한국에는 잘 알려져 있지 않고 자주 쓰이지도 않는다. 이 생소함 때문에 그동안 한국사회에서 동남아시아에 관한 주요 고유명사나 개념은 주로 서양의 문헌, 영상 매체가 사용한 영문 표기를 통해 전달, 형성되었다. 그 결과, 예컨대 'Bhumibol Adulyadej'로 영문 표기되는 현 태국 국왕의 이름은 한때 한국어로 '부미볼 아둘야데즈'로 표기되었는데, 만일 태국 현지에 가서 이 표기대로 발음하면 현 국왕의 이름을 '푸미폰 아둔야뎃'으로 알고 있는 태국인들과 의사소통이 되지 않을 것이다. 동남아시아 여러 나라에서 다양한 언어로 쓰이는 주요 용어들이 한글 체계에서는 오랫동안 일관성 있게 정리되지 않은 채 표기되어 왔으며, 이 때문에 한국인 독자들은 적지 않은 혼란을 겪어왔다.

다행히도 2004년 12월 국립국어원이 타이어, 베트남어, 말레이-인도네시아어의 한글 표기를 현지인 발음에 최대한 가깝게 통일한 용례집을 출판했다.[1] 그러나 이번 2006년에 발행된 분석 대상 교과서들을 조사한 결과, 이 용례집에 따라 동남아시아의 여러 용어를 한글로 정확히 표기할 수 있었는데도 교과서 대부분이 그렇게 하지 않았음을 알 수 있었다. 이 용례집의 규정을 근거로 교과서에 나온 동남아시아 용어들의 한글 표기를 바로잡아 보려고 한다.

타이어 용어　　　『중학교 사회1』(교학사 차경수 외 302쪽)에서 태국의 대표적인 불교 사원으로 소개한 "프라 케오"는 '프라 깨우Phra Kaew'로 고쳐야 한다. 『중학교 사회1』(디딤돌 263쪽)은 수코타이 왕조의 대표적인 불교 사원을 사진으로 보여주면서 그 밑에 "수코타이 왕조의 중심 사원, 와트 만 다트 사원"이라고 써놓았는데, 이 사원 이름의 정확한 발음은 '왓 마하탓Wat Mahathat'이다. 『고등학교 세계사』(교학사 197쪽)에서 수코타이 왕조의 국왕으로 소개해놓은 "라마 캄헹"은 '람 캄행Ram Khamhaeng'으로, 『중학교 사회1』(고려출판 291쪽)의 "차크리 왕조"는 '짜끄리Cakri 왕조'로 수정되어야 한다. 또 교과서 대부분이 태국의 대표적인 강으로 언급한 "차오프라야"는 '짜오프라야Cao Phraya'로 해야 정확하다. 마찬가지

---

1 정희원, 『2004 동남아시아 3개 언어 외래어 표기용례집』, 서울: 국립국어원, 2004.

로『고등학교 세계사』(지학사 179쪽)가 방콕 왕조의 창건자로 소개한 "차오프라야 차크리"는 '짜오프라야 짜끄리Caophraya Cakri'로 수정해야 한다. 『고등학교 세계사』(지학사 275쪽)에 근대적 개혁을 추진한 왕으로 등장한 "출아롱콘"은 '쭐랄롱꼰Culalongkorn'이 정확하다. 『고등학교 세계사』(지학사 179쪽)에서 태국의 유서 깊은 불교 유적지로 소개된 "와트 야이차트 몽클"은 '왓 야이차이 몽콘Wat Yaichai Mongkhon'이 바른 표기다.

베트남어 용어　　　　베트남어 한글 표기에는 이중으로 문제가 있다. 첫째, 한자漢字에서 온 베트남 역사의 주요 개념들을 한자의 한글 발음으로 표기했다는 것이다. 이것은 베트남 고유의 발음에 따라 표기되어야 옳다. 예컨대『중학교 사회1』(두산 282쪽, 디딤돌 263쪽, 지학사 304쪽)에 나오는 "이씨 왕조"는 '리Ly, 李씨 왕조'로, "진씨 왕조"는 '쩐Tran, 陳씨 왕조'로, "여씨 왕조"는 '레Le, 黎씨 왕조'로 수정되어야 한다. 또『중학교 사회1』(고려출판 289쪽)은 중국에 저항한 베트남의 여성 영웅 "춘착 춘니 자매"를 소개하는데, 이는 '쯩짝Trung Trac, 徵側 쯩니Trung Nhi, 徵貳 자매'로 고쳐야 한다. 『중학교 사회1』(두산 282쪽)에서 말하는 11세기 대월국의 창건자 "이공온"은 '리 꽁우언Ly Cong Uan, 李公蘊'으로 표기해야 한다.

　　둘째, 베트남어 한글 표기는 체계적이지도 않고 현지 발음과도 다르다는 문제가 있다. 『중학교 사회1』(지학사 304쪽)과『고등학교 세계사』(지학사 101쪽)에 나오는 베트남의 고대 문자 "추놈"은 '쯔놈chu nom, 字喃'으로 표기되어야 옳다. 특히 지학사 판『고등학교 세계사』의 베트남 용어 한글 표기에는 오류가 많다. "쩐 왕조"는 '쩐Tran, 陳 왕조'로, "레 로이"는 '레 러이Le Loi, 黎利'로, "트린"은 '찐Trinh, 鄭'으로, "구엔"은 '응우옌Nguyen, 阮'으로, "타이손"은 '떠이선Tayson, 西山'으로, "구엔 푹앙"은 '응우옌 푹아인Nguyen Phuc Anh, 阮福映'으로 수정해야 한다. 또 베트남의 근대화 운동을 이끈 인물로 소개된 "판보이차우"와 "판추친"은 각각 '판 보이쩌우Phan Boi Chau, 潘佩珠'와 '판 쭈찐Phan Chu Trinh, 潘周楨'으로 바뀌어야 한다.

말레이-인도네시아어 용어　　　　　　　　말레이시아어와 인도네시아어는 아주 비슷해서 한국에서는 이 두 나라의 언어를 말레이-인도네시아어라고 부르기도 한다. 알파벳을 문자로 쓰는 말레이-인도네시아어 용어의 한글 표기는 비교적 간단하여 오류가 적은 편이다. 그렇지만 『중학교 사회1』(고려출판 288쪽)은 인도네시아의 '자와Jawa 섬'을 "자바"라고 한다. 인도네시아에서 거주 인구가 가장 많고 수도 자카르타가 있는 자와 섬은 오랫동안 '자바 섬'으로 불리었다. 그러나 이 표기는 앞에서 언급한 국립국어원의 한글표기용례집에 따라 '자와'로 통일되어야 한다. 『고등학교 세계사』(교학사 198쪽)는 인도네시아의 마자파힛 왕조를 "인도네시아의 뿌리"로 별도로 설명해놓았다. 그러면서 이 왕조 전에 있었던 싱오사리 왕조의 마지막 왕 "쿠르타나가라", 14세기 후반 마자파힛 왕조의 유명한 왕인 "하얌 우르크"와 그의 탁월한 재상인 "가쟈 마다" 등 몇몇 역사적 인물들을 소개하는데, 이들은 각각 '크르타느가라Kertanegara', '하얌 우룩Hayam Wuruk', '가자 마다Gajah Mada'로 수정되어야 한다. 또 이 교과서는 16세기 자와 섬에서 일어난 이슬람 왕국 중 하나로 "판텐 왕국"을 드는데, 이것은 '반텐Banten 왕국'으로 표기해야 옳다.

캄보디아어, 미얀마어, 라오스어 용어　　　　　　이외에도 교과서에는 캄보디아, 미얀마, 라오스 등에 관한 용어들이 등장한다. 비록 이 언어들이 국립국어원의 동남아시아 외래어 용례집에는 규정되어 있지 않지만, 가능한 한 현지 발음에 가깝게 수정하는 것이 옳다. 예컨대, 캄보디아의 앙코르 와트가 있는 도시 'Siemreap'은 『중학교 사회1』(성지문화사 292쪽)이 표기한 "시엠렙"이 아니라 '시엄레업'으로 읽혀야 한다. 『고등학교 세계사』 (교학사 115쪽)에 소개된 시엄레업의 또 다른 유명한 유적인 앙코르 톰 의 불교 신전 "바이욘"은 '바욘'이 올바른 발음이다. '시엄레업'과 '비욘 Bayon'은 내가 캄보디아 현지인들에게서 직접 확인한 발음이며 캄보디아 어 사전에서도 확인한 것이다.

여러 교과서에 등장하는 "파간", "퉁구" 등 미얀마의 왕조 명 칭도 '버간Bagan', '따웅우Taungoo'로 수정되어야 한다. 『고등학교 세계사』 (교학사 197쪽)의 "콘바웅 왕조"도 '꼰바웅Konbaung 왕조'로 고쳐야 한다. 『고등학교 세계사』(지학사 179쪽)가 말하는 라오스 "란창 왕조"의 "란 창"은 타이어식 발음이고 라오스 고유의 발음으로는 '란상Lan Sang'이 옳 다. '란상'은 백만 마리 코끼리라는 뜻이다.

기타 유럽어 용어　　　　　　『중학교 사회1』(디딤돌 262쪽)은 캄보 디아의 앙코르 와트를 재발견하여 유럽에 소개한 프랑스인 "앙리 므 와"를 언급하는데, 그의 프랑스어 이름인 Henri Mouhot는 '앙리 무 오'로 읽어야 한다.

개념의 오류

소승불교와 상좌불교　　　　　　한국 교과서가 동남아시아의 역 사와 문화를 소개하는 데 채택한 개념 중에는 적절하지 않거나 그 설명이 틀린 것이 적지 않다. 모든 교과서에 공통적으로 쓰인 "소승 불교"라는 개념이 대표적인 사례로, 이 용어는 현재 동남아시아의 종교를 설명하는 데 부적절하다. 우선 소승불교에는 원래 여러 부파部派가 있었지만 오늘 날에는 상좌上座불교 부파만 남아 있다. 그래서 서구 문헌 대부분이 오늘날의 이 불교를 영문으로 표기할 때는 상좌불교의 경전 언어인 팔리Pali어 개념을 그대로 차용하여 "테라바다Theravāda 불교"라고 한다. 테라바다의 '테라thera'는 절의 장로長老 즉 '상좌上座'를 의미하고, '바다vāda'는 '말씀', '가르침'을 뜻한다. 둘째, 용어의 기원 자체에 문제가 있다. 소승불교와 대승불교의 가장 결정적인 차이는 후자가 중생 구제를 추구하는 반면에 전자는 개개인의 수도와 해탈을 중시한다는 데 있는데, '작은 수레'라는 뜻인 '소승小乘'이라는 이름은 나중에 생긴 대승불교 쪽에서 소승불교의 개인주의적 구도 방식을 비판하며 일방적으로 붙인 명칭이다. 이 두 가지 이유만으로도 동남아시아와 스리랑카의 불교는 '소승불교'보다는 '상좌불교'라고 칭하는 것이 적절하다.

시암과 타이　　　　　태국이라는 나라와 그 주민 타이족을 가리키는 용어로 '시암Siam'과 '타이Thai'가 있다. 시암은 오랫동안 태국의 대외적인 공식 국호였다. 그러다가 1939년 민족주의 색채가 짙은 피분송크람Phibunsongkhram 정부가 '타이' 민족과 문화를 강조하는 '타일랜드Thailand'로 국호를 일방적으로 변경했다.

'시암'의 의미에 대해『고등학교 세계사』(지학사 274쪽)는 "미개한 야만인의 나라"라고 말하지만, 이 설명이 어떤 근거에서 나온 것인지 궁금하다. 20세기 초에 에티엔 애모니에Étienne Aymonier 같은 학자가 '시암'의 의미를 '짙은 갈색'이나 '검은색'으로 설명한 이래 오랫동안 사람들은 '시암'이 타이족의 피부색을 가리키는 '검은색'을 뜻한다고 생각해왔다.[1] 그러나 최근 '시암'이 우물을 뜻하는 고대 타이어 '삼sam'에서 파생된 것이라는 학설이 나왔다. 이 학설에 따르면 옛날 타이족은 우물을 중심으

1　Lawrence Palmer Briggs, "The Treaty of March 23, 1907 between France and Siam and the Return of Battambang and Angkor to Cambodia," *Journal of Asian Studies* 5, 4, 1946, p. 440.

로 마을을 이루어 살았으며 캄보디아 사람들이 그러한 타이족을 '시암'이라고 불렀다는 것이다. 말레이인들과 중국인들도 곧 '시암'이라는 호칭을 받아들여 타이족을 지칭했다.[1] '시암'의 중국어 표기인 '셴暹'은 13세기부터 등장한다. 그 후 수백 년간 중국은 태국을 '셴' 혹은 '셴뤄暹羅'라고 불렀고, 조선도 중국의 예를 따라 태국을 '섬라국暹羅國'이라 칭했다. 16세기에는 포르투갈 사람들이 '시암'을 유럽에 알렸고, 그 후 수백 년간 서양인들은 태국을 '시암'이라는 이름으로 알았다.

『중학교 사회1』(디딤돌 263쪽)은 "타이족은 13세기 중엽에 드디어 최초의 국가를 세울 수 있었다. 그들이 되찾은 자유는 무엇과도 바꿀 수 없는 소중한 것이었기에 왕조의 이름을 '자유의 새벽'이란 뜻의 수코타이라고 하였다"고 쓴다. '수코타이Sukhothai'는 인도의 산스크리트어나 팔리어로 '행복', '기쁨' 등을 뜻하는 '수카sukha'와 '흥기', '생성' 등을 뜻하는 '우다야udaya'의 합성어로 읽어야 마땅하다. 산스크리트어나 팔리어에서는 한 음절의 마지막 모음 a와 다음 음절의 첫 모음 u가 만나면 o로 합성된다. 따라서 '수코타이'의 의미를 번역하면 태국의 대표적인 타이어 사전도 제시하듯이 '행복의 흥기'가 된다.[2]

'수코타이'를 '자유의 새벽'으로 풀이한 것은 이 단어를 '수코'와 '타이'의 합성어로 읽고 '타이'를 종래 태국 국내외 학계의 관행에 따라 '자유'로 번역했기 때문일 것이다. 타일랜드를 '자유의 나라' 혹은 '자유를 사랑하는 나라' 등으로 번역, 설명하는 것도 마찬가지다. 여기에는 다분히 민족주의적인 의도가 깔려 있는 것으로 보인다. 그러나 '타이'의 의미는 지금까지도 명확히 밝혀지지 않았다. 최근의 한 연구에서는 '타이'가 단순히 '사람' 혹은 '주민'을 뜻한다고 말한다.[3]

타이인과 타이족　　　　　　　　『중학교 사회1』(금성출판사 314쪽, 디딤돌 263쪽, 성지문화사 291쪽, 중앙교육진흥연구소 305쪽, 지학사 305쪽)과『고등학교 세계사』(금성출판사 100쪽)에서는 태국의 첫 왕조가 13세기 "타이족"에 의해 세워졌다고 한다. 그런가 하면『중학교 사회1』(교학사 차경수 외 301쪽)과『고등학교 세계사』(지학사 101쪽)는 이 왕조를 세운 민족을 "타이 인"이라고 칭한다. 나는 '타이족'은 '타이 민족'을 가리키는 문화적 개념으로, '타이인'은 '타이 국민'을 가리키는 정치적 개념으로 사용하는 것이 적절하다고 생각한다. '타이인' 개념에는 타이족 외에도 태국에 귀화한 화인, 인도인, 캄보디아인, 베트남인 등 다양한 민족이 포함된다. '태국인'은 '타이인'과 동일한 개념이다. 따라서『중학교 사회1』(교학사 차경수 외)과『고등학교 세계사』(지학사)의 "타이 인"은 '타이족'으로 고쳐야 한나. 또한 이런 기준에서 볼 때『고등학교 세계사』(교학사 114쪽)의 "지금 소승 불교는 타이 인 모두의 종교가 되었다"는 기술은, "소승 불교"라는 용어와 서술 내용에는 문제가 있지만 "타이인"이라는 용어를 국민의 개념으로 쓴 것은 적절하다.

미얀마인과 버마족　　　　11세기 미얀마의 첫 왕조인 "파간"을 세운 민족을 가리켜『중학교 사회1』(금성출판사 314쪽)과『고등학교 세계사』(금성출판사 101쪽, 지학사 100쪽)는 "미얀마 인"이라고 지칭하는데, 이것은 '버마족'으로 고치는 것이 바람직하다. '타이인'의 용법과 마찬가지로 '미얀마인' 역시 '미얀마 국민'을 가리킨다.

미얀마인을 구성하는 민족은 다양하다. 이중 다수민족이 '버마

1　Titima Suthiwan and Uri Tadmor, *Thailand: Land of Contrasts*, Hawaii: Center for Southeast Asian Studies, University of Hawaii, 1997, pp. 23~24.

2　Wit Thiengburanathum, *An Advanced Pocket Thai-English Dictionary*, Bangkok: Suriyaban, 1993.

3　Titima Suthiwan and Uri Tadmor, 앞의 책, p. 24.

족'이라 부르는 민족이고, 주요 소수민족으로 샨족, 카렌족, 카친족, 라카인족, 친족, 몬족, 카야족 등이 있다. 2000년도 현재 전체 미얀마 인구 중 버마족의 비율은 약 67퍼센트다.[1] 11세기에 '버간'("파간"은 잘못된 표기다) 왕조를 세운 민족이 버마족이었으며 이 버마족이 미얀마 왕조사의 주류를 이루어 16세기부터 19세기 말까지 따웅우 왕조, 꼰바웅 왕조를 건설했다. 버마족은 미얀마의 불교 문화를 발전시켜왔고 오늘날에는 미얀마의 정치, 경제, 사회를 지배하고 있다.

과거 '버마'라고 알려진 나라가 왜 최근에 '미얀마'로 국호를 바꾸었는지 간략히 설명하면 다음과 같다. '버마'는 영국인들이 자국 식민지에 붙인 국호이다. '버마Bama'는 오래전부터 인도인, 타이인들이 미얀마 땅과 그 주민을 가리키는 말로 사용해온 단어였으므로 추측건대 영국인들의 호칭 '버마'는 인도인들의 관례를 따른 것이다. 그러나 정작 미얀마의 버마족은 자기들이 사는 땅을 '미얀마'라고 불렀다. 미얀마의 군부 정권은 1989년, 역사 뿌리 찾기의 일환으로 국호를 '버마'에서 '미얀마'로 일방적으로 변경했다. 그러나 미얀마의 독재적인 군부 정권을 비판하는 서구인들과 미얀마 내 민주화 세력은 군부 정권의 정당성을 인정하지 않는다는 뜻에서 '미얀마'라는 국호를 거부하고 계속 '버마'를 고집하고 있다.[2]

크메르인과 크메르족, 베트남인과 비엣족　　　　민족 명칭과 국민 명칭을 혼동하는 오류는 캄보디아와 베트남을 설명할 때도 그대로 나타난다. 『중학교 사회1』(동화사 310쪽)과 『고등학교 세계사』(교학사 114쪽, 금성출판사 100쪽)는 캄보디아의 고대 왕국을 건설한 민족을 "크메르 인"이라고 부르는데, 이 명칭은 타이족의 경우와 마찬가지로 '크메르족'으로 수정되어야 한다. 『중학교 사회1』(중앙교육진흥연구소 305쪽)에서 앙코르 와트를 세운 민족으로 지칭된 "크메르 인"도 '크메르족'으로 바꾸는 것이 바람직하다. 또한 캄보디아 국민에 대한 명칭은 '크메르인'이 아니라 '캄보디아인'이 적절하다. '크메르'라는 용어는 나라가 아니라 민족을 가리키는 말이기 때문이다.

『중학교 사회1』(성지문화사 290쪽)은 베트남의 초기 민족을 "베트남 인"이라고 칭하는데, 이것도 '비엣Viet, 越족'이 적절한 명칭이다. 비엣족은 베트남의 역사와 문화를 이끌어왔고 오늘날 베트남의 정치와 사회를 지배하는 베트남의 다수민족이다. 그에 비해 '베트남인'은 베트남의 국민을 지칭하는 개념으로 베트남의 여러 소수민족을 모두 포함한다.

말레이시아아인과 말레이인　　　　　『중학교 사회1』(지학사 132쪽)은 싱가포르를 "말레이시아 인, 중국인, 인도인, 인도네시아 인 그리고 유럽 인과 아시아 인의 혼혈 등"으로 이루어진 다민족 사회라고 설명한다. 여기서 '말레이시아아인'이란 용어는 세계의 학계와 외교계에서 '말레이시아의 국민'이라는 의미로 사용된다. 즉 '말레이시아아인'이라 함은 말레이시아 국적을 취득한 말레이계, 중국계, 인도계, 인도네시아계 등을 모두 포괄하는 정치적 정체성이다. 그러므로 위 교과서의 "말레이시아아인"은 명백한 오류이며, 이 호칭은 문화적 · 민족적 개념인 '말레이인'으로 수정되어야 한다.

'말레이인'은 또 다른 민족적 개념인 '말레이족'과 호환되어 사용되기도 한다. 그러나 '말레이'란 용어 자체에 이미 '말레이인'이라는 뜻이 들어 있다. 말레이시아연방의 헌법에 따르면, '말레이'는 다음의 세 가지

1　Hla Min, *Political Situation of Myanmar and Its Role in the Region*, Office of Strategic Studies, Ministry of Defence, 2000. 박장식, 「미얀마(버마)의 종족집단과 종족분쟁」, 『지역연구』 2, 4, 1993.

2　Klemens Ludwig, *Birma*, München: Beck'sche, 1997, pp. 11~12.

요건을 갖춘 말레이 민족의 사람을 가리킨다. 즉 평소에 말레이어를 말하고, 무슬림이어야 하며, 말레이 관습에 따르는 것이다.

그에 비해 '말레이시아'는 나라 이름이다. 이 이름은 1957년에 독립한 말라야가 1963년에 보르네오 섬의 사바와 사라왁, 그리고 싱가포르를 합병하여 나라 이름을 '말레이시아연방'이라고 한 데서 유래했다. '말레이시아Malaysia'는 영국 식민 지배 시대에 말레이 반도 지역을 가리키는 '말라야Malaya'와 섬을 뜻하는 '에시아esia'를 합성한 조어다.

화교와 화인   분석 대상이 된 모든 교과서가 동남아시아 지역에 소수민족으로 살면서 활발한 경제 활동을 펼치는 중국인들을 "화교"라고 부른다. 19세기 말부터 사용되기 시작한 것으로 추정되는 '화교華僑'라는 명칭은 '외국에 일시적으로 체류하는 중국인'을 의미한다. 즉, 외국에서 살지만 그 나라 현지 사회에 동화되지 않고 문화적으로뿐만 아니라 정치·경제적으로도 중국을 지향하는 삶을 사는 사람들을 화교라고 한다. 이 용어는 중화 민족주의가 팽배했던 20세기 전반기의 해외 '중국인'을 지칭하는 것으로는 적절한 개념이지만, 20세기 중엽 이후 현지 사회에 점차 동화되어가는 중국인들에게는 타당한 것이 아니다.[1]

해외 거주 중국인들은 이제 대부분 현지 국가의 국적을 취득하여 그 나라 국민이 되어 있고, 언어와 풍습 등에서도 현지 사회와 문화에 동화되어 사는 경우가 많다. 이들을 지칭하는 개념으로는 '화인華人'이 더 적절하다. '화인'은 14~17세기 중국의 역사와 중국 주변 국가들의 상황을 기록한 『명사明史』에 나오는 용어로, 해외에서 활동하는 중국인들을 지칭한다. 최근 중국에서 간행된 책자들과 공식 문서에서도 외국으로 이주하여 그 나라의 국민으로 살고 있는 중국계 사람들을 가리키는 말로 널리 쓰인다. 나는 한국의 교과서에도 '화인' 개념을 도입하여 사용할 것을 적극 권하고 싶다.

동아시아, 동북아시아, 동부 아시아, 동남 아시아　　　모든 교과
서에서 확인되는 적절하지 못한 개념 사용의 또 다른 예는 '동아시아'다.
교과서에서는 '동아시아' 개념을 중국, 몽골, 한국, 일본 등 이른바 '동북
아시아' 지역을 지칭하는 데 사용한다. 그러나 일본과 서양에서는 보통
'동아시아East Asia'라 하면 동북아시아와 동남아시아를 모두 포괄하는 개
념이다. 최근 한국에서도 논의되고 있는 '동아시아 공동체', '동아시아 경
제 공동체' 같은 개념은 동북아시아와 동남아시아 지역을 모두 포함한다.
따라서 교과서에서도 '동아시아'란 용어를 쓸 때는 동북아시아와 동남아
시아 모두를 포함하는 개념으로 써야 한다. 그리고 중국, 한국, 일본 등을
가리킬 때는 '동북아시아'라고 해야 한다.

　　그런가 하면 『중학교 사회1』 전 교과서에 "동부 아시아"라는 개
념이 등장하는데, 다른 교과서에 나오는 "동아시아"와 같은 의미로 사용
된 것으로 보인다. 그러나 이것은 지리 용어의 통일성과 일관성을 위해
'동북아시아'로 수정되는 것이 바람직하다. 또한 모든 교과서가 한결같
이 '동남아시아'를 "동남 아시아"로 띄어 썼다. 동남아시아는 한 지역 개
념이기 때문에 '동아시아', '중앙아시아', '서남아시아' 등과 마찬가지로
붙여 써야 한다.

1　조흥국 외, 『동남아의 화인사회 — 형성과 변화』, 서울: 전통과현대, 2000, 21~22쪽.

타이족의 기원 문제

『중학교 사회1』(고려출판 289쪽, 금성출판사 314쪽, 디딤돌 263쪽, 중앙교육진흥연구소 305쪽, 지학사 305쪽)과 『고등학교 세계사』(지학사 101쪽)는 태국의 타이족이 중국의 서남부 지방에 살던 민족이라고 설명한다. 특히 디딤돌 교과서는 9세기 무렵 타이족이 인도차이나 반도로 이동하기 시작했다고 쓴다. 이러한 설명은 모두 타이족이 중국 운남성雲南省의 남조南詔 왕국에서 살다가 내려온 민족이라는 가설을 무비판적으로 수용한 결과다. 이 가설에 따르면, 타이족은 7세기 중엽 남조 왕국을 건설한 후 중국의 한족으로부터 독립을 지키며 번성하다가 13세기 중엽 몽골 군대의 압박을 받아 오늘날 태국 땅으로 이동했다. 이 가설은 태국의 역사책들에 수용되는 등 오랫동안 타이족과 타이 왕조사의 기원에 대한 공식적인 설명이 되어왔다.[1]

그러나 최근 학계에서는, 남조 왕국은 중국인들이 오만烏蠻이라고 불렀던 민족이 건립했고 이들은 타이족이 아니라 티베트–버마Tibeto-Burman 어파에 속하는 롤로Lolo족 계통의 민족인 것으로 추정한다. 다시 말해 남조 왕국을 건설하고 운영한 민족은 타이족이 아닌 것이다. 국제 학계에서는 타이족이 남조를 세웠다는 가설을 부정하고, 타이족이 현재의 태국 땅으로 들어오기 전에는 중국 남부와 베트남 북부 사이 지역에 살았다고 본다. 이에 따르면 타이족은 중국의 동남부에 살았던 민족으로 8세기경에 태국 땅에 들어오기 시작했다.[2]

한국의 교과서가 해당 국가의 주관적인, 때로는 민족주의적인 역사 해석을 받아들일 것인지, 아니면 국제 학계의 더 객관적인 역사 이해를 따를 것인지는 종종 해당 국가를 존중하는 문제와 연결되는 민감한 사안이기도 하다. 그러나 나는 세계화 시대에 한국의 학생들이 균형 잡힌 관점에서 세계 역사를 이해하는 것이 더 바람직하다고 생각한다. 뿐만 아니라 남조 가설이 오류일 가능성이 매우 커진 이상, 이에 입각한 태국 역사 서술은 과감하게 수정되어야 한다.

동남아시아 초기 민족들의 이동과 형성

다양한 민족들이 사는 동남아시아 역사에서 초기 민족들이 어떻게 이동했고 형성되었는지는 대부분 아직 추측의 세계에 머물러 있다. 학계에서 비교적 넓은 공감대를 이루는 설명은 동남아시아 민족들이 아시아 대륙에서 남하한 몽골로이드Mongoloid 민족들로 이루어졌으며, 이들의 남하로 동남아시아 지역의 원주민인 흑인 계통의 니그리토Negrito 혹은 오스트랄로이드Australoid 민족들이 점차 멸절되었거나 외곽으로 쫓겨났고, 혹은 혼혈을 통해 몽골로이드 민족들에 흡수되었다는 것이다.

넓은 지지를 받고 있는 또 다른 가설은, 몽골로이드 민족들 가운데 가장 먼저 남하한 민족은 때로는 말레이Malay 민족이라고도 불리는 오스트로네시아Austronesian 민족으로서, 이들이 서기전 3000년에서 2500년 사이에 동남아시아로 들어왔다는 것이다. 이들은 처음에는 동남아시아의 대륙 지역에 정착하여 거주했으며, 점차 섬 지역으로 내려가 말레이 반도와 인도네시아 섬들, 필리핀 섬들의 주민이 된 것으로 보인다.[3]

1 Rong Syamananda, *A History of Thailand*, Bangkok: Thai Watana Panich, 1981, pp. 8~12.

2 David K. Wyatt, *Thailand: A Short History*, New Haven: Yale University Press, 1984, pp. 7~15.

3 Peter Bellwood, *Prehistory of the Indo-Malaysian Archipelago*, Revised Edition, Honolulu: University of Hawaii Press, 1997, pp. 241~254.

『중학교 사회1』(성지문화사 290쪽)은 "동남 아시아는 농사짓기에 적합한 자연 환경을 지니고 있어, 기원전 2500년경부터 간석기를 사용하고 농사를 지었다. 이 지역에는 크메르계의 여러 민족이 거주하고 있었는데, 미얀마 족, 타이 족, 베트남 인 등이 남하하면서 민족과 문화가 복잡하게 형성되었다"고 한다. 이와 비슷한 서술은 동남아시아 역사학자인 사르데사이 교수의 글에서도 볼 수 있다. 그는 크메르족이 서기전 2000년경 인도 동북부와 중국 서남부 사이의 지역에서 인도차이나 반도로 이주해 들어와 이 지역에 살고 있던 말레이계 민족들을 축출했다고 말한다.[1] 그러나 이 설명은 1930년대에 하이네겔더른Robert Heine-Geldern이 제기한 가설에 입각한 것으로, 오늘날에는 많은 학자들이 이를 인정하지 않는다.[2] 동남아시아 역사학자들과 고고학자들은 크메르 민족의 이주 시기에 대해 조심스러운 태도를 취하면서, 보통 그 시기를 서력기원 전후로 본다.

앞에서 인용한 『중학교 사회1』(성지문화사)의 서술은 베트남의 비엣족, 즉 월越족이 오늘날 베트남의 중부와 남부로 확산하고 버마족과 타이족이 왕국을 건설한 시기가 모두 10세기 이후인 데 비해, 크메르족이 진랍 왕국을 건설하고 앙코르 왕국이 성립된 것이 6세기에서 9세기 초 사이의 일이라는 점에서는 타당하다고 할 수 있다. 그러나 초기 민족들이 동남아시아로 이동하고 정착한 과정에 대해서는 적절치 못한 서술이다. 비엣족은 이미 서기전 3세기경 오늘날 베트남의 북부 지역에 역사적으로 입증된 왕국을 건설했으며, 미얀마의 버마족도 서기전에 미얀마 땅에 발을 들여놓았다는 학설이 있다.[3]

말레이족에 대한 오해

『중학교 사회1』(디딤돌 123쪽)은 "동남 아시아에는 원주민인 말레이족이 살았는데, 19세기 이후 중국인, 인도인, 유럽 인 등이 이주해 와서 살고 있다"고 한다. 다른 『중학교 사회1』 교과서들(고려출판 121쪽, 교학사 차경수 외 141쪽, 금성출판사 149쪽, 두산 121쪽, 디딤돌 123쪽, 중앙교육진흥연구소 147쪽)도 이와 비슷한 서술을 실었다. 그러나 앞에서 살펴보았듯 말레이계 민족이 동남아시아의 최초 주민인 것은 널리 인정되지만, 이 서술은 마치 동남아시아 원주민이 말레이족밖에 없었던 것 같은 인상을 주기에 충분하다. 그러나 말레이족 계통의 민족이 토착 원주민이 되는 나라는 말레이시아, 브루나이, 인도네시아, 필리핀 등이다. 미얀마, 태국, 라오스, 캄보디아, 베트남 등에는 각각 나름대로 토착 원주민이 존재한다. 따라서 인용한 문장의 전반부는 "동남아시아 섬들에는 말레이족, 인도차이나 반도에는 버마족, 타이족, 라오족, 크메르족, 비엣족 등 다양한 토착 원수민들이 살았다" 혹은 간략하게 "동남아시아에는 다양한 토착 원주민들이 살았다"로 수정되어야 옳다.

동남아시아 화인들의 위상에 대한 오해

『중학교 사회1』(금성출판사 149쪽)은 분석 대상이 된 교과서들 가운데 유일하게 간략하게나마 동남아시아 각국별 화인 수와 그들의 경제 활동, 그리고 사회적 위상에 대해 설명한다. 그러나 이 서술에는 두 가지 문제점이 있다. 첫째, 각국별 화인 수치다. 이 교과서는 인도네시아 600만, 태국 550만, 말레이시아 440만, 싱가포르 200만, 베트남 130만,

1 D. R. SarDesai, *Southeast Asia: Past & Present*, 4th Edition, Boulder: Westview, 1997, p. 11.

2 Charles F. Keyes, *The Golden Peninsula: Culture and Adaptation in Mainland Southeast Asia*, Honolulu: University of Hawaii Press, 1995, pp. 16~17.

3 Nicholas Tarling, *Southeast Asia: a Modern History*, South Melbourne: Oxford University Press, 2001, p. 6.

미얀마 100만, 필리핀 100만, 캄보디아 50만, 라오스 20만, 브루나이 20만 등으로 제시한다. 그러나 이 수치들은 부분적으로 오래된 것이므로 수정될 필요가 있다. 2002년에 나온 동남아시아 화인 통계에 따르면, 인도네시아 731만, 태국 610만, 말레이시아 528만, 싱가포르 229만, 베트남 190만, 미얀마 200만, 필리핀 220만, 캄보디아 30만, 라오스 20만, 브루나이 10만 등이다.[1]

둘째, "이들은 고유한 언어, 전통, 풍습 등을 지키면서 대도시의 일정 지역에 모여 살기 때문에 그 지역 주민들과 갈등을 겪고 있다"는 서술이다. 이 설명은 토착 원주민과 화인 간 갈등이 비교적 큰 인도네시아와 말레이시아 같은 나라에는 적용될 수 있을 것이다. 그러나 다른 동남아시아 국가들에서는 토착 원주민과 화인 사이에 갈등이 별로 일어나지 않으며, 특히 태국은 화인들이 현지 사회에 가장 원만하게 동화된 나라로 간주된다.[2]

동남아시아의 토착 문화

『중학교 사회1』(금성출판사 146쪽, 동화사 144쪽)은 동남아시아의 고대 문화가 인도 문화와 중국 문화의 영향을 받아 발전했다고 서술한다. 특히 『중학교 사회1』(금성출판사)은 그러한 문화적 영향의 뚜렷한 예로 인도와 중국의 사이에 위치한 인도차이나 반도를 든다. 이들 교과서는 마치 동남아시아의 고대 문화가 인도와 중국에서 전래한 문화만으로 성립된 듯한 인상을 준다. 그러나 지난 수십 년간 동남아시아 지역을 대상으로 진행된 역사학·인류학 연구를 통해, 이 지역이 인도와 중국으로부터 문화적 영향을 받기 전에 토착 문화를 갖고 있었음이 입증되어왔다.

동남아시아의 토착 문화는 우선 의식주 문화에서 확인된다. 예컨대 오늘날까지 이 지역 여러 나라에서 인기 있는 식품인 생선 간장어장魚醬은 아시아의 간장 문화에서 가장 오래된 것에 속하며, 그것은 동북아시아의 콩 간장곡장穀醬과 구별된다. 또 동남아시아의 농촌 지역에서 흔히 볼 수 있는 고상高床 가옥은 땅과 집 바닥 사이에 공간을 두지 않는 중국식 가옥과 확연히 구별된다. 빈랑 열매를 구장 잎과 석회와 함께 씹는 것이라든지 몸에 문신을 하는 것도 이 지역의 또 다른 토착 문화다.[3]

　　동남아시아의 토착 전통 가운데 가장 두드러진 것은 여성의 적극적인 사회적 역할이다. 중국의 『진서晉書』는 오늘날의 베트남 중부 지방에 있었던 참파 왕국 사람들이 "여자를 귀하게 여기고 남자를 천하게 여겼다"고 썼다. 『명사明史』는 태국 사회에서는 "모든 일이 그 부인들 손에서 결정되는데, 그것은 부인들이 속이 깊고 계산이 밝아 남자들보다 뛰어나기 때문이다"라고 말한다. 여성의 이러한 위상은 오늘날에도 이 지역 여러 나라에서 결혼 후 신랑이 신부의 집에 가서 처가살이를 하는 처거제 풍습이나 여자들의 활발한 시장 활동 같은 현상으로 나타난다.[4]

태국의 불교

『고등학교 세계사』(교학사 114쪽)는 태국의 "소승 불교"가 미얀마에서 온 것이라고 말한다. 『고등학교 세계사』(지학사 101쪽)는 수코타이 왕조가 "인도로부터 소승 불교를" 받아들였다고 썼다. 이 서술들은 그릇된 것이다. 13세기 수코타이 왕국에 들어온 상좌불교는 나콘시탐마랏에

1　http://www.library.ohiou.edu/subjects/shao/databases_popdis.htm
2　조흥국 외, 『동남아의 화인사회―형성과 변화』, 26쪽 이하.
3　Anthony Reid, *Southeast Asia in the Age of Commerce 1450-1680, Volume One: The Lands below the Winds*, New Haven: Yale University Press, 1988, pp. 162~172.
4　조흥국, 「태국 여성의 지위와 역할의 변화」, 『국제지역연구』 9권 4호, 2006, 340~343쪽.

서 도입되었다. 말레이 반도 동안에 위치하여 국제 무역상 요충지였던 나콘시탐마랏은 상좌불교의 본고장인 스리랑카와 정치·종교적으로 교류하여 13세기 중엽에 이미 동남아시아에서 상좌불교 전파의 한 중심지가 되어 있었다. 이곳에서 수코타이와 치앙마이를 비롯한 태국 여러 지역뿐만 아니라 앙코르 왕국에까지 상좌불교가 전파되었다.[1]

『고등학교 세계사』(교학사 114쪽)는 또 "현재 타이에서도 남자는 일생에 한 번은 반드시 출가하여 불교의 수행을 해야 한다. ……지금 소승 불교는 타이 인 모두의 종교가 되었다"고 설명한다. 이 역시 태국에서 불교가 차지하는 역할과 위상에 대한 잘못된 정보다. 태국 인구에서 불교 신자가 차지하는 비율은 93퍼센트 정도다. 그리고 태국의 남자들이 20세가 되면 대개 3개월이라는 짧은 기간 일시적으로 출가하여 불문에 들어가 직접적인 불교 수행을 경험하는 것이 통례인 것은 사실이지만, 그것은 남자라면 누구나 반드시 해야 하는 의무라기보다는 보편화된 전통 관습이라고 보아야 한다.

『중학교 사회1』(교학사 차경수 외 302쪽)은 태국의 대표적인 불교 사원으로 방콕의 "프라케오" 사원(왓 프라 깨우Wat Phra Kaew[2])을 소개하면서, 종 모양 탑신 위에 뾰족한 탑두를 올려놓은 불탑의 양식이 "13세기 수코타이 왕조 시대에 스리랑카로부터 전해졌다고 한다"고 설명한다. 이 불탑 양식이 스리랑카 양식인 것은 옳다. 하지만 스리랑카로부터 직접 전해졌다기보다는, 불교가 수코타이 사회에 도입된 경로와 마찬가지로 말레이 반도 나콘시탐마랏의 승려들을 통해 전해진 것으로 보인다.[3]

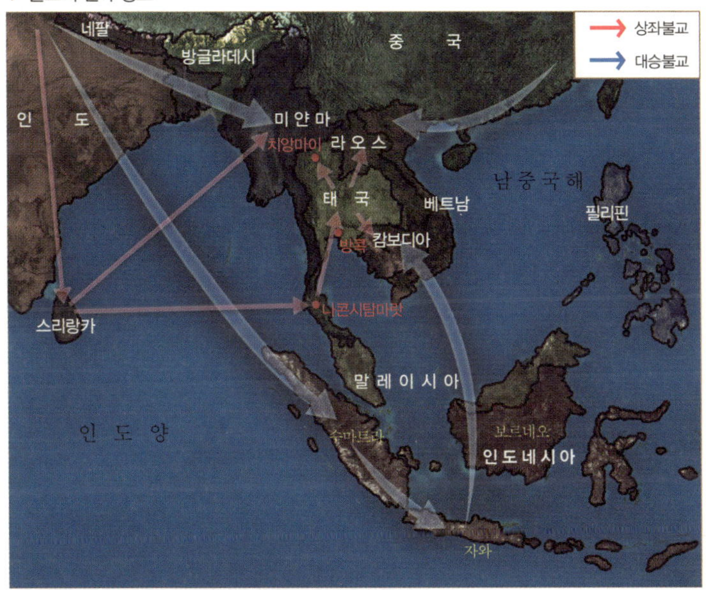

1 불교의 전파 경로

2 방콕 왓 프라 깨우의 스리랑카식 불탑

3 A. B. Griswold, *Towards a History of Sukhodaya Art*, Bangkok: The National Museum, 1967, p. 10.

캄보디아와 인도네시아의 힌두교 · 불교 유적

『중학교 사회1』(교학사 차경수 외 203쪽)과『고등학교 세계사』(교학사 115쪽)는 캄보디아의 유명한 힌두교 사원인 "앙코르 와트"가 "수도의 절"을 뜻한다고 썼다. 그러나 '앙코르 와트Angkor Vat'는 '도시'를 뜻하는 '앙코르'와 '사원'을 뜻하는 '와트'의 합성어로서, 형용사가 명사의 뒤에 위치하는 캄보디아어 어법에 따라 '사원의 도시'라는 뜻이다. 그리고 『중학교 사회1』(두산 282쪽)은 앙코르 톰이 앙코르 와트와 마찬가지로 힌두교 유적이라고 설명한다. 그러나 한 면의 길이가 3킬로미터인 정사각형 성벽으로 둘러싸인 앙코르 톰은 성문[1] 어귀를 장식하는 관세음보살상이나 성 중앙에 놓여 있는 바욘 신전의 많은 관세음보살상들을 보더라도 분명히 대승불교 유적이다.『고등학교 세계사』(교학사 114쪽)는 인도네시아의 대승불교 유적으로 "자와의 자카르타의 구릉 지대에 세워진 보로부두르 유적"을 소개한다. 그러나 보로부두르 불탑이 있는 곳은 자카르타가 아니라 자와 섬 중부 지방 욕야카르타 근처의 구릉지다.

베트남

『고등학교 세계사』(교학사 92쪽)는 동북아시아를 뜻하는 "동아시아"의 문화권과 초기 역사를 설명하면서 여기에 베트남을 포함시킨다. 그러나 아무리 베트남에 중국 문화가 광범위하고 깊게 들어와 있다 하더라도 베트남은 엄연히 동남아시아에 속한다. 동남아시아는 인도 문화와 중국 문화, 이슬람 문화와 서구 문화 등 다양한 문화가 공존하고 혼합된 지역이라는 점을 명심할 필요가 있다. 중국 문화적 요소가 있는 나라나 민족은 무조건 동북아시아에 속한다고 보는 시각은 고쳐야 한다.

『중학교 사회1』(지학사 135쪽)은 "한자, 유교 등으로 대표되는 중국 문화는 주로 베트남에 전파되었는데, 이는 인도차이나 반도 북동부를 높은 산지가 가로막고 있기 때문이다"라고 썼다. 즉 중국 문화가 동남아시아 지역에서 주로 베트남에 집중적으로 전파된 이유가 인도차이나 반도 북동부의 높은 산지 때문이라는 것이다. 그런데 높은 산지가 무엇을 가로막았는지는 설명하지 않는다. 짐작건대 교과서 저자들은 인도 문화가 그 높은 산지로 인해 베트남에 전파되지 못했으며, 그 때문에 중국 문화가 베트남을 독점할 수 있었다고 말하려는 듯하다. 그러나 이처럼 목적어와 상황 설명을 제대로 갖춘다고 할지라도 위의 설명은 옳지 않다. 베트남이 다른 동남아시아 나라들과 달리 문화적으로 중국화된 것은 늦어도 서기전 3세기부터 베트남과 중국 간에 문화적 접촉이 활발히 이루어진 결과이며, 그 시기는 동남아시아에 인도 문화가 들어오기 전이기 때문이다.

1 캄보디아 시엠레업의 앙코르 톰 남문(南門). 성문의 얼굴상은 관세음보살이라고 알려져 있다.

베트남에 대한 설명 중 사소한 오류들이 더 있다.『중학교 사회1』(교학사 황재기 외 283쪽)은 "참파라고 불렸던 베트남은……"이라는 표현을 썼는데, 여기서 "참파라고 불렸던"은 삭제하는 것이 옳다. 잠파는 베트남 중부에 있었다가 15세기에 베트남에 정복된 왕국이기 때문이다. 또 이 교과서는 베트남의 쯔놈 문자를 설명하면서 "오늘날에는 거의 사용되지 않는다"고 했는데, 쯔놈은 오늘날 전혀 사용되지 않으므로 "거의"라는 부사는 빼는 것이 좋겠다.

아세안에 대한 이해

『중학교 사회1』(중앙교육진흥연구소 150쪽)은 아세안을 집중적으로 조명한 상자 글에서 "1967년에 결성한 ASEAN은…… 그 후 브루나이와 베트남, 라오스, 미얀마가 가입하였다"고 말한다. 그러나 1999년 캄보디아가 가입하여 지금은 동티모르를 제외한 동남아시아의 모든 나라가 아세안의 회원국이다. 그런가 하면『중학교 사회1』(지학사 139쪽)은 현재 동남아시아 국가들이 모두 아세안 회원국이라고 썼는데 이는 2001년에 독립했지만 아직 아세안에 가입하지 못한 동티모르의 존재를 간과한 서술이다.

인도네시아 가자마다대학교의 소재

『고등학교 세계사』(교학사 198쪽)에 "인도네시아의 수도 자카르타에는 마자파힛 왕조의 명재상이었던 가쟈 마다의 이름을 붙인 대학이 있다"는 설명이 있다. 여기서 언급된 대학은 가자마다대학교임이 분명한데, 인도네시아 대학교 중에서 학생 수가 가장 많은 이 학교는 자카르타가 아니라 자와 섬 중부의 욕야카르타에 있다.

말레이시아 화인과 인도인의 활동

『중학교 사회1』(고려출판 121쪽)은 19세기부터 대규모로 말레이시아로 이주한 중국인과 인도인에 대해 설명하면서, "중국인은 벼농사, 고무 재배 외에도 집약적인 채소 경작과 돼지 사육을 하였고, 인도인들은 우유를 얻기 위하여 젖소를 길렀다"고 썼다. 말레이시아 화인들과 인도인들의 경제생활에 대한 오해를 불러일으키는 이 서술은 "화인들은 상업, 주석 광산업, 고무 재배 외에도 상업적인 채소 경작과 돼지 사육을 하였고, 인도인들도 주로 상업에 종사하였지만 우유를 얻기 위하여 젖소를 기르는 이들도 있었다"고 고치는 것이 좋다.

전근대 역사(18세기까지)

동남아시아 고대사에 관한 인도 자료

『고등학교 세계사』(금성출판사 53쪽)는, 동남아시아는 인도의 영향을 많이 받았지만 그 "기록이 거의 남아 있지 않아서 초기의 역사는 중국 쪽의 기록에 의지해서 파악할 수밖에 없다"고 말한다. 그러나 동남아시아에는 산스크리트어 비문 등 인도 사료도 남아 있어 고대사 연구에 귀한 자료를 제공한다.

동남아시아에 처음 세워진 왕국

『고등학교 세계사』(교학사 55쪽)는 "동남 아시아 지역 중에서 역사 기록에 등장하는 최초의 국가는 현재 캄보디아 지역에 있었던 부남과 베트남 중부 지역에 있었던 참파이다"라고 말한다. 이 서술은 한편으로는 앞에서 언급한 대로 베트남을 동남아시아의 국가로 간주하지 않은 시각에서 나온 것이며, 다른 한편으로는 동남아시아의 고대사에 대한 지식 부족에서 비롯된 것으로 보인다. 부남과 참파는 모두 서력기원 후에 성립된 왕국이다. 그에 비해 베트남 설화에는 서기전 29세기까지 거슬러 올라가는 반랑국과 서기전 3세기 중엽에 건설된 어우락국이 있었다는 내용이 전해지며, 서기전 3세기 말에는 역사적으로 입증된 남비엣 왕국이 등장했다.[1]

부남 왕국

현 캄보디아 땅에 있었던 부남扶南 왕국은 베트남을 제외하고는 동남아시아에서 가장 먼저 생긴 나라라는 점, 그리고 인도 문화의 영향을 가장 먼저 받은 동남아시아 국가라는 점에서 한국 교과서들의 관심 대상이 된 듯하다. 그러나 교과서의 부남 왕국 설명에는 섣부른 단정과 오류가 적잖이 발견된다. 『중학교 사회1』(동화사 310쪽, 두산 282쪽, 중앙교육진흥연구소 305쪽)과 『고등학교 세계사』(지학사 45쪽)는 부남을 세운 민족이 크메르족 혹은 크메르인이라고 말한다. 그러나 부남의 민족에 대해서는 오스트로아시아 어족의 몬-크메르 어파에 속하는 민족이라는 설[2] 과 말레이족이라는 설[3] , 그리고 부남의 주민이 이들 두 민족으로 이루어졌다는 설[4] 등 여러 가설이 존재한다. 나는 부남이 다른 말레이계 민족들과 마찬가지로 활발한 해상 무역 활동을 전개했다는 점을 고려하여 그들을 말레이계 민족으로 분류하는 것이 타당하다고 생각한다. 그리고 부남의 건국 시기를 『고등학교 세계사』(지학사 45쪽)는 서기전 1세기, 『고등학교 세계사』(교학사 55쪽)는 서기 2세기 중엽이라고 말하는데, 서기 1세기에 시작되었다는 것이 일반적인 학설이다.

『중학교 사회1』(교학사 황재기 외 283쪽)은 "캄보디아 지역에서는 바다를 통한 상업 활동으로 번성한 왕조가 일어나 앙코르 와트와 같은 유적을 남겼다"고 썼다. 캄보디아 땅에서 해외 무역 활동을 활발하게 전개한 것은 부남 왕국이며 그 주민은 위에서 본 대로 말레이계 민족이다. 그에 비해 앙코르 와트를 건축한 민족은 크메르족이었다. 그러므로 위 문장은 "캄보디아 지역에서는 서기 1세기에 말레이계 민족이 부남 왕국을 일으켜 바다를 통한 상업 활동으로 번성했으며, 그 후 크메르족이 일어나 진랍 왕국과 앙코르 왕국을 세워 앙코르 와트와 같은 유적을 남겼다"로 수정되어야 옳다.

부남 왕국의 활동에 관해 『고등학교 세계사』(교학사 56쪽)는 부남의 유적지들에서 로마, 페르시아, 인도, 중국 등의 유물이 발견된 사실을 들면서 "부남이 무역을 통해 번영"했다고만 한다. 『고등학교 세계사』(지학사 45쪽)는 여기서 한 걸음 더 나아가 "이 지역이 인도와 활발한 교류가 있었음을 알 수 있다"고 말한다. 그러나 이러한 서술들은 오래전부터 동

1 유인선, 『새로 쓴 베트남의 역사』, 서울: 이산, 2002, 22~34쪽.

2 Georges Coedès, *The Making of South East Asia*, Berkeley: University of California Press, 1962, p. 62. D. R. SarDesai, *Southeast Asia: Past and Present*, 4th Edition, p. 23.

3 D. G. E. Hall, *A History of South-East Asia*, 4th Edition, London: Macmillan, 1981, p. 25. Nguyen The Anh, "Indochina and the Malay World," *Asia Journal* 3, 1, 1996, p. 110. 최병욱, 『동남아시아사—전통시대』, 서울: 대한교과서주식회사, 2006, 42쪽.

4 Bernard Philippe Groslier, *Hinterindien: Kunst im Schmelztiegel der Rassen*, Baden-Baden: Holle, 1980, p. 57.

남아시아 고대사 학계에서 인정하고 있는, 부남이 남중국해에서 중계 무역 활동을 펼쳤던 사실을 충분히 설명하지 못한다. 한국 교과서들은 이 왕국의 무역 활동에 대해서 "서력기원 후 수세기 동안 동서 문물 교류에 중요한 중개인 역할을 한 부남은, 다른 동남아시아 지역은 물론 인도, 중국과도 활발히 교류했다"고 보완할 필요가 있다.

참파 왕국

참파는 2세기 말 말레이계 민족이 인도차이나 반도에 세운 왕국이다. 베트남 땅에서 그 역사가 전개되었고 베트남과 긴밀한 역사적 관계를 맺었던 이 나라는 이 글이 분석 대상으로 삼은 몇몇 교과서에서 간략하게나마 언급되었다. 참파에 대해 비교적 길게 설명한 『중학교 사회1』(교학사 차경수 외 301쪽)은 "이러한 인도 문화를 바탕으로 베트남 중남부는 7세기 이후 참파국이 지배하다가 17세기에 북부 베트남에게 합쳐졌다"고 썼다. 이 서술은 마치 참파 왕국이 7세기에 건국되었으며 17세기까지 활동을 전개한 듯한 인상을 준다. 그러나 참파는 1471년 베트남의 공격을 받아 그 영토가 베트남에 정복되었고, 왕실만 명맥을 유지하다가 그나마 18세기 초에는 베트남 땅에서 완전히 사라졌다.[1] 이러한 역사를 고려하여 위 서술을 "이러한 인도 문화를 바탕으로 2세기 말에는 베트남 중부에 참족의 참파 왕국이 세워졌다. 이 왕국은 남쪽으로 팽창하던 베트남에게 15세기에 정복되었다"고 수정하는 것이 좋겠다.

『고등학교 세계사』(지학사 45쪽)는 참파에 대해 비교적 길게 다음과 같이 서술한다. "2세기 말에 참족이 베트남의 남부 지방에 참파(임읍)를 세웠다. 참파는 인도로부터 불교 문화를 수용하였다. 이 국가는 한때 중부 베트남까지 세력을 확장하기도 하였지만, 잦은 왕조의 교체와 중국의 간섭으로 크게 발전하지는 못하였다." 이 서술에도 오류가 여럿 있다. 참족이 참파를 세운 것은 베트남의 남부 지방이 아니라 중부 지방이며, 인도로부터는 불교 문화가 아니라 힌두교 문화를 받아들였다. 또 참파는 중부 베트남까지가 아니라 한때 북부 베트남과 캄보디아까지 그 세력을 확장했다. 그리고 참파가 크게 발전하지 못한 결정적인 원인은 베트남의 압박과 침공이었다.

13세기 몽골 침입이 동남아시아 역사에 미친 영향

『고등학교 세계사』(교학사 115쪽)에는 "13세기 원의 침입 이후 동남 아시아에는 큰 변화가 일어났다. 많은 국가와 왕조가 멸망하고 자바의 마자파힛 왕조, 타이의 수코타이 왕조와 같은 새로운 세력이 대두하였으며, 이슬람 교도가 된 인도 상인의 영향으로 이슬람 교가 점차 퍼지게 되었다"고 쓰여 있다. 마치 13세기 후반 몽골 군대의 동남아시아 원정이 마자파힛 왕조와 수코타이 왕조의 등장, 이슬람의 확산을 초래한 것 같다. 그러나 몽골의 침공으로 미얀마에서 "파간" 왕조가 13세기 말에 멸망한 것 외에는 몽골 침입이 13세기 동남아시아의 역사에 미친 영향은 별로 없다. 마자파힛 왕조가 1293년에 흥기한 것은 자와 섬 토착 왕국 간의 정치적인 역학 관계에서 나온 일이었다. 수코타이 왕조의 흥기를 몽골 침입과 연결한 것은 몽골 군대가 남조 왕국의 수도인 대리大理를 점령하여 당시 남조 왕국의 주민을 '이루고 있었던' 타이족의 남하를 촉발했다고 보았기 때문일 것이다. 그러나 앞에서 지적했듯이 남조 왕국은 타이족의 나라가 아니었다. 더구나 몽골 군대의 대리 정복은 1253년이었고, 타이족의 수코타이 왕조 건설은 1238년에 이루어졌다. 그리고 14세기부터 본격화한

1 D. G. E. Hall, 앞의 책, pp. 201~210.

이슬람의 동남아시아 확산은 몽골 요인과 아무런 상관이 없다.

베트남에 대한 중국의 지배

『중학교 사회1』(고려출판 289쪽, 두산 282쪽)은 베트남이 중국의 진秦나라에 의해 지배를 받았다고 썼다. 『중학교 사회1』(금성출판사 314쪽)이 "베트남 북부 지방은 기원전 3세기부터 중국의 지배를 받다가 당이 멸망한 후 독립하였다"고 말하는 것도 베트남에 대한 중국 진 왕조의 지배를 기정사실화한 서술이다. 그러나 베트남에 대한 진의 지배는 오늘날 대다수 학자들이 부정하고 있다.[1] 중국의 베트남 지배는 서기전 2세기 한漢나라 때부터 시작되었다고 쓰는 것이 타당하다.

베트남의 역사

『중학교 사회1』(성지문화사 291쪽)은 베트남이 중국의 지배를 받다가 "9세기 초에 독립하여 정권을 세웠다"고 하는데, 베트남이 중국으로부터 독립한 것은 939년 즉 10세기였다. 『중학교 사회1』(디딤돌 261쪽) "동남 아시아 국가들의 변천" 도표에서는 베트남의 대월이 10세기 초에 시작하는 나라로 표시되어 있는데, 대월은 1054년 즉 11세기 중엽에 시작했다.

『고등학교 세계사』(교학사 197쪽)는 "레 왕조는…… 18세기 후반 떠이선(西山) 왕조를 연 응우옌(阮)씨에게 멸망하였다"고 썼다. 레 왕조를 멸망시킨 떠이선 반란은 일반적으로 왕조라고 하지 않고 '떠이선 농민운동'이라 칭한다. 1771년에 꾸이년 부근의 떠이선 마을에서 응우옌 씨세 형제가 일으킨 이른바 떠이선 반란은 베트남 역사상 가장 큰 농민운동으로 평가된다. 이 반란이 농민들의 큰 호응을 받아 대규모로 전개될 수 있었던 것은 당시 레 왕조의 과도한 징세, 관료들의 착취와 부패, 그리고 특히 18세기에 빈번했던 자연재해로 말미암아 농민들의 생활이 곤핍하게 되었기 때문이다. 떠이선 반란은 15세기 초부터 지속해오던 레 왕조를 1786년에 멸망시켰다. 떠이선 반란을 일으킨 세 형제 중 막내인 응우옌 반 후에는 스스로 꽝쭝光中 황제란 칭호를 취하고 자신이 지배하는 지역에서 국가의 틀을 갖추고자 노력했다. 그러나 1792년에 그가 죽은 후 그의 노력은 이어지지 않았다. 떠이선 운동은 운동 주체 세력 내의 분열로 오래 지속되지 못하고 1802년에 종식되었다.

『고등학교 세계사』(지학사 180쪽)는 "구엔 푹앙이…… 다시 통일된 베트남 왕국"을 세운 것이 1801년이리고 말하는데, 응우옌 푹아인이 베트남의 마지막 왕조인 응우옌 왕조를 세운 것은 1802년이었다.

태국 수코타이 왕조의 람 캄행 왕

『고등학교 세계사』(교학사 197쪽)는 13세기 태국 수코타이 왕조의 "라마 캄헹" 왕에 대해 서술하면서, 그가 "타이 문자를 만들었고…… 소승 불교를 받아들이고, 인도에서 행정 제도를 받아들여 타이 민족 문화를 발전"시킨 업적으로 타이인들이 "타이 민족주의 운동의 원점을…… 라마 캄헹에서 찾는다"고 말한다.

1292년 람 캄행 왕이 세운 것으로 전해지는 람 캄행 비문에서는 타이 문자가 람 캄행 왕에 의해 1283년경 창제되었다고 말하며, 이것에 대해 타이인들은 거의 의심을 하지 않는다. 그러나 최근의 연구에 따르면 타이 문자는 캄보디아 크메르 문자의 영향을 받아 발전했으며, 람 캄

1 유인선, 『새로 쓴 베트남의 역사』, 34쪽.

행 비문에 나오는 문자는 이미 그전부터 발달해 있던 타이 문자를 바탕으로 한 것이다.[1]

람 캄행 왕이 타이 문자를 창제했다는 설에 대해서는 많은 반론이 제기되어 있기 때문에 우리나라 교과서에 정설로 소개되어서는 안 될 것이다. 또 불교도 이 왕 시기에는 이미 타이 사회에 상당히 널리 퍼져 있었던 것을 고려하면 이 왕 시기 전에 도입된 것으로 보는 편이 타당하다. 그리고 람 캄행 왕이 인도에서 행정 제도를 받아들였다는 것은 역사적 근거가 전혀 없는 주장이다. 람 캄행 왕을 타이 민족주의의 시발점으로 잡는다는 서술 역시 그 출처가 어딘지 궁금하다. 역사적인 근거가 없으며 다분히 민족주의적인 동기가 깔려 있는 것으로 보이는 위 서술은 교과서에서 아예 삭제하는 것이 좋다.

태국 수코타이 왕조의 멸망과 아유타야 왕조의 흥기

수코타이 왕조의 건설과 멸망에 대해 『고등학교 세계사』(교학사 197쪽)는 "타이에서는 캄보디아의 지배를 벗어나 남하한 타이 인이 13세기 전반에 최초의 타이 족의 국가 수코타이 왕조를 세워 소승 불교를 채용하고 문자를 만들었으나, 14세기 중엽에 같은 타이 인의 아유타야 왕조에 멸망하였다"고 쓴다. 또 『고등학교 세계사』(지학사 101쪽)는 수코타이 왕조가 "14세기 말 아유타야 왕조에게 멸망하였다"고 말한다. 이들 서술에는 두 가지 오류가 발견된다. 첫째, 타이족이 남하한 것은 캄보디아의 지배를 받기 전이었다. 둘째, 수코타이가 아유타야에 멸망당한 것은 아유타야 왕조가 들어선 14세기 중엽이나 14세기 말이 아니었다. 수코타이 왕조는 아유타야의 흥기로 14세기 중엽에 그 세력이 크게 축소되었으나 1438년경까지 그 명맥을 유지했다.

『고등학교 세계사』(금성출판사 169쪽)는 아유타야 왕조가 1350년에 시작되었다고 쓰고 책 말미 세계 주요국의 역사 변천도에서도 1350년을 제시한다. 태국 역사학자 대부분과 이들의 수치를 그대로 받아들인 한국의 몇몇 태국 연구자들은 아유타야 왕조의 건립 연대를 1350년으로 잡는다.[2] 그러나 국제 학계에서 이미 아유타야 왕조의 시작을 1351년으로 잡고 있는 상황에 1350년을 고집할 필요는 없다.[3]

태국 아유타야의 "와트 야이차트 몽클" 사원

『고등학교 세계사』(지학사 179쪽)는 "(아유타야) 왕조에서는 소승 불교를 중심으로 한 불교 문화가 발달하였는데, 미얀마 격파를 기념히기 위해 조성한 와트 야이차트 몽클과 같은 유적이 남아 있다"고 한다. 태국 아유타야에 있는 "와트 야이차트 몽클" 사원의 정확한 이름은 '왓 야이차이 몽콘Wat Yaichai Mongkhon'이다. 이 사원이 설립된 것은 미얀마 군대 격파를 기념하기 위해서가 아니다. 이 사원은 1357년에 아유타야 왕조의 창건자인 우통이 스리랑카에서 건너온 스님들을 위해 지은 것으로, 처음에는 '깨우 숲의 절'이란 뜻인 '왓 빠 깨우Wat Pa Kaew'라고 명명했다. 그 후 16세기 말에 나레수안 왕자가 미얀마의 왕세자를 일대일 코끼리 전투에서 이긴 후 그 승리를 기념하고자 이 사원의 이름을 '상서로운 큰 승리'라

1 Michael Vickery, "The Ram Khamhaeng Inscription: a Piltdown Skull of Southeast Asian History?", *Proceedings of the Third International Conference on Thai Studies*, Vol. 1, Canberra: July 1987, pp. 196~197.

2 Rong Syamananda, *A History of Thailand*, p. 32. 김영애, 『태국사』, 서울: 한국외국어대학교출판부, 2001, 53쪽.

3 D. K. Wyatt, *Thailand: A Short History*, p. 65. Tarling, Nicholas ed., *The Cambridge History of Southeast Asia, Volume One, From Early Times to c. 1800*, Cambridge: Cambridge University Press, 1992, p. 170.

는 뜻인 '야이차이 몽콘'으로 바꾸었다.[1]

16~18세기 태국 아유타야 왕국의 역사

『고등학교 세계사』(지학사 179쪽)는 "아유타야 왕조는…… 18세기 말 이래 항상 대립하던 미얀마에게 멸망당하고 말았다(1767). 그 후 차오프라야 차크리(라마 1세)가 나타나 미얀마를 물리치고 방콕을 수도로 하는 차크리 왕조(방콕 왕조)를 세웠는데(1782), 이것이 오늘날의 타이 왕조이다"라고 썼다. 아유타야 왕조가 미얀마와 항상 대립 관계에 있었던 것은 18세기 말부터가 아니라 16세기부터였다. 그리고 아유타야 왕조가 1767년에 미얀마에게 멸망당한 후 미얀마를 격퇴한 공로는 짜끄리가 아니라 딱신에게 돌려야 할 것이다.

중국계인 딱신은 아유타야가 멸망한 뒤 미얀마 군대를 몰아내고 태국의 독립을 되찾았으며, 방콕 맞은편의 톤부리에 톤부리 왕조를 세웠다. 그는 이 과정에서 통 두앙이란 사람을 장군으로 임명하고 그에게 '짜오프라야 짜끄리'라는 관직을 하사했다. 1782년에 톤부리에서 딱신을 폐위한 정변이 일어났을 때 당시 캄보디아에 원정을 가 있던 짜오프라야 짜끄리는 군대를 이끌고 톤부리로 돌아와 쿠데타의 주동자들을 처형하고, 그사이 불문에 귀의한 딱신을 절에서 끌어내어 참수형에 처했다. 그리고 그는 수도를 짜오프라야 강 건너 방콕으로 옮겨 새로운 왕조를 건립했는데, 이 왕조는 뒤에 그의 이름을 따서 '짜끄리 왕조'라고 불리었다. 그러므로 딱신이 세운 톤부리 왕조는 1782년에 성립된 짜끄리 왕조의 기반이 되었다고 볼 수 있다.

이러한 딱신 왕의 역할과 관련하여 그가 세운 톤부리 왕조1767~1782는 태국의 공식 역사에서도 인정되고 중시된다. 그러나 한국 교과서들에서는 딱신은 물론 톤부리 왕조에 대한 언급도 빠져 있다. 인용한『고등학교 세계사』(지학사) 외에 교학사와 금성출판사의『고등학교 세계사』에도 이런 내용이 보완되어야 한다.

미얀마의 역사

『고등학교 세계사』(지학사 179쪽)는 "18세기 중엽에는 알라웅파야 왕조가 등장하여 퉁구 왕조를 멸망시키고, 타이의 아유타야 왕조를 공략하여 멸망시키는 등 번영하였다"고 썼다. 이 서술에는 두 가지 문제가 있다. 첫째, 1752년에 등장한 왕조는 "알라웅파야"가 아니다. 왕조의 이름은 꼰바웅 왕조이며, 그 창건자가 알라웅파야다. 둘째, ("퉁구"라고 잘못 쓴) 따웅우 왕조를 멸망시킨 것은 "알라웅파야" 왕조가 아니라 몬Mon족 세력이었다. 수세기간 미얀마 땅에서 버마족과 세력 경쟁을 전개했던 몬족은 1752년에 다시 궐기하여 당시 수도인 어와Ava를 정복하고, 1531년부터 지속해온 버마족의 따웅우 왕조를 멸망시켰다. 그러나 그해에 버마족의 알라웅파야가 몬족 세력을 무너뜨리고 다시 버마족의 왕조인 꼰바웅 왕조를 세웠던 것이다.

라오스의 역사

『고등학교 세계사』(지학사 179쪽)는 "라오스에서는 14세기 중엽 캄보디아 인들이 란창 왕조를 세워 16세기에 불교 문화를 꽃피웠다"고 썼다. 한국의 교과서들 가운데 드물게 이 교과서는 라오스의 역사를 짧

---

1 Tourism Authority of Thailand, *Ayutthaya*, Bangkok: Tourism Authority of Thailand, 2000, p. 23.

게나마 다루었다. 그러나 앞서 언급한 대로 라오스의 옛 왕국 이름은 라오스 사람들이 부르는 방식에 따라 '란상'이라고 해야 하며, 이 란상 왕국을 건설한 사람들은 캄보디아 사람들이 아니라 라오스의 민족, 곧 라오족이다.

라오스의 역사에 대해 우리 학생들이 알아야 할 것은 16세기의 불교 문화 번성이라는 추상적인 내용이 아니다. 더욱 중요한 역사적 사실은 17세기 후반 수린야봉사 왕 시대에 강한 국력으로 경제·문화적 번영을 구가했지만, 이 왕의 사후 나라가 비엔티안, 루앙프라방, 참빠삭 등 상호 적대적인 세 왕국으로 분열되어 약소국으로 전락했다는 것이다. 그 후 라오스는 계속 분열 상태에 있다가 18세기 말에 태국의 공격을 받아 태국의 속국이 되었다. 라오스의 재통일은 이 나라가 1893년에 프랑스의 식민지가 되면서 비로소 이루어졌다.

인도네시아의 초기 역사와 스리위자야 왕국

『중학교 사회1』(성지문화사 292쪽)은 "인도네시아는 1세기 무렵부터 인도 문화의 영향을 받았으며, 4세기에 이르러 국가가 형성되었다. 7세기에 수마트라의 팔렘방에 수도를 둔 스리위자야 왕조가…… 일어나 번영하였다"고 썼다. 인도 문화의 영향이 동남아시아 지역에 영향을 미치기 시작한 것이 서력기원 전후인 것은 일반적으로 인정되는 사실이다. 그러나 4세기에 국가가 형성되었다는 서술은 근거가 없다. 5~6세기 무렵 인도네시아 지역에 왕국이 등장한 것으로 여겨지지만 그 실체는 분명하지 않다.[1] 역사적으로 입증된 인도네시아의 첫 왕국은 7세기 중엽 수마트라 섬에서 일어난 스리위자야로서, 믈라카 해협을 끼고 있었던 이 왕국은 인도, 중국과 교역하면서 강력한 해상 무역 왕국으로 번성했다. 이 교과서는 확실하지 않은 4세기의 국가에 대한 언급을 삭제하는 것이 좋겠다.

『고등학교 세계사』(금성출판사 101쪽)는 스리위자야 왕조가 "처음에는 불교와 힌두 교, 뒤에는 이슬람 교를 수용하였다"고 설명한다. 그러나 스리위자야는 11세기에 세 번에 걸쳐 인도 촐라 왕국의 공격을 받아 국력이 쇠퇴하기 시작하여 13세기에 멸망했는데, 이때는 동남아시아에 이슬람이 퍼지기 전이었다.

13~16세기 동남아시아 섬 지역의 역사

『중학교 사회1』(동화사 311쪽)은 "13세기경부터 성립된 싱오사리, 믈라카 등의 이슬람 계 국가는 전통 문화를 바탕으로 이슬람 문화를 도입하여 독특한 문화를 발달시켰다. 특히 믈라카 왕국은 믈라카 해협을 장악하고 중계 무역을 통하여 크게 발전하다가 15세기 이후 유럽 인의 진출로 세력이 약화되었다"고 썼다. 『고등학교 세계사』(교학사 198쪽)는 "14세기 말에 동남 아시아 최초의 이슬람 국가인 믈라카 왕국이 말레이 반도에 등장하여 명에 조공하면서 해상 무역으로 번영하였다"고 말한다. 이 서술들은 여러 오류를 담고 있다. 우선 자와 섬의 싱오사리 왕국은 이슬람 왕국이 아니었다. 그리고 동남아시아의 첫 이슬람 왕국은 수마트라 섬 북단의 파사이Pasai로서 13세기 말에서 14세기 초 사이에 이슬람화되었다. 인용한 『중학교 사회1』(동화사)은 마치 믈라카가 13세기에 세워진 것처럼 말하지만, 믈라카 왕국의 건립 시기는 일반적으로 1400년경이라고 본다. 믈라카의 세력을 약하게 만든 "유럽 인의 진출"은 1511년

1 Hans Dieter Kubitscheck and Ingrid Wessel, *Geschichte Indonesiens*, Berlin: Akademie, 1981, pp. 2~8.

포르투갈이 믈라카를 정복한 일을 말한다. 『고등학교 세계사』(금성출판사 105쪽) 역시 "15세기 초에 나타난 믈라카 왕조는 이 지역 최초의 이슬람 왕조였다"는 잘못된 설명을 담고 있다.

『중학교 사회1』(중앙교육진흥연구소 306쪽)은 "15세기에는 자와에서 힌두교에 기반을 두고 번성하던 마자파힛 왕국이 이슬람 교로 개종한 것을 비롯하여 여러 개의 이슬람 왕국들이 세워졌다. 이를 통일한 믈라카 왕국은 믈라카 해협을 장악하고 동서 무역을 중계하며 번영을 누렸다"고 썼다. 마자파힛 왕국이 15세기에 힌두교에서 이슬람으로 개종했다는 서술은 근거가 없다. 또 믈라카 왕국이 자와의 이슬람 왕국들을 통일한 적도 없다. 마자파힛은 15세기 중엽 크게 약해지기 시작하여 16세기 초에 이슬람 왕국인 드막Demak에 멸망당했다.

『중학교 사회1』(디딤돌 264쪽)은 "15세기 무렵에는 일부 섬을 제외한 인도네시아의 대부분이 이슬람화하여 오늘에 이르고 있다"고 말한다. 그러나 15세기까지 이슬람화한 곳은 수마트라 섬의 일부와 자와 섬의 동북부 해안 일대, 향료제도말루쿠 제도의 트르나테 섬 정도였다. 17세기 중엽까지 인도네시아 주요 섬들의 해안 지방은 대부분 이슬람화했으나, 내륙 지방과 외곽의 섬 대부분에는 여전히 이슬람 세력이 들어가지 못했고 그중에는 개신교나 가톨릭이 포교된 지역도 많았다.

근현대 역사(19세기 이후)

미얀마와 태국에 대한 식민주의 위협의 배경

『중학교 사회1』(지학사 305쪽)은 미얀마와 태국의 "대립은 18세기까지 계속되었고, 이로 인해 19세기에는 국력이 약해진 틈을 이용한 서양 세력의 침략이 본격화되었다"고 썼다. 미얀마가 16세기 중엽에 태국을 공격하여 일시적으로 속국으로 만들었고, 18세기 중엽에도 공격하여 아유타야 왕조를 멸망시킨 것은 사실이다.

그러나 위에 인용한 서술에는 두 가지 문제점이 있다. 첫째, 태국과 미얀마가 18세기까지 상호 대립하고 전쟁하여 국력이 약해졌다고 보는 것인데, 실제로 두 나라의 상황은 그렇지 않았다. 꼰바웅 왕조의 미얀마는 19세기 초까지 계속하여 동쪽과 서쪽으로 팽창을 추구할 정도로 강력했으며, 태국은 1782년에 짜끄리 왕조 건설 이후 강한 군사력을 바탕으로 역시 대외적으로 팽창하고 대내적으로도 정치적으로나 경제적으로 안정과 번영을 구가했다. 둘째, 동남아시아 국가들에 대한 서양의 식민지화 위협을 설명할 때 식민주의의 근본적인 배경과 동기를 언급하지 않은 것이다. 주지하는 바와 같이, 식민주의는 서구 사회가 산업화한 결과 자국의 자본을 전 세계에 팽창하고 자원 공급지 및 상품 수요지로서 새로운 시장을 개방시키고자 노력한 과정의 일환이었다. 나는 교과서에서 바로 이 점을 부각할 필요가 있다고 본다.

영국의 동남아시아 식민지 건설

『중학교 사회2』(교학사 차경수 외 83쪽)는 "18세기 말부터 믈라카

(말라카), 싱가포르를 식민지로 한 영국"에 대해 썼는데, 영국이 18세기 말 말레이 반도에 만든 식민지는 1786년에 영국동인도회사가 획득한 피낭Pinang/Penang 섬과 1800년에 "웰즐리Wellesley 주"라고 명명한, 피낭 섬 맞은편의 땅밖에 없다. 영국이 싱가포르를 식민지화한 것은 1819년이었고, 믈라카는 1824년 네덜란드와 협정을 맺어 얻은 땅이었다.

『고등학교 세계사』(금성출판사 242쪽)는 "영국은 또 1819년에 싱가포르 대학을 설립하고, 19세기 후반에 이르러 말레이 반도의 여러 이슬람 국가와 싱가포르를 합쳐 말레이 연방을 성립시켰다"고 썼다. 싱가포르대학이 설립된 것은 20세기 초의 일이다. 또 이 대학의 설립은 영국이 말레이 반도 지역에 식민지를 건설했던 상황과 그다지 중요한 관련이 없다. 더 중요한 사실이 있다면 그것은 영국이 1819년에 싱가포르를 식민지로 건설했다는 점이다. 인용한 문장의 또 다른 오류는 싱가포르를 말레이 연방에 포함시켰다는 것이다. 1896년에 형성된 연방말레이주Federated Malay States는 페락, 슬랑오르, 파항, 느그리슴빌란 같은 술탄국들을 아우른 것이었고, 싱가포르는 행정적으로는 1826년에 싱가포르, 피낭, 웰즐리, 믈라카 등으로 구성, 형성된 해협식민지Straits Settlements에 속했다.

프랑스령 인도차이나

『고등학교 세계사』(교학사 283쪽)는 "프랑스는 17세기 초 동남 아시아 지역을 침략하여 베트남과 캄보디아, 라오스를 점령하고 프랑스령 인도차이나를 만들어 지배하였다"고 말한다. 이 서술은 크게 잘못되었다. 프랑스가 동남아시아에 진출한 것은 17세기가 맞지만 정확히는 17세기 후반부터이며 베트남, 캄보디아, 라오스를 식민지화하기 시작한 것은 모두 19세기 후반의 일이다.

이 교과서(285쪽)는 또 "1855년 프랑스령 인도차이나에 포함된 베트남" 운운하는 해괴한 문구를 실었다. 베트남 전체가 프랑스의 식민지가 된 것은 1883년이었으며 '인도차이나연방l'Union Indochinoise'이라고 불린 프랑스령 인도차이나가 성립한 것은 1887년이었다.

식민 지배의 방식

『고등학교 세계사』(교학사 285쪽)는 "필리핀에 대한 에스파냐의 지배는 가톨릭 수도회를 중심으로 이루어졌다"고 했는데, 이는 에스파냐가 필리핀을 식민 지배한 구조의 한 단면만을 이야기한 것이다. 필리핀에 대한 에스파냐의 식민 지배는 두세 가지 체계에 의해 운영되었다고 말할 수 있다. 즉 식민 정부의 세속적인 행정 체계 외에 가톨릭계의 관할권이 따로 움직였는데, 이 가톨릭계의 관할권은 마닐라의 대주교를 정점으로 하는 주교 관구의 세력과 주교 관구의 질서를 무시하고 오직 내부의 명령 체계만 중시하는 수도회 세력으로 양분되어 있었다. 식민 정부와 주교 관구의 신부들 간에는 종종 협력 관계가 맺어졌는데, 그것은 수도회, 특히 예수회의 세력이 너무 방대해졌기 때문이었다. 가톨릭계의 행정 체계는 식민 정부 관리들의 통제가 미치지 못하는 곳에서도 기능을 발휘한 점에서 사회적으로는 세속적인 행정 체계보다 훨씬 중요할 때도 있었다. 이러한 점을 고려하여, 위 문장은 "필리핀에 대한 에스파냐의 지배는 에스파냐 정부와 가톨릭교회 및 가톨릭 수도회를 중심으로 이루어졌다"고 고칠 수 있다.

『고등학교 세계사』(교학사 283쪽)는 또 서양 열강들의 동남아시아에 대한 지배가 "본국에서 건너온 지주가 식민지 주민들을 동원하여 커피와 사탕수수, 담배 등을 강제 재배시키고, 그것을 수탈하는 형태였다"고

말한다. "본국에서 건너온 지주"가 수탈에 직접 가담한 경우는 베트남을
포함한 프랑스령 인도차이나 정도였고, 다른 동남아시아 식민지들, 예컨
대 인도네시아에서는 식민 정부가 토착인 농민들을 직접 동원하여 상업
작물을 재배시켰으며, 필리핀에서는 식민 정부와 식민 자본가들이 토착
인 지주들을 이용했다.

태국의 근대화 노력과 독립 유지

『중학교 사회2』(디딤돌 100쪽)는 태국의 근대화를 비교적 상세히
다루면서 "라마 4세는 왕위에 오르기 전에 27년 동안 불교의 승려로 있
으면서 외국인 교사에게 영어와 서양 학문을 배운, 독특한 경험을 가진
국왕이었다. ……그는 타이의 군사, 행정, 법률 제도의 개혁을 단행하였
다. 그리고…… 고속도로와 운하를 건설하였다"고 썼다. 이 서술에는 몇
가지 오류가 있다. 우선 라마 4세가 서양 언어들과 학문을 배운 것은 교
사가 아니라 그와 교분이 있었던 서양인 신부와 선교사들에게서였다. 또
"타이의 군사, 행정, 법률 제도의 개혁"이 단행된 것은 라마 4세 때가 아
니라 라마 5세 시대의 일이다. 그리고 태국에 오늘날과 같은 개념의 고
속도로가 건설된 것은 라마 4세가 통치했던 19세기 중엽이 아니라 20세
기 후반이다.

『중학교 사회2』(디딤돌 100쪽)는 또 "라마 5세는…… 서쪽과 동쪽
에서 각각 타이를 압박해 온 영국과 프랑스 사이에서 균형 잡힌 외교 정
책을 펴고, 두 나라 사이의 대립을 이용하여 독립을 유지하는 데 성공하
였다"고 썼다. 이 서술 중 "두 나라 사이의 대립을 이용하여"라는 구절은
마치 태국 정부가 그것을 능동적으로 이용했다는 인상을 준다. 『중학교
사회2』(고려출판 95쪽)에서도 태국이 "영국과 프랑스의 경쟁을 이용하여

중립국화 하는 데 성공"했다고 말하는데, 그것은 사실 능동적인 대처였다기보다는 태국이 지리적 완충국이라는 이점의 혜택을 수동적으로 받은 것으로 이해하는 편이 옳다.

태국을 영국령과 프랑스령 사이의 완충국으로 삼자는 제안은 1889년에 프랑스 쪽에서 처음 나왔다. 완충국에 대한 이야기는 태국과 프랑스가 충돌한 1893년 **빡남 사건**[1] 후 다시 불거졌는데 이때는 영국과 프랑스 모두 완충국의 필요성을 인정했다. 완충국 계획은 1896년 초 태국의 독립 문제와 관련하여 이루어진 영국-프랑스 공동 선언으로 구체화되었다. 그러나 여기서 공약된 독립 보장은, 태국의 정치학자인 리킷 티라웨킨Likhit Dhiravegin이 "1896년 선언에서 시암은 사실 하등의 역할도 하지 않았다. 그 선언은 다른 상대방의 동의 없이는 시암의 주권과 독립을 침해치 않는다는 양 열강 간의 약속에 지나지 않았다. 이것은 그들이 원하기만 하면 언제라도 그 약속을 변경할 수 있다는 것을 암암리에 의미했다"고 말하듯,[2] 잠정적인 것에 그쳤다.

『중학교 사회2』(교학사 85쪽)는 "라마 5세는 불평등 조약을 개정하는 대가로 프랑스와 영국에게 영토의 일부를 넘겨 주었다"고 썼는데, 태국이 19세기 말에서 20세기 초 사이 프랑스와 영국의 실질적인 위협을 받았을 때 이들에게 넘겨주었던 "영토의 일부"는 태국 땅이 아니라 당시 태국의 속국이었던 캄보디아와 라오스, 말레이 반도의 땅이었고 당시 할양한 땅은 현재 각각 캄보디아, 라오스, 말레이시아의 영토를 이룬다. 이 같은 역사적 사실을 고려하여, 학생들이 당시 태국의 외교 정책을 균형

---

1 **빡남 사건** 프랑스 전함이 방콕의 짜오프라야 강 어귀(빡남)까지 밀고 들어와 항구를 봉쇄하고 방콕의 왕궁에 대포를 겨냥하며 불평등 조약을 강요한 사건. 결국 태국은 이때 라오스를 프랑스에 이양했다.

2 Likhit Dhiravegin, *Siam and Colonialism(1855-1909)*, Bangkok: Thai Wattana Panich, 1975, p. 55.

있게 이해할 수 있도록 해당 부분의 서술을 수정하는 것이 바람직하다.

인도네시아의 민족주의 운동

『고등학교 세계사』(교학사 284쪽)는 "인도네시아에서 와히딘이 전개한 근대화 운동"을 언급하고 다음 쪽에서 "인도네시아의 지식인들은 자와를 중심으로 부디우토모(아름다운 노력)를 결성하여 교육을 통해 민중을 계몽하는 동시에 인도네시아의 자연을 찬미하는 방식으로 민족의식을 높이려 하였다"고 썼다. 마치 두 가지 민족주의 운동이 각각 따로 일어났던 것처럼 표현된 것이다. 그러나 사실은 같은 운동이다. '고귀한 노력'을 뜻하는 부디우토모 운동의 주역 가운데 한 사람이 바로 와히딘 수디로후소도였다. 부디우토모 운동에 대한 교과서의 설명에, 이 운동이 1908년 토착인 의사들을 양성하는 '자와 의사학교'의 학생들을 중심으로 시작되었으며, 자와 문화의 발전과 근대적인 유럽식 교육 확대를 강조했다는 점을 보충하면 좋겠다.

베트남의 민족주의 운동

『고등학교 세계사』(교학사 285쪽)는 "프랑스령 인도차이나에 포함된 베트남은 농민을 중심으로 식민 지배에 저항하였다"고 썼다. 19세기 후반부터 20세기 초 사이에 일어난 의군義軍이나 근왕勤王 운동 등에서 농민이 그 군대를 이룬 것은 사실이지만, 그 지도자는 주로 관료 출신이거나 지방의 학자 혹은 지주들이었다. 그런가 하면 『중학교 사회2』(교학사 차경수 외 84쪽)는 "프랑스의 식민지가 된 베트남에서는 19세기 말부터 농민 중심의 흑기군이 끈질긴 저항을 계속" 했다고 말하며, 난외에 흑기군에 대해 별도로 설명한다. 그러나 베트남 민족주의 운동사에서 흑기군의 역할은 그만큼 중요하지 않다. 따라서 흑기군에 대한 언급은 삭제하고, 대신 의군이나 근왕 운동을 설명하는 것이 더 바람직하다.

　　의군은 1859년 프랑스가 베트남 남부를 공격했을 때 지방의 문신들이 조직한 군대로, 이들은 관군을 도와 프랑스에 저항했다. 대표적인 의군은 쯔엉 딘이란 관료 출신이 1860년대 초 "조국수호 투쟁"이라는 기치를 내걸고 일으킨 군대였다. 1880년대 초 프랑스가 북부 베트남을 침략했을 때에도 북부의 문신들을 중심으로 의군이 일어났다. 근왕 운동은 1883년 베트남 전체가 프랑스의 식민지가 됨으로써 베트남의 왕조가 붕괴하자, 프랑스인들을 몰아내고 베트남 황제의 권력을 회복하려는 목적으로 전개된 반프랑스 항쟁이다.

　　『고등학교 세계사』(금성출판사 241쪽)는 20세기 이후 베트남의 민족주의 운동을 설명하면서, "판보이쩌우는 베트남 유신회를 조직하고……… 하노이에는 통킹 의숙을 세워(1907) 문맹 퇴치 운동과 새로운 사상을 보급하는 데 힘썼다"고 말한다. 그러나 통킹 의숙을 세운 것은 판 보이쩌우가 아니었다. 통킹 의숙은 1907년 일본의 게이오慶應 의숙을 모방하여 하노이에 개설되었는데, 그 설립 과정에서 중요한 역할을 한 사람은 베트남 민족주의 운동의 또 다른 대표적인 지도자 판 쭈찐이다.

　　베트남 민족주의 운동과 관련하여 끝으로 지적할 것은 『고등학교 세계사』(지학사 302쪽)에서 호찌민이 인도차이나공산당을 조직한 연도를 1929년으로 제시한 것이다. 베트남의 인도차이나공산당은 1930년에 결성되었다.

필리핀 민족주의 운동에서 중국계의 역할

『고등학교 세계사』(지학사 275쪽)는 "필리핀의 원주민과 화교들은 에스파냐의 식민지 지배에 대해 저항하였다"고 썼다. 여기시 "화교"는 앞에서 언급한 바와 같이 현지 사회에 동화되지 않은 중국계 집단이라는 개념이므로 이 인용 문장의 역사적 맥락에서는 적절하지 않은 표현이다. 필리핀의 근대적 민족주의 운동에서 중국계 사람들이 중요한 역할을 한 것은 사실인데, 그들은 바로 필리핀 토착 원주민과 중국인 간의 혼혈인 화인 메스티소 집단이었다. 특히 18세기 말부터 19세기 말까지 필리핀 사회에서 나타난, '일루스트라도스ilustrados'라고 불린 개화파 엘리트층의 메스티소가 그 중심이 되었다. 이들은 경제적인 부를 바탕으로 에스파냐인들이 제공한 해외 유학 등 고등교육의 기회를 누릴 수 있었고, 이를 통해 점차 외부 세계에 대해 알게 되면서 민족주의 의식을 키워나갔다. 필리핀 민족주의 운동의 영웅인 호세 리살José Rizal, 1861~1896도 화인 메스티소 출신이었다. 그러므로 위 문장은 "필리핀의 원주민과 화인 메스티소는 에스파냐의 식민지 지배에 저항하였다"라고 수정되어야 한다.

베트남의 제1차 세계대전 참가와 독립에 대한 전망

『고등학교 세계사』(지학사 302쪽)는 "베트남은 제1차 세계 대전 중에 전쟁에 협력하는 조건으로 독립을 약속받았다. 그러나 전쟁이 끝난 후에도 그 약속은 지켜지지 않았다"고 서술한다. 제1차 세계대전 기간 약 10만 명에 이르는 베트남인이 유럽의 프랑스 전선에 투입되어 프랑스를 위해 싸운 것은 사실이다. 그러나 프랑스 식민 정부가 한 모종의 약속은 당시 공식적인 것이 아니었으며, 그에 따라 그 언질은 주목을 받지 못했고, 그 후 프랑스에서든 베트남에서든 그 약속이 이행되지 않은 것을 놓고 의미 있는 논의가 일어나지도 않았다. 이러한 이유 때문에 베트남 역사와 동남아시아 역사를 다루는 책들 대부분은 베트남인의 제1차 세계대전 참가를 베트남의 이후 역사와 관련하여 중요한 사건으로 간주하지 않는다. 이에 따라 교과서에서도 인용한 대목을 삭제하는 것이 좋겠다.

『고등학교 세계사』(교학사 318쪽)는 "동남 아시아 국가들도 제1차 세계 대전 중 연합국을 지원하는 대가로 자치 또는 독립 약속을 받았으나, 전쟁이 끝난 뒤 약속이 지켜지지 않자 독립 운동을 전개하였다"고 썼다. 동남아시아의 식민지들 중 연합국을 지원한 경우는 베트남밖에 없었는데도 이 교과서는 마치 그것이 동남아시아 국가들에서 보편적으로 나타난 현상이었던 것처럼 표현한다. 게다가 1920년대 이후 베트남에서 독립운동이 일어난 것은 자치나 독립 약속의 불이행 때문이 아니라 이미 그전부터 불고 있었던 민족주의 운동의 힘과 공산주의 혹은 중국 국민당의 영향 때문이었다. 따라서 위에 인용한 문장 역시 전체를 삭제하는 것이 바람직하다.

태국의 제1차 세계대전 참가와 불평등 조약 개정

『고등학교 세계사』(지학사 302쪽)는 "타이는 제1차 세계 대전에 연합국으로 참전하여, 이전에 체결되었던 여러 불평등 조약을 개정할 수 있었다"고 썼다. 태국의 제1차 세계대전 참가는 1917년 7월에 독일에 선전포고를 하고 1918년 7월에 태국의 원정군이 프랑스에 도착함으로써 이루어졌다. 그러나 태국 군대가 유럽에 도착했을 때 전쟁은 거의 끝난 상황이어서 태국 군대는 실제 전투에 가담하지는 않았다. 어쨌든 이렇게 적극적으로 세계대전에 참여했는데도 태국은 전쟁이 끝난 후 전개된 국제 협상에서 서양 국가들과 동등한 국가로 인정받지 못했으며, 정부가 원했던 대로 불평등 조약들이 곧바로 개정되지도 않았다. 오직 미국만 새로운 조약 체결에 협조했다. 유럽 열강들과 맺었던 불평등 조약은 1925년과 1926년에야 개정되었으며, 그것도 무엇보다 당시 태국 외부부의 고문으로 있었던 미국인 프랜시스 사이어Francis B. Sayre의 노력에 힘입은 바가 컸다.[1]

20세기 동남아시아에서 독립에 대한 전망

앞에서 인용한 『고등학교 세계사』(교학사 318쪽)의 "동남 아시아 국가들도 제1차 세계 대전 중 연합국을 지원하는 대가로 자치 또는 독립 약속을 받았으나, 전쟁이 끝난 뒤 약속이 지켜지지 않자 독립 운동을 전개하였다"는 문장은 마치 제1차 세계대전 이후 동남아시아 국가들이 독립할 가능성이 전혀 없었던 것 같은 인상을 준다. 그러나 필리핀과 미얀마의 상황은 달랐다. 필리핀에서는 1916년, 독립이 미래에 이루어질 원칙적 사안임을 인정하는 법안이 통과되었고, 이에 따라 1918년에는 필리핀 의회에 독립 문제를 전담하는 독립위원회가 설치되었다. 그리고 1934년에는 10년 후에 필리핀을 독립시킨다는 구체적인 약속이 이루어졌다. 미얀마에서는 1933년, 영국 정부가 인도의 예를 좇아 미얀마인들에게 자치 정부를 허용하기로 했으며, 이에 따라 1936년에 총선거가 실시되어 그 이듬해에 헌법이 제정되었고, 분리된 미얀마의 첫 정부가 탄생했다.

태평양전쟁의 배경

『고등학교 세계사』(지학사 314쪽)는 태평양전쟁에 대해 "미국, 영국, 중국, 네덜란드가 인도차이나를 침략한 일본을 포위해 가자, 불안을 느낀 일본이 하와이의 진주만을 기습 공격하여 태평양 전쟁이 시작되었다"고 썼다. 이 서술은 일본의 입장을 두둔하는 듯한 인상을 준다. 중·일전쟁이 장기화되자 일본은 인도차이나를 기지로 삼고 나아가 남쪽의 동남아시아 섬 지역을 점령하려는 남방 진출 계획을 결정했다. 일본이 태평양과 동남아시아로 전쟁을 확대하기로 결정한 것은 아시아를 지배하겠다는 의도 외에도 동남아시아에서 생산되는 풍부한 농산물, 수산자원, 지하자원, 전력 자원을 확보하려는 경제적 목적이 있었기 때문이다. 태평양전쟁의 배경을 설명할 때는 이와 같은 일본의 공격적인 동기를 강조하여 서술할 필요가 있다.

이에 더해 전쟁 기간 일본군이 동남아시아 사람들에게 끼친 피해와 만행을 부각해야 한다. 일본은 점령기에 동남아시아 국가들의 정치를 통제하고 경제적 자원을 수탈하는 등 전형적인 식민 지배자의 모습을 보였다. 말레이반도, 싱가포르, 필리핀에서는 일본에 반대하는 많은 사람이 죽었으며 특히 화인들이 큰 피해를 입었다. 베트남에서는 전쟁 말기에 북부 지방에서만 약 100만 명이 굶어 죽었는데, 일본 군대의 곡물 수탈이 그 주요 원인이었다. 일본군은 또한 동남아시아의 청년들과 여자들을 일본군의 총알받이로 혹은 '종군위안부'로 끌고 갔다. 이러한 일본군의 만행에 동남아시아의 여러 나라에서 반일 무장 투쟁이 일어났다.

미얀마의 사회주의화

『중학교 사회2』(중앙교육진흥연구소 120쪽)는 "오랜 전쟁 끝에 미

---

1 B. J. Terwiel, *A History of Modern Thailand 1767-1942*, St Lucia: University of Queensland Press, 1983, pp. 304~307. D. K. Wyatt, *Thailand: A Short History*, p. 231.

군이 철수함으로써 베트남은 사회주의 체제로 통일되었다(1975). 이후 라오스, 캄보디아, 미얀마 등도 사회주의를 채택하였다”고 썼다. 『중학교 사회2』(지학사 118쪽)는 한 걸음 더 나아가 “북베트남이 전쟁에서 승리하여 베트남은 공산 정권으로 통일되었다(1975). 그 영향으로 라오스와 캄보디아가 공산화되었고, 미얀마에도 사회주의 정권이 들어섰다”고 말한다. 이 서술들에서 미얀마가 1975년 이후에 혹은 1975년 베트남의 공산화에 영향을 받아 사회주의를 채택했다는 부분은 오류다. 미얀마가 사회주의 노선을 취하게 된 것은 1962년이었다. 이해에 네 윈은 군사 쿠데타를 일으켜 정권을 장악한 뒤 모든 주요 산업을 국유화하는 이른바 ‘버마식 사회주의’를 선언했다. 이 ‘버마식 사회주의’는 베트남, 캄보디아, 라오스의 사회주의와는 성격이 다르다. 우선 사회주의의 기본 이념과 경제 운용 방식에 많은 차이가 있다. ‘버마식 사회주의’ 이념의 바탕에는 불교 사상이 깔려 있었다. 또 후자의 세 나라에서는 사회주의의 추진 세력이 사회주의 이념을 따르는 공산당이었지만, 미얀마에서는 그 추진 세력이 반외세 민족주의자였고 공산당은 집권하지도 못했다.

동티모르의 독립

『고등학교 세계사』(교학사 376쪽)는 “구스마오를 중심으로 끈질긴 독립 운동을 전개한 동티모르는 결국 1999년 수하르토 인도네시아 대통령이 주민 투표를 수용함으로써 독립의 전기를 마련하였다”고 썼다. 수하르토 대통령은 1998년에 이미 하야했으며, 국제사회의 압력을 받아 1999년 동티모르의 독립을 결정짓는 주민 투표를 수용한 것은 하비비 정권이었다. 그러므로 이 문장은 “구스마오를 중심으로 끈질긴 독립운동을 전개한 동티모르는 결국 1999년 인도네시아 정부가 주민 투표를 수용함

으로써 독립의 전기를 마련하였다"라고 수정되어야 한다. 그리고 이어
서 그 주민 투표의 결과에 따라 2001년 동티모르가 독립을 이룩했음을
덧붙일 필요가 있다.

교과서가 수록한 지도의 오류

『중학교 사회1』(동화사 310쪽) 동남아시아 고대 국가 지도

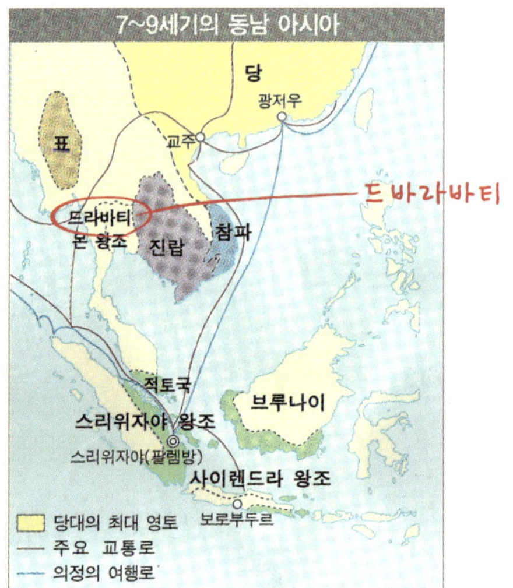

『고등학교 세계사』(금성출판사 100쪽) 7~9세기 동남아시아 지도

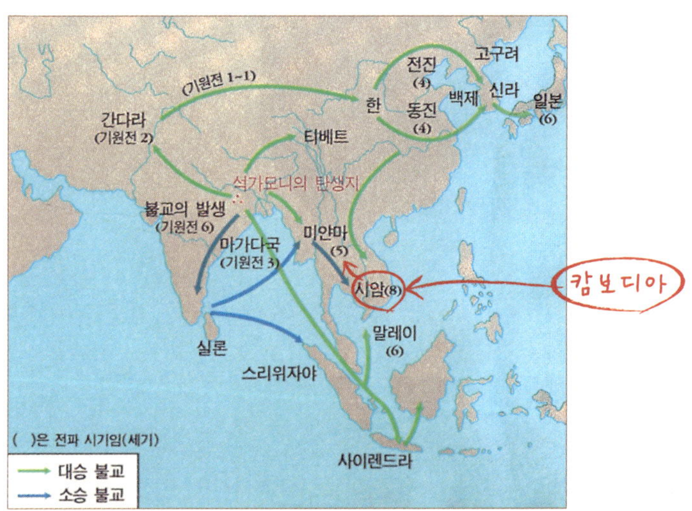

『중학교 사회1』(디딤돌 257쪽) 동남아시아 불교 전파 지도. "시암"을 왼쪽으로 옮기고 그 자리에 "캄보디아"를 써 넣어야 한다.

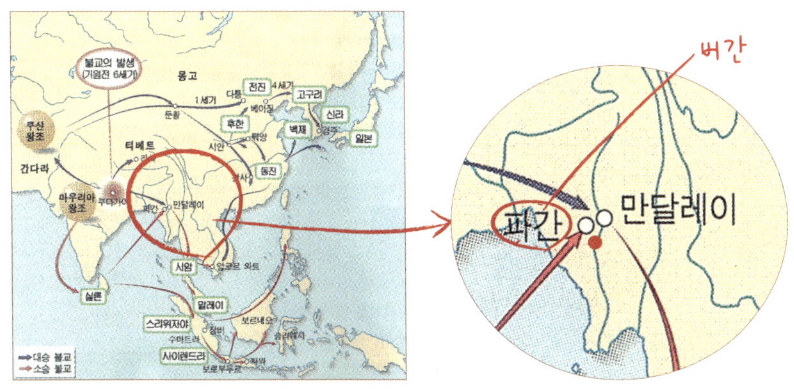

『고등학교 세계사』(지학사 45쪽) 불교 전파 지도. "파간"은 '버간'으로 고치고 그 위치도 만달레이 밑의 붉은 점으로 옮겨야 한다.

앞 두 지도와 더불어 『중학교 사회1』(고려출판 284쪽, 교학사 차경수 외 297쪽, 금성출판사 311쪽, 두산 279쪽, 디딤돌 257쪽, 성지문화사 286쪽), 『고등학교 세계사』(지학사 45쪽)의 불교 전파 지도는 모두 잘못되어 있다. 모두 이 글 103쪽에 실은 지도와 같이 수정해야 한다.

또 『고등학교 세계사』(지학사 179쪽)에는 아래의 16~17세기 동남아시아 지도가 실려 있는데, 태국, 미얀마, 베트남의 역사와 섬 지역에서 식민지화가 진행된 상황 등을 고려할 때 17~18세기의 지도가 더 중요하다. 다음 쪽의 17~18세기 지도를 대신 수록하는 것이 좋겠다.

『고등학교 세계사』(지학사 179쪽) 16~17세기 동남아시아 지도

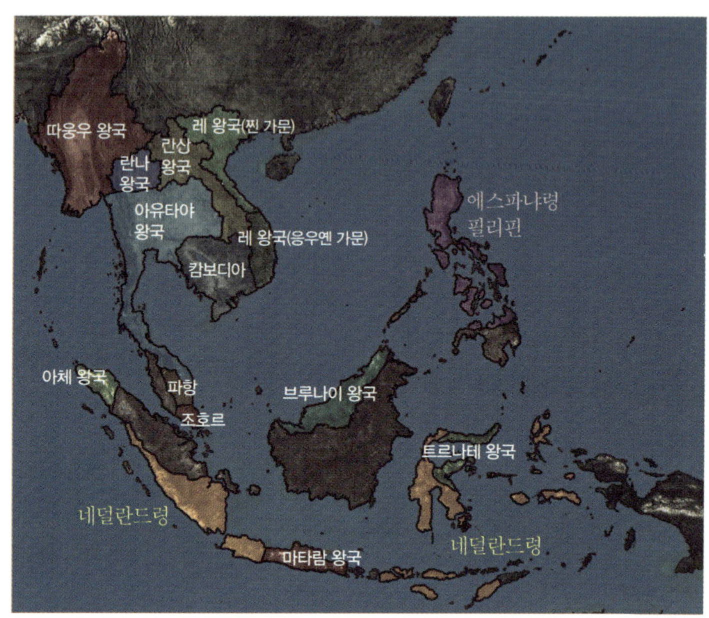

17~18세기 중엽의 동남아시아

『중학교 사회1』(교학사 차경수 외 141쪽, 동화사 144쪽), 『중학교 사회2』(교학사 차경수 외 83쪽, 디딤돌 94쪽), 『고등학교 세계사』(교학사 282쪽)에 수록된 식민 지배 국가 지도에는 필리핀이 미국령으로 표시되어 있다. 필리핀이 1898년 이전에는 에스파냐령이었음을 표시해야 옳다.

『중학교 사회1』(교학사 차경수 외 141쪽) 동남아시아 식민 지배 국가 지도

『고등학교 세계사』(교학사 282쪽) 서구 열강의 동남아시아 침략 지도

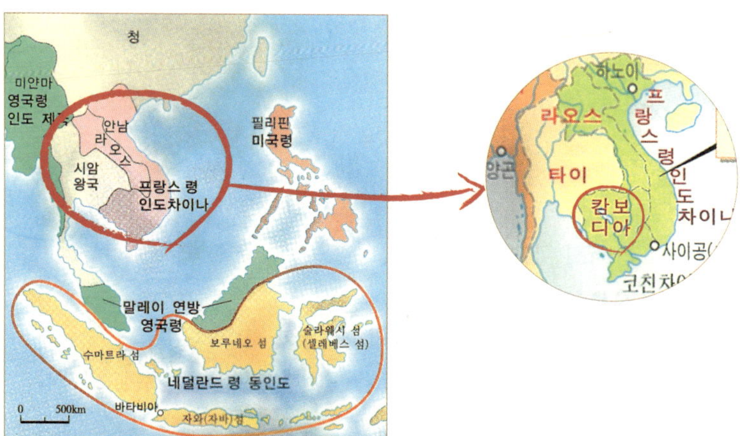

『중학교 사회2』(교학사 차경수 외 83쪽)의 식민 지배 국가 지도. 오른쪽 『고등학교 세계사』(교학사 282쪽) 지도와 같이 프랑스령 인도차이나에 캄보디아 영역을 표시하고 "캄보디아"를 명기해야 한다.

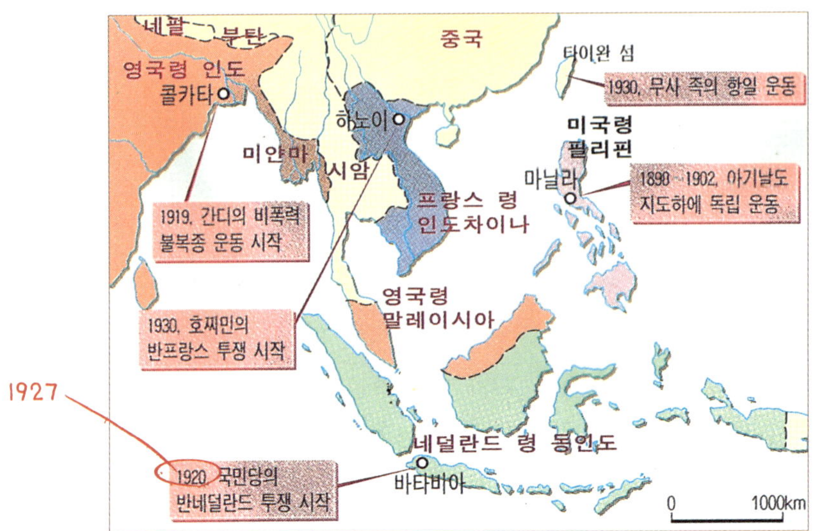

『고등학교 세계사』(교학사 318쪽) 동남아시아의 독립운동 지도

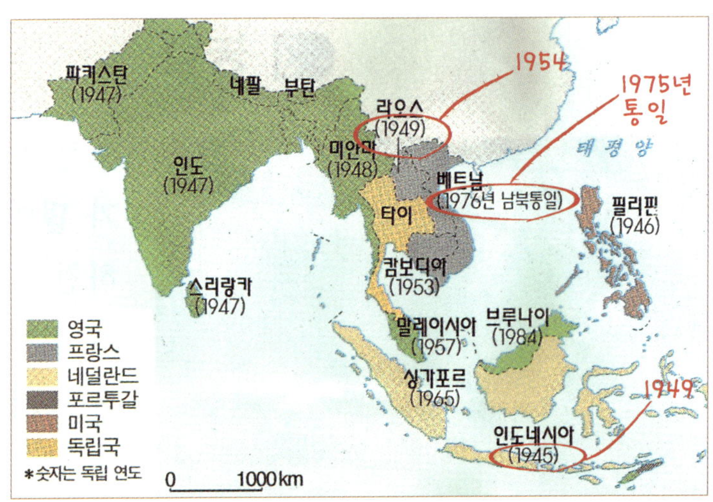

『중학교 사회1』(두산 121쪽) 동남아시아 국가들의 독립 연도 지도

『중학교 사회1』(고려출판 124쪽) 동남아시아의 농작물 재배 현황 지도. 베트남에서도 차와 커피 생산이 이루어지고 있음을 표시해야 한다.

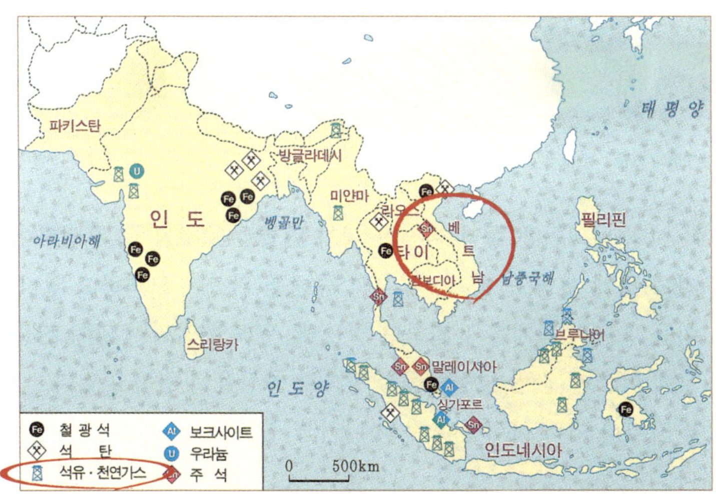

『중학교 사회1』(고려출판 125쪽) 동남아시아의 자원 분포도. 베트남에서도 석유와 천연가스가 난다는 것을 표시해야 한다. 또한 같은 책 126쪽의 "석유, 천연 가스는 인도네시아, 말레이시아, 브루나이 등에서…… 생산되고 있다"는 설명을 "석유, 천연 가스는 인도네시아, 말레이시아, 브루나이, 미얀마, 베트남 등에서 생산되고 있다"로 고쳐야 한다.

보완에 대한 제안과 결론

동남아시아는 인도인, 서남아시아 사람들이나 유럽인들이 동북아시아로 들어오는 관문으로, 동북아시아 사람들을 서남아시아 세계로 연결하는 징검다리로 구실을 해온 곳이다. 바로 이러한 지정학적 위치 때문에 동남아시아에는 서력기원 전후부터 현대에 이르기까지 세계의 다양한 민족과 문화가 유입되었으며, 이것은 동남아시아의 가장 중요한 특징 하나로 꼽히는 '다양성'을 낳았다. 이 다양성은 동남아시아가 다민족·다언어 지역이란 점과 이 지역에 다양한 종교와 신앙이 공존한다는 점, 그리고 그 민족들이 다양한 역사적 경험을 해왔다는 점 등으로 나타난다. 바로 이 다양성 때문에 동남아시아의 역사와 문화에 대한 연구는 때로는 많은 호기심과 흥미를 불러일으키지만, 때로는 주저와 좌절을 가져오기도 한다.

앞으로 한국 교과서들이 동남아시아를 서술할 때 중요하게 다루어야 할 측면의 하나가 바로 이 다양성이다. 내가 보기에 중등 교과서의 저자들은 동남아시아의 역사와 문화를 설명할 때 종종 개념화와 일반화를 추구한다. 그것은 짐작건대 이를 통해 이 지역의 어떤 특징과 공통점을 제시함으로써 독자들이 좀 더 쉽게 동남아시아를 이해할 수 있도록 하기 위함일 것이다. 그러나 그러한 의도에는 종종 동남아시아의 본질적인 특징인 다양성을 왜곡하고 은폐하는 결과를 가져올 위험이 따른다.

동남아시아의 역사와 문화, 정치와 경제에 일반화될 수 있는 특징이 전혀 없는 것은 아니다. 예컨대 앞서 이미 언급한 바 있는 여성의 활발한 활동은 이 지역에 일반적인 토착 문화 현상이다. 대륙 동남아시아만 본다면 지배적인 종교가 모두 불교라는 것도 또 다른 공통된 문화적 특징으로 꼽힌다. 그러나 이러한 '공통성'의 양파 껍질을 조금만 벗겨보면 이내 다양성이 드러난다. 예를 들면 베트남의 불교는 대승불교이고 라오스와 캄보디아와 태국과 미얀마의 불교는 상좌불교이다. 한 나라에 대한 이해도 마찬가지이다. 예컨대 인도네시아 문화와 사회의 특징을 이슬람이라는 요소 하나로 설명하려는 이가 종종 있다. 그러나 발리 섬, 수마트라 섬, 칼리만탄 섬, 술라웨시 섬에는 다른 종교를 믿는 이가 많으며 말루쿠 제도의 암본 섬 주민들은 대다수가 기독교인이다.

　　　교과서들을 분석하면서 느낀 또 다른 점은 동남아시아의 전근대 역사와 문화에 대한 서술에 많은 오류가 있다는 것이다. 이 문제는 아직도 구체적인 자료로써 입증되지 않은 부분이 많은 동남아시아 전근대 연구 자체의 성격에서 비롯된 것으로 보인다. 또 한국에서 동남아시아 고대 역사와 문화에 관한 연구가 거의 이루어지지 않는 것도 한 이유가 될 것이다. 나는 이 글을 통해 전근대 부분의 오류들을 지적하고 바로잡고자 노력했지만 그럼에도 미흡한 점이 적지 않을 것이다.

　　　동남아시아의 고대, 전근대 역사와 문화를 이해하는 것도 중요하지만, 교과서를 통해 학생들이 동남아시아를 공부하는 주목적은 현대 이 지역에 살고 있는 사람들이 어떻게 생각하고 생활하는가를 이해하는 것이다. 현대 동남아시아를 이해하는 데 가장 중요한 점은 식민주의의 영향이라고 생각한다. 그것은 현대 동남아시아의 직접적인 바탕이 식민주의 시대에 형성되었기 때문이다.

　　　식민주의는 동남아시아 근현대사가 형성되는 과정에서 정치·경제·사회·문화 모든 분야에 큰 영향을 미쳤다. 동남아시아의 전통적인 절대군주 체제는 식민지 시대에 소개된 서구식 의회 민주주의 정치 체제로 대체되었다. 또 식민 지배와 더불어 동남아시아에 진출한 서구 자본은 자급자족적인 벼농사를 상업화하고, 상업 작물을 생산하는 플랜테이션을 도입하는 등 동남아시아 농촌 사회의 모습을 바꾸어놓았다. 특히 영국 통치하의 식민지들에서는 19세기 중엽부터 중국인과 인도인이 대거 이주해와 인구가 대폭 증가했을 뿐 아니라 인구 구조에 변화가 일어났는데, 이것은 차후 심각한 종족 갈등의 뿌리가 되었다. 그리고 서양인들이 도입한 알파벳 문자는 대륙 동남아시아의 상좌불교권 국가들을 제외한 모든 나라의 문자가 되었으며, 기독교는 오늘날 동남아시아의 주요 종교 중 하나로 자리를 잡았다. 서양의 의식주 문화와 대중문화도 동남아시아 사회 곳곳에 깊이 배어 있다.

내가 분석한 중등 교과서들은 식민주의의 이러한 영향에 대해서는 거의 언급하지 않는다. 그리고 교과서들을 보면 제2차 세계대전 이후 세계의 정치·경제·사회적 변화와 발전을 설명하는 부분에서 동남아시아에 관한 서술을 거의 찾아볼 수 없다. 서두에서 말한 바와 같이 한국의 대외 관계에서 동남아시아의 중요성이 갈수록 커가는 것을 고려할 때, 세계사 교육을 통해 현대 동남아시아를 더 잘 이해할 수 있도록 하려는 노력이 절실하다고 본다. 이와 같은 여러 측면을 고려할 때 나는 중등 교과서들이 동남아시아의 근현대 역사와 정치·경제·사회·문화에 관해 다음과 같은 주제들도 차후 언급하고 서술했으면 한다.

- 식민주의의 정치·경제·사회·문화적 영향
- 동남아시아 소수민족들의 분포, 문화, 수적인 규모, 정치·경제적 현실
- 동남아시아의 종족 갈등과 지역 갈등과 종교 갈등
- 인도네시아와 말레이시아에서 이슬람의 역할과 위상
- 동남아시아 국가들의 군부 독재, 권위주의적인 정치 체제와 민주화 문제
- 필리핀의 경제 성장이 침체된 문제와 그 원인

- 캄보디아의 크메르루즈 집권 시기와 '킬링필드'의 비극
- 태국 국왕의 위상
- 인도차이나에서 베트남의 팽창주의
- 동남아시아 사회주의권 국가들의 시장경제 개방
- 동남아시아 국가들에 최근 나타난 민족주의 경향

앞서 나는 2004년 출판된 중등 교과서들을 분석한 바 있다.[1] 이 번에 2006년 발행된 교과서들을 분석하면서 많은 교과서의 동남아시아 관련 서술이 2004년의 것과 하나도 다르지 않음을 확인했다. 이번 작업을 통해 지적한 오류에 대한 수정과 보완 제안이 새로 집필될 교과서에 반영되기를 바란다.

---

[1] 조흥국, 「한국 중등 교과서에서의 타이에 관한 분석」, *CIKC Fellowship for Textbook Specialists of Thailand*, 서울: 한국학중앙연구원, 2004.

참고문헌

김영애, 『태국사』, 한국외국어대학교출판부, 2001.

박장식, 「미얀마(버마)의 종족집단과 종족분쟁」, 『지역연구』 2, 4, 1993, 57~76쪽.

유인선, 『새로 쓴 베트남의 역사』, 이산, 2002.

이삼열 편, 『더불어 사는 세상 배우기』, 아시아 · 태평양 국제이해교육원, 2001.

정두용, 「한국의 국제이해교육과 아시아 국가 관련 내용」, 『한국 – 인도네시아 상호 이
　　　해증진을 위한 교과서 개선에 관한 연구』, 한국교육개발원, 2002, 41~55쪽.

정희원, 『2004 동남아시아 3개 언어 외래어 표기용례집』, 국립국어원, 2004.

조흥국, 「동남아의 문화와 사회에 대한 이해」, 『국제이해교육』 3, 2000, 47~82쪽.

조흥국 외, 『동남아의 화인사회–형성과 변화』, 전통과현대, 2000.

조흥국, 「한국 중등 교과서에서의 타이에 관한 분석」, *CIKC Fellowship for Textbook Spe-
　　　cialists of Thailand*, 한국학중앙연구원, 2004, 16~40쪽.

조흥국, 「태국 여성의 지위와 역할의 변화」, 『국제지역연구』 9, 4, 2006, 333~360쪽.

최병욱, 『동남아시아사–전통시대』, 대한교과서주식회사, 2006.

Bellwood, Peter. *Prehistory of the Indo-Malaysian Archipelago*, Revised Edition, Honolulu:
　　　University of Hawaii Press, 1997.

Briggs, Lawrence Palmer. "The Treaty of March 23, 1907 between France and Siam
　　　and the Return of Battambang and Angkor to Cambodia," *Journal of Asian Stud-
　　　ies* 5, 4, 1946.

Coedès, Georges. *The Making of South East Asia*, Berkeley: University of California Press,
　　　1962.

Griswold, A. B. *Towards a History of Sukhodaya Art*, Bangkok: The National Museum,
　　　1967.

Groslier, Bernard Philippe. *Hinterindien: Kunst im Schmelztiegel der Rassen*, Baden-Baden:
　　　Holle, 1980.

Hall, D. G. E. *A History of South-East Asia*, 4th Edition, London: Macmillan, 1981.

Hla Min. *Political Situation of Myanmar and Its Role in the Region*, Office of Strategic Studies,
　　　Ministry of Defence, 2000.

Keyes, Charles F. *The Golden Peninsula: Culture and Adaptation in Mainland Southeast Asia*,

Honolulu: University of Hawaii Press, 1995.

Kubitscheck, Hans Dieter and Ingrid Wessel. *Geschichte Indonesiens*, Berlin: Akademie, 1981.

Likhit Dhiravegin. *Siam and Colonialism(1855-1909)*, Bangkok: Thai Wattana Panich, 1975.

Ludwig, Klemens. *Birma*, München: Beck'sche, 1997.

Nguyen The Anh. "Indochina and the Malay World: A Glimpse on Malay-Vietnamese Relations to the Mid-Nineteenth Century," *Asia Journal* 3, 1, 1996, pp. 105~131.

Reid, Anthony. *Southeast Asia in the Age of Commerce 1450-1680, Volume One: The Lands below the Winds*, New Haven: Yale University Press, 1988.

Rong Syamananda. *A History of Thailand*, Bangkok: Thai Watana Panich, 1981.

SarDesai, D. R. *Southeast Asia: Past and Present*, 4th Edition, Boulder: Westview, 1997.

Tarling, Nicholas ed., *The Cambridge History of Southeast Asia, Volume One: From Early Times to c.1800*, Cambridge: Cambridge University Press, 1992.

Tarling, Nicholas. *Southeast Asia: a Modern History*, South Melbourne: Oxford University Press, 2001.

Terwiel, B. J. *A History of Modern Thailand 1767-1942*, St Lucia: University of Queensland Press, 1983.

Titima Suthiwan and Uri Tadmor. *Thailand: Land of Contrasts*, Hawaii: Center for Southeast Asian Studies, University of Hawaii, 1997.

Tourism Authority of Thailand, *Ayutthaya*, Bangkok: Tourism Authority of Thailand, 2000.

Vickery, Michael. "The Ram Khamhaeng Inscription: a Piltdown Skull of Southeast Asian History?", *Proceedings of the Third International Conference on Thai Studies*, Canberra: July 1987.

Wit Thiengburanathum. *An Advanced Pocket Thai-English Dictionary*, Bangkok: Suriyaban, 1993.

Wyatt, David K. *Thailand: A Short History*, New Haven: Yale University Press, 1984.

http://www.library.ohiou.edu/subjects/shao/databases_popdis.htm.

우수한 고대, 열등한 현재?

인도   이옥순

'신비한 미지의 나라', 인도

아직도 많은 이들이 인도를 '신비한 나라'로 여긴다. '미지의 나라'라고도 한다. 신비한 인도라는 인상은 호기심을 불러일으키면서 우리를 인도에 가깝게 인도하지만, 미지의 나라라는 널리 유포된 또 다른 표현은 결국 인도가 우리가 잘 알지 못하는 멀고 먼 나라임을 새삼 일러준다. 우리나라와 함께 아시아에 위치한 인도는 우리네 심상의 지리에서 미국이나 유럽보다 훨씬 멀다. 지리적으로는 가까운 인도가 심리적으로나 인식상으로는 멀고 신비한 나라, 미지의 나라로 존재하는 것이다.

근대 이전 우리에게 인도는 주로 불교의 나라로 인식되었다. 혜초 스님과 같은 소수 구법 승려가 인도를 여행한 것을 제외하면 인도와 접촉한 일은 거의 없었다. 인도가 국내에 소개된 것은 근대에 이르러서였다. 20세기 전반에는 일제 치하의 조선 지식인들이 영국 식민지인 인도에 대해 약소국과 피압박 민족으로서 동질감과 동병상련을 드러냈으나 일반적 관심은 여전히 낮았다. 해방 이후에도 국제 경쟁에서 일등국에 들어야 한다는 강박감과 서양의 근대성을 따라잡으려는 지상 과제에 사로잡힌 한국에 인도는 의미 있는 타자가 될 수 없었다.

인도에 대한 홀대와 무관심, 다시 말해 '의식적인 거리 두기'는 20세기 우리나라 역사의 향방과도 무관하지 않았다. 변화무쌍한 이 시기에 한국은 일본의 식민 통치를 거쳐 미국의 영향권에 들어갔고 발빠르게 근대화를 이룩했다. 우리나라의 근대화는 일본이 그랬던 것처럼 서양에 동화하고 서양을 모방하는 과정, 곧 서구의 지식과 제도를 수입하는 작업에 다름 아니었다. 이는 주로 일본과 미국을 통해 이루어졌다. 이렇게 지식과 문물의 유통 경로가 한정되었다 함은 서양의 정치적 필요에 의해 상상되고 정의된 인도에 대한 지식과 인식이 우리에게도 그대로 수입될 수밖에 없었음을 의미한다.

　　인도를 식민 지배했던 영국을 비롯한 근대 서구에서 인도는 열등한 동양, 부정적 타자로 여겨졌다. 서구의 지식을 받아들인 우리에게도 인도는 부정해야 할 '동양', 낙후하고 부정적인 존재로 간주되었다. 어떤 대상을 보고 정의하는 자와 그에게 목도되고 정의되는 자는 결코 대등하지 않다. 전자가 후자보다 우월함이 전제로 깔려 있는 것이다. '발전하지 못하고 전근대적이며 반문명적인' 인도는 문명과 근대성을 이루며 서구를 닮아가는 우리보다 열등한 '동양'과 타자가 되어 비교우위성의 심리적 보상을 주었다.

　　그렇다면 우리나라 교과서는 인도의 역사를 어떻게 서술했을까? 아마도 '우리는 (너희처럼) 그렇지 않다'고 인도를 낮춰 평가하고, 상대적으로 서구를 우수하게 보는 부정적인 인식과 왜곡된 관점이 그대로 반영되었을 것이다. 특히 200년가량 인도를 통치한 영국이 자신들의 우수한 정체성을 강화하고 식민 통치를 정당화하고자 구성한 '열등한 인도 역사'가 비판 없이 차용되었을 가능성이 크다. 이런 식으로 재생산된 인도에 관한 지식과 인식은 교과서를 통해 인도를 '신비한 미지의 나라'로 만들면서 심리적으로 먼 나라로 고정하는 데 기여하고 있는지 모른다.

　　인도에 전해오는 한 우화는 시각장애인들이 코끼리의 몸을 만지며 다리와 코 등 자신이 만진 신체의 일부분으로 코끼리라는 전체를 이해하는 인식의 오류를 일깨워준다. 부분으로 전체를 판단하는 일이 왜곡된 인식을 낳을 수 있음을 우려한 이 이야기는 세상에 완전한 것이란 없으며, 진리는 상대적이고, 역사의 한 버전version은 다른 버전과 '다르다'는 점을 알려준다. 세상에 한 가지 역사만 존재하는 건 아니지만 종종 인도 역사는 프로크루스테스의 침대[1]처럼 그 역사를 쓰고 공부하는 자의 상황에 따라 잘리기나 늘려졌다. 혹시 우리 교과서에 서술된 인도 역사도 그런 모습이 아닐까?

사회·세계사 교과서 속 인도의 역사

오늘날 우리나라의 학교 교육에서 역사는 관심을 받지 못하고 있다. 교과서에 나타나는 역사 교육은 무엇보다 양적으로 빈곤해 보인다. 국사 교육은 개선될 가능성이 엿보일지 모르지만 세계사 교육은 갈 길이 요원하다. 현재 중학교 과정의 세계사는 사회 교과에 포함되어 있고, 지리와 일반사회가 통합되어 교육된다. 『중학교 사회1』 교과서에서 세계사가 차지하는 비율은 약 30퍼센트 정도로, 역사 비중이 가장 큰 고려출판의 교과서가 34퍼센트, 가장 작은 동화사의 교과서가 25퍼센트다.

세계사에서는 서양의 역사가 압도적 우세를 보인다. 중학교 2학년이 배우는 『중학교 사회2』의 세계사 관련 영역은 4개 단원인데 그중 「유럽 세계의 형성」, 「서양 근대 사회의 발전과 변화」, 「현대 세계의 전개」 등 3개 단원이 서양 역사를 다룬다. 아시아의 근대사를 서술한 「아시아 사회의 변화와 근대적 성장」 1개 단원을 제외하면, 우리나라 교과서가 말하는 세계사는 서양의 변화와 발전의 흔적이다. 아시아는 그 조역에 불과하다. 그리고 이는 '발전하지 않은 동양'과 의식적인 거리 두기의 소산이자 서구 중심주의의 명백한 예증이다.

더구나 「현대 세계의 전개」에는 인도를 포함한 아시아의 역사가 거의 없고 서양 역사만 서술되어 있어 학생들에게 '현대성＝서양'이라는 등식을 심는다. 아시아는 변화가 없는, 정체된 사회로 여길 가능성도 있다. 이는 영국 중등학교 교과서의 서술 방향과 같다. Key Stage 3(7~9학년)의 교과서『History Scheme』을 포함한 영국 교과서에서 세계사는 마치 유럽과 미국을 중심으로 구성된 듯하고 아시아의 역사는 보기 어렵다. 영국의 근현대사와 밀접하게 관련된 인도 역사도 나오지 않는다.

우리 교과서에서 서양사에 비해 열세인 아시아 역사는 그 안에서도 다시 위계를 나눈다. 아시아 역사에서 인도 역사는 분량이 적고 비중도 작다. 중국과 일본이 포함된 동북아시아 문화권의 역사는 인도 · 동남아시아 문화권의 서너 배 분량이다. 금성출판사의『중학교 사회1』에서 동북아시아권 부분은 34쪽인 데 비해 인도 · 동남아권 부분은 고작 6쪽뿐이다. 그보다 사정이 나은 고려출판의『중학교 사회1』도 동북아시아에 46쪽을 할애한 반면, 인도 · 동남아권은 12쪽에 불과하다. 그중에서 8쪽이 인도 역사로, 동남아권보다는 많으나 절대적으로 부족한 양이다. 근현대를 다룬 중앙교육진흥연구소의『중학교 사회2』도 비슷한 수준으로, 서양 근대가 40쪽이고 아시아의 근대는 그 절반인 20쪽이다. 그중 인도의 근대는 고작 2쪽이다.

세계사 교과서는 내용과 범위 선택에도 서구 중심주의가 도드라진다.『중학교 사회1』의 세계사는「인류의 기원과 고대 문명의 형성」과「아시아 사회의 발전과 변화」두 단원에서 동서양의 전근대를 모두 아우르지만『중학교 사회2』에서 배우는 근현대사는 시민사회와 지구촌 사회의 형성을 중심으로 서술되면서 서양이 중심이 된다. 이러한 구성은 전근대에 치중된 아시아 문화권 역사의 비중이 작고 서술이 간략해지는 반면

---

1 그리스신화에 등장하는 프로크루스테스는 자기 집에 행인을 납치하여 침대에 묶어놓고 키가 크면 다리를 자르고, 키가 작으면 다리를 늘렸다. 이처럼 자신의 틀에 맞춰 사물을 재단하는 행위를 '프로크루스테스의 침대'라고 한다.

에 근현대 중심인 서양사의 비중이 커지는 결과로 이어진다. 서양을 중심에 두고 서양을 따라가는 우리 사회의 전반적 분위기와 무관하지 않은 것이다.

중학교 1학년이 배우는 전근대사는 문화권을 중심으로 접근된다. 이때 인도는 동남아와 함께 인도·동남아 문화권으로 구분된다. 한 단위로 묶인 인도·동남아 문화권 단원에서는 "문화의 여러 요소를 중심으로 문화권을 확인하는 활동을 통해 문화와 가치의 다양성을 이해하고 존중하는 태도를 기른다"는 교과 목표를 두고 인도와 관련된 성취 기준을 두 가지로 제시한다. 첫째는 힌두교와 카스트 제도가 기초인 힌두 사회의 발전과 무굴 제국 발전 과정을 이해하고, 둘째는 이슬람교가 인도 사회에 미친 영향을 설명하는 것이다. 이때 바로 인도의 신비화에 기여한 카스트와 힌두교가 주요 주제로 다뤄진다. 인도의 역사와 문명을 힌두교와 이슬람교 등 종교를 중심으로 서술하는 것은 인도를 '종교의 나라'로 박제하여 변화 발전하는 현대 세계의 일원임을 배제하는 데 기여한다. 의도하지는 않았다 해도 '불변하는 동양'이라는 신화를 확인하는 셈이다.

이렇게 문화와 문명을 다룬 인도 문화권과 달리 유럽 문화권 단원에서는 연대기를 중심으로 포괄적으로 접근하며 역동성을 강조한다. 이러한 차별적 접근은 은연중 학생들에게 '정적인 동양'과 '동적인 서양'이라는 편견을 심어줄 위험이 크다. 영국 제국주의 사가들은 "인도에는 역사가 없다"고 선언했다. 야만의 세계, 무역사적인 인도에 역사를 소개한다는 논리로 식민 통치를 정당화한 '역사 없는 인도'라는 영국의 주장이, 제국이 종결되고 60년이 지난 오늘날 우리 교과서에 살아 있는 것이다.

중학교 1학년 교과서에서 문명을 중심으로 서술된 인도 역사를 배운 학생들은 2학년 과정의 서양 중심으로 구성된 근현대사에서 간단히 언급되는 인도 민족운동과 독립 같은 정치적 변화를 공부하게 된다. 이러한 구성은, 마치 전근대의 인도에는 정치·경제와 같은 물질문명이나 역동적 움직임이 없었다는 오해를 야기한다. 근대와 현대 인도 문명에 대한 설명이 결여되어, 고대 인도의 문명이 아무 변화 없이 근대까지 이어졌다는 오해를 낳는다.

그 대표적 사례가 고대의 카스트 제도이다. 대다수 교과서가 브라만을 정점에 두고 수드라를 맨 아래층에 둔 피라미드 모양 그림을 예시하며 고대의 카스트를 설명한다. 그런 뒤 카스트 제도를 다시 언급하지 않고 바로 오늘날 사회 발전에 장애가 된다고 덧붙이는 바람에 카스트가 수천 년간 변하지 않고 이어진 듯한 인상을 준다. 고대 카스트 제도를 설명하고는 최근 사람인 "최하층 카스트" 출신 풀란 데비의 파란만장한 삶을 설명하여 인도 사회가 고대에서 현재까지 변하지 않은 듯이 서술한 교과서도 있다.

교과서 속의 인도 역사는 전근대만 있고 근현대는 거의 없다. 이러한 교과서는 학생들에게 은연중 인도에는 고대만 있다는 인식을 심어주기 십상이다. 인도를 지배한 영국의 제국주의적 역사 서술의 소산이자 서구 중심의 오만한 관점이 반영된 이러한 기술은 "우리가 과거에 머물러 있는 인도를 근대와 문명의 세계로 인도한다!"는 지배자의 주장을 반복한다. 곧 우리나라 교과서는 '현재가 아닌 과거의 인도, 발전하지 않는 인도'를 그대로 받아들여 재생산한다.

과거의 인도를 미화하는 것은 영국의 전형적인 수법이다. 식민지 시대 인도를 여행한 새뮤얼 톰슨Samuel Thomson은 농촌에 사는 인도인을 '진짜 인도인'이라고 보았다.[1] 그는 인도 농민을 "먼 과거로부터 물려받은 조상의 직업과 사상에 만족하면서 소박하게 사는 말 없는 다수"로 서술하며 도시화한 영국인의 타자로 여겼다. 영국 작가 E. M. 포스터Forster

---

1 Samuel Thomson, *The Silent India*, Edinburgh: William Black Wood, 1913, pp.v-vi.

도 서구 교육을 받은 인도인을 '인도인답지 않다'면서 "철도와 우체국, 학교 없이…… 살기를 바라는 사람들" 즉 근대 이전의 인도인을 선호했다.

우리나라 교과서들도 근대가 결여된 인도를 좋아한다. 지학사는 전근대를 다룬 『중학교 사회1』에 인도 역사를 11쪽가량 담았지만, 근현대를 다룬 『중학교 사회2』에서는 인도 관련 부분이 채 3쪽을 넘지 않는다. 중앙교육진흥연구소의 『중학교 사회1』도 근대 이전 부분에서는 8쪽을 인도 역사에 할당했으나, 같은 출판사의 『중학교 사회2』에서 인도 근대사는 3쪽을 웃도는 데 그칠 뿐더러 이 중 현대 인도사 분량은 1쪽도 채 되지 않는다. 결과적으로 인도 역사는 고대사만 의미를 인정받는 것이다.

우리나라 교과서의 이와 같은 인도 역사 구성은 영국의 중등 교과서를 많이 닮았다. 영국 교과서들은 인도의 민족운동을 축소하고 20세기 인도를 금단의 영역으로 치부한다. 중학교 학생이 배우는 영국 교과서 『History Scheme』을 보면 전체 3권 22장 중 영 제국을 다룬 부분은 제2권의 14장 「The British Empire」뿐이다. 거기서도 인도사는 3분의 1에 불과하다. 교과서는 19세기 후반 영국의 통치를 언급하고는 시간을 뛰어넘어 제3권에서 곧바로 1960~70년대 인도-파키스탄 전쟁과 그 과정을 간단히 서술한다. 인도 민족운동에 대한 영국의 침묵은 제국의 부정적인 측면을 은폐하는 전략에 다름 아니다.

우리나라 교과서에서도 인도 역사는 대개 19세기 말이나 1905년에 끝난다. 이는 영국의 교과서와 비슷한 배분이다. 식민지의 아픈 경험을 겪은 우리가 영국의 역사 서술을 그대로 받아들인 것이다. 우리나라 교과서는 근대 서양의 아시아 지배를 합리화하는 유럽의 역사관, 특히 인도를 지배한 영국의 역사 서술을 그대로 재생산하고, 더구나 서구에서 그랬듯이 인도는 문화와 종교의 나라, 고대 문명의 발상지로만 인식되도록

하여 저발전과 전근대의 낙후한 인상을 학생들에게 각인한다.

중학교 2학년 과정의 한 장인 "인도와 동남아시아의 근대화 운동"은 인도의 역사를 1905년 벵골이 분할된 시기까지로 국한한다. 이후 제1차 세계대전 후의 세계에 대한 서술에서 간디와 네루의 민족운동이 대개 3분의 1쪽 미만으로 잠깐 언급된다. 여기에다 제2차 세계대전이 끝난 뒤 새로운 세계의 수립과 관련하여, 종교적 대립으로 인도와 파키스탄이 분리 독립했다는 점을 강조하는 내용을 서너 줄 덧붙이는 것이 인도 근현대사의 전부이다.

인도는 세계 최초로 민족운동을 전개하여 독립을 일군 나라다. 그러나 우리나라 교과서는 20세기 인도의 민족운동과 간디의 비폭력 운동에 대해서 단 1쪽도 배정하지 않았다. 더욱이 20세기의 가장 위대한 인물로 간주되는 마하트마 간디에 대한 서술에서도 인색함을 보인다. 중앙교육진흥연구소의 『중학교 사회2』가 유일하게 간디의 비폭력에 관한 설명을 상자 글로 다뤘으나 그 지면도 반 쪽이 채 안 되는 적은 분량이다.

고등학교 교과서는 이보다 사정이 더 나쁘다. 인도사 교육이 거의 없다고 해도 과언이 아니다. 고등학교의 공통사회는 10단원으로 구성되는데, 지리와 일반사회 관련 영역이 4개 단원, 정치와 경제 관련 영역이 4개 단원인 데 비해 지리·세계사 통합 영역은 1개 단원, 사회·세계사 통합 영역이 1개 단원이다. 일단 세계사 관련 영역이 적은 데다가, 2학년과 3학년 과정에서는 세계사가 아예 선택 과목으로 바뀌기 때문에 현재의 교과과정에서는 인도사 교육은커녕 세계사 교육의 의미조차 찾기 어렵다.

1 E. M. Forster, *The Hill of Devi and Other Indian Writings*, Elizabeth Heine ed., London: Edward Arnold, 1983, p. 84.

세계사를 선택한 고등학교 2, 3학년 학생이 배우는『고등학교 세계사』의 한 예(금성출판사)를 보자. 이 교과서의 내용은 서양사에 치중되고, 그나마 지면을 얻은 아시아의 역사는 동북아시아에 치우친 것을 알 수 있다. 현재 세계 인구의 20퍼센트를 차지하는 남아시아의 역사는 존재하지만 존재하지 않는다. 약 300쪽에 이르는 본문 중에 인도 역사는 전근대사가 약 7.5쪽, 근현대사가 3.5쪽 등 겨우 11쪽, 전체의 3퍼센트에 불과하다. 더구나 20세기의 인도는 인도 민족운동이 고작 8줄, 독립에 관한 서술이 겨우 8줄이어서 역사라는 이름을 붙이기가 다소 민망할 정도다.

이러한 경향은 다른『고등학교 세계사』(교학사)에서도 드러난다. 400쪽이 넘는 교과서에서 인도의 독립운동은 겨우 반 쪽으로 기술되어 있다. 인도의 고대와 중세에 관한 서술이 10쪽인 데 비해 근대의 역사는 4쪽이고, 그중 20세기 역사는 1쪽에 그친다. 이는 영국에서 나온 고등학교 교과서와 비슷한 배분이다. 인도 독립운동을 성공적으로 주도하여 세계사적 의의를 획득한 간디의 활동도 작게 처리하여 그 중요성을 무시한다.

우리나라에서 나온 세계사 관련 교과서를 보노라면 "유럽 도서관에 있는 한 서가의 책이 인도와 아랍에 존재하는 모든 문학을 합친 것보다 더 훌륭하다"라는 말이 생각난다. 19세기 전반 인도 식민 정부의 법무장관을 지낸 토머스 매콜리Thomas Macaulay가 인도의 모든 것을 평가 절하한 오만한 태도가 오늘날 우리나라 교과서에 짙게 배어 있는 것이다. 우리나라 역사 교과서는 이렇게 말하는 듯하다. "서양사를 배우는 것이 비서양사를 배우는 것보다 몇 배 낫다!"

인도의 전근대 역사

문화 중심의 인도사

영국의 방식을 따르면 19세기 이래 인도 역사는 '고대=힌두교 시대', '중세=무슬림 시대', '근대=영국과 독립된 인도'로 구분된다. 인도 역사를 종교로써 구분하는 것이다. 이 방식은 시대를 분명하게 구분하지 않고 문화권과 문명을 중심으로 서술한 우리 중학교 교과서에 그대로 채택된다. 굽타 시대로 마감된 고대 문명에서 무굴의 이슬람 문명을 거쳐 영국이 온 이후의 역사로 이동하는 것이다. 현재와 멀리 떨어진 '고대=힌두교'에 방점을 찍는 교과서의 내용 구성도 비슷하다. 이러한 시대 구분은 힌두교는 고대적, 영국은 근대적이라는 인상을 준다.

『중학교 사회1』에서 다뤄진 인도의 전근대사는 인더스 문명에서 시작하여 마우리아, 굽타 왕조를 거쳐 무굴 시대까지, 왕조와 문화를 중심으로 서술된다. 문화와 종교에 치중하는 관계로 서양사에서 엿보이는 변화와 발전의 개념이 희박하다. 이는 은연중 인도가 정치적으로 무능력하며, 물질문명과 변화를 추구하는 데나 경제 발전에는 적절하지 않다는 부정적인 인상을 생성한다. 종교와 문화적인 측면을 부각하는 역사 서술은 인도에 역동성과 역사성이 부족하다는 영국의 주장을 재확인한다.

『고등학교 세계사』(교학사)에서 중세 서양에 대한 서술과 같은 시대 무굴 제국을 서술한 내용을 비교하면 이러한 대비가 분명해진다. 겨우 2쪽 반에 불과한 무굴의 역사는 "무굴 제국의 건국", "시크 교", "무굴 제국의 문화", "그림으로 보는 역사–무굴 제국의 세밀화"로 구성되어 있고, 여기에는 광대한 영토를 차지했던 무굴 제국의 정치와 경제에 대한 언급은 없다. 당시 인구 1억에 달했던 무굴인들은 종교와 문화에만 심취했던 것일까? '경제'가 없었다면 왜 영국을 비롯한 유럽의 동인도회사들이 앞다투어 인도에 왔을까?

반면 같은 시대 유럽의 역사를 항목별로 살펴보면 서구의 역동성과 역사 변화가 감지된다. "십자군 전쟁", "도시의 발달", "시민 계층의 등장", "상업과 도시의 발전" 등을 제목으로 삼아 유럽의 움직임과 사회 변화를 서술한다. 장원과 길드에 대한 설명도 빠지지 않는다. 서양의 변화를 역동적으로 소개하는 방식은 영국이 인도사를 쓰면서 취한 서술 방향과 비슷하다. 영국은 근대 인도사를 서술하면서 인도와 관계된 영국의 움직임은 정치를 중심으로 서술하고, 영국 지배에 대한 인도인의 반응은 종교, 문화와 같은 비정치적 분야에 한정해 설명한다.

그러나 사실 무굴 제국은 농업 생산력이 높고 상공업이 발달하여 크게 번성한 나라였다. 해로와 육로를 통해 포르투갈과 영국, 프랑스, 네덜란드와 교역하며 많은 부를 축적했다. 무굴 제국의 주요 수입원은 토지세와 무역에서 얻는 세금이었다. 농업과 상공업이 발달하자 시장과 도시가 발달했다. 17세기 인도에는 인구 20만이 넘는 도시가 델리와 아그라, 수라트와 라호르 등 아홉 군데나 되었다. 같은 시대 유럽에서 인구가 20만 이상인 도시는 런던, 파리, 나폴리 세 곳뿐이었다. 그럼에도 교과서는 도시 발달이 유럽에 고유한 현상인 것처럼 서술한다.

우리 교과서는 인도의 무정치적인 이미지를 강조한다. 힌두교와 카스트 제도를 강조하는 것이 그렇고, 인도 문화의 정수를 힌두 문화로 보고 카스트 제도를 인도의 특성으로 고정하는 것이 그 소산이다. 인도를 통치한 영국은 양국 간의 문화적 차이를 강조하고 식민 통치의 정당성을 확보하려고 인도의 다원적인 특성을 부정적인 의미의 '분열'이라 일컬었다. 지역과 종교, 인종과 카스트로 찢어진 사회가 있을 뿐, '인도라는 나라는 없다'고 주장했다. 그리하여 수평적으로 다원적인 '힌두교'와 수직적으로 다원적인 카스트 제도가 인도의 특성으로 고착되었다. 카스트와 힌두교는 역사상의 인도를 정치·경제와 무관한 나라로 박제하는 데 효과적인 표상이다.

종교를 강조하다 보니 우리 교과서들은 인도와 힌두교, 인도인과 힌두(교도), 힌두 문명과 인도 문명을 동일시한다. 『중학교 사회1』(고려출판 85쪽)은 "인도인은 힌두 교인으로 태어난다. …… '힌두'라는 말 자체가 인도를 가리키는 것으로 힌두 교란 인도의 종교라는 말이 된다"고 소개한다. 모든 교과서가 인더스 문명과 아리아인의 사회를 "인도 문명"이라고 적은 것도 같은 맥락이다. 기독교인이 다수라고 미국을 기독교 국가라고 하지 않고 불교도가 다수라고 일본을 불교의 나라라고 부르지 않으면서도 인도는 힌두교와 힌두 교도의 나라라고 한다.

인도와 힌두교를 같은 의미로 쓰는 것은 인도에 800년 가까이 존재해온 무슬림과 다른 종교를 믿는 사람들을 인도인이 아닌 존재로 간주하는 '나쁜 관점'이다. 이는 19세기 반동적 민족주의의 유산이다. 독립한 인도의 초대 총리를 지낸 민족주의자 네루는 독립하기 전 감옥에서 쓴 『인도의 발견』에서 인도를 "오랜 문화적 배경과 삶에 대한 공통의 관점을 가진 힌두스탄"이라고 정의함으로써 힌두가 아닌 사람들을 인도의 구성원에서 제외했다.

인도에는 힌두교의 다양한 신앙을 따르는 인구가 다수이지만 그들은 최근까지 스스로를 '힌두 교도'라 여기지 않았다. 지금도 자신의 믿음이 힌두교라고 대답하는 인도인은 많지 않다. 19세기 민족주의 세력은 영국과 대적할 강한 인도를 만들기 위해 하나로 묶인 집단이 필요하다고 여겼고, 그래서 '전체 인구-(무슬림+기독교도+불교도+자이나 교도+시크 교도)=힌두'로 간주했다. 힌두가 아니라고 간주된 무슬림은 결국 1947년 파키스탄을 세워 인도에서 떠났다.

힌두교는 기독교나 이슬람교처럼 분명하게 구획되는 종교가 아니고, 힌두(교도)의 정체성은 다원적이고 다층적이다. 힌두들을 인도와 동일시하거나 하나로 묶는 것 자체가 모든 것을 다 수용하는 다원적인 인도 문명을 부정하는 것이다. 힌두교 집단은 베네딕트 앤더슨이 말한 '상상의 공동체'[1]로, 힌두는 인도를 구성하는 인구의 일부일 뿐, 인도와 동일시될 수 없다.

통일 중심의 서술

우리 교과서는 인도사를 통일이라는 측면에서 파악한다. 1947년 탄생한 국민국가를 기준으로 '하나인 인도'와 공동 운명체로서의 인도 역사를 되짚어 올라가는 것이다. 문화적 요소가 중심이라는 중학교 교과서에서 인도 역사는 마우리아와 쿠샨, 굽타 왕조를 거쳐 1000년 뒤에 들어선 무굴 제국과 같은 통일 왕조를 중심으로 서술된다. 마우리아를 최초의 통일 국가로, 굽타를 북부를 재통일한 국가로 강조한다. "무굴 제국이 인도를 통일하다"라는 소단원이 알려주듯 무굴 제국의 중요성도 통일에 있다.

쿠샨 왕조의 카니슈카 왕 이후 북인도는 이민족의 침입으로 혼란 상태에 빠졌으나, 4세기 초에 굽타 왕조가 이를 안정시켰다. 3대 찬드라굽타 2세 시대에는 북인도 전역을 통일하고 중앙 집권 체제를 강화하였으며, 동서 무역으로 경제적인 번영을 누리는 전성기를 맞이하였다. 5세기 중엽에는 중앙아시아로부터 에프탈의 침입을 받아 다시 혼란에 빠졌으나, 7세기 초에 바르다나 왕조의 하르샤 바르다나 왕이 북인도를 재통일하였다.

(『중학교 사회1』 금성출판사 310~312쪽을 요약한 내용)

이 설명처럼 우리 교과서들은 '분열과 통일을 거듭하다가 마우리아가 통일을 완료', '분열된 인도를 다시 통일한 쿠샨 왕조' 같은 방식으로 역사를 서술하며 통일을 긍정적으로 파악한다. 광대한 대륙을 배경으로 복수複數적이며 다원적인 인도 역사를 무시하고, 대립과 분열을 강조하고 통일을 선호하는 서술 태도 역시 영국의 식민 통치를 정당화한 제국주의 역사관의 재판이다. 은연중 "너희는 분열해서 우리에게 정복되었다!"는 뜻을 전하는 것이다.

통일 왕조를 연결하는 시기는 100년이든 1000년이든 모두 분열과 혼란의 시기로 간주된다. 그러다 보니 우리 교과서는 통일 왕조 바르다나가 사라진 8세기부터 인도가 이슬람의 침입을 받은 것으로 서술한다. 이 무렵 인도 북부를 지배한 라지푸트들이 이슬람 세력인 아랍의 진출을 막았기 때문에 그 영향은 오늘날 파키스탄의 일부 지역에 국한되었는데도 『고등학교 세계사』(금성출판사 96쪽)는 "7세기 중엽부터 인도가 다시 소왕국으로 분열되자 서북쪽에서 이슬람 세력이 침입하였다"고 설명한다. 또 『중학교 사회1』(고려출판 281쪽)에서는 "8세기부터 이슬람 교를 믿는 투르크 세력이 침입해 왔다"고 서술하고는 연대표에는 인도가 7세기부터 이슬람의 침략을 받은 것으로 기록하여 같은 쪽 안에서 모순되는 주장을 펼친다. 성지문화사의 『중학교 사회1』(289쪽)도 "8세기부터 이슬람교를 믿는 투르크 족이 인도로 들어와 여러 왕조를 세웠다"고 적었으나 이는 사실이 아니다. 투르크족이 인도에 들어와 델리를 중심으로 통

---

1 앤더슨은 민족이나 국가가 고대부터 존재한 원초적 실재가 아니라 근대 자본주의 발전 과정의 산물로, '상상된 공동체'라고 말한다. 베네딕트 앤더슨, 『상상의 공동체―민족주의의 기원과 전파에 대한 성찰』, 윤형숙 역, 나남, 2002.

치한 것은 1192년이고, 8세기에 신드까지 진출한 세력은 투르크인이 아니라 아랍인이다.

역사는 한 가지 진실을 고르는 작업이 아니다. 유럽 대륙과 크기가 비슷한 광대한 인도 대륙에는 예로부터 다양한 정체성이 병존하고 여러 나라가 같은 시기에 서로 다투며 공존하는 역사를 반복했다. 교과서에서 다루는 인도의 통일 왕조가 극소수인 것이 그 예증이다. 그러므로 광대한 인도의 영토를 하나로 묶을 수 없는 물리적 환경을 고려할 때, '분열된 인도'라는 부정적인 표현이 아니라, 세력의 분산이나 다양한 권력의 공존으로 서술하는 것이 타당하다.

물론 영국식 역사 서술에 반대한 인도 민족주의자의 서술과 그 정신을 계승한 오늘날의 인도 교과서들에도 통일을 강조하는 경향이 있다. 하지만 다루는 분량이 적은 탓에 극히 일부만 선택하고 많은 것을 배제한 데다 분단을 경험하여 통일을 지향하는 우리나라 교과서에서는 그 편견이 한층 강하게 드러난다. 덧붙여 인도의 '통일 왕조'도 전 인도 영토를 통일한 왕조가 아니다. 남부 지방까지 영토를 확대하여 통일 국가에 근접한 세력은 마우리아와 무굴밖에 없다. 쿠샨 왕조는 중앙아시아를 중심으로 활동하여 인도와 연계성이 약했다.

통일 왕조 위주의 역사, 중심을 강조하면 역사의 일부만 보여줄 수 있을 뿐이다. 이러한 서술은 인도 역사의 범위를 왕조의 수도인 델리와 통일 왕조의 근거지인 갠지스 평원의 북부 지방으로 한정한다. 데칸 고원의 남쪽 넓은 지방에서 나고 사라진 수많은 왕조나 동쪽과 서쪽 지방의 다채로운 역사를 제외한 매우 불완전한 역사다. 예전보다 지면이 대폭 줄어든 현재 우리나라 교과서는, 동남아는 물론 로마 제국과도 활발하게 교역한 타밀과 촐라 왕조와 같은 남부 인도의 역사를 완전히 배제한다.

예로부터 남부 인도의 왕국들은 해외 무역으로 번영했다. 9세기 중반부터 이름을 알린 촐라 왕조는 중국의 비단과 도자기를 수입하여 유럽에 재수출하는 등 동남아, 서아시아와 교역하여 국력을 키웠고 11세기에 이르면 남부 지방에서 기원한 최대 제국이 되었다. 촐라는 중국으로 가는 바닷길을 보호하려고 인도양의 스리랑카와 몰디브를 공격했다. 1077년에는 무역 대표단 72명을 중국에 보냈다. 우세한 해군력을 바탕으로 동남아의 수마트라와 말레이도 점령했다. 우리나라 교과서는 인도와 동남아시아를 단일 문화권으로 묶고도 이와 같이 이 지역을 아우르는 역사는 무시한다.

인도를 통일한 인물이 교과서에서 긍정적인 평가를 받는 것은 어쩌면 당연하다. 교과서가 비중 있게 언급하는 인도인은 마우리아를 전성기에 올려놓은 아소카, 무굴의 아크바르, 쿠샨의 카니슈카 등 영웅적인 정치 지도자들이다. 불교를 진흥하고 전파한 아소카와 카니슈카는 종교적 관용 정책을 실시하는 등 평화로운 통치 방식으로 통일성에 기여했다고 긍정적으로 평가된다. 그러나 이러한 설명은 문화권의 이해라는 교과 목표와, 문화와 종교를 중심으로 서술한 교과서의 전반적인 방향과 어긋난다.

5000년 인도 역사를 적은 분량에 압축한 관계로 우리 교과서는 종종 모순을 드러낸다. 인도에 이주한 아리아인의 문명을 인도 문명의 본류라고 설명하면서도, 아리아인이 오기 전에 존재한 인더스 문명, 아리아계가 아닌 토착인 마우리아 왕조, 중앙아시아가 중심이고 인도까지 그 영역이 미쳤을 뿐인 쿠샨 왕조의 역사를 긍정적으로 서술한다.

또 모든 교과서에서 쿠샨 왕조의 뒤를 이어 북부 지방을 통일한 굽타 왕조 치세를 인도 고유문화와 고전문화가 완성된 시기로 서술하는데, 굽타 왕조를 설명하는 '인도 고유'와 '고전'은 과연 무엇을 의미하는가? 『중학교 사회1』(디딤돌 257쪽)은 굽타 시대에 "인도의 전통 문화"와 "인도 고유의 예술적 표현 방식인 굽타 양식이 발달"했다고 서술한다. 『중학교 사회1』(중앙교육진흥연구소 301쪽)도 "인도 토착 세력인 굽타 왕조 시대에는 인도 고유의 종교적 전통과 민간 신앙이 결합된 힌두 교가 성립되어 인도의 대표적인 종교가 되었"고 "인도풍"이 부활했다고 적는다. 그렇다면 굽타 이전의 문명은 인도풍이나 인도 고유의 것이 아닌가? 중앙아시아에 근거를 두었던 까닭에 인도 문명과 거리가 있었던 쿠샨 왕조의 주체나 성격은 서술하지 않은 채 설명되는 이러한 내용은 인도 역사에 신비한 베일을 씌운다.

"외래 문화 대신 전통 문화를 장려"했다거나 "인도 고유의 굽타 양식이 발전"했다는 문장은 학생들에게 밖에서 들어온 것은 나쁜 것이고 고유한 것은 좋은 것이라는 그릇된 가치 판단을 심을 위험이 있다. 『중학교 사회1』(지학사 246쪽)은 중앙아시아에서 온 아리아인이 "인더스 문명을 파괴하고 먼저 살고 있던 주민을 정복"했다고 서술하고, 『중학교 사회1』(교학사 차경수 외 254쪽)은 이란에서 "침입"한 아리아족이 인더스 문명을 파괴하고 정복했다고 소개한다. 아리아인은 외래이기에 나쁜 존재인가?

우리 교과서는 굽타 왕조 시대를 인도 역사의 영광이자 황금기라고 인식한다. 힌두교가 성립되고 굽타 양식의 미술이 발전하고 '전통 문화'를 장려하여 인도의 '고전문화'가 확립되었다는 설명이다. 교과서는 굽타 시대를 "인도 고유의 양식", "인도 고유의 미술 양식", "인도 고유의 생활 방식", "고유의 굽타 양식", "인도 고유 문화의 발달" 등 고유성을 강조하여 서술한다. 이는 중앙아시아에 근거를 둔 쿠샨 왕조와 비교한 서술이다. 하지만 그런 전후 관계를 알려주는 설명은 거의 없다.

굽타 왕조의 토착성과 고유성에 대한 강조는 인도의 영광이 힌두 문화와 종교가 번성한 고대에 있다고 강조한 영국 제국주의 역사의 산물이다. 흘러간 옛날을 인도의 황금시대라고 간주하고 현재의 인도를 그 영광스러운 과거에서 쇠락한 결과로 그림으로써 영국의 정복과 지배를 합리화하는 역사 서술은 인도의 고대를 찬양하여 무력한 현재를 돋보이게 한다. 그 와중에 힌두교는 과거에 닻을 내린 무력한 종교이며 모든 사회적 악습은 힌두교가 타락하여 생긴 퇴적물이라고 쓴다.

그런가 하면 인도 민족주의 역사가들은 불행한 현재를 위무하는 찬란한 과거가 필요했고, 그래서 이슬람이 오기 전 번성한 굽타 시대를 고유성과 전통의 시대로 강조했다. 19세기 힌두교 개혁 운동과 부흥 운동을 이끈 사람들도 힌두교를 기독교와 이슬람교 등 셈족의 종교처럼 강하고 공격적이며 남성다운 종교로 고쳐 쓰려고 노력하면서, 이슬림의 (영향을 받은) 중세, 영국의 (지배를 받은) 근대와 구분되는 고대 굽타 시대를 이상 사회와 힌두교 문화의 원형으로 간주했다.

카스트 제도에 대한 오해

우리나라 교과서에서 인도의 독특한 사회 제도인 카스트는 가장 쉽게 오해되는 주제이다. 『중학교 사회1』을 비롯한 많은 교과서가 카스트의 최하층에 자리한 수드라를 노예, 천민 계급이라고 소개한다. 『중학교 사회1』(성지문화사 237쪽)은 브라만과 크샤트리아를 지배 계급, 바이샤와 수드라를 피지배 계급으로 구분하고, "어느 계층에 속하는가는 피부(검을수록 천민)나 말을 들어보면 쉽게 알 수 있"다는 설명을 달았으나 이는 부분적으로만 진실이다. 인도에서는 카스트를 출신, 가문을 뜻하는 '자티'라고 부른다는 설명도 반쪽만 옳다. 가장 정답에 근접한 설명은 『중학교 사회1』(동화사 306쪽)로 이 교과서는 "원래 네 개였던 신분이 여러 번의 분화 과정을 거치면서, 점차 다양한 직업의 구분으로 변화되어 오늘날에는 약 3,000여 개 이상의 카스트가 존재한다. 카스트제는 다른 신분 간의 혼인을 엄격히 금지하고, 직업이 자손에게 세습되는 등 아직도 인도인의 생활 전반에 많은 영향력을 행사하고 있다"고 설명한다.

카스트는 바르나'색'이라는 뜻라고 불린 고대 베다 시대의 4계층 제도를 말하는데, 이에 대한 설명은 『고등학교 세계사』(교학사 40쪽)가 정확하다. 비교적 사회가 단순했던 고대에는 4계층과 그 아래에 카스트에 들지 못하는 천민 계층 등 5개 정도로 구분되었으나, 이민족이 침입하고 혼혈로 잡다한 부족과 집단이 발생하고 직업이 분화하면서 새로운 집단들이 생겨났다. 정치적 지배·종속 관계가 복잡하게 얽히고 이주와 사회적 습관의 변화 등이 일어나면서 점차 인도의 각 지역으로 퍼져나간, 넓은 의미의 바르나 제도는 각 지방에서 작동되는 자티'탄생'이라는 뜻로 발전했다.

『중학교 사회1』(성지문화사 237쪽)이 인도에서 카스트를 부르는 말이라고 잘못 설명한 '자티'는 고대 힌두 경전에 기록된 카스트가 아니라 1950년대 이후 각 촌락에서 진행된 학자들의 현지 조사를 바탕으로 발견된 사회 집단으로, 넓은 의미의 바르나와는 다른 협의의 단위다. 곧 자티는 각 지역에 실재하는 직업을 중심으로 구성된 사회 집단이다. 그러나 우리 교과서들은 고대 경전에 언급된 카스트 제도와 현재 마을에서 작동되는 자티를 연결하지 않고 고대의 카스트 제도만 언급하여, 인도의 역사를 '무역사'로 파악하는 기존의 태도를 다시금 드러낸다.

고대 힌두 경전에 언급된 카스트 제도의 계층은 피라미드의 상층을 구성하는 지배 계층과 지배를 받는 하층을 구분하는 권력관계를 의미하는 것이 아니라, 직업과 종교적 의례에서 갖는 중요성을 의미한다. 그러므로 『고등학교 역사부도』(보진재 74쪽)가 브라만을 "사회의 최고 지배 계층"으로 표현한 것은 타당하지 않다. 브라만은 사회 · 경제적 최고 지배층이 아니라 종교적 권위가 가장 높은 집단이다.

카스트 제도를 표현한 피라미드 모형은 상하 구별이 아니라 인구의 구성비를 알려주는 그림이다. 맨 위에 있는 브라만은 인구의 소수이고 맨 아래에 있는 수드라는 다수라는 뜻이다. 실제로 브라만과 바이샤에 이르는 상층의 3개 집단 사이에는 특별한 위계가 없다. 곧 일상에서 브라만이 크샤트리아나 바이샤보다 실질적으로 우세한 권력을 행사하지 않는 것은 물론이거니와, 『중학교 사회1』(성지문화사 237쪽)의 설명과 달리 어느 카스트에 속하는가를 피부색이나 언어로 판단하는 것 또한 불가능하다.

역시 수드라를 노예와 천민 계급으로 기술한 『중학교 사회1』(두산 219쪽)은 서기전 500년경 인도인의 다양한 모습을 서술한 뒤 그들이 어느 카스트에 속하는지 알아보는 항목을 넣는다. "누더기 승려복을 걸치고 몰골이 흉하게 생긴 사람이 거리에서 구걸하고 있다." 브라만을 지칭한 이 서술은 누더기 승복과 몰골이 흉하다는 표현에서 인도에 대한 편견을 드러낸다. 더구나 거리에서 교리를 설명하는 방식은 진리를 독점한 배타적인 브라만교에 반발한 불교의 전통이다.

모든 교과서가 수드라를 천민과 노예로 설명하지만 이는 고대 경전의 구분이다. 오늘날 현장에서 수드라는 평민이라고 봐야 한다. 노예나 천민은 수드라보다 낮은 계층으로 카스트에 들지 못하여 카스트 계층 밖에 존재하는 사람들이다. 베다에는 짐승처럼 취급받는 사람들이 언급되는데, 카스트에 들지 못한 그들은 지역에서 다른 자티와 상호 작용하며 살았을 것이다. 이들은 원래 아리아인이 오기 이전의 원주민이나 아리아인에게 정복된 사람들로 천한 직업에 종사하여 천민으로 불렸다.

일부 교과서에 언급된, 산적 출신으로 연방의회 의원이 된 풀란

데비는 "최하층 카스트 수드라(노예)"가 아니라, 접촉하면 더럽혀진다고 여겨져 '불가촉'이라고 불린 불가촉천민이다. 『중학교 사회1』(성지문화사 237쪽)에서 "보다 높은 카스트에 속하는 사람은 보다 낮은 카스트에 속하는 사람 곁에만 가도 더럽혀진다고 할 정도이다"라고 설명한 부분은 4개 카스트와 불가촉천민의 관계를 설명하는 데는 타당하지만, 브라만과 크샤트리아, 크샤트리아와 바이샤의 관계에는 적절치 않다.

『중학교 사회1』(성지문화사 133, 237쪽)은 인도를 철저한 계급 사회로 규정하고 카스트 제도가 인도 사회의 발전을 가로막는다고 서술한다. 인도 사회를 분열시키고 무기력하게 하고 비능률적으로 만들어 기술이나 경제 발전을 저해한다고도 설명한다. 카스트 제도가 인도의 분열성에 큰 몫을 차지한다고 기술한 교과서도 있다. 카스트를 부정적으로 파악하는 관점은 모든 교과서에 대동소이하게 드러난다.

그러나 카스트 제도를 고대 베다에 근거하여 파악했기 때문에 경직성과 변화 없음이 두드러지는 것이다. 인도가 고대부터 지금까지 변화하지 않았다는 근거를 카스트 제도에서 찾는 것은 옳지 않다. 정복한 지배자나 경제적 힘을 축적한 부자가 권력과 경제력을 바탕으로 상위 카스트를 주장하며 개인의 사회적 상승 이동을 추구한 사례는 근대뿐 아니라 예전에도 많았다. 또한 중세의 바크티 운동[1]은 카스트 제도와 브라만 중심주의에 반대했다. 카스트는 많이 변화했고, 변화에 역기능만 하지는 않는다.

인도의 이슬람화?

이슬람이 인도에 온 뒤 "카스트제로 차별받던 많은 하층민이 이슬람 교로 개종하였다"고 쓴 『중학교 사회1』(중앙교육진흥연구소 303쪽)의 기술은 카스트 제도의 부정적인 측면을 강조하고 이슬람을 긍정적으로 파악한다. 『중학교 사회1』(동화사 308쪽)은 "이슬람 교의 평등주의는 카스트제에 불만을 품은 사람들을 이슬람 교로 개종시켜 광범위한 이슬람화를 이끌어냈으며, 인도-이슬람 문화 발달의 발판을 마련해 주었다"고 서술하여 역시 이슬람을 긍정적으로 판단한다.

우리나라 교과서의 이러한 서술들은 부지불식간에 인도 고유의 '불평등한 카스트 제도'를 비판하는 동시에 이방에서 온 '평등한 이슬람'의 존재를 긍정적으로 평가하는 이중 기능을 수행한다. 『중학교 사회1』(두산 280쪽)도 "무거운 세금으로 고통받던 많은 하층민들이 이슬람 교로 개종하였다"며 인도의 이슬람화를 긍정적으로 언급한다.

그러나 이러한 기술은 사실과 거리가 있다. 중세의 무굴 제국이 이슬람 국가이고 이슬람 문화를 한층 더 발전시킨 것도 분명한 사실이나, 무굴 문화로 명명된 성숙한 이슬람 문화는 사회의 상층에 국한되고 궁정 문화의 틀을 벗어나지 못했다. 일부 힌두 교도가 이슬람 지배의 영향과 이슬람의 평등사상에 이끌려 개종했으나 그 수는 그리 많지 않았다. 무굴 시대 대다수 인도인은 이슬람 문화권 너머에 살고 있었다.

"타지마할 묘당은 하얀 대리석 벽돌로 쌓아 올린 중앙의 둥근 돔과 주변의 작은 탑들이 아름답게 균형을 이루는 이슬람 사원 양식의 건축물이다. 그런데 대리석 벽면에 여러 가지 색깔의 보석을 박아 무늬를 새기는 세밀한 장식은 힌두 문화의 영향을 받은 것이다. 따라서 타지마할 묘당은 인도 문화와 이슬람 문화가 결합된 대표적인 예술품이라고 할 수 있다."(『중학교 사회1』두산 281쪽)

1 바크티(Bhakti) 운동 7세기부터 남인도에서 성행하여 북인도로 퍼져나간 서민층의 신앙 운동으로, 신을 향한 절대적 헌신으로 영혼의 문에 도달할 수 있다고 믿어 카스트의 구분을 넘어섰다.

위 서술에 나타나듯 우리나라 교과서들은 이슬람 문화가 인도(힌두) 문화와 융합하여 인도-이슬람 문화를 이루었다는 점을 강조한다. 이는 '토착성'과 '전통', '고유성'을 강조한 고대사 서술과 방향이 완전히 다르다. 『중학교 사회1』(교학사 황재기 외 281쪽)은 이슬람 문화가 "인도 고유의 힌두 문화와 어우러진" 사례로 타지마할과 시크교를 들었으나 시크교는 무굴 시대가 아니라 그전에 일어난 것이다. 즉 힌두 전통에 이슬람의 문화가 더해져 인도 문화가 새롭고 다양해진 것은 무굴이 오기 전 델리술탄국13~16세기 인도 북부에 있었던 이슬람 왕국들 시대에 시작된 현상이었다.

이슬람 왕조가 인도 사회에 어떤 영향을 주었는가를 공부한다는 중학교 교과서의 학습 목표는 인도를 수동적 존재로 취급하고 이슬람이 인도에 불러온 긍정적 영향과 이슬람의 주체적 역할을 부각한다. 많은 교과서들이 인도 문화와 힌두 문화를 동일시하여 이슬람 문화를 인도의 이방인으로 만드는 한편, 이슬람이 능동적으로 힌두 문화와 융합했다고 서술하여 이슬람을 문화의 주체로 묘사한다. 그런데 이런 식으로 이슬람 문화를 구분하고 강조하는 방식은 분할 통치의 묘수를 깨달은 영국이 시작하고 조장한 것이다.

학생들에게 다양한 읽을거리와 볼거리를 제공하려는 목적을 이해하더라도 교과서들이 무굴 시대에 대한 설명보다 타지마할에 많은 지면을 들인 것은 지적을 피하기 어렵다. 『중학교 사회1』(고려출판 286~287쪽)은 무굴 제국에 대해 겨우 본문 반 쪽을 들여 설명하고는 타지마할에 대해서는 사진과 더불어 무려 1쪽 반을 할애한다. 다른 교과서들도 "도움주머니"나 "역사여행" 등 상자 글로 타지마할의 사진과 삽화를 싣고 "세계에서 가장 아름다운 건축물", "사랑의 결정—인도의 타지마할"과 같은 낭만적 수사로 인도를 신비하고 정체된 사회로 규정한다.

근대 인도의 역사

인도의 근현대에 대한 역사 서술에서는 인도의 수동성과 분열성이 두드러진다. 이 역시 제국주의 역사관과 한 치도 어긋나지 않는다. '제국', '식민주의'가 도덕적으로도, 정치적으로도 올바르지 않은 단어가 된 오늘날에도 우리나라 역사 교과서에는 식민주의의 유산과 망령이 떠돌고 있다. 인도 심리학자 아시스 난디의 말대로 식민주의는 오래전에 끝났으나 '정신의 식민주의'가 계속되고 있다. 어찌하여 과거는 우리를 괴롭히는 힘을 가지는 걸까?

교과서에서 다루는 인도의 근대화 운동은 민족운동에 한정된다. 시기적으로는 20세기 초 벵골 분할에 대한 인도 국민회의의 저항 운동에서 끝난다. 민족운동을 근대화 운동에 연결함으로써 결국 인도의 근대는 외부(영국)의 충격에 의한 반동으로만 파악되고, 그 결과 전근대 역사와 마찬가지로 인도의 수동성이 부각된다. 이러한 인도사 서술은 모든 교과서에 공통적인 현상이다. 『중학교 사회1』(지학사 86쪽)은 1885년에 창설된 인도 국민회의를 두고, 영국이 반영 운동을 무마하고자 만든 것이라고 서술하기까지 한다.

『중학교 사회2』(디딤돌 93쪽)의 사진 설명도 비슷하다. "인도인들의 민족 운동이 확산되자, 영국은 인도의 상류층을 회유하여 식민 통치에 이용하고자 하였다. 이를 위해 영국은 지주, 대자본가, 변호사 등을 선발하여 식민 통치에 대한 조언을 구하는 단체로서 인도 국민 회의를 조직하였다." 그러나 인도 국민회의는 그전부터 각 지역에서 활동해온 지식인들의 여러 모임이 전국적으로 확대된 것으로, 한 영국인이 창립에 간여하긴 했지만 식민 정부가 의도적으로 추진한 정책의 결과는 아니었다.

인도인의 주체성을 배제한 이러한 서술은 『고등학교 세계사』(금성출판사 240쪽)에도 나타난다. 영국은 "지식인 중심의 민족 운동을 저지하기 위하여 인도 국민 회의를 성립시켰다." 그러나 같은 책 같은 쪽에 있는 "생각넓히기" 코너에는 "인도인들은…… 인도 국민 회의를 창립하였다"라는 상충하는 견해가 나온다. 이러한 혼란은 중학교 사회 교과서에서도 보인다. 『중학교 사회2』(디딤돌 93쪽)는 본문에 국민회의가 "영국식 교육을 받은 인도의 중상류층 인사들을 중심으로 구성"되었다고 서술하는 동시에, 같은 면에 실은 사진 설명에는 영국이 만들었다는 정반대의 견해를 적어놓았다.

아시아와 아프리카의 민족운동을 설명하는 장면에 간단하게 언급된 간디와 네루의 민족운동도 인도인의 역동성을 상당히 희석한다. 교과서들은 인도의 독립을 간디와 네루 등 민족 지도자가 주도하고 민중이 뒷받침한 오랜 투쟁의 결과가 아니라 전후 세계 질서의 재편성과 연계하여 설명한다. 19세기 말부터 전개된, 독립을 향한 민족운동을 인도인들의 성취로 인정하지 않는 것이다.

『중학교 사회2』(디딤돌 114쪽)는 베트남이 프랑스와 싸워 독립을 쟁취한 것으로 서술하면서도 인도는 전후 영국이 독립시켜준 것처럼 서술하며 인도의 수동성을 당연한 것으로 간주한다. 간디를 온건한 형태의 민족운동을 이끈 성자로, 네루를 강력한 투쟁을 전개한 투사로 단순화한 『중학교 사회2』(지학사 108쪽)는 간디의 비폭력 운동과 성자다운 모습을 강조하여, 독립에 기여한 다수 인도인의 노력과 주체적 움직임을 역사의 뒤편에 매장한다.

특히 제국주의자들이 상투적으로 써온 인도의 '내재적 분열성'에 관한 언급이 여러 교과서에 되풀이 등장한다. 이를테면 『고등학교 세계사』(지학사 271쪽)는 영국이 인도를 통치하게 된 원인을 무굴 시대 말의 종교 분쟁과 인도의 분열에서 찾는다. "무굴 제국은…… 여러 개의 지방 세력으로 분열되었다. 이 시기에 서양 열강들이 인도에 본격적으로 침투하기 시작하였다.”이는 영국이 인도를 지배하게 된 계기가 인도 사회의 쇠퇴와 분열성이었다고 설명하는 영국 교과서와 똑같은 관점이다.

『고등학교 세계사』(금성출판사 238쪽)도 인도의 분열성에 주목한다. 영국의 통치에 반대한 1857년 일어난 세포이 항쟁이 “내부의 분열 때문에 영국군에게 진압되었다”는 것이다. 또 같은 책 293쪽에서는 인도가 독립할 때에도 “힌두 교도와 이슬람과의 대립으로 국내의 민족적·종교적 대립이 격화되어”인도와 파키스탄으로 분리되었다고 서술하여 다시 한번 분열성에 주목한다. 인도를 통치한 영국의 교과서에서 흔히 구사되는 전략의 복사판이다.

인도와 파키스탄의 분리 독립을 인도의 내재적 분열성에 기인한 것으로 파악하는 것은 전형적인 제국주의식 역사 서술이다. 영국의 중학교 교과서『History Scheme』에서는 인도-파키스탄의 분단 과정에 힌두-무슬림의 폭동이 있었다고 서술하고 “힌두와 무슬림은 누구인가”를 구분하여 설명한다. 영국의 고등학교 역사 교과서도 간디와 파키스탄 초대 총리 진나를 대비해 분파적 성향을 강조한다. 이러한 서술이 분단의 책임을 인도와 파키스탄에게 돌리는 데 효과적이기 때문이다. 지배자 영국은 통합을 위해 최선을 다했으나 힌두-무슬림의 갈등이 깊어서 분단했다는 주장이다. 『중학교 사회1』(교학사 황재기 외 137쪽)은 “종교의 다양성으로 오늘날 이 지역은 나라가 분리되기도 하고, 전쟁이 일어나는 등 그 갈등이 심각하다”며 분열성을 강조하여 영국의 식민 통치에 면죄부를 부여한다. 불행한 역사의 책임을 인도인에게 전가하는 식민 지배자의 고전적 수사를 우리 교과서가 반복하는 것이다.

우리나라 사회 교과서는 인도-이슬람 문화의 성립과 융합을 강조하고 통일 왕조를 찬양하면서도 한편으로는 인도 문화권을 종교적 대립과 항쟁이 심한 지역으로 인식한다. 문화 지리와 관련해 설명할 때도 남아시아가 인도, 파키스탄, 스리랑카로 분열하여 대치하는 원인을 힌두교(인도, 네팔), 이슬람교(파키스탄, 방글라데시), 불교(스리랑카) 등 종교적 갈등에 둔다. 인도의 다양성과 다원성도 풍부한 문화적 자산이 아니라 갈등의 원인으로만 여긴다.

　　『중학교 사회2』(중앙교육진흥연구소 120쪽)에서 인도의 독립은 "냉전 체제의 성립"이라는 항목에 단 4줄로 서술되어 있다. "인도는 전후에 영국으로부터 독립하였으나 종교적 대립으로 분열하였다. 그 결과 인도는 힌두교의 인도와 이슬람 교의 파키스탄으로 나뉘어졌으며……." 여기에서도 종교적 대립과 분열성이 강조된다. 『중학교 사회1』(동화사 151쪽) 역시 카슈미르 분쟁 일지를 도표로 설명하고, 『중학교 사회1』(두산 124쪽)도 1쪽을 할애하여 인도의 종교 갈등을 도표로 그려 서술한다. 『중학교 사회1』(성지문화사 138쪽)도 "집중탐구"라는 1쪽짜리 상자 글로 종교로 인한 지역 갈등을 강조했다.

　　이처럼 우리의 모든 교과서는 인도-파키스탄의 갈등을 정치적·군사적인 측면에서 보지 않고, 힌두교-이슬람교의 종교적 투쟁이나 두 문명의 충돌로 서술한다. 인도와 파키스탄 간의 복잡한 문제를 남아시아에 사는 사람들의 비이성적인 종교 분쟁으로만 간주하는 것이다. 이러한 관점은 인도를 만성적인 위험 지역으로 박제하면서 인도인을 종교에 찌든, 합리적인 사고가 불가능한 몽매한 사람들로 만든다.

교과서 속 구체적인 사실의 오류

우리 교과서에는 관점이나 맥락만이 아니라 구체적인 사실 자체가 틀린 경우도 많다. 『중학교 사회1』(중앙교육진흥연구소 261쪽)에서는 인더스 문명을 파괴한 아리아인이 갠지스 강 유역으로 이동하면서 피정복민을 엄격히 통제하는 카스트 제도와 "업과 윤회"를 기본 사상으로 하는 브라만교를 성립시켰다고 적었다. 그러나 '업'과 '윤회'는 서기전 6세기에 등장한 불교에서 나온 후대의 개념이다.

『고등학교 세계지리』(대한교과서 162쪽)에서는 "인도 인들의 식사 모습"이라는 사진[1]을 싣고 본문에 "힌두 교도가 많은 인도에서는……"이라 설명하지만, 사진 속의 인물들은 터번과 수염 등 외형을 볼 때 모두 힌두 교도가 아니라 시크 교도다. 『중학교 사회1』(중앙교육진흥연구소 301쪽)의 사진[2]도 명백한 오류를 사실처럼 전달한다. 집필자는 이 사진 속 유물을 아소카 시대의 돌기둥 위에 있던 사자상이라고 서술하나 실

1 (왼쪽) 『고등학교 세계지리』(대한교과서 162쪽)
2 (오른쪽) 『중학교 사회1』(중앙교육진흥연구소 301쪽)

제 이 기둥은 아소카 시대의 돌기둥이 아니라 굽타 시대에 만들어진 쇠 기둥이다. 『중학교 사회1』(성지문화사 285쪽)에 실린 사진[1]은 바로 그 아 소카의 돌기둥이지만 옆의 사자 석상은 다른 지방에서 출토된 돌기둥의 것이다.

『중학교 사회1』(동화사 308쪽)은 이슬람 교도들이 이슬람 성자의 이름을 따서 "구틉미나르" 탑의 이름을 지었다고 적었으나 이는 명백한 오류로, 쿠트브미나르는 13세기 초 델리를 수도로 삼아 노예 왕조를 연 쿠트부딘의 이름을 딴 것이다. 『중학교 사회1』(두산 280쪽)에 보이는 "힌 두 교 계통의 소왕국이 난립한 시기를 틈타 8세기부터 인도 서북쪽에서 이슬람 세력이 침입해 오기 시작하였다"는 서술도 앞에서 본 것처럼 아직 발생하지 않은 역사를 적은 것이다. 이슬람 세력이 본격적으로 남부 아시 아에 진출한 것은 쿠트부딘이 이슬람 왕조를 시작하면서였다.

『중학교 사회1』(동화사 309쪽)의 "타지마할을 짓느라 국고가 바닥 나고 백성들의 원성이 높아지자, 샤 자한의 아들 아우랑제브는 아버지의 왕위를 빼앗고 아그라 성에 가두었다"는 설명도 올바르지 않다. 샤자한 이 타지마할 같은 여러 건축물을 짓느라고 국고를 축낸 것은 사실이나 무 굴의 국고는 여전히 상당했다. 무굴의 재정이 바닥난 것은 50년간 데칸 지방을 원정하느라 국력을 소진한 아우랑제브 시대에 이르러서였다.

『고등학교 세계사』(교학사 194쪽)에도 오류가 보인다. "무굴 제국 과 동남아시아의 발전"에서 "19세기 중반 영국의 침입으로 (인도가) 식민 지로 전락하였다"고 적고, 그 아래 연표에도 영국의 식민 지배가 1800년 대 중반 시작한 것으로 표시한다. 공식적으로 무굴 제국이 몰락한 시점 은 1858년이 맞으나 영국의 인도 침입은 사실상 1700년대 중반으로 적 어야 옳다. 무굴 제국은 1700년대 말에 이미 델리 부근을 명목상으로 지 배한 데 지나지 않았던 반면 영국은 이미 많은 지역에서 세력을 자랑하고 있었다.

또 이 교과서는 총 400쪽이 넘는 전체 분량에서 20세기 인도의 독립운동을 다룬 유일한 지면인 318쪽에 인도의 독립운동을 설명하면서 "영국은 인도의 자치를 검토하기 위한 사이먼 위원회를 파견하였지만, 1929년 인도 국민 회의는 이를 거부하고 완전 독립을 위한 제2차 시민 불복종 운동을 전개하였다(푸르나 스와라지)"고 적었으나 이러한 설명은 옳지 않다. '푸르나 스와라지'는 '완전 독립'이라는 의미로, 네루가 이끄는 국민회의가 운동의 궁극적인 목표를 자치에서 완전 독립으로 바꾼 것이다. 제2차 불복종 운동은 1930년 간디가 부당한 영국의 소금법에 반대하여 소금을 제조하려고 해안으로 행진한, 이른바 소금 행진 뒤에 일어났다.

우리 교과서에서 인도는 지리적으로도 낙후한 지역이다. 과거의 인도는 미화하면서도 현재의 인도는 폭발적 인구 증가와 가난하고 후진적인 나라라는 측면에 치우쳐 설명한다. 『고등학교 세계지리』(대한교과서 160~161쪽)에서 인도는 "지구상에서 가장 큰 빈민굴이 있는 도시", "인도

1 『중학교 사회1』(성지문화사 285쪽)

의 대도시는 어느 곳이나 사람으로 넘쳐나고 있으며, 이로 인해 주택난, 교통난, 슬럼화……"와 같이 부정적으로 표현된다. 이 서술과 함께 게재한 "사람이 북적대는 인도의 번화가"라고 이름 붙인 사진[1]은 번화가가 아니라 복잡한 큰 시장의 사진이다. 이런 사진은 인도가 혼란스럽고 무질서하다는 인상을 심어준다.

『중학교 사회1』(고려출판 125쪽)은 "인도에는 문맹인이 5억 명, 하루 수입이 1달러 미만인 인구가 3억 2천 만 명, 교육의 혜택을 받지 못하는 아동 인구가 5천 만 명이나 된다"고 서술하여 인도의 빈곤과 낙후성을 강조한다. 『중학교 사회1』(성지문화사 135쪽)도 같은 내용을 담은 신문 기사를, 출처를 밝히지 않은 채 인용문으로 실어 비슷한 효과를 낳는다. "더욱 심각한 문제는 삶의 터전이 황폐화되고 있다는 점이다. 5억 명이 문맹이고, 하루 소득이 하루 끼니를 잇기도 힘든 1달러(1,200원) 미만인 사람이 3억 2천만 명이다. 어린이 5천만 명은 학교 근처에도 가보지도 못한 채 자라고 있다."

"인도는 비좁다"를 실은 성지문화사의 『중학교 사회1』(135쪽)을 읽다 보면 인도의 미래가 암담하다. "1인당 경작지는 1960년 0.21ha에서 0.1ha로 줄었고, 2050년에는 0.07ha로 더 줄어들 전망이다. 식수와 관개 용수를 위해 파헤쳐진 800여만 개의 우물과 샘에선 쉴 새 없이 지하수가 퍼 올려지고 있다. 물의 재생산 속도보다 고갈 속도가 2배 빠르다. 물 부족에 따른 식량난, 그 뒤를 잇는 사망률 증가가 불을 보듯 뻔한 실정이다."

식량이 부족하고 인구가 과밀하다는 점에 초점을 두어 인도의 현재를 부정적으로 기술한 대다수 교과서는 학생들의 머릿속에 인도를 명명백백한 후진국으로 고정한다. 이들 교과서는 현재 인도의 극히 일부만 보여준다. 인도는 녹색혁명을 통해 식량 자급자족을 이룬 지 오래되었음에도, 인구 문제와 더불어 오랫동안 전해진 '가난한 인도' 상이 오늘날에도 재생산된다. 우리 교과서들은 인도의 잠재력과 경제 발전, 인도인의 삶에 대한 의지와 역동성을 언급하는 데 인색하다.

"인도인들은 매일 갠지스 강에 감사의 기도를 드린다. 그들은 갠지스 강에서 죽기를 소망한다." 모든 교과서에 빠지지 않는, 갠지스 강에서 목욕하는 인도인의 사진과 설명은 비합리적인 인도를 보여주면서 '전통과 종교에 매인 인도'라는 인상을 강조한다. 강렬한 시각적 효과가 있는 사진을 통해 광대한 인도의 영토와 인구가 갠지스 강 유역으로 축소된다. "갠지스 강에서 목욕하면 죄가 씻어진다"고 믿는다는 인도인의 종교적 몽매함을 강조하는 설명은 고대 인더스 문명에 대한 서술에서 오늘에 이르기까지 시간을 초월하여 여러 곳에 등장한다.

본문과 상관없이 인도를 '낙후한 동양'으로 만드는 사진들 역시 인도를 부정적 이미지로 박제한다. 『중학교 사회1』(동화사 145쪽)은 별다른 설명 없이 도로에 서 있는 한가로운 소의 사진을 보여준다. 다른 교과서들도 거리를 배회하거나 한가롭게 쉬는 소의 사진을 게재하여 종교적이며 역동성이 부족한 인도를 강조한다.

1 『고등학교 세계지리』(대한교과서 161쪽)

인도의 대도시는 어느 곳이나 사람으로 넘쳐나고 있으며, 이로 인해 주택난, 교통난, 슬럼화, 각종 시설 부족 등 여러 가지 도시 문제가 발생하고 있다.

인도 관련 분야에 들어가는 사진은 한결같다. 『중학교 사회1』(성지문화사 139쪽)은 "지역 답사"라는 항목으로 1쪽을 "다양한 나라-인도"에 할애하고 사진 4장을 곁들였다. 그러나 인도의 다양성을 설명하려고 실은 사진들의 실체는 정적인 자연환경과 빈곤한 모습이다. 눈 덮인 히말라야가 바라다보이는, 산과 물이 있는 카슈미르의 풍경, 황량한 타르 사막의 사진은 다름 아닌 인도의 원시성을 상징한다. 누추한 차림의 인력거꾼들이 늘어선 거리와 길거리에서 생활하는 가난한 일가족의 모습을 담은 두 사진도 가난하고 더러운 후진국이라는 인상을 각인한다.

이처럼 우리 교과서의 기술은 인도를 지배한 영국이 필요에 따라 만든 '열등한 인도'를 무의식적으로 복제한다. 그렇게 보면, 식민주의가 종결된 후에 '대지의 저주받은 자들'이 진정한 자신을 되찾을 것이라는 에드워드 사이드Edward W. Said와 프란츠 파농Frantz Fanon의 전망은 적어도 인도에 관해서는 틀렸다. 우리 교과서는 영국이 구성한 인도의 과거를 수용하고, '신비한 동양'을 논하며 신비하지 않은 영국의 우수성을 자랑한 역사를 받아들여 식민 통치를 정당화하는 셈이다.

인도에 대한 고정관념

이번에는 우리나라 교과서에서 드러나는 인도에 관한 몇 가지 고정된 인식을 세 가지로 나눠 살펴보자.

첫째로 주목되는 것은 서구 오리엔탈리스트의 관점, 곧 밖에서 인도를 들여다보는 시각이다. 우리의 근대화란 서양에 동화하고 모방하는 서구화였기에, 인도에 대한 우리의 인식은 서양의 지식이 복제되고 무의식적으로 재생산된 결과물이다. 오랫동안 서양과 인도를 지배한 영국에 의해 열등한 타자로 정의되고 서술된 인도와 인도의 역사가 우리 교과서에서 또다시 우리의 타자, '열등한 동양'으로 여겨지고 있다. 역사를 교육하는 장에서 '신비한 인도'라는, 역사와 관련이 없는 인상을 강조하는 것이 그렇다. '신비한 인도'라는 수사는 인도의 합리성을 부정하여 '이성적이고 과학적인 영국'의 지배에 인도를 종속시키는 방식인데, 우리 교과서도 이처럼 서구의 시선으로, 오만하게 인도사를 바라보고 있다. 우리나라의 여러 교과서에서 인도는 물질주의 추구나 변화, 발전에는 적절하지 않은 사회라는 편향된 관점으로 재단된다. 근현대사를 제치고 굽타 시대처럼 힌두교가 번성한 고대사가 우리의 주목을 받는 것도 이 같은 맥락에서다.

이 3억의 인도인이 열등한 민족이고 우리는 우수한 인종이라고 말하는 것은 아주 흥미 있는 일이었다. 그는 인도인이 우리가 거의 꼭대기에 도달한 그 사다리의 맨 아래 단계에서 웬일인지 멈추었고, 그 상황에서 수백 년, 수천 년간 머물러 있다고 말했다. 그러나 우리가 그들의 손을 잡아서 우리의 수준까지 이끄는 데는 그다지 시간이 오래 걸리지 않는다는 것이었다. 인도인이 우리의 열등한 형제라는 것을 알려주고 그들의 미신과 그릇된 신앙을 버려야 한다고 주장하며, 이성과 교육, 과학과 본보기를 통해 그것을 이룰 수 있다는 주장이었다.

산스크리트어를 사용하는 아리아인이 인도유럽어를 쓰는 유럽인과 같은 조상을 두었다는 사실을 바탕으로, 고대와 아리아인 사회를 긍정적으로 파악하는 것도 서구 오리엔탈리스트와 영국 지배자의 유산에 속한다. 20세기 초 영국의 작가 레너드 울프가 「돼지와 진주」라는 단편소설에서 쓴 위 인용문은 영국의 의도적 전략을 고스란히 드러낸다. 우리 교과서에서 반복되는 고대 인도에 대한 칭송은 영국식 역사 서술, '만들어진 고대'를 반영한 것이다.

인도 밖에서 인도를 보았던 서양인들은 인도의 종교와 산스크리트어를 중요하게 다뤘다. 독일 낭만주의 학자들과 인도학印度學 학자들은 산스크리트어와 유럽어가 인도유럽어라는 동일 어족에 속한다는 사실을 알렸다. 당대 학문은 동일한 언어를 쓰는 사람들을 같은 인종으로 간주했고, 그래서 같은 계열의 언어를 사용하는 영국인과 인도인은 혈통이 같은, 아리아인의 후손으로 여겨졌다. 여기에는 "고대 베다에 모든 것이 있다"고 주장한 일부 민족주의자의 관점도 섞여 있다. 이들은 이방에서 온 이슬람과 영국 통치에서 자유로운 고대 역사, 그리고 힌두교를 강조했다. 결과적으로 인도 민족주의자들은 서구 오리엔탈리스트의 공모자가 되었다. 영국은 자국의 우월성을 강조하고 통치를 정당화하려고 오리엔탈리즘[1]을 차용했고, 인도 민족주의자들은 서구 지배자와 대등한 위상과 닮은꼴을 강조하려고 고대 아리아인의 영광을 부각하고 오리엔탈리스트들이 만든 '인도'를 이용했다. 우리나라 교과서는 그 역사적 맥락을 파악하지 못한 채 서로 충돌하는 양측의 도서와 자료를 참고하는 바람에 일관성을 잃고 때로 모순에 빠지고 말았다. 무역사적 종교와 문화를 강조하는 영국의 관점과 식민지 이전 시대를 낭만적으로 파악하는 민족주의자의 관점 사이에서 혼란을 겪는 것이다.

또한 인도에 사는 사람을 인도인이라 하지 않고 꼭 '토착土着, indigenous인'이라고 부른다. 외부인outsider인 서구 지배자의 관점을 우리 교과서들이 답습한 데서 나타나는 현상이다. 『중학교 사회1』(성지문화사 289쪽)의 그림[2]에는 "악바르 왕에게 충성을 서약하는 힌두 교인 토후들"이라는 설명이 붙어 있다. 1857년 대반란 당시 용감하게 영국에 맞선 잔시 왕국의 라크시미 바이를 "작은 토후국 여왕"이라 표현하거나 "인도의 잔 다르크"라고 설명하는 것도 서구를 중심에 둔 서술이다(『고등학교 세계사』 금성출판사 238쪽[3]).

1 팔레스타인 출신 영문학자인 에드워드 사이드(Edward Said)는 오리엔트(중동)에 대한 서구의 태도, 관념, 지식 체계나 담론이 오리엔트에 대한 객관적이고 정확한 설명이라기보다는 서구의 편견으로 이루어졌음을 비판하며 이를 오리엔탈리즘(orientalism)이라 불렀다. 에드워드 사이드가 1978년 출간한 『오리엔탈리즘』이란 책을 통해 유명해진 이 개념은 오늘날 다른 사회나 문화를 자신들의 관점에서 해석하고 담론을 만들어내는 현상을 일반적으로 지칭하는 개념으로도 확장되어 사용된다.

2 『중학교 사회1』(성지문화사 289쪽)

악바르 왕에게 충성을 서약하는 힌두 교인 토후들

3 『고등학교 세계사』(금성출판사 238쪽)

락슈미 바이 - 인도의 잔 다르크. 작은 토후국 여왕으로 세포이의 항쟁 초기에 지도자로서 활약하다가 전사하였다.

둘째, 우리 교과서는 위로부터, 곧 인도 상류층의 시각으로 인도 역사를 이해한다. 다시 말해 산스크리트 성서에 근거한 브라만의 전통으로 인도를 이해하여 그 중심은 늘 브라만이다. 밖에서 온 영국은 인도 사회를 이해하고 통치하기 쉽게 브라만을 인도의 엘리트라고 상상하고 그들의 지식을 통해 인도를 파악했다. 밖에서 인도를 바라보는 서구 오리엔탈리즘과 인도 상류층의 관점이 손을 잡은 것이다. 우리나라 교과서는 브라만과 산스크리트 문화를 중심으로 역사를 서술한다. 브라만을 정점에 둔 고대의 카스트 구조에 따라 인도 사회를 규정짓고, 이 관점으로써 인도 사회가 변하지 않는 정체된 사회라고 결론짓는다.

이러한 서술은 헤겔이 말한 "불변의 인도"를 확인한다. 브라만은 총인구의 5퍼센트도 되지 않는 소수 계층으로, 산스크리트어를 이해하고 그 언어로 쓰인 경전을 해독할 수 있는 공통점을 가졌으나 각 지방에 거주하는 모든 브라만이 동일한 집단은 아니다. 대다수 인구는 브라만이 쓰는 산스크리트어를 이해하지 못하므로 힌두 성서에 근거한 전통으로 사회를 파악하는 역사는 대다수 인구를 소외시킨다. 문화를 통해 인도를 이해한다는 중학교 사회 교과서의 학습 목표는 상층 인도인의 문화에만 주목하여 인도 역사의 일부만 이해하는 한계에 갇혀 있다.

브라만의 언어인 산스크리트어의 발달에 관심을 두는 것도 같은 인식의 소산이다. 아리아 시대에 산스크리트 문학이 발달했다거나 『중학교 사회1』(지학사 299쪽)이 굽타 시대에는 "산스크리트 어를 공용어로 하면서 많은 걸작이 나왔다"고 서술한 것 등이 그렇다. 모든 인도인이 산스크리트어를 사용하지 않았음은 물론이고, 수많은 언어가 공존해온 인도 사회에서 산스크리트어가 차지하는 위치를 오해한 서술이다. 실제 산스크리트어는 민중의 언어가 아니라 브라만의 언어였다. 인구의 90퍼센트 이상이 산스크리트 문화의 변방에서 살았다.

위로부터 보는 관점은 영국의 식민 통치에 저항한 인도 민족주의와 독립운동의 주인공을 간디와 네루와 같은 영웅적 인물로 파악한다. 영어로 서구 교육을 받은 인도 엘리트들의 모임인 인도 국민회의에 관심을 두는 역사 서술도 다수 인도인의 삶과 역사를 지우는, 위로부터의 역사다. 영국이 도입한 서구 교육을 받고 국민회의와 민족운동에 참여한 엘리트는 소수에 불과했다. 우리나라 교과서의 인도사 서술은 그곳 역사의 일부만 보여주고 역사의 주체를 일부 계층에 한정한다.

셋째, 우리나라 교과서는 종종 일본의 프리즘을 통해 인도 역사를 이해한다. 더 직설적인 화법을 쓰면, 일본의 교과서를 차용하여 베낀다. 20세기 전반까지 서구 문물이 일본을 거쳐 우리나라에 들어왔고 지금도 다양한 분야에서 일본의 것을 참고하는 현실을 보건대, 인도사에 대한 지식과 인식도 비슷한 통로를 경유했을 것이라 짐작된다. 일본의 교과서를 참고하거나 모방했다는 혐의는 우리나라에서 사용하지 않는 일본의 용어가 그대로 차용된 데서 분명해진다.

우리나라 교과서가 유럽 대륙 크기인 인도 땅을 '반도'로 축소한 것도 그 결과다. 보진재와 성지문화사의 교과서는 카스트를 설명하면서 크샤트리아 계층을 일컬어 일본의 사무라이를 지칭하는 "무사"로 표현한다. 1947년 인도와 파키스탄이 분리 독립한 일을 소개하면서 "카슈미르 영주였던 번왕은……"이라며 일본의 관점과 용어를 차용해 서술한 것도 부지불식간에 일본의 지식 체계를 답습한 것이다. '영주'와 '번왕'이라는 개념은 봉건제를 역사적으로 경험한 일본 학생들을 위한 설명으로는 괜찮겠지만 영국과 인도 여러 왕국 간의 관계를 설명하는 데는 적절하지 않다.

많지 않은 분량인 인도 역사 서술에서 상당 부분이 불교 및 불교의 발전과 쇠퇴에 할애된 것도 일본 교과서의 영향으로 보인다. 중학교 2학년 교과서의 역사 서술에는 석가모니의 불교 창시부터, 불교를 적극적으로 보호하고 불경을 정리한 아소카, 대승불교를 발전시킨 카니슈카에 대한 설명이 이어지고, 불탑과 불상의 유래, 불교의 전파 경로, 간다라 미술, 인도에서 불교가 쇠퇴한 이유와 같은 항목이 많은 지면을 차지한다. 불교가 우리 역사와 밀접하게 관련되어 있기는 하지만, 인도사 부분에 위와 같은 항목들이 비중 있게 소개되는 것은 일본 교과서의 관점을 답습한 결과로 보인다.

지금까지 본 바대로, 우리 역사 교과서는 서구를 중심에 두고 아시아와 인도의 역사를 세계사의 변방으로 만든다. 이는 다름 아닌 영국의 관점이 반영된 결과다. 식민지의 아픔을 공유한 우리가 서구 지배자를 중심에 두는 편파적 역사 서술을 받아들인 셈이다. "서구의 승리는 서구인을 '비非동양인'으로 정의하고, 자기 이미지와 식민주의의 필요에 부응하는 세계관을 전해주었다"는 아시스 난디의 주장[1] 이 떠오른다. 우리는 알지 못하는 새에 영국이 구성한 인도관을 받아들이고 확대하여 오염된 식민 지식을 재생산하며 '서구의 승리'를 강화하고 있는 것이다.

---

1 Ashis Nandy, *The Intimate Enemy-Loss and Recovery of Self Under Colonialism*, Delhi: OUP, 1990, 제1장.

참고문헌

Aggarwal, J. C. *Landmarks in the History of Modern Indian Education*, New Delhi: Vani, 1984.

Bhabha, Homi. "The Other Question: Difference, Discrimination and the Discourses of Colonialism in Literature," Prancis Barker et al. eds., *The Politics of Theory*, Colchester: University of Essex, 1983.

Chandra, Bipan. *Modern India*, New Delhi: NCERT, 1990.

Dev, Arjun and Dev, Indira. *Modern India*, New Delhi: NCERT, 1989.

Edwardes, Michael. *British India 1772-1947*, New Delhi: Rupa & Co., 1994.

Kaul, H. K. ed., *Travellers' India*, New Delhi: Oxford University Press, 1998.

Kidd, Judith & Rees, Rosemary & Tudor, Ruth. *Heinemann History Scheme-The Early Modern World Book1-3*, Oxford: Heinemann, 2000.

MacKenzie, John. *Propaganda and Empire*, Manchester: Manchester University Press, 1984.

Mangan, J. A. ed., *The Imperial Curriculum: Racial Images and Education in the British Colonial Experience*, London and New York: Routledge, 1993.

Metcalf, Thomas R. *Ideologies of the Raj*, New Delhi: Cambridge University Press, 1995.

Nandy, Ashis. *The Intimate Enemy-Loss and Recovery of Self Under Colonialism*, Delhi: Oxford University Press, 1990.

Paterson, David. *Liberalism and Conservatism 1846-1905*, Oxford, 2001.

Robsony, Walter. *The Twentieth-Century World*, Oxford, 2000.

Said, Edward. *Orientalism*, New Delhi: Penguin Books India, 2001.

Todd, Allan. *The Modern World*, Oxford, 2001.

이옥순, 『여성적인 동양이 남성적인 서양을 만났을 때 – 19세기 인도의 재발견』, 푸른역사, 1999.

이옥순, 「역사교과서의 식민지인도 – 인도와 영국의 비교」, 『이화사학연구』 31집, 이화사학연구소, 2004.

이옥순, 『우리 안의 오리엔탈리즘』, 푸른역사, 2002.

적대적 고정관념으로 왜곡된 서아시아-이슬람권

서아시아-이슬람권   **이희수**

편견 없이 다른 세상과 다른 문화를 끌어안기 위하여

이슬람 문화권으로 잘 알려진 서아시아의 역사와 문화는, 그러나 한국사회에 상당히 왜곡된 상태로 알려져 왔다. 그것은 단순히 무지나 서양 중심 사관 때문만이 아니라, 서아시아의 여러 나라와 정치·군사적으로 때로는 이념적으로 대치하는 적대적 이해 당사자인 미국과 이스라엘 중심의 언론 보도와 시각으로 서아시아-이슬람 사회가 소개되고 다루어졌기 때문일 것이다.

우리 교과서는 최근 10년 동안 상당히 개선되었지만, 서아시아의 역사와 문화를 잘못 알리는 부분이 여전히 적지 않게 발견된다. 서아시아와 오리엔트를 다룬 서술의 양은 다른 제3세계 지역에 비하면 상대적으로 많다. 시기별로도 고대 문명에서부터 이슬람의 등장, 근대 오스만 제국의 성장과 쇠퇴, 서아시아의 민족주의 운동과 독립, 팔레스타인 분쟁에 이르기까지 폭넓은 범위를 다룬다. 그러나 근본적으로 우리 교과서가 서술하는 고대 오리엔트와 서아시아 지역의 역사와 문화, 지리 지식은 서구 자료에 크게 의존한 것이라고 볼 수 있다. 다양한 현지 자료와 입장들에 접근할 수 있는 학문적 통로가 극히 제한되어 있어 부득이 유럽 중심적 자료에 의존하게 되고, 그 결과 유럽 중심 사관이 크게 작용한 것으로 보인다.

이 글은 기존 사관을 근본적으로 바꾸겠다는 의도까지 담고 있지는 않다. 당장에 가능한 일도 아니고 시간과 함께 자연스레 성숙하는 과정이 필요하기 때문이다. 다만 사실을 왜곡하거나 실제 상황을 적절하게 반영하지 못한 부분들, 해당 지역 문화나 역사에 대해 지나치게 부정적으로 기술한 부분, 외교 관계에 말썽을 불러일으킬 법한 지리적 용어나 해석, 설명이 부족하여 사실 파악이 어려운 부분들을 수정하고 첨가하고 바람직한 대안을 제시하는 작업을 하려 한다.

현행 교육과정상 초등학교 과정에서는 지구촌의 다른 문화나 종교에 대해 체계적으로 교육하지 않는다. 우리나라 학생들은 중학교에 들어서면서 사회 과목을 중심으로 다른 나라의 지리와 문화, 역사를 접한다. 우리 청소년들에게 최소한 편견과 편중 없는 공정한 시각과 기회를 제공하는 것은 세계화 시대, 다문화 이해와 문화 공존이라는 측면에서 굉장히 중요한 일이다. 따뜻한 이웃으로서, 친구로서, 지구촌의 동반자로서 다른 세상과 다른 문화를 바라보고 끌어안는 자세와 시각을 제공하는 것이야말로 교과서가 맡은 가장 시급하고 중요한 과제다.

교과서 속 이슬람 역사와 문화에 관한 내용 분석

서아시아-이슬람 세계는 현재 14억 인구에 유엔 정회원국 57개국을 거느린, 지구촌 최대 단일 문화권으로 꼽힌다. 이 지역과 우리나라의 관계는 에너지 수출입이나 경제 협력에 그치지 않는다. 통일신라시대 이후 실크로드를 통해 주고받은 문화 교류가 무척 광범위하여, 우리 문화의 기층과 뿌리에 이슬람의 흔적이 남아 있을 만큼 인연이 깊다.

최근 들어 팔레스타인 문제, 이라크 전쟁 등으로 이 지역과 미국의 관계가 악화되면서 서아시아-오리엔트 전반의 이미지가 서구 매체에 부정 일변도로 비춰지는 것도 사실이다. 서구의 시각과 자료를 통해서가 아니라 우리 자신이 세상의 중심이 되어 우리 국익을 최우선으로 고려하면서 서아시아-이슬람 세계와 지구촌을 바라보지 않고서 소위 21세기 무한 경쟁을 이야기하고 세계화를 부르짖는 것은 자칫 공허한 메아리에 그칠 우려가 있다.

이런 점에서 판단컨대, 우리나라 교과서의 서아시아-이슬람 문화 관련 서술은 아직도 바람직한 단계나 수준에 도달하지 못했다고 평가된다.

첫째, 이슬람교 본래의 성격을 왜곡, 침해하는 문제가 제기되었다. 가장 대표적인 사례가 '알라 신'이라는 표현과 무함마드 사진 게재다. 이슬람에 대한 부정적 인상을 형성하고 그 종교적 성격을 왜곡하는 데 가장 큰 영향을 미쳤던 '알라 신' 표현 문제는 정리되는 듯했다가 새 교과서에 다시 등장하면서 다시 불거졌다. 아랍어로 유일신 즉 '하느님'을 뜻하는 낱말일 뿐인 '알라Allah'가 일부 중학교 교과서에 다시 "알라 신"으로 표현되었다. 이 용어는 이미 1989년 5차 교과서 개편으로 '유일신 알라' 또는 일부 교과서에서 '하느님'으로 수정되었는데, 1995년 판『고등학교 세계사』에도 심심찮게 등장하다가 2001년 이후 수정된 바 있다.

무함마드 초상화 게재 또한 매우 민감한 문제다. 이슬람에서는 우상 숭배를 가장 금기시한다. 신이나 예언자의 형상을 그림이나 조각으로 만들어 신성시하는 것도 우상 숭배로 여긴다. 따라서 예언자인 무함마드(마호메트)의 얼굴을 그리는 것은 심각한 신성 모독이다. 2006년 덴마크의 한 신문이 무함마드의 초상을 악의적으로 묘사한 만평을 실어 전 세계 무슬림의 격렬한 항의를 유발했던 사실을 상기해보면 이 문제가 이슬람에서 얼마나 중요하게 다루어지는지를 알 수 있다. 많은『중학교 사회1』교과서가 천사 가브리엘로부터 계시를 받는 무함마드 그림을 컬러로 다시 실었다.『고등학교 세계사』에서는 이미 1995년, 이란에서 그려진 것으로 추정되는 〈설교하는 무함마드〉란 그림이 일제히 실렸다가 2000년 판부터 삭제되었다. 이는 자칫하면 이슬람권과 외교 마찰을 일으킬 수 있는 중대한 문제다.

둘째, 분쟁의 대상이 되는 지리·영토 명칭을 쓰면서 한쪽의 견해를 일방적으로 수용하여 당사국들의 반발을 살 우려가 있는 부분이 발견된다. 한 예가 '페르시아 만' 문제다. 전통적으로 아랍은 이 만을 '아라비아 만'이라고 불러왔고, 반면 이란은 '페르시아 만'을 고집해왔다. '페르시아 만'은 이란이 친서방 노선을 걸었던 1979년 이전에 대부분의 서방 문헌에 고착된 명칭이다. 그러나 1979년 제2차 유류 파동과 석유 위기가 터지고, 이란에 이슬람 혁명이 일어나 반미-반서구 정권이 들어서면서 서구에서도 용어 사용이 변하기 시작했다. 특히 아랍권이 아라비아 만 용어를 강력하게 정치 쟁점으로 삼으면서 많은 나라들이 이 문제를 신중히 다루고 있다.

한국에서는 교과서와 거의 모든 지리·역사부도가 아랍 국가들과 이란 사이에 첨예한 대립이 벌어지는 이 지역을 "페르시아 만"으로 표시한다. 결과적으로 아랍의 이해에 반하는 입장을 채택한 것이다. 이 문제는 동해를 두고 일본과 동해/일본해 명칭 논쟁을 벌이는 우리로서도 매우 신중하게 대처해야 할 사안이다. 국제 사회가 미국을 위시한 다국적군과 이라크 사이의 전쟁을 처음에는 '페르시아 만 전쟁'이라 했다가 중립적인 용어인 '걸프 전'으로 표현을 바꾸었던 사례에도 주목할 필요가 있다.

셋째, 기준 없는 용어 사용과 표기 불일치로 인한 혼란이 크다. 특히 중학교 사회 교과서에서, 한 지역을 두고 지리 용어와 역사 용어가 서로 달라 처음으로 다른 나라를 공부하는 청소년들을 헷갈리게 하는 일이 지금도 계속된다. 거의 모든 『중학교 사회1』 교과서에서 같은 지역을 지리 편에는 서남아시아로, 역사 편에서는 서아시아로 표기한다. 이런 현상은 지리부도와 역사부도에서도 나타나, 지리부도는 서남아시아로, 역사부도는 서아시아로 각각 다른 용어를 사용한다. 이런 문제는 교과서 집필 과정에서 충분히 논의되고 절충되어야 했다. 지리학계와 역사학계가 양보 없이 기존 주장을 고집하는 경직된 이기주의가 발현된 결과라고밖에 볼 수 없다.

넷째, 이슬람 문화에 관한 사실들을 전하면서 지나치게 경전 중심적, 율법적인 해석에 치우쳐 오늘날 이슬람 세계의 역동적 변화를 적절히 반영하지 못한 경우가 많이 발견된다. 더욱이 한두 나라에 잔존하는 풍습을 이슬람권 일반으로 확대하는 경향이 있음이 지적되었다. 일부다처제나 신체에 손상을 끼치는 형벌 제도, 여권 탄압 같은 전통적인 악습과 전근대적 문화 현상은 오늘날 급속히 변화하고 있다. 정교분리를 헌법으로 명시한 터키는 일부다처제는 물론 간통죄와 사형 제도까지 폐지한 상태다. 모로코, 튀니지, 레바논도 일부다처제 폐지, 여권 신장 등 많은 부분에서 서구식 세속화 모델을 따르고 있다. 법률이나 사회적 관행에 따라 여성의 머리를 차도르로 가려야만 하는 나라는 사우디아라비아와 이란 정도다. 세계 최대 이슬람 국가인 인도네시아에서는 민선 여성 대통령이 등장했고, 파키스탄, 방글라데시, 터키처럼 국민의 99퍼센트 이상이 무슬림인 나라에서도 여성 민선 수상이 집권하는 시대를 경험했다. 이란과 말레이시아에서는 여성이 부통령과 장관으로 임명되고 여성 대법원장과 중앙은행 총재도 배출되었다. 곧, 이제는 전통 사회의 정형화된 모습과 변화하는 이슬람 사회를 고루 반영한 교과서 서술이 필요한 시점이다.

『중학교 사회 1』의 구체적 사례

종교문화 관련 내용

"모스크는 둥근 지붕과 4개의 뾰족한 탑을 특징으로 한다."(교학사 황재기 외 289쪽)

이슬람 사원인 모스크에 딸린, 미나렛이라 불리는 뾰족탑의 수는 모스크의 규모에 따라 1개에서 7개까지 다양하다.

"모스크: ……모스크는 둥근 지붕과 뾰족한 탑으로 이루어져 있다. ……예배 시간이 되면 모스크 위에 사람이 올라가 시간을 알려 주었다고 한다."(디딤돌 270쪽)

모스크를 미나렛과 혼동했다. 또 북아프리카나 아시아의 이슬람 국가에서는 모스크를 둥근 돔과 뾰족한 탑 형태로 건설하지 않은 경우가 많다.

"이슬람 교도는 하루에 다섯 번 모스크 안에서 기도를 한다."
(디딤돌 129쪽)

모스크가 아니더라도 가정이나 직장 등 어느 곳에서나 정갈한 곳이라면 예배를 드릴 수 있다.

"이슬람 교 국가의 호텔에는 어디를 가든 기도용 매트가 있다. 하지만 그것을 보고 '융단'이라고 해서는 안 된다. 그것은 모독 행위에 해당하는 것이다. 일반 가정에 있는 매트는 값이 비싸고 아름다운 융단이지만, 기도용 매트와는 차이가 있다. 융단은 흙발로 올라서도 되지만, '매트'에 그런 행위를 하면 알라의 가호를 받지 못한다."
(디딤돌 129쪽)

이 설명은 전혀 사실을 반영하지 못한, 애매하고 부정적인 표현이다. 일반적으로 메카 사원이 그려진 작은 매트를 예배용으로 따로 사용하지만, 깨끗한 카펫이나 수건, 천 조각 등 어떤 매트라도 기도용으로 사용할 수 있다. 방에 깔린 카펫 위에서도 예배를 드릴 수 있다. 적당하게 깔 것이 없는 경우에는 맨땅에서 예배를 드려도 문제가 없다. 융단이든 매트든, 기도용으로 쓰는 깔 것은 함부로 흙발로 밟지 않고 깨끗하게 간수하는 것이 상식이다.

"이슬람 교도들이 기도를 할 때에는…… 양 팔꿈치를 올려 손을 귀까지 가져간 자세로, 무릎을 굽혀 이마를 매트에 스치듯 한다. 다시 몸을 일으킬 때는 숨소리와 옷깃 스치는 소리만이 들려올 정도로 엄숙하다."(디딤돌 129쪽)

이마, 코, 두 손과 두 무릎, 두 발이 완전히 땅에 닿도록 하여 하느님께 최대한 겸손한 자세를 갖추는 것이 이슬람 예배 의식의 기본이다.

"이슬람 력: 헤지라가 있었던 622년 7월 16일을 기원 원년 1월 1일로 하여, 1년을 12개월 351일로 나눈 태음력이다."
(중앙교육진흥연구소 310쪽)

이슬람력은 달의 길이에 따라 정하는 순 태음력으로 1년의 길이는 354일이다.

"아라베스크 무늬: ……이슬람 교에서는 우상 숭배를 금지하기 때문에 신을 표현한 그림이나 조각 등을 일절 찾아볼 수 없다."
(디딤돌 270쪽).

이 부분은 "동물이나 사람을 표현한 그림이나 조각 등을 일절 찾아볼 수 없다"고 해야 한다. 이슬람에서는 동물이나 사람의 형상을 우상으로 여기기 때문에 꽃이나 풀, 나무 모양을 하느님의 말씀인 꾸란 구절과 기하학적으로 접목하여 반복과 대칭형으로 디자인한다. 이를 아라베스크라 하며 건축은 물론 카펫, 세공, 일상생활의 장식에까지 기본적인 문양으로 자리 잡았다. 그러나 이슬람이 아라비아 반도를 지나 비아랍어권인 터키와 페르시아로 전파되면서 세밀화에 사람과 동물 문양이 등장하게 된다. 이 경우에도 우상 숭배가 될 위험 때문에 원근법을 피하고 계몽적인 내용이나 역사적 사실 등을 주로 표현했다.

"그 외에도 돼지고기나 조개 등의 음식을 먹지 않고……. "
(금성출판사 159쪽)
"이슬람 교도들은…… 새우나 문어도 먹을 수 없다."
(성지문화사 296쪽)

조개나 갑각류 등은 종교적 금기가 아니라 아랍인들이 관습적으로 기피하는 식품이다. 반면 돼지고기는 꾸란에 명시된 종교적 금기다. 금기를 하람Haram이라 하고 허용된 것을 할랄Halal이라고 한다. 이슬람식으로 도살하지 아니한 모든 육류도 원칙적으로 하람이다. 그러나 이슬람식 고기를 구할 수 없는 곳에서는 예외도 인정된다. 종교적으로 모든 해산물은 허용된 할랄에 속한다. 다만 조개나 갑각류, 문어, 오징어, 비늘 없는 생선 등은 아랍 민족들의 유목적 전통 때문에 관습적으로 기피되는 식품이다. 같은 이슬람 국가라도 말레이시아나 인도네시아의 농경·해양 민족은 생선은 물론 새우와 오징어, 조개 등 바다 식품을 오히려 선호하기도 한다.

> "이슬람 교와 돼지고기: ……돼지가 살아가기 위해서는 물과 시원한 진흙이 필요하다. ……그러나 주민들은 물을 목숨만큼이나 귀하게 여긴다. 이처럼 귀한 물을 돼지에게 줄 수 있었을까?"(두산 127쪽)

이는 전혀 사실을 반영하지 못한 설명이다. 이슬람에서 돼지를 기피한 까닭을 설명할 때는 건조한 서아시아에는 돼지가 서식할 만한 습지가 적어 돼지를 가축으로 키우기에 적당하지 않은 점, 그리고 유목민은 짐을 운반하고 젖을 짤 수 있거나 의식주 생활에 고루 쓸모 있는 짐승을 가축으로 선호하게 마련인데 돼지는 그렇지 않은 점 등 여러 요인이 고려되어야 한다. 무엇보다 꾸란에서는 다른 동물을 잡아먹는 육식동물이나 잡식동물보다 초식동물의 영혼이 더 순수하다고 보는 종교적 관점에서 돼지고기를 금지했으므로 이러한 종교적 이유도 설명해야 한다.

> "네 명의 부인을 둘 수 있지만 서로 떨어져 살아야 한다."
> (성지문화사 296쪽)

이슬람 사회는 원칙적으로는 일부일처이고, 전쟁과 자연재해 같은 특수한 상황에서 여성의 생계 보호를 위해 일부다처를 허용한다. 그리고 그런 상황에도 그 수는 넷을 넘기지 못한다. 일부다처인 경우에도 90퍼센트 이상이 일부이처이며, 남편이 경제적 여유가 있는 경우 따로 집을 얻어주기도 하지만 그렇지 못한 경우 네 아내가 한 집에 머물 수도 있다.

사회상에 관한 내용

"이슬람 사회에서는 주로 2층에서 손님을 맞는데, 계단을 오를 때 '오 수호신이여!'라고 외쳐야 된다."(교학사 황재기 외 147쪽)

이 이야기는 근거가 희박하다. 일반화하기에 무리인 설명이다. 다만 신앙이 돈독한 사람들은 길을 걷거나 계단을 오르내릴 때 "알라에게 감사를, 알라는 위대하시다"라는 말을 끊임없이 읊조리기도 한다.

"이슬람 사회에서는 도둑질을 하면 손을 자르고, 술을 마시지 못하게 하며, 여자들은 검은 베일을 쓰고 다녀야 한다."(지학사 145쪽)

역사적 배경이나 종교적 가르침에 대한 기본 설명도 없이 일부 현상을 이슬람의 본질적인 가르침으로 오도하는 표현이다. 초기 이슬람 사회에서는 공동체 질서 유지를 위해, 유목 사회의 척박한 환경에서 생존 자체에 위해를 가하는 범죄 행위를 율법으로 일벌백계했다. 이 경우에도 모든 범죄자에게 신체 상해형을 적용한 것이 아니라, 상습범이거나 개선될 기미가 없는 강력 범죄 행위에 한해 보복법을 인정했다. 그러나 현대 이슬람 국가에서는 이 법을 거의 적용하지 않아 점차 사문화되는 추세다. 음주도 분명한 종교적 금기이지만, 사우디아라비아와 이란에서만 법으로 술의 유입과 음주가 금지되어 있다. 거의 모든 이슬람 국가에서 외국인과 이교도들에게는 술을 판매하는 것이 허용되고, 공개되지 아니한 개인적인 음주는 법으로 제재하지 않는다.

"이슬람 사회에서는 여성들이 꼭 차도르를 쓰고 다녀야 한다."
(교학사 황재기 외 147쪽)

"여성은 얼굴이나 몸이 보이지 않게 천으로 감싼다."
(금성출판사 159쪽)

차도르는 이란어이며 아랍어로는 히잡이다. 차도르(히잡)를 반드시 착용해야 하는 나라는 이란과 사우디아라비아 정도다. 탈레반 정권이 붕괴하기 전 아프가니스탄 여성들은 얼굴까지 가리고 다녔다. 사우디아라비아 여성들도 얼굴까지 가린다. 그러나 여자들이 반드시 검은 베일을 쓰고 다녀야 하는 나라는 한 나라도 없다. 외국인들에게도 토착 문화를 존중하는 의미에서 히잡 착용을 권고하지만, 히잡의 색깔과 디자인은 다양하며 얼굴과 머리카락 일부는 내놓는다.

"여성 택시 운전자의 등장은 보수 성향이 강한 아랍 인들에게 충격으로 받아들여지고 있는데, 여성들의 경우 낯선 남자와 접촉해서는 안 된다는 것이 이슬람 전통이기 때문이다."(교학사 황재기 외 151쪽)

일부 보수적인 이슬람 사회의 전통이다. 사우디아라비아와 일부 이슬람 국가의 보수 계층과 전통 사회에서는 아직도 남녀 접촉이 어렵다. 그렇지만 이슬람 국가 대부분 지역에서 남녀 내외는 이미 깨어진 관습으로, 여성과 남성이 함께 직장에서 일하고 사회생활을 한다. 물론 서구 사회에 비해서는 자유로운 연애가 제한되고 보수적인 사회임은 사실이다.

"기도가 진행되는 동안 종교 경찰이 '살라 살라(기도하라 기도하라)' 하면서 문을 닫지 않은 가게가 있는지 살피고 다닌다."(금성출판사 159쪽)

사우디아라비아 같은 극히 일부 나라의 과거 상황을 현재 이슬람 사회의 일반적인 모습인 양 묘사했다. 예배는 반드시 모스크에서만 하는 것이 아니고 가정이나 직장, 여행 중인 경우에는 버스나 비행기에서도 할 수 있는, 철저히 개인적인 신앙의 표현이다. 다만 금요일 낮 예배만은 주일 합동 예배로 모스크에 모여 함께 예배를 드린다. 이것도 강제성은 없다.

종교적 금기 침해

『중학교 사회1』 교과서에서 가장 큰 문제는 이슬람에서 우상숭배를 금지하는 교리에 따라 절대로 금하고 있는 무함마드의 초상화를 게재한 점이다. "무함마드: 천사 가브리엘이 무함마드에게 계시를 보여주고 있는 모습"(지학사 308쪽), "무함마드: 이슬람 교의 창시자"(두산 285쪽), "천사의 계시를 받고 있는 무함마드"(교학사 황재기 외 286쪽) 등 6차 교과서 개정 때 사라졌던 무함마드 사진이 다시 등장했다. 교학사와 지학사는 똑같은 사진을 좌우로 바꾸어 실었다.

이는 이슬람교에 대한 중대한 도발로 간주되는 행위로, 외교적 마찰을 불러일으킬 소지가 다분하므로 즉각 시정해야 한다. 무함마드 그림은 대부분 근세 이후 서구에서 그린 것이다. 이란에서도 16세기 이후 세밀화가 유행하면서 한때 성행했는데, 종교적 계몽을 목적으로 한 세밀화인 경우 보통 무함마드의 얼굴 부분을 하얗게 비워두어 종교적 금기를 피해 갔으나, 이란인이나 서구인 모델을 써서 과감하게 무함마드의 초상을 집어넣은 세밀화도 많이 발견된다.

'알라 신'이라는 표기의 재등장

알라는 아랍어로 '하느님(하나님)'이란 뜻이다. 영어로 God, 중국어로 상제上帝, 천주天主, 히브리어로 야훼 등과 같은 말이다. 기독교 경전인 성서도 아랍어 판에서는 하느님을 '알라'로 표기한다. 그러므로 '알라 신'이란 말은 '하느님 신'과 같은 이상한 표현이다. 뿐만 아니라 '알라 신'이라 하면 마치 여러 신 중 어느 한 신의 이름인 듯, 다신교적인 개념으로 오해될 소지가 있다. 유대교, 기독교, 이슬람교는 성서의 구약 「창세기」에 나오는 우주 창조, 아담과 이브 창조, 노아의 방주와 홍수 이야기, 아브라함과 모세 이야기까지 공통으로 받아들인, 뿌리가 같은 일신교다.

그런데 중·고등학교 일부 교과서에서는 아직도 '알라 신'이라는 말을 사용하고, 한 교과서 안에서 알라, 알라 신, 유일신 등 여러 용어를 무분별하게 사용하여 유일신 사상을 이해하는 데 혼란을 불러오고, 나아가 종교적 본질을 왜곡하기에 이른다.

> "무함마드는 고향 사람들에게 우상을 버리고 유일신 알라를 섬기라고 하였으며……."(교학사 황재기 외 286쪽)
>
> "그의 의무는 알라가 유일신이라는 것을 세상에 전하는 것……."
> (두산 285쪽)
>
> "유일신 알라에 대한 복종과 평등 사상을 바탕으로 하는 이슬람 교……."(동화사 298쪽)
>
> "이슬람 교에서 알라는 전지전능하고 모든 것을 창조한 신이다. ……알라신을 믿지 않는 자는 이승과 저승에서 모두 형벌을 받는다."
> (교학사 황재기 외 293쪽)
>
> "석유는 알라신이 아랍 인들에게 준 선물……."
> (교학사 황재기 외 149쪽)

교학사(황재기 외)의 『중학교 사회1』은 역사 편 본문에서 '알라'로 통일하여 설명하다가도(286쪽) 위에 인용한 "심화 활동"(293쪽)과 지리 편(149쪽)에서는 다시 "알라신"이라는 잘못된 표기를 끌어온다.

> "아라비아 속담에 '사하라 사막은 알라신이 평화롭게 산책을 하기 위하여 불필요한 인간과 짐승을 제거한 알라신의 정원이다.'라는 말이 있다."(교학사 황재기 외 146쪽)
>
> "아라비아 속담에 '사하라 사막은 알라 신이 평화롭게 산책하기 위하여 인간과 짐승을 몰아 낸 알라 신의 정원이다'라는 말이 있다."
> (지학사 144쪽)

이 속담은 전문가들조차 모르는, 잘 알려지지 않은 말인데 교과서 출판사들이 무분별하게 옮겨 쓴 것으로 보인다.

교리 관련 내용

"쿠란은 알라의 가르침을 전해 주는 이슬람 교의 경전으로 신앙 뿐만 아니라, 일상 생활의 지침서이기도 하다"(중앙교육진흥연구소 157쪽), "쿠란은 무함마드가 신으로부터 받은 계시의 내용을 담은 것으로, 이슬람 교도의 삶의 지침서가 되었다"(지학사 309쪽)는 설명은 바른 내용을 담았다. 『중학교 사회1』(디딤돌 267쪽)에서는 이슬람 교도의 종교적 의무인 '다섯 기둥'을 "신앙 고백, 예배, 성지 순례, 금식, 희사" 순으로 배열했는데, 일반적인 순서는 신앙 고백, 예배, 단식, 희사, 성지 순례다. 이 순서에 어떤 특별한 의미가 있지는 않지만, 이슬람교 기본 가르침의 순서와 중요도에 따라 배열한 것이다.

"희사: 어려운 사람들을 돕거나, 국가나 사회를 위하여 자신의 재산을

기꺼이 내놓는다."(디딤돌 267쪽)

다섯 기둥의 하나인 '희사'에 대한 설명인데, 자카트와 사다카를 혼동해서 이야기했다. 다섯 기둥의 하나인 자카트(희사)는 자신의 순수입 중 2.5퍼센트, 곧 40분의 1을 가난한 사람들을 위해 종교세로 납부하는 종교적 의무다. 사다카는 수입에 상관없이 자신의 재산과 금전을 희사하는 행위를 말한다. 위 설명은 사다카 개념에 훨씬 더 가깝다.

"순례: ……갈 수 없는 사람은 대리인을 시켜서라도 갔다 와야 한다."(교학사 황재기 외 286쪽)

"성지 순례는…… 사정이 허락하지 않으면 다른 사람에게 부탁할 수도 있다."(디딤돌 267쪽)

성지 순례는 종교적 의무이기 때문에 모든 비용을 본인이 부담하고 다른 사람을 대신 보내기도 한다. 그러나 순례의 전제 조건은 재정과 건강이 허용되는 사람이기 때문에, 다른 선행을 통해서 순례를 대신할 수도 있다. 다른 사람이 대신하는 순례가 이슬람 의무의 본질은 아니다.

"하지 순례 중에 악마를 상징하는 기둥을 향해 돌을 던지는 의식이 있다. ……이 의식은 기둥을 천천히 돌면서 콩알만한 크기의 돌 한개씩을 던지게 되어 있는데, 수십만 명이 한꺼번에 몰려들기 때문에 항상 위험이 있어 왔다."(지학사 307쪽)

위 문장에서는 의례 중에서 매우 구체적이고 전문적인 세부 사항을 불필요하게 등장시켜 이슬람의 미신적 성격을 부각한다.

"무함마드가 처음 계시를 받은 기간을 '라마단'이라고 한다."
(디딤돌 267쪽)

처음 계시를 받은 기간을 '라마단'이라고 하는 것이 아니라, 라마단 월이슬람력 9월에 첫 계시가 내려진 것이다. 그리고 라마단 기간이 계시 기간과 일치하는 것도 아니다. 계시는 32년간에 걸쳐 지속적으로 무함마드에게 내려졌기 때문이다. 라마단 기간에 이슬람 교도는 금식을 한다.

"수니파…… 이슬람교의 한 종파로서 다수의 신자들로부터 지지를 얻고 있어 다수파라고도 한다."(중앙교육진흥연구소 315쪽)

좀 더 구체적으로 말하면 이슬람 신자의 약 90퍼센트가 순니파에 속한다.

이슬람교 성립/창시 문제

"무함마드가…… 이슬람 교를 창시하였다."(두산 284쪽)
"무함마드가 이슬람 교를 창시한 것은 이 무렵의 일이었다."
(디딤돌 266쪽)
"무함마드는 알라 이외에는 어떤 신도 없다는 신앙을 토대로…… 이슬람 교를 창시하였다."(중앙교육진흥연구소 310쪽)
"무함마드가 유일신 알라에 대한 복종과 평등 사상을 바탕으로 하는 이슬람교를 창시하였다."(동화사 298쪽)
"무함마드는…… 신의 계시를 받아 이슬람 교를 창시하였다."
(고려출판 294쪽)

무함마드가 이슬람교를 '창시'했다고 하는 것은 이슬람의 가르침에 어긋난다. 이슬람은 창세기 아담에서부터 아브라함, 모세, 예수의 가르침을 모두 포괄하고 이것이 무함마드가 받은 꾸란으로써 마침내 보완되고 완성되었다는 믿음이기 때문이다. 바람직한 표현은 다음과 같다.

"무함마드는…… 알라를 유일신으로 삼는 이슬람 교를 성립시켰다."
(성지문화사 295쪽)

헤지라에 대한 표현

"무함마드는 왜 메디나로 쫓겨나야 했을까?" "그는 탄압을 피해 메카
에서 메디나로 갔으며(622년)" (교학사 황재기 외 285쪽)
"메카에서 메디나로 쫓겨가게 되었다." (중앙교육진흥연구소 310쪽)
"메카에서 메디나로 옮겼는데" (지학사 308쪽, 성지문화사 295쪽)
"보수적인 귀족들의 탄압을 받아 메디나로 피신하였는데"
(동화사 298쪽)
"메디나로 도피하였다." (금성출판사 318쪽)

무함마드가 메카에서 메디나로 옮긴 사건, 곧 헤지라를 '쫓겨남',
'도망'으로 표현하는 것은 대종교를 완성한 예언자에게 걸맞지 않고, 다
른 성인들이나 종교 창시자에 대한 내용과 비교했을 때도 다분히 폄하
하는 표현으로 평가된다. 이슬람권에서는 이 사건을 두고 '성천성스러운 이
주'이란 표현을 쓴다. "쫓겨 갔다"는 말보다는 "박해를 피해 메카에서 메
디나로 새로운 공동체를 꿈꾸며 이주했다"는 정도로 표현하는 것이 적
당하겠다.

이슬람교 강제 전파 문제

과거에는 이슬람이 "한 손에 칼, 한 손에 코란"을 들고 정복 전

쟁을 벌였다는 내용이 교과서에 실려 있었다. 정복지의 주민들에게 죽음이냐 개종이냐를 강요했다는 것이다. 이는 이슬람의 지하드성스러운 전쟁를 심각하게 왜곡한 것으로, 다행히 이제 교과서에서는 완전히 사라지고 다음과 같이 바로잡혔다.

> "이슬람 교도들은 정복 전쟁을 성전(지하드)이라 불렀다. ……그러나 점령지 주민들에게 이슬람 교로 개종만을 강요한 것은 아니었다. 즉, 인두세(지즈야)와 토지세(하라지)를 바치는 등 그들의 지배를 인정하기만 하면 점령지 주민들의 종교와 관습을 허용하였다."(지학사 310쪽)

> "대부분의 이슬람 국가들은 이슬람 교의 전파를 위하여 피정복민의 종교와 풍습을 인정하고, 개종하는 사람에게는 세금의 일부를 면제시켜 주는 등 관대한 방법을 사용하였다. 이 때문에 하층민들 사이에서 이슬람교가 쉽게 확산될 수 있었다. ……그러나 지하드는 무력에만 의존하지 않고 글로써 이슬람 교리를 전파하는 평화적인 방법도 포함한다."(동화사 299쪽)

사실의 오류와 정치적 편중

어떤 사실을 설명하면서 불필요한 표현을 끼워 넣은 경우, 설명하는 내용이 부정확하고 부적절한 경우가 종종 발견된다. 특정 국가를 비난하거나 비판하는 내용도 문제가 될 수 있다.

> "성 소피아 성당: 6세기에 콘스탄티노스 황제가 건립한 비잔틴 양식의 성당이다."(두산 287쪽)

터키의 이스탄불에 있는 성 소피아 사원은 6세기 유스티니아누스 대제 시대에 건립되었다.

"이슬람 교로 개종한 셀주크 투르크는…… 예루살렘을 정복하였다. 그 후, 셀주크 투르크는 크리스트 교인에게 성지 순례 금지 조치를 취했는데, 이로 인해 유럽과 십자군 전쟁을 치르게 되었다."
(중앙교육진흥연구소 314쪽)

십자군 전쟁은 성지 순례를 내세워 비잔틴 제국의 영토를 침입하고 동서 교회를 통일하려는 것이 주된 목표였기 때문에 이러한 표현은 적절하지 않다.

"이슬람 교도들은 오늘날 전세계 인구의 약 1/7을 차지하고 있다. ……이 지역의 이슬람 교도는 약 10억 명에 달하는 것으로 알려져 있다."(지학사 308쪽)

현재 이슬람권 인구는 57개 국가에 14억 정도로 전 세계 인구의 약 20~25퍼센트를 차지한다.

"1991년 이라크의 쿠웨이트 침공으로 벌어진 '걸프 전쟁'은……."
(금성출판사 165쪽)

이라크가 쿠웨이트를 침공한 것은 1990년 8월이고, 걸프 전쟁은 1991년 1월에 벌어졌다.

"이슬람 원리주의: 물질 문명에 오염된 서양 문명을 거부하고 이슬람 교의 순결한 정신을 되찾으며 이슬람의 계율을 엄격하게 지킴으로써 전통적인 이슬람 사회를 다시 찾을 수 있다고 주장하는 운동이다."(고려출판 129쪽)
"이슬람 원리주의 국가를 건설하려는 이슬람 교도들……."
(고려출판 135쪽).

‘원리주의’란 원래 1920년대 기독교 복음주의 교파들의 근본주의적인 교리 해석에서 비롯된 개념인데, 서구인들이 그 개념을 이슬람에 갖다 붙여, 일반적으로 비서구적 성향을 띠고 이슬람 정신을 강조하는 정치 집단을 가리켜 ‘이슬람 원리주의 집단’이라고 무분별하게 사용하기 시작했다. 이슬람 세계에서는 ‘이슬람 원리주의’나 ‘이슬람 근본주의’란 개념을 거의 사용하지 않는다. 또한 이슬람 정신과 가르침을 손상하지 않으면서도 서구의 앞선 제도를 받아들이고 첨단 기술과 세계 경제 체제에 순응하려는 다양한 이슬람 집단이 존재한다. 그들은 무조건적으로 서구화를 지향하는 세속화에 강하게 반대하고, 서구와 절충하고 협력할 것을 전제로 하지만 종속적인 관계를 받아들이지 않으려 한다. 조직이나 이념 성향에 따라 이슬람 개혁주의, 이슬람화 운동 등으로 불린다. 테러나 무력 투쟁을 고집하는 반서구 일변도 집단은 극소수이며 이슬람 세계 내에서도 거의 대중적 지지를 받지 못하고 있다.

> “터키는 쿠르드 문화 말살 정책으로 오늘날까지 이들과 교전하고 있다.” “쿠르드 족은 이라크, 터키, 이란 등에서 분리 독립을 주장하면서 무장 투쟁을 벌여 왔으며, 1984년부터는 ‘쿠르드 노동자당’을 중심으로 무장 투쟁을 전개하였다.”(교학사 황재기 외 152쪽)

터키 쪽에서는 터키족과 쿠르드족은 똑같은 터키 국민으로 모든 권리와 의무를 동시에 가진다고 주장한다. 대통령이었던 투르구트 외잘의 예를 들어 그가 모계로는 쿠르드족이었지만 국가 원수에 오른 사실을 강조한다. 사실 터키 내 쿠르드족 대부분(80퍼센트 이상)은 쿠르드 말을 잊어버리고 터키 사회에 동화된 상태다. 터키 내 쿠르드 저항 단체인 쿠르드노동당PKK은 터키 정부군과 교전하면서, 터키는 물론 국제사회에서 테러 단체로 지목되었다. 그러나 PKK는 터키 일부의 분리주의 투쟁 조직일 뿐 터키 쿠르드족과 전체 쿠르드족을 대변하지 않는다. 단원이 약 3000명에 이르는 PKK는 지도자인 압둘라 외잘란이 체포되어 현재 수감 중인 관계로 세력이 많이 약해졌으며, 무장 두쟁을 포기하고 평화적인 자치 투쟁을 선언한 바 있다.

> "인도와 파키스탄이 이마를 맞대고 있는 카슈미르는 힌두 교와 이슬람 교 사이의 갈등, 인도와 중국 사이의 군사적 긴장 관계, 인도와 중동 이슬람 교 국가들 사이의 대결 등이 아직도 얽혀 있는 곳이다."
> (교학사 황재기 외 143쪽)

인도와 중동(서아시아) 이슬람 국가 사이의 대결은 이 지역 갈등의 직접적인 요인이 아닐뿐더러, 서아시아-이슬람 국가가 57개국이나 되는데 어느 나라 어떤 지역을 지칭하는지 모호하기 짝이 없다.

> "서남 아시아와 북부 아프리카…… 주민들은 유대 교를 믿는 이스라엘을 제외하고는 대부분 이슬람 교를 믿고, 아랍 어를 공용어로 사용하는 등 하나의 문화권을 이루고 있으며 종교와 밀접한 생활을 하고 있다. 그러나 이 지역은 민족과 종교의 차이, 종파의 차이 등으로 인해 항상 긴장감이 감돌고 있다."(교학사 황재기 외 146쪽)

서아시아 대부분 지역에서는 민족과 종교의 차이, 종파의 차이로 인한 분쟁과 긴장감이 약하다. 팔레스타인 일부 지역과 레바논 남부에서 이스라엘에 대해 벌어지는 투쟁은 본질적으로 국제법 준수와 영토에 관한 분쟁이다. 이란과 이라크의 오랜 전쟁도 종교 전쟁의 성격은 전혀 없다. 걸프 전쟁과 이라크 전쟁도 미국의 침공과 국제사회, 특히 강대국들의 이해관계가 얽혀서 빚어진 문제다. 다만 분쟁의 당사자들이 목표를 효율적으로 달성하고자 종교와 민족을 끌어들여 갈등을 증폭하는 것이다.

"이슬람교 내의 교파와 국가 간의 차이는 지역 갈등의 원인이 되기도 한다."(금성출판사 160쪽)

이 설명은 근거가 전혀 없다. 이슬람 교파나 국가 간의 차이가 어떻게, 왜 갈등의 원인이 되는지? 서아시아 지역의 갈등은 교파나 국가 간의 '차이'에서 비롯되기보다는, 미국과 이스라엘이 자국 이익 확보를 위해 국제법을 무시하고 도발하는 경우가 매우 많다. 사담 후세인 처형 이후 이라크 내에서 순니파와 시아파 사이에 나타난 갈등도 종파적 갈등이라기보다는 권력에서 소외된 순니파 저항 세력과 집권층이었던 시아파의 정치적 관계에서 비롯되었고, 반미 성향이 팽배한 이라크에서 미국이 장기간 효율적으로 점령하고자 종파 간 갈등을 부추기는 측면이 매우 강하다.

"말보다 느린 낙타는 건조한 기후를 잘 견디는 습성 때문에 사막에서 중요한 이동 수단으로 쓰인다."(교학사 황재기 외 144쪽)

낙타도 말 못지않게 빠르게 이동하는 동물이다. 이슬람 정복 시기에 낙타는 빠른 기동력으로 가장 중요한 전쟁 수행 수단이었다. 여기에 굳이 "말보다 느린"이라고 표현할 필요는 없다.

"텔레비전 프로그램을 거부하는 이슬람 문화: '치키치키 차카차카 초코초코'로 유명한 우리의 '날아라 슈퍼보드'가 이슬람 국경을 끝내 넘지 못했다. 이유는 바로 저팔계 때문인데, 견본을 지켜보던 외국 무역상들이 저팔계가 화면에 나오자, 깜짝 놀라며 손을 내저었다. 불결하다고 먹지도 않는 돼지가 주인공으로 등장하고 말까지 하고 다니니, '날아라 슈퍼보드'의 수출은 꿈도 꾸지 말라는 것이었다. '마법사의 아들 코리'도 마법을 사용한다는 이유로 심의를 통과하지 못하였다. -○○일보, 1998.11-"(교학사 황재기 외 144쪽)

제목에서 마치 이슬람이 텔레비전 프로그램을 거부하는 것처럼 묘사했다. 이슬람의 가르침과 미풍양속을 저해하는 일부 프로그램을 방영하지 않는 것인데, 이는 어느 문화권에서도 일어날 수 있는 공통의 문제다.

"바자르의 많은 물건들 사이로 무리지어 다니는 사람들을 보면 이슬람 세계의 신비로움이 절로 느껴진다."(동화사 152쪽)

이슬람 세계를 사람이 사는 현실 세계가 아니라 아라비안나이트 속 신비한 세계인 양 묘사했다.

"동서 교통의 주요 통로였던 비단길은 초원길·사막길·바닷길로 이루어져 있으며, 형성된 시기와 주로 이용되던 시기도 각각 달랐다." (동화사 303쪽)

오늘날의 이스탄불. 술레이만 사원과 멀리 성 소피아 사원이 보인다.

▶ 술탄 무함마드 사원 모스크는 둥근 지붕과 4개의 뾰족한 탑을 특징으로 한다. 사진은 오스만 제국이 세운 것으로 '푸른 모스크'라고도 불린다.

✐ 이스탄불의 위치를 사회과부도에서 찾아보자.

(왼쪽) 『중학교 사회1』(성지문화사 302쪽). "오늘날의 이스탄불. 술레이만 사원과 멀리 성 소피아 사원이 보인다"고 설명한 이 사진의 사원은 술레이만 사원이 아니라 술탄 아흐메트 사원이다. 맞은편에 보이는 것이 비잔틴 건축의 압권으로 꼽히는 그리스 정교회의 총본산, 성 소피아 사원이다.

『중학교 사회1』(교학사 황재기 외 289쪽). 술탄 아흐메트 사원이 "술탄 무함마드 사원"으로 잘못 소개되었다. 터키 이스탄불에 있는 술탄 아흐메트 사원은 미나렛이 6개인 아름다운 이슬람 사원으로, 내부 벽면이 푸른색으로 장식되어 있어 '블루 모스크'로 더 잘 알려져 있다.

비단길, 곧 실크로드는 사막길, 바닷길, 초원길로 나뉜다. 그러나 최근 학계에서는 사막길 대신 '오아시스 길'이란 용어를 선호한다.

지리 개념의 혼란

"(석유는) 페르시아 만 연안에 집중적으로 매장……."
(교학사 황재기 외 149쪽)
"페르시아 만"(교학사 황재기 외 145쪽 지도[1], 디딤돌 132쪽 지도)

『중학교 사회1』에서 가장 널리 발견되는 문제점이 이란과 아랍 국가 사이의 만을 가리키는 '페르시아 만'이란 표현이다(디딤들 132쪽, 통화사 159쪽, 지학사 148쪽). 페르시아 만은 이란의 영해 개념이다. 전통적으로 아랍은 '아라비아 만'을, 이란은 '페르시아 만'을 고집해왔다. 1979년 이전 이란이 친서방 노선을 걸었을 때 서방 문헌 대부분이 '페르시아 만'을 채택해 사용했다. 그러나 1979년 제2차 유류 파동과 석유 위기를 겪고, 이란에 이슬람 혁명이 일어나 반미-반서구 정권이 들어서자 서구에서도 용어 사용에 변화가 생기기 시작했다. 걸프 전쟁 이후에는 이 지역을 중립적인 의미인 '걸프 해The Gulf', '걸프 지역'으로 표현한다.

1 『중학교 사회1』(교학사 황재기 외 145쪽) 지도

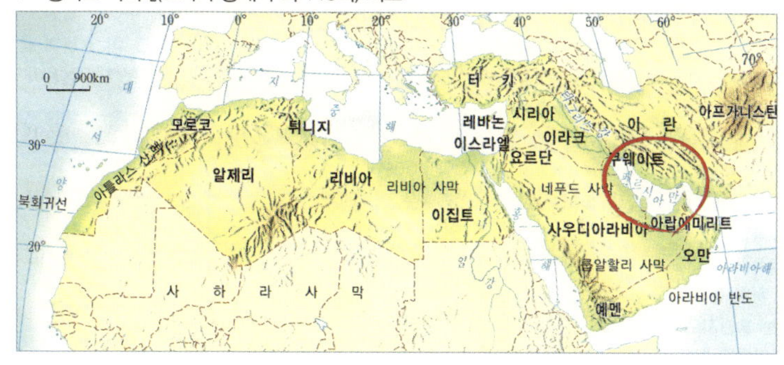

"1970년대에 중동(서남 아시아) 지역에 진출한 우리나라 근로자들이 느꼈던 어려운 점……."(지학사 149쪽)

"몽골족이 서아시아로 침입하여……." "이슬람 교도가 치지하는 비율이 가장 높은 지역은 서남 아시아……."(디딤돌 272~273쪽)

"서남 아시아는…… 유럽인들의 입장에서 아시아로 진출할 때 유럽과 가깝다고 하여 근동 또는 중동 아시아라 부른다."(지학사 144쪽)

("서아시아 문화권의 형성"이라는 장 제목 아래)"옴미아드 왕조는 정복 전쟁을 계속하여 서남 아시아, 북아프리카, 이베리아 반도에까지 영토를 확장하였으며……."(성지문화사 297쪽)

같은 교과서 안에서, 심지어 같은 장, 같은 쪽에서 "서남 아시아"와 "서아시아", "중동" 개념이 혼재되어 지역을 인식하는 데 혼란을 불러일으킨다. 학계의 자성과 용어 통일이 시급하다. 게다가 지학사의 『중학교 사회1』(144쪽)은 "중동 아시아"라는 전혀 생소한 신조어를 만들어 냈다. 역사학계의 용어인 '서아시아', 지리학계의 용어인 '서남아시아', 정치학 용어인 '중동'에 이어 근거가 불분명한 "중동 아시아"란 표현까지 등장하여 그러잖아도 복잡한 이 지역 개념에 혼란이 더해졌다. 또한 한 책에서 소제목에는 "서아시아", 본문 내용에는 "서남 아시아"라 한 경우도 있어 도무지 어디를 지칭하는지 이해하기 어렵다.

'비잔틴 제국'과 '비잔티움 제국'도 혼용된다. 『중학교 사회1』(두산)은 앞에서는 "비잔틴 제국"(285쪽)이라 했다가 뒤에서는 "비잔티움 제국"(287, 288쪽)이라 했다. 『중학교 사회1』(중앙교육진흥연구소 311, 314쪽)도 마찬가지다.

『중학교 사회1』(디딤돌 276쪽)의 "신라가 표시되어 있는 아랍 지도. 아랍인은 신라가 여러 개의 작은 섬으로 이루어져 있다고 믿었다"는 설명이 붙은 지도[1]는 좌우가 뒤바뀌었다. 아랍어를 모른 탓에 생긴 실수인 듯하다.

부적절한 용어 사용

모든 『중학교 사회1』 교과서에서 공통으로, 서기 661~750년에 존재한 칼리프 왕조를 "옴미아드 왕조"라 하는데, 이 왕조의 이름은 '우마이야Umaiya'가 맞다. 옴미아드는 불분명한 영어식 표현을 그대로 답습한 결과로 보인다. 우마이야 왕조의 뒤를 이은 압바스Abbas 왕조도 모든 『중학교 사회1』에서 공통으로 "아바스"라 한다. 아랍어는 이중 자음을 강하고 분명하게 발음하므로 '압바스'라고 하는 것이 맞다.

'마호메트'는 현지어 표기법에 따라 '무함마드Muhammad'가 옳다. 심지어 한 교과서(중앙교육진흥연구소 310, 311쪽)는 "무함마드"와 "마호메트"를 혼용해 혼란을 부추긴다. 그리고 현지어 표기를 고집한다면 이슬람의 경전은 "쿠란"(『중학교 사회1』 전 교과서 공통)이 아니라 '꾸란'이 옳다.

1 『중학교 사회1』(디딤돌 276쪽)

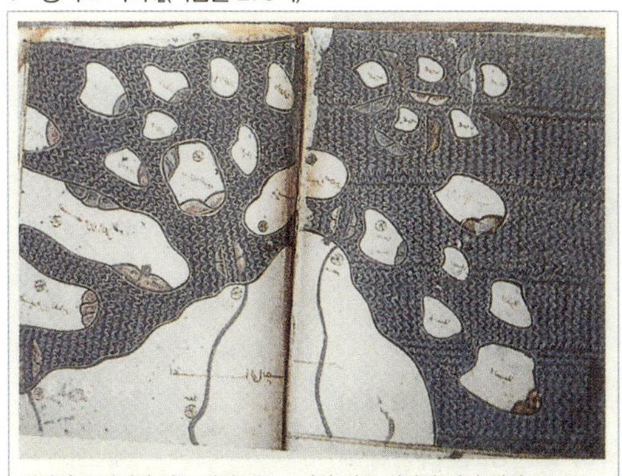

신라가 표시되어 있는 아랍 지도. 아랍 인은 신라가 여러 개의 작은 섬으로 이루어져 있다고 믿었다.

“다마스쿠스”(동화사 302쪽)라는 지명은 ‘다마스커스’가 옳다. 이는 현지어가 아니라 영어식 이름이기 때문에, 영어식 발음으로 읽는 것이 적절하다.

“터키에서는 여러 사람들이 함께 커피를 마시는 카프베라는 일종의 찻집이 생겼는데”(디딤돌 202쪽)에서 “카프베”는 터키말로 ‘카웨Kahve’다. 아마 이 단어의 발음을 자의적으로 옮긴 듯하다.

“알렉산드로스 대왕의 동방 원정”(성지문화사 294쪽)
“마케도니아의 알렉산드로스에게 정복되었다.”(동화사 296쪽)

마케도니아는 그리스 계통의 작은 나라였다. 마케도니아 왕 알렉산드로스가 무력으로 오리엔트 세계를 일시 정복했지만, 그의 죽음으로 당대에 마케도니아는 끝이 났다. 대제국의 통치자에게 걸맞은 ‘대왕’이란 표현은 역사 용어로 적절치 않다. 알렉산드로스를 “대왕”이라 하는 것은 서양이 처음으로 오리엔트를 정복한 역사적 쾌거를 반영한 것으로, 지극히 서양 중심적 관점이다. ‘마케도니아의 왕 알렉산드로스’로 표현하는 것이 적절하다. 많은 교과서가 이미 그렇게 쓰고 있다.

『중학교 사회2』의 구체적 사례

『중학교 사회2』는 주로 서양사 중심으로 편집되어 서아시아-이슬람 부분이 매우 제한되어 있다. 서아시아의 근대화 운동과 현대사 부분을 약간 서술할 뿐이라 표현이나 기술 과정에 특별한 문제점은 없다. 그러나 서양사 서술에 비해 내용이 극히 빈약하여 당시의 사회나 역사 흐름을 파악하기가 매우 어렵다. 특히 로마에 필적하는 세계 대제국을 이루면서 서양의 근대화는 물론 세계 역사에 큰 영향을 끼쳤던 오스만 제국의 역사가 거의 단 한 쪽으로 처리되고, 이후 결국 초라하게 몰락의 길을 걸은 19세기 상황부터는 근대화를 다루는 단원에서 아주 간단하게 소개된다.

십자군 전쟁

서구와 이슬람의 관계에 대한 역사 서술에서는 종전의 시각이나 정보와는 매우 다른, 진일보한 표현들을 발견할 수 있다. 특히 7차에 걸친 십자군 전쟁에 대한 적절한 평가가 새 교과서에 많이 반영되었고(고려출판 35쪽, 디딤돌 33쪽, 중앙교육진흥연구소 35쪽), 팔레스타인 분쟁 문제도 단순히 현상을 언급하는 데 그치지 않고 상당히 정확하게 본질을 파악하려는 노력이 군데군데 보인다(고려출판 115쪽).

지금까지 우리 교과서는 전통적으로 십자군 전쟁은 성전聖戰, 곧 순렛길을 방해하는 이슬람 교도에 대항하여 일어난 서구 기독교 사회의 정의로운 전쟁으로 묘사했다. 그러면서 십자군 전쟁의 폐해와 약탈 전쟁이라는 성격은 소개되지 않거나 미미하게 취급되었다. 그러나 현행 교과서 대부분에서 균형 감각을 발휘하여 시비를 가리려는 노력이 엿보인다.

십자군 전쟁은 안정을 이룬 가톨릭 교회가 자신감의 표현으로 양분된 동서 교회를 통합하려 했던 사건이었다고 지적하는 한편, 실제로는 약탈이 자행되고 심지어 소년 병사들을 노예로 팔아넘기기까지 하는 등 부작용이 컸음을 동시에 부각하면서 그 성격을 실패한 전쟁으로 규정했다(중앙교육진흥연구소 34쪽).

용어 선택

『중학교 사회2』의 서아시아 근대화 부분은 『중학교 사회1』과는 대조적으로, 지리학계에서 선호하던 '서남아시아'라는 용어가 거의 사라지고 '서아시아'로 통일되는 추세다. 아마 역사적 서술이 중심인 때문으로 이해된다. 다만 예외적으로 "서아시아의 근대화 운동"과 "서남 아시아의 근대화 운동"(교학사 차경수 외 86쪽)을 혼용한 경우가 발견된다.

표현 · 설명의 오류

"무함마드의 가르침으로 돌아가자는 와하브 운동"
(교학사 차경수 외 90쪽)

이 설명은 "이슬람 원래의 순수한 가르침으로 돌아가자는 와하브 운동"이라 표현해야 적절하다. 물론 18세기 중엽에 일어난 와하브 운동이 무함마드 시대의 가장 순수한 세상을 꿈꾸기는 했지만, 그 기저의 중심 사상은 꾸란과 하디스에 입각한, 이슬람의 순수성 부활이었기 때문이다.

"아랍 민족주의와 이스라엘의 시오니즘이 대립하여 중동 전쟁이 일어
났다."(교학사 차경수 외 113쪽)

팔레스타인 분쟁의 본질이 전혀 드러나지 않는 문장이다. 같은
쪽 상자 글 "학습 자료"에서도 이집트를 비롯한 아랍 국가가 이스라엘을
침략하여 중동전쟁이 일어났고, 초기에는 아랍인들이 우세했으나 결국
이스라엘이 전쟁에서 승리했다는 지극히 단편적이고 표피적인 내용만 다
루었다. 그러나 중동전쟁은 유럽에서 박해를 당하던 유대인들이 2000년
간 팔레스타인 땅의 주인으로 살아오던 아랍인들을 몰아내고 그 땅에 이
스라엘을 세움으로써 촉발되었다.

더욱이 1967년 제3차 중동전쟁으로 이스라엘은 이웃 이랍 영도
를 침략하여 지금까지 그 땅을 점령하고 있다. 국제사회는 유엔 안전보장
이사회 결의안 242호, 338호 등을 통해 이스라엘이 점령지에서 즉각 철
수하고 영토를 반환할 것을 촉구해왔다. 이스라엘이 불법 점령한 땅은 현
재 중동분쟁의 핵심이 되는 지중해 쪽의 가자 지구, 요르단 강 서쪽의 웨
스트뱅크, 레바논 남부의 베카 계곡과 시리아 쪽의 골란 고원, 이집트와
경계를 이루는 시나이 반도인데, 1979년 캠프데이비드 협정에 따라 이
집트와 이스라엘 간에 평화협정이 체결되어 시나이 반도는 이집트에 돌
아갔다. 그러나 다른 아랍 영토는 아직까지 이스라엘이 자위권을 내세우
며 강제로 점령하고 있다. 심지어 그들 지역에 러시아 등지에서 이주해
온 유대인들을 위한 정착촌을 건설함으로써 아랍인들의 극단적인 투쟁
을 불러일으키기도 했다.

1993년 오슬로 평화협정으로 이스라엘과 아랍 팔레스타인이 모
두 합의하여, 이스라엘은 점령지를 되돌려주고 이스라엘 건국으로 오갈
데 없이 난민이 된 약 400만 팔레스타인 아랍인들에게 최소한의 생존 공

간을 보장하며 자치정부 수립, 궁극적으로 독립을 이룩해주기로 했다. 대신 팔레스타인은 이스라엘의 영토와 국가를 인정하고 불가침 조약과 외교 관계를 맺어 공존하기로 합의했다. 그런데 그 후의 정권들이 오슬로 평화협정을 제대로 지키지 않고 정치적인 수단으로 악용하면서 분쟁이 다시 격해지고 있다. 모든 수단을 빼앗긴 팔레스타인 강경파는 자살폭탄이라는 극단적인 무장 투쟁을 선택했고, 또 이스라엘은 오슬로 평화협정을 무산시키고 테러범들을 잡는다며 민간인들에 대한 무차별 폭격으로 대응하고 있다. 정치가들이 자신들의 정치적 이해관계 때문에 종교 간, 민족 간 이질감을 증폭하고 있지만, 이는 중동 분쟁의 본질과는 거리가 멀다.

『중학교 사회2』 교과서에서도 "알렉산드로스 대왕, 오리엔트 지역까지 정복"(교학사 차경수 외 13쪽), "알렉산드로스 대왕의 그리스 문화의 전파 노력"(지학사 38쪽) 같은 표현이 나온다. 앞에서도 이야기했듯이 국가의 크기나 수명, 문명의 깊이나 영속성 측면에서 대제국의 통치자에게 걸맞은 '대왕'보다는 '왕'이 더 적절한 용어로 여겨지므로 "알렉산드로스 대왕"이라 하지 말고 '마케도니아의 왕 알렉산드로스'라고 하는 편이 좋겠다.

"(코소보는) 오스만 제국이 1389년 침공한 이후 500년 가까이 지배하는 동안 알바니아의 이슬람 교도들이 대거 이주해, 코소보 전체 인구의 90% 이상을 이슬람 교도가 차지하게 되었다."(동화사 97쪽)

유럽이 침략하면 '정복'이나 '승리'이고 비서구 제국이 출현하면 '약탈'이고 '침략'이 되는 서구 중심적 관점으로 보인다. "침공" 대신 '정복'으로 표현해도 500년 세계 대제국을 이룬 오스만 제국의 성격상 무리가 없을 것이다.

또한『중학교 사회2』(지학사)는 속표지에 술탄 아흐메트 사원(일명 '블루 모스크') 사진을 "슐레이만 사원"이라고 설명하여『중학교 사회1』(교학사 황재기 외, 성지문화사)이 범한 오류를 반복했다.

『고등학교 세계사』의 구체적 사례

이슬람 문화 관련 내용의 오류나 미흡한 설명

"첨탑은…… 예배 시간을 알릴 목적에서 만들어졌다."(지학사 108쪽)

이슬람의 미나렛은 단순히 예배 시간을 알리는 데 쓰였을 뿐 아니라 좀 더 종합적인 삶의 순기능 역할을 했다. 물론 무아진이라 불리는 사람이 마을 사람들에게 '아잔'예배 보러 오라고 외치는 아랍어 구절을 부를 장소로 높은 미나렛이 필요했다. 동시에 실크로드 도시에서는 대상隊商, 카라반을 위한 사막의 등대 구실을, 해안 도시에서는 선원들을 위한 길잡이, 대도시에서는 소방탑 구실도 했다.

"각지에 세워진 이슬람 예배소(모스크)"(교학사 123쪽)

"이슬람 예배소" 대신 '이슬람 사원'이나 '성원'이 적절하겠다. 불교의 사찰이나 사원, 힌두교나 조로아스터교 사원, 교회나 성당이란 개념에 비추어 사원이나 성원이란 표현이 더 어울린다. 한국이슬람중앙회에서는 공식적으로 모스크를 '이슬람 성원'이라 쓴다.

"이슬람교는 이교도를 노예로 삼는 것은 인정하였으므로, 이슬람 사
회에서는 노예 무역이 발달하였다."(교학사 121쪽)

이교도 노예도 이슬람으로 개종하면 해방되었다. 그리고 노예도
사유 재산을 가질 수 있었을뿐더러 고위 관료도 될 수 있었기 때문에, 중
세 유럽의 농노나 근대 미국, 유럽 사회의 노예들보다 훨씬 인간적인 지
위에 있었다. 따라서 일반적인 의미의 노예와는 그 성격이 달랐음을 설
명할 필요가 있다.

"「쿠란」의 중심적 교의는…… 세속의 모든 생활을 규제하였다."
(교학사 118쪽)
"「쿠란」의 중심 교의는 알라에 대한 절대 복종이지만, 그 내용은 사람
들의 모든 생활을 규제하였기 때문에 신학 · 법학도 발달하였다."
(교학사 122쪽)

꾸란의 생활 규제와 신학 · 법학의 발달은 상관관계를 찾기 어렵
다. 꾸란은 모든 생활에 대한 지침과 길잡이가 되었다.

"「쿠란」: 알라의 뜻을 왜곡할 가능성이 있기 때문에 번역을 금지하고,
아랍 어로 된 「쿠란」만을 인정하였다."(지학사 108쪽)
"이슬람 교는 '쿠란'의 번역을 엄격하게 금지하였다."
(금성출판사 108쪽)

꾸란은 원칙적으로 번역이 금지되나, 아랍어를 모국어로 하지 않
는 많은 무슬림을 위하여 실제로는 아랍어 원전을 싣고 주해 형식으로 번
역문을 붙여, 현재 전 세계 200여 개 언어로 이미 읽히고 있다.

(와하브 운동은) "초기 이슬람 교(무함마드 사후 300년)로 돌아갈 것을 주장하며……"(금성출판사 246쪽)

"정통 칼리프 시대632~661의 초기 이슬람교로 돌아갈 것을 주장하며"가 정확한 설명이다.

"아라비아산 청색으로 알려진 코발트 블루. 아라베스크의 당초문 역시 동아시아의 당초문과 연결되어 있다."(금성출판사 109쪽)

"아라비아산 청색"이 아니라 '이슬람 블루'로 표현하는 것이 적절하다. 영어로는 Muslim Blue, 우리 문헌에는 회청回靑으로 표기되었다. 조선 초기 청화백자 시기에는 이미 아랍 세계가 멸망했고, 회청은 중앙아시아 사마르칸트 지방에서 실크로드를 따라 중국을 통해 우리나라까지 전해졌다. 아라베스크를 중국에서는 당초문이라 하고, 우리나라에도 중국을 통해 소개되었기 때문에 '당초문'으로 알려지게 되었다. 지금 국내에서는 아라베스크를 당초문으로 번역해 쓴다.

『고등학교 세계사』(금성출판사 107쪽). "회회 아비"를 "아랍인 혹은 몽고인"이라고 설명했다. 이슬람인을 지칭하는 고려말 '회회 아비'는 중앙아시아 투르크계 민족, 더 정확히는 위구르인을 가리켰다. 아랍인이나 몽골인과는 관련이 적다. 또 "아랍 인을 닮은 경주 괘릉의 석상" 역시 오해의 소지가 있다. 이 석상의 종족 분류는 불가능하므로 '이슬람인으로 추정되는 석상' 정도로 표현하는 것이 무난하다.

'알라신'의 망령

"이슬람 교도들이 전쟁에서 승리하는 것은 알라신 덕분인 것처럼 보였기 때문이다."(교학사 120쪽)

"알라신"이라는 표현이 『고등학교 세계사』에서도 발견된다. 하느님을 뜻하는 아랍어인 알라를 "알라신"으로 표현한다면 이슬람교의 일신교 사상을 정면으로 부정하는 결과가 된다. 일부 한국어판 꾸란에서는 알라 대신 '하느님'이란 용어를 쓰기도 한다.

무함마드의 출신

"메카 상인이었던 무함마드"(지학사 103쪽)

무함마드는 메카의 최고 명문 귀족인 쿠레이쉬 가문 출신으로 가난한 서민 출신이 아니다. 물론 부모를 일찍 여의고 어린 시절 가난한 삶을 살았지만 좋은 가문에서 태어났다. 바로 이 때문에 무함마드는 메카 기득권층의 끊임없는 살해 시도와 위협을 뚫고 생명을 부지하며 메디나로 이주할 수 있었고, 다시 메카로 무혈입성하여 이슬람 전파의 새 시대를 열 수 있었다.

종교 관련 내용의 오류

(꾸란을 인용하며)"당신의 신은 하나이다."(지학사 104쪽)

전형적인 꾸란 주기도문을 언급했는데, 꾸란에 나오는 구절은 정확하게 "하느님(알라)은 한 분이시고"이다.

"이슬람 교도들은 전쟁에서 죽는 것을 가장 거룩한 행위로 여겼으며……."(지학사 106쪽)

지하드성전를 설명하려 한 것 같은데, "하느님의 길에서 싸우다 죽는 것을 가장 거룩한 행위로 여겼으며"로 바꾸어야 한다.

"무함마드는 유대 교와 크리스트 교의 영향을 받아 610년경 유일신 알라를 받드는 이슬람 교를 창시하였다."(교학사 117쪽)
"예언자 무함마드는 크리스트 교와 유대 교의 영향 아래 이슬람 교를 창시하였다."(금성출판사 102쪽)

물론 이슬람교가 유대교, 기독교와 함께 일신교로서 역사적인 맥락에서는 잎선 두 종교의 사상을 많이 담고 있다 하더라도, 계시 종교로서, 그리고 세계 최대 종교로서 이슬람교 그 자체를 인정하고 설명해야 하지 않을까? "메카의 무함마드가 완성한 이슬람교는 같은 일신교인 기독교와 유대교 사상을 많이 담고 있다" 정도로 표현하면 어떨까?

"이슬람 교도에게는 6신(信)과 5행(行)의 의무가 있다. 6신은 알라, 천사, 쿠란, 예언자 무함마드, 내세, 예정을 믿어야 한다는 것이다."(교학사 118쪽)

6신은 알라, 천사들, 경전들, 예언자들, 내세, 정명定命 사상을 믿는 것을 의미한다. 이슬람교는 꾸란과 그 이전의 경전들, 무함마드와 그 이전의 예언자들을 모두 믿고 따른다. 인간의 자율적인 판단 의지와 책임을 강조한 정명 사상은 모든 것을 신의 뜻으로 돌리는 예정설과는 다르다. 그리고 통상 "6신 5행"이라기보다는 '5주 6신'이라 불리며, 5주柱는 신앙 고백, 예배, 단식, 희사, 순례를 말한다.

> "자기 재산의 일부를 교단에 바쳐야 한다."(교학사 118쪽)

자카트希捨를 의미하는데, 이는 재산을 바치는 개념과는 전혀 다르다. 자카트는 자신의 순수입 중 2.5퍼센트를 가난한 사람들을 위한 세금으로 희사하는 의무다. 재산을 바치는 것은 아무런 강제 조항 없이 자신의 의지로 희사하는 것이다. 이를 '사다카'라 한다. 사다카는 강제성이나 규정, 금액 제한이 없는 순수 희사다.

> "남녀차별, 일부 다처를 특징으로 하는 가족 관계, 돼지고기를 금기하는 식생활, 가난한 자에 대한 적극적인 구제 활동, 일정한 시간마다 행해지는 예배 의식 등은 모두 「쿠란」의 계율에 따른 이슬람 사회의 모습이었다."(지학사 107쪽)

먼저 '남녀 차별' 문제. 이슬람은 남녀평등 혹은 남녀 역할 분담을 가르친다. 꾸란의 가르침과 적용은 남녀평등이 원칙인데, 가부장적 전통이나 부계 중심, 남아 선호가 강한 아랍 유목 사회에 이슬람이 뿌리를 내리는 과정에서 아랍의 전통적인 관습과 이슬람의 가르침이 상당 부분 혼재되었다. '아랍＝이슬람'이라는 등식은 잘못된 것이며, 이슬람 세계의 70% 이상이 아시아에 집중되어 있는 사실을 유념할 필요가 있다.

"일부 다처를 특징으로 하는 가족 관계"도 잘못된 설명이다. 이슬람에서 일부다처제는 전쟁과 자연재해 같은 특수한 상황에서 공동체 전체를 유지하려는 전략으로 허용되었다. 꾸란에서는 특수한 상황에서도 일부4처까지로 그 수를 제한한다. 일부다처를 하는 경우라도 그 조건이 매우 까다롭다. 동등한 대우와 공평한 재산 분배, 여성에 대한 사후 보장 확약 등이 전제된다. 이러한 조건이 현대 사회에서 지켜지기란 사실상 어렵다. 그래서 많은 무슬림 국가에서 일부다처를 법으로 폐지하는 추세이며, 이 제도가 존속하는 나라에서도 일부다처는 현저히 줄어들고 있다. 일부다처가 가장 성행하는 나라인 걸프 지역 왕정 국가에서도 그 비율은 5퍼센트 미만으로 추산된다.

"돼지고기를 금기하는 식생활"이라는 설명은 표현 자체는 맞다. 그러나 돼지고기만 금하는 것이 아니다. 술과 마약, 특히 하느님의 이름으로 잡지 아니한 모든 육식은 금기한다. 먹을 수 있게 허용된 것을 할랄이라고 하는데, 할랄을 구하기 어려운 상황에서는 일반 육류 섭취가 허용된다.

> "무함마드 사후 아랍 인들은 이슬람 공동체의 지도자로 칼리프를 선출하고…… 그러나 칼리프 선출을 둘러싼 내분이 일어나 제4대 칼리프인 시아 알리가 살해되고……."(지학사 105쪽)

시아는 무함마드의 유일한 혈족인 알리가 살해된 뒤 그를 추종하던 사람들이 떨어져 나가 만든 것이므로, "시아 알리"란 표현은 어불성설이다.

> "시아파는 이란에서 세력을 확대했으나 후세인도 옴미아드 왕조에서 보낸 암살자에게 암살되었다."(교학사 134쪽)

사실과 다르다. 알리의 아들 후세인은 680년 카르발라 대전투에서 우마이야 군대와 싸우다 참혹하게 전사했다. 아이러니하게도 이 교과서는 바로 다음 쪽에서 "후세인은 680년 이라크의 쿠파 근처의 도시 카르발라에서 반란을 일으켰으나 참혹하게 살해되었다"며 이 사실을 언급한다(교학사 135쪽).

(시아 파)"남자들은 후세인의 고통을 몸소 체험하려고 자해 행위를 한다."(교학사 135쪽)

지금은 자해 행위가 그 잔혹성 때문에 법으로 금지되어 있다.

"이슬람 교의 종파는 크게 수니 파와 시아파로 나뉘어 있다. 수니 파는 '예언자의 언행(수나)을 따르는 공동체의 백성'이라는 뜻이고, 시아파는 '알리의 당'이라는 뜻이다. 현재 이슬람 교도의 90%는 수니 파로, 대부분의 이슬람 국가는 수니 파 국가라고 할 수 있다."
(교학사 134쪽)

"시아파는 무함마드를 이어 최고 지도자(이맘)가 될 사람은 무함마드의 후손이어야만 한다고 생각하였다. 시아파는 무함마드의 진정한 계승자는 무함마드의 사촌이며 사위인 알리뿐이라고 생각하였다. 제4대 칼리프 알리가 옴미아드가의 무아위야에게 살해되고 옴미아드 왕조가 이슬람 세계를 지배하자, 알리의 아들 후세인을 받드는 사람들이 시아파를 만들었다. ……시아파는 최고 지도자를 절대 신성시한다."(교학사 134쪽)

이슬람교는 크게 순니와 시아, 두 종파로 나뉜다. 두 종파가 분리된 이유는 교리상의 논쟁 때문이라기보다는 정치적 성격이 강하다. 곧, 단순히 무함마드와 알리를 추종하는 문제가 아니다. 무함마드 사후 당시 이슬람 세력은 전통적인 아랍 부족의 전원합의제 방식에 따라, 무함마드의 혈족보다는 가장 명망 있는 대표를 무함마드의 후계자인 칼리프로 뽑기로 했다. 이에 따라 무함마드와 아무 혈연관계가 없는 아부바크르, 우마르, 우스만이 차례로 칼리프가 되었다. 무함마드의 유일한 혈족인 알리는 무함마드의 사촌동생이자 사위였지만 결국 네 번째 칼리프가 되었고, 그나마 반대파에게 무참히 살해당했다. 더욱이 그의 아들인 후세인도 680년 카르발라 전투에서 아랍 우마이야 세력에 살해당하자, 그를 추종하던 이들은 아랍 주류와 정치적 운명을 함께할 수 없다고 생각하고 떨어져 나와 시아파를 구성했다.

시아란 '떨어져 나간 당'이라는 의미다. 그러다 보니 남아 있던 주류 세력은 정통 순니파가 되었다. 순니란 무함마드의 언행을 따른다는 뜻인 '순나Sunnah'에서 파생된 용어다. 순니파는 무함마드와 네 칼리프를 모두 인정하고 추종한다. 한편 시아파는 아부바크르, 우마르, 우스만 세 칼리프는 찬탈자라 규정하고 그들을 무함마드의 정통 후계자로 인정하지 않는다. 시아파는 알리와 그 후손들을 무함마드의 적법한 후계자로 여기고 이들을 이맘이라 부르며 추종한다. 따라서 시아는 "알리의 아들 후세인을 받드는" 종파가 아니다. 현재 순니파는 이슬람 교도 전체의 90퍼센트 정도, 시아파는 이란을 중심으로 10퍼센트 정노를 차지한다.

이슬람교 성립/창시 문제

"무함마드가 알라를 유일신으로 하는 이슬람 교를 창시하였다."
(지학사 103쪽)
"무함마드는…… 유일신 알라를 받드는 이슬람교를 창시하였다."
(교학사 117쪽)
"무함마드는…… 이슬람교를 창시하였다."(금성출판사 102쪽)

고등학교 세계사 교과서도 중학교 사회 교과서와 같이 대부분 무함마드가 이슬람교를 창시한 것으로 표현했다. 이슬람교에서는 무함마드가 이슬람교를 '창시'했다는 표현을 쓰지 않는다. 왜냐하면 이슬람교는 이미 창세기 시절부터 존재하고 있었다고 믿기 때문이다. 이슬람은 무함마드 이전의 노아와 아브라함, 모세와 예수의 가르침과 역사적 사실들을 모두 받아들인다. 다만 무함마드가 이전 이슬람의 가르침을 총합하여 완성했다고 가르친다. 무함마드에 의해 이슬람이 최종적으로 '성립'된 셈이다.

지리 개념의 오류

중학교 사회 교과서와 마찬가지로 『고등학교 세계사』도 예외 없이 걸프 지역을 모두 "페르시아 만"으로 표시했다(지학사 105, 106쪽, 교학사 58쪽, 금성출판사 61쪽 등).

그리고 교학사의 『고등학교 세계사』(330쪽)에서는 "서아시아"와 "중동"이란 표현을 같이 썼는데, 같은 지역을 가리키는 말이므로 하나로 통일할 필요가 있다.

모헨조다로와 하라파로 대표되는 인더스 문명의 핵심 유적지와 문명의 흔적들은 파키스탄에 있지만, 세계사 교과서는 이들을 모두 인도의 범주에서 설명한다. 교과서 어느 곳에서도 히말라야의 눈 녹은 물이 흘러내려 생긴 인더스 강과 인더스 문명의 실체가 파키스탄에 있음을 기술하지 않는다(교학사 39쪽, 지학사 29쪽).

"투르크계의 티무르는……14세기 후반 사마르칸트를 도읍으로 티무르 왕조를 세웠다."(교학사 200쪽)

티무르 제국이 지금의 우즈베키스탄에 있었음을 분명히 알리는 것이 좋으리라고 본다.

"무함마드는 교세를 확장하여 메카를 점령하였고……."
(지학사 104쪽)

사실상 무함마드는 전쟁 없이 무혈입성했고, 메카인들의 환영을 받았다. "점령"이라는 군사 용어는 적절하지 않다.

"칼리프: 무함마드를 잇는 '계승자'라는 의미. 이슬람의 종교 지도자이면서 정치적 지배자 역할을 하였다."(지학사 105쪽)

정치적 "지배자"보다는 정치적 '통치자'란 표현이 낫다.

"아라비아 어"(교학사 203, 292, 319쪽, 지학사 278쪽)는 '아랍어'라고 해야 한다. 아라비아는 지리적 개념이다. '아랍'은 형용사로 많이 쓴다. 그래서 '아랍인, 아랍어, 아랍 문화' 등이 옳은 표현이다.

그리고 세계사 교과서 전부가 이슬람 경전을 "쿠란"으로 표기한다(교학사 121~122, 331쪽, 지학사 107쪽, 금성출판사 106쪽 등). 현지어 발음 표기를 원칙으로 하는 교과서 표기법에 따르면 '꾸란'이 맞다.

"알렉산드로스 대왕"(지학사 47쪽, 교학사 58, 70쪽, 금성출판사 60쪽)이란 표현 역시 나오는데, 앞서 지적한 대로 "대왕"이란 표현보다는 '마케도니아의 알렉산드로스 왕'이 적절하다.

(사산 왕조의)"도자기의 기술과 양식은 이슬람과 동아시아에까지 전파되었다."(교학사 59쪽)

도자기 기술과 양식이 이슬람에 전파된 것은 아니다. '이슬람 세계'라고 해야 옳다.

『중학교 사회1』에서처럼 "옴미아드 가문", "옴미아드 왕조"(지학사 105쪽, 교학사 119쪽, 금성출판사 102쪽 등 전 교과서 공통)라는 말이 나오는데, 옴미아드가 아니라 '우마이야'다. "아바스 가문"(금성출판사 104쪽, 지학사 105쪽, 교학사 119쪽 등 전 교과서 공통)도 '압바스'라 해야 하고, "수니 파"(지학사 105쪽, 교학사 134, 200쪽, 금성출판사 104쪽 등 전 교과서 공통)는 '순니Sunni파'가 맞다.

"무와이야는 다마스쿠스에 옴미아드 왕조(661~750)를 열었다."
(교학사 119쪽)

Damascus는 영어식 이름이다. 현지어로는 '샴Sham'이나 '디마쉬키'라고 한다. 영어식 표현을 현지어로 착각하고 그 표기법 원칙을 적용하여 다마스커스가 아닌 다마스쿠스로 읽은 것이다.

"그 후, 셀주크는 예루살렘을 점령하고……."
(지학사 106쪽, 교학사 125쪽)

예루살렘은 오랫동안 이슬람 교도의 수중에 있었기 때문에 "점령"이란 표현은 잘못되었다. '예루살렘 관리권을 차지하고' 혹은 '예루살렘을 접수하고' 등이 적절하다.

"알 아즈할 대학"(지학사 107쪽)은 '알 아즈하르Al-Azhar 대학'이다. 이집트 카이로에 있는 알 아즈하르 대학은 970년경에 세워진 세계 최초의 대학으로 이슬람 세계에서 가장 권위 있는 이슬람학 교육 기관이다.

"메메트 2세는 비잔티움 제국을 멸망시키고(1453), 콘스탄티노플을

점령하여 이스탄불로 개칭하고 수도로 삼았다.”(지학사 182쪽)

터키식 표기로는 ‘메흐메트 2세Mehmet II’다. 그는 오스만 제국의 술탄으로 1453년 콘스탄티노플을 점령하여 비잔틴 제국을 멸망시켰다. 콘스탄티노플의 멸망은 유럽이 중세를 마감하고 근세를 시작하는 역사적 계기가 되었다.

그리고 무굴 제국의 “악바르 황제”(교학사 195, 205쪽), “악바르 대제”(지학사 186쪽)가 나오는데, 악바르는 ‘아크바르Akbar’로 고쳐야 한다. 아크바르는 위대하다는 뜻이다. “‘알라 후 악바르(알라는 위대하다)’라는 구호”(교학사 117쪽)도 ‘알라 후 아크바르라는 구호’가 맞다.

“영국이 제1차 세계 대전 중 터키와의 진생을 유리하게 이끌기 위하여 후세인-맥마흔 협정으로 아랍 인의 독립을 약속하고……”
(지학사 304쪽)

터키공화국 성립 이전의 이야기이므로 “터키”가 아니라 ‘오스만 투르크’라 해야 한다.

“무스타파 케말은…… 술탄 제도를 폐지하고…….”(지학사 304쪽)

터키공화국의 초대 대통령인 무스타파 케말이 폐지한 것은 술탄 제도가 아니라 칼리프 제도다. 칼리프는 정교일치의 통치자로 이슬람 세계에서 최고 권위의 상징이지만, 술탄은 세속 권력의 통치자, 왕에 해당한다.

“이라크는 반영 운동을 통해 독립을 달성하였고(1931)…….”
(지학사 304쪽)

이라크가 독립한 해는 1932년이다.

"716년: 제지술, 유럽 전파"(지학사 353쪽 연표)

유럽에 제지술이 전해진 것은 14세기경이다.

동서 문화의 교류에서 언급되는 실크로드 중 "사막길"(교학사 128쪽, 지학사 114쪽, 금성출판사 110쪽)은 지금 학계에서 '오아시스 길'로 통용된다.

'정복과 진출'이냐 '약탈과 침략'이냐

일반적으로 쓰이는 말 중에서 문맥 안에서는 전혀 어색하지 않은 데도 실제로는 사실과 맞지 않거나 형평성에 어긋나는 것이 있다. 그 말 자체가 어떤 행위나 개념을 옹호하거나 무의식적으로 혹은 교묘하게 폄하하는 의도를 지니는 경우다. 예를 들어 과거에 의도적으로 쓰였던 용어인 '정복'과 '진출'을 무분별하게 반복하는 일이 그것이다. 몰이해의 문제는 정확히 말하면 반드시 특정한 문화권이나 특히 어떤 나라의 역사에 대한 편견에서 비롯되지는 않는다. 편견을 가지고 쓴 말이 아니라고 할지라도 내용 자체보다는 서술된 내용이 결과적으로 받아들여지는 의미 면에서 큰 문제가 될 수 있다. '서양의 정복과 진출' 대 '동양의 약탈과 침략' 구도가 그것이다.

"그리스를 통일한 마케도니아의 필리포스 대왕은 페르시아를 정복할 계획을 세웠으나 암살을 당하고, 그 과업은 맏아들 알렉산드로스 대왕에 의해 이루어졌다. 알렉산드로스 대왕은 그리스 군대를 이끌고 동방 원정을 단행하여 페르시아를 정벌하고 인더스 강 유역까지 진출하였다."(교학사 70쪽, 이하 강조 표시는 필자)

"마케도니아의 알렉산드로스 대왕은 기원전 334년 동방 원정에 나선 지 불과 10년 만에 유럽과 아시아, 아프리카에 걸친 대제국을 세웠다. 그는 동방의 전제 군주제를 받아들여 강력한 군주권을 행사하였으나, 피정복민의 전통과 관습은 존중해 주었다."(금성출판사 60쪽)

"옥타비아누스는 기원전 31년 악티온 해전에서 안토니우스와 클레오파트라의 연합군을 무찌른 후 로마 제국 황제가 되어 제정 로마 시대를 열었다."(교학사 73쪽)

"러시아는 흑해 연안에서 오스만 제국으로 진출하였다. 영국은 지중해와 중앙 아시아 방면에서 세력을 확장하였다."(지학사 276쪽)

"무함마드가 죽은 후 아랍 인들은…… 비잔티움 제국으로부터 시리아와 이집트를 탈취하고 사산 왕조 페르시아를 멸망시켰다."
(교학사 119쪽)

"8세기 중엽 무함마드의 일족인 아바스 가문이…… 옴미아드 왕조를 타도하고 아바스 왕조를 열었다."(교학사 119쪽)

"이슬람 교도의 인도 침입은 8세기 초부터 있었으나, 아프가니스탄의 투르크 족이 11세기 전반부터 인도를 침입하여 각지의 힌두 교와 불교 사원, 신상을 파괴하였다."(교학사 113쪽)

"인도 서북쪽으로부터 이슬람 교도가 침략하여 이슬람계 국가들이 등장하였다."(지학사 97쪽)

"셀주크 투르크는…… 서아시아 일대를 지배하면서 시리아의 비잔티움 제국령을 빼앗아, 십자군 운동을 유발하기도 하였다."(교학사 124쪽)

인도에 세워진 이슬람 왕조의 시발이며 오늘날까지도 강한 영향력을 미치고 있는 인도 이슬람의 성격을 "침략", "파괴"라는 두 단어 외에 문화적으로 설명할 내용이 없었는지?

"(아시리아는) 지나친 무단 통치를 하여 반란이 끊이지 않았다."
(교학사 57쪽)
"(아시리아의) 피지배 민족에 대한 강압적인 통치는 여러 민족의 반란을 초래하였고, 이로 인해 결국 멸망하여……."(지학사 46쪽)

오리엔트를 통일한 아시리아 역사를 표현하는 대목에서 중·고등학교 교과서는 대개 아시리아의 잔혹성을 천편일률적으로 강조하고 이를 패망의 원인으로 든다. 그러고는 아시리아 수도 니네베에 왕립 도서관을 건설하고 학자들을 우대하고 장려하며 지식을 보급하여 니네베는 학문의 중심지가 되었다(교학사 57쪽, 지학사 46쪽)고 언뜻 모순되는 이야기를 한 교과서에 담았다.

서구 강대국들의 무력 점령은 '진출'이라 하고 비서구권이 그렇게 하면 '침략'으로 차별한 경우가 수없이 많다. 서구 중심적인 관점에서 보면 식민지를 건설하는 일은 세계사에 대체로 긍정적인 영향을 미치는 발전적인 사건이었다. 아프리카를 외부 세계에 알린 것이 그러한 주장의 근거로 제시되었다. '잠자는 야만'을 깨우쳐 근대화를 도모하고, 문맹에서 글자를 익히게 하고, 전통적인 삶에서 탈피하여 높은 생산성을 담보하는 기계화 과정을 이식하며, 원시 토착 종교에서 '고등' 종교로 개종시킨 일 등도 그 근거가 된다. 또한 식민지화 과정의 원인을 마치 피지배 국가가 제공한 것처럼 설명한다. 교과서의 내용만 보면 기독교의 전파는 항상 '자연스러운' 것이었고 상대적으로 이슬람교의 전파는 '강제에 의한', 정치적이고 군사적인 성질이었다는 선입견이 형성된다. 교과서의 오류 대부분은 특별한 의도 없이, 정보 부족에 기인한 것이지만, 표현을 선택하는 문제에서는 의도를 깔고 있는 경우도 종종 발견된다.

마지막으로, 팔레스타인과 중동 문제를 다룬 연표(금성출판사 280쪽[1])에 중동 분쟁의 핵심이고 가장 중요한 사건인 1967년 제3차 중동 전쟁이 빠져 있다.

1 『고등학교 세계사』(금성출판사 280쪽)

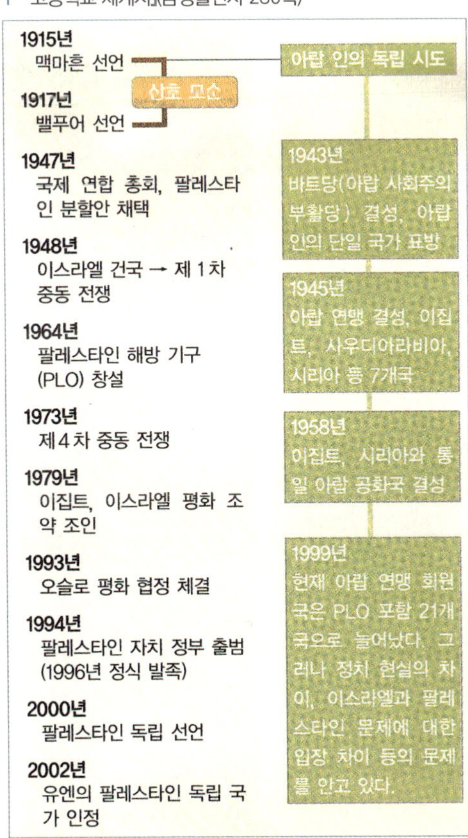

맺음말

7차 교과 개정에서 새로 개편된 『중학교 사회1』 교과서는 우선 편집과 판형, 구성 등에 놀라운 변화를 보였다. 학습 효과의 효율성을 높이고자 다양한 학습 기법과 자료 사용, 인터넷 시대의 교육 매체 활용, 깨끗하고 풍부한 사진 자료와 삽화 등으로 외형의 획기적인 발전을 이룩했다. 그러나 내용 면에서는 오히려 6차 때의 1종 사회 교과서가 갖춘 수준과 정확도에 훨씬 미치지 못하는 불량품이 양산되었다. 『고등학교 세계사』 교과서에서도 많은 문제점이 있음이 드러났다. 우리 중·고등학교 교과서에 기술된 제3세계 문화와 역사에 대한 인식은 상당 부분 왜곡되어 있고, 심지어 본질을 뒤엎는 표현과 편집으로 심각한 외교 분쟁을 야기할 내용까지 담고 있다는 사실을 지적하고 싶다.

이러한 현상의 원인은 첫째, 우리가 이슬람권을 우리의 입장에서 객관적으로 들여다보지 못하고 이슬람권에 가장 적대적인 서구의 자료와 견해를 대부분 수용하여 교과서에 반영했기 때문이고, 둘째 특히 중학교 교과서의 경우 종전 국정 교과서 체계이던 1종에서 자유 집필 후 검정 단계를 거치는 2종 체계로 전환함으로써 8~10종의 서로 다른 교과서가 발행되어 집필자의 성향이나 채택한 참고 자료의 편중에 따라 내용이 왜곡되었기 때문이며, 셋째 교과서 채택 심사 과정에서 전문가에게 충분한 검정을 받지 못함으로써 치명적인 결함들이 간과되었기 때문이다.

이슬람 문화와 이슬람권에 대한 내용 중 우선적으로 문제될 소지가 많은 것은 다음과 같다.

첫째, 『중학교 사회』 일부와 『고등학교 세계사』 편에 난무하는 "알라 신"이라는 용어다. 대부분 같은 책에서 "알라"와 "알라 신"이 혼용되는 점으로 미루어, 알라를 다신교적 개념으로 알았다기보다는 과거의 익숙한 표현을 답습한 것으로 보인다.

7차 교과과정에서 개편된『중학교 사회1』교과서 중 상당수에 무함마드의 초상이 일제히 재등장한 것도 놀라운 사실이다. 이 점은 이미 6차 교과서(1995년 판 교과서) 집필 과정에서 충분히 논의했고, 이슬람에 대한 모독을 의미할 뿐 아니라 외교적인 시비가 생길 우려가 있는 사진을 굳이 교과서에 실을 필요가 없다는 이유로 전면 삭제되었던 바가 있었기 때문에 더욱 충격적이다. 그 과정을 구체적으로 알지 못하나, 특별한 의도가 있어 보이지는 않는다. 다만 전문적 식견을 갖추지 못한 탓으로 보아야 할 것 같다.

한 교과서에서 같은 지역을 서로 다른 이름으로 표기하는 문제는 반드시 바로잡혀야 한다. '페르시아 만'이냐 '아라비아 만'이냐 하는 문제는 아랍과 이란 사이의 미묘하고 민감한 상황을 충분히 고려해야 하겠지만, 한 교과서에서 중동–아랍 지역을 지리 편에서는 '서남아시아'로, 역사 편에서는 '서아시아'로 혼용하는 것은 무슨 이유인가? 이미 일선 교사들과 학생들을 헷갈리게 하는 일이라고 여러 번 지적되어왔으나, 아직도 학자들의 자기 분야 중심주의와 이기주의 때문에 이 문제가 매듭지어지지 못하고 고스란히 학생들의 혼란으로 연결된다는 점이 안타깝다.

그 밖에도 본문에 기술했듯 지엽적인 오류와 왜곡이 수없이 발견된다. 특히 이슬람의 종교 의례와 문화를 설명하는 부분은, 현지 경험이 부족하고 의례를 제대로 보지도 못한 채 기술했기에 상식적이고 초보적인 사실조차 이해하기 어렵게 모호하게 묘사하거나 본질과 다른 설명을 붙이곤 한다. 예배를 하루 다섯 번 반드시 모스크에 가서 보아야 한다고 주장한다든지, 예배할 때 엎드려 손을 위로 높이 치켜드는 사진을 싣는다든지(본래 엎드린 자세에서는 두 손을 바닥에 대고 이마와 코를 땅에 닿도록 예배를 드린다), 성지 순례를 부정확하게 묘사한 것 등이 대표적이다.

다만 과거 천편일률적으로 동원되던 이슬람의 '호전성'과 "한 손에 칼, 한 손에 코란"이란 표현은 완전히 자취를 감추었다. 대부분의 교과서가 이슬람의 평화적인 전파, 공납 감면을 통한 전파, 타 문화와 타 종교에 대한 관용성을 강조한다. 나아가 아직도 기성세대와 일부 언론에서 이슬람교와 이슬람 교도를 가리킬 때 즐겨 사용하는 '회교', '회회교', '회교도'라는 용어('회회인'은 위구르인을 가리킨다)는 교과서에서 이슬람교, 이슬람 교도 등으로 바뀌어 통일되었다.

또한 유럽 세계와 이슬람 세계가 충돌·접촉한 역사적 사건들을 설명할 때 종래의 천편일률적 서술을 버리고 상당히 균형 잡힌 시각을 취하여 진일보한 발전을 이룬 것은 긍정적으로 평가할 수 있겠다. 십자군 전쟁에 대한 재평가, 팔레스타인 분쟁의 역사적 뿌리가 소개된 점 등이 그러하다.

우리가 지금 바로 교과서의 타문화 왜곡과 오류를 수정하고 재집필 작업에 착수하면, 앞으로 예상되는 이슬람권의 수정 요구나 외교적 항의를 맞아 충분한 명분과 의지를 보여줄 수 있고, 일본의 역사 왜곡에도 더 떳떳하게 대응할 수 있을 것이다.

아프리카에 대한 한국인의 상상과 재현

아프리카　　한건수

아프리카의 역사성

아프리카는 지질학적으로 가장 오래된 대륙이며 인류가 출현한 요람이다. 아프리카를 인류의 요람으로 보는 이유는 첫째, 동아프리카 탄자니아의 올두바이 계곡에서 발굴된 화석 인골이 가장 오래된 것으로 판정되었기 때문이다. 화석이 발굴된 지층의 연대도 오래되었을 뿐만 아니라, 화석 인골 자체의 연대를 화산 연대 측정 방법이나 방사성 탄소 연대 측정과 같은 다양한 방법으로 측정해보니 이 지역에서 발굴된 화석 인골이 이제까지 발굴된 것 중 가장 오래된 것으로 밝혀졌다. 둘째, 미토콘드리아 염색체 분석 결과도 아프리카가 인류의 요람임을 알려준다. 다양한 지역에 살고 있는 여러 민족 여성들에게서 추출한 미토콘드리아 염색체를 분석해보니 아프리카 지역의 여성들이 갖고 있는 미토콘드리아 염색체에 가장 많은 변화가 있다는 것이다.[1] 이것은 아프리카 지역의 여성들이 가장 오래 유전되어온 미토콘드리아 염색체를 갖고 있음을 증명한다. 학자들은 이러한 사실을 통해 현생 인류의 조상이 아프리카에 살았던 것으로 추정하며 이 조상을 '아프리카의 이브'라 부른다.

아프리카는 문명의 기원지로도 잘 알려져 있다. 이집트 사람들은 나일 강이 홍수로 범람하면서 만들어낸 비옥한 땅에 찬란한 문명을 꽃피웠다. 이집트 문명을 만들어낸 사람들은 유럽 문명의 성장에도 크게 기여했다. 이집트 왕국을 위시한 북아프리카 지역은 지중해를 중심으로 전개된 역사 발전에 중요한 역할을 맡았다. 유럽 고대사의 중심인 고대 그리스나 로마 제국의 역사에 북아프리카는 늘 주요 무대로 등장했다. 알렉산드로스와 로마의 영웅적 황제를 이야기할 때 이집트는 늘 제국의 영토에 함께 포함되었다. 오늘날 마그레브Maghreb[2] 라 불리는 튀니지, 알제리 북부 지역은 로마 제국에 식량을 공급하는 곡창 지대로 제국이 번영할 수 있는 물질적 토대를 제공했다. 그런가 하면 알프스를 넘어 로마를 침공했던 카르타고의 한니발 장군도 북아프리카를 역사의 공간으로 불러낸다.

유럽 역사에서 북아프리카는 무게 있는 역할을 담당했다. 그런데 중세를 거쳐 근대로 오면서 북아프리카는 역사 서술에서 제외되어갔다. 근대의 역사 서술에서 아프리카는 다만 유럽의 발전을 설명하는 조연으로서 잠시 등장했다 사라질 뿐이다. 이집트를 비롯한 고대 북아프리카의 역사는 독자적인 역사가 아닌 유럽 역사의 일부로 기억되거나 오리엔트의 역사로 서술되고 아프리카와는 단절된다. 아프리카는 세계사의 무대에서 어떤 역할도, 어떤 지위도 없이 '역사 없는 곳', '암흑'으로 남겨졌다. 사람들은 아프리카를 '미지의 땅'이라 하며 자신이 상상하고 싶은 대로 아프리카를 상상했다. 아프리카는 유럽 사람들의 상상에 따라 이런저런 모습으로 변질되었다.

1 미토콘드리아는 핵 바깥에 위치하므로 난자의 세포질을 따라 모계를 통해 유전되는 세포 소기관이다. 엽록체와 마찬가지로 그 자체의 DNA를 갖고 있어 이를 추출, 증폭하여 분석할 수 있다. DNA 서열 중 돌연변이가 자주 일어나는 부위를 비교하여 동일한 정도가 클수록 조상이 같다고 판단한다. 오래된 미토콘드리아 염색체일수록 후손에게 유전되면서 변화할 가능성이 높다.
2 아랍어로 '동방(마쉬리크Mashriq)'에 대하여 '서방(西方: 땅의 끝)'을 뜻하는 말로, 원래는 현재의 모로코, 알제리, 튀니지에서 아틀라스 산맥과 지중해 사이 지역을 가리켰다. 오늘날에는 의미가 확대되어 모로코, 알제리, 튀니지 전역을 말한다.

아프리카의 발명 : 상상된 공간, 타자로서의 재현

유럽인 머릿속의 아프리카는 '꿈같은 풍경이 펼쳐지는 대륙'인 동시에 무시무시하고 초자연적인 환상이 들끓는 곳이었다. 1350년경 세계지도 전문 작가인 베네딕투스회의 수도사 라눌프 히그덴Ranulph Higden은 아프리카에 다리로 머리를 감쌀 수 있는 외눈박이 사람이 산다고 주장했다. 100여 년 후에는 아프리카에 사자 머리가 셋 달린 외다리 사람들이 산다는 주장이 나왔다. 1459년, 역시 베네딕투스회 수도사이자 지도 작가인 이탈리아인 프라 마우로Fra Mauro는 아예, 아프리카에는 코끼리를 잡아채 하늘로 날아오르는 거대한 괴조가 산다고 했다.[1] 14~15세기 유럽의 지식인에게 아프리카는 현실에 존재하지 않는 온갖 상상이 펼쳐지는 무대였다.

그런가 하면 아프리카는 기독교의 새로운 전설이 생겨나는 곳이었다. 중세부터 전해져 오는 '사제왕 요한Prester John 전설'에 따르면 아프리카 내륙에는 광대한 기독교 제국이 있는데 그곳의 통치자는 요한이다. 그는 수많은 왕들을 거느리고서 반인반수半人半獸인 거인들과 교류한다고 한다. 그는 절대적인 권력을 행사하면서도 유럽의 왕들과 동맹 맺기를 간절히 바란다는 것이 전설의 주된 내용이었다. 또한 전설은 사제왕 요한의 나라가 상상할 수 없을 만큼 풍요로운 곳임을 강조한다. 그의 궁전은 투명한 수정과 보석으로 치장되어 있다고 알려졌다. 유럽의 탐험가들은 풍요의 땅이자 황금의 땅인 '사제왕 요한의 제국'에 가기만 하면 황금의 축복을 받을 수 있다는 꿈을 꾸었다.[2]

유럽인들의 이러한 상상은 12세기 유럽이 처한 지정학적 처지에서 생겨난 것이다. 이 시기 동방에서는 몽골이 세계적인 제국으로 성장하고 있었고, 아라비아 반도에서는 이슬람이 세력을 이루어 영토를 확장하며 유럽을 위협하고 있었다. 유럽을 위협하는 세력들이 커지자 자신들의 어려움을 해결해줄 누군가를 열망하게 된 유럽인은 사제왕 요한의 전설로 불안한 마음을 달랜 것이다. 사제왕 요한의 전설은 날로 확산되어 14세기 유럽인들은 당시 아비시니아, 곧 오늘날의 에티오피아를 사제왕 요한의 왕국이라 상상하기도 했다.[3] 에티오피아가 사제왕 요한의 나라로 알려지게 된 것은 에티오피아를 배경으로 한 '솔로몬과 시바 여왕의 전설'[4]에서 힘을 얻은 것이었다.

유럽인들을 사로잡았던 사제왕 요한 전설의 핵심은 자신의 한계를 완전하게 극복할 수 있는 "타자에 대한 욕망"[5]으로 설명된다. 유럽은 스스로의 정체성을 만들어가면서 불안한 현실을 부정하고 자신들이 바라는 스스로의 모습, 즉 완벽한 유럽의 모습을 구현하는 가상의 존재를 찾았으며, 이러한 타자를 찾아 아프리카로 탐험을 나서기도 한 것이다.[6]

지중해를 사이에 두고 북아프리카와 밀접하게 접촉해왔던 유럽인이 아프리카에 대해 이처럼 비현실적인 상상을 즐길 수 있었던 것은 그들이 이슬람 세력이라는 지정학적 장벽과 사하라 사막이라는 물리적

---

1 아담 호크쉴드 지음, 이종인 옮김, 『레오폴드왕의 유령: 아프리카의 비극, 제국주의의 탐욕 그리고 저항에 관한 이야기』, 서울: 무우수, 16쪽, 2003.

2 아담 호크쉴드, 앞의 책, 17~18쪽.

3 14세기의 여러 지도에는 요한의 비밀스러운 거처가 표시되기도 했는데 그 지역은 에티오피아, 인도 등이었다. 제러미 블랙 지음, 김요한 옮김, 『세계 지도의 역사』, 지식의숲, 2006.

4 구약성서에 따르면 "세바라는 곳에 여왕이 있었는데 솔로몬의 명성을 듣고는 그를 시험해 보려고 아주 어려운 문제를 준비하여 방문 온 일이 있었다." "세바의 여왕은 솔로몬이 모든 지혜를 갖추고 있는 것을 알고", "금 백이십 달란트와 많은 향료와 보석을 솔로몬 왕에게 선물하였다." "솔로몬 왕은 세바의 여왕에게 선물받은 것만큼 많은 향료는 두 번 다시 받아 보지 못하였다."(『열왕기상』 10장, 『공동번역 성서』) 나아가 사람들은 에티오피아 지역까지 다스렸던 세바의 여왕이 솔로몬과 동침하여 낳은 아이로부터 에티오피아 민족이 시작되었다고 믿으며 이 전설을 노래, 그림, 이야기로 재현했다. 현대에 이르러서도 영화 〈솔로몬과 시바〉(킹 비더 감독, 1959년), BBC 다큐멘터리 〈신화와 영웅을 찾아서〉 등 아프리카 전설의 재현은 계속된다.

5 Christopher L. Miller, *Blank Darkness*, Chicago: University of Chicago Press, 1985, p. 59.

6 John Sorenson, *Imagining Ethiopia: Struggles for History and Identity in the Horn of Africa*, New Brunswick, NJ: Rutgers University Press, 1993, pp. 23~24.

장벽을 넘지 못했기 때문이다. 애초 지중해 연안의 북아프리카는 그리스와 로마 제국 이래 유럽의 역사와 함께했던 지역이었으나 11세기부터는 이슬람 세력의 영토로 귀속되어 점차 유럽과 단절되었다. 이슬람에 가로막힌 유럽인은 이제 인도로 가는 새로운 뱃길을 찾아야 했다. 유럽인들은 마침내 15세기에 아프리카 남쪽에 도착하여 그곳을 '희망봉'이라고 이름 짓고, 이어 아프리카 대륙의 해안을 따라 돌아 인도로 가는 항로를 개척했다. 이들은 아프리카 해안 곳곳에 식량과 물을 공급할 수 있는 요새를 쌓기도 하고 해안에 거주하는 아프리카인과 간간이 교역도 했지만 해안 너머 내륙까지는 들어가지 못했다. 내륙의 광활한 아프리카는 여전히 '미지의 땅'이었다.

19세기가 되자 리빙스턴David Livingstone이나 스탠리Henry M. Stanley 같은 탐험가들이 내륙의 아프리카를 '발견'하기 시작했고 유럽인은 본격적으로 내륙 지역에 식민 지배 체계를 세워나갔다. 이들의 탐험으로 유럽인은 대륙 내부의 사정을 조금씩 알게 되었다. 탐험가들의 편견과 제한된 경험 탓에 여전히 왜곡되어 전해지는 것이 많았지만, 이제 아프리카가 외다리 인간이나 하늘을 나는 괴조가 사는 땅이라는 식으로 상상되지는 않았다. 아프리카는 또 다른 모습으로 상상되기 시작했다.

식민 지배에 참여한 일부 유럽인들은 자신들의 기준으로 아프리카의 기술문명과 생활환경을 판단했다. 그들에게 아프리카는 원시와 미개의 땅이었다. 이러한 인식은 아프리카인에 대한 멸시로 이어지거나, 반대로 발달한 기술문명을 갖고 있는 백인이 아프리카인의 삶을 개선해주어야 한다는 '백인의 의무'[1] 감으로 나아갔다. 아프리카에서 가장 폭압적으로 식민 지배를 실천한 벨기에의 레오폴드 2세는 "아직 문명의 혜택이 미치지 않은 (아프리카를) 문명화하고, 전 주민의 눈을 어둡게 하는 암흑을 헤쳐내는 것"이야말로 "진보의 세기에 가치 있는 십자군 운동"[2] 이라며 아프리카에 식민지를 확보하고자 하는 오랜 열망을 '백인의 의무'로 위장했다.

'좋은 뜻'으로 아프리카인의 삶을 개선하려 한 이들도 결과적으로 아프리카에 대한 식민 지배를 합리화하는 데 기여했다. 특히 기독교 선교사들은 불쌍한 아프리카인의 영혼을 구원한다며 자신의 삶을 바쳤으나 식민 지배 자체를 문제로 삼지는 못했다. 다만 기독교를 전파하여 영혼을 구원하고 미개한 아프리카인을 '개화'시킴으로써 그들의 삶을 도울 수 있을 것이라고 여겼을 뿐이다. 이 과정에서 아프리카는 '가난하고 문명이 낙후된 땅'으로 특징지어졌다. 괴조와 외눈박이 거인이 사는 곳이었던 아프리카가 이제는 '가난과 질병'이 들끓는 원시와 미개의 땅으로 확대 재생산되기 시작했다.[3]

20세기에 아프리카는 영상 매체를 동해 밀림과 초원 그리고 그곳에서 뛰노는 야생동물의 천국으로 알려졌다. 1914년에 시작된 버로스의 연작 소설 『유인원 타잔』은 이후 100편 가까이 영화로 만들어지며 역사상 가장 대중적인 캐릭터가 되었다. 그 과정에서 아프리카는 '백인' 주인공 타잔이 다스리는 밀림과 동물의 세계로 고착되었다.[4] 그러나 텔레비전 시리즈 〈타잔〉에 등장하는 밀림은 아프리카가 아니라 멕시코에서 촬영한 것이다.[1] 〈내셔널지오그래픽〉이나 〈디스커버리〉가 보여주는 자연

---

1 아프리카의 '문제'를 해결하는 것이야말로 풍요로운 문명을 이룩한 백인의 사명이라고 생각하는 것을 말한다. 이러한 사명 의식은 유럽의 아프리카 식민 통치를 합리화하는 동시에 아프리카의 미개함과 낙후된 면을 강조하여 문명 사회란 곧 백인 사회임을 확인하고 정의하는 구실을 한다. 레나토 로살도 지음, 권숙인 옮김, 『문화와 진리』, 서울: 아카넷, 2000, 127쪽.

2 아담 호크쉴드, 앞의 책, 66쪽.

3 한건수, 「한국사회와 아프리카 문화의 상상과 소비」, 문옥표 외, 『우리 안의 외국문화: 관광과 음식을 통해 본 문화소비』, 서울: 소화, 2006, 119쪽.

4 유네스코 아시아·태평양 국제이해교육원 편, 『함께 사는 세상 만들기: 고등학생을 위한 국제이해교육 교과서』, 서울: 일조각, 2004.

다큐멘터리들은 아프리카의 초원과 동물의 세계를 감동적인 장면으로 연출한다. 시청자들에게는 아프리카에 살고 있는 사람들보다 그곳에 서식하는 동물이 더 중요한 상징으로 인식되기도 한다. 멸종 위기에 처한 동물을 살려야 한다는 국제사회의 운동은 이들 동물을 보호하는 데 막대한 지원을 끌어냈다. 그 결과 동물을 밀렵하는 불법 사냥꾼들을 단속하면서 주변에서 굶주리는 아프리카인들의 생존은 부차적인 문제로 치부된다.

온갖 동물들이 자유롭게 뛰노는 아프리카는, 다른 한편으로 아프리카의 이미지를 '생명의 근원'으로 만들었다.[2] 아프리카를 생명의 근원으로 재현하는 담론은 기괴한 상상에 비해서는 긍정적인 시선을 취하지만, 이 역시 아프리카에 대한 일방적인 상상일 뿐이라는 점에서는 이전과 큰 차이가 없다. 아프리카는 여전히 그곳의 자연환경이나 실제 아프리카인이 사는 모습과는 상관없이 타자의 시선이 만들어낸, 추상화된 공간이다.

그런가 하면 1990년대 이후 후천성면역결핍증AIDS 등 치명적인 질병이 급속히 확산되며 전 세계에 심각한 문제로 인식되기 시작하자 이번에는 아프리카가 가난과 질병이 가득한 공간으로 그려지기 시작했다. 이에 더해 지구 반대편에서 원인을 제공한 환경오염과 그에 따른 지구 온난화의 파괴적인 영향으로 아프리카 지역에 가뭄 등 자연재해와 기근이 이어졌고 난민이 넘쳐났다. 식민 지배 체제의 후유증으로 정치가 제자리를 찾지 못한 탓에 내전이 빈번하게 일어나 정치적 난민의 수도 늘어갔다. '상상된 공간'으로 재현되어온 아프리카의 모습은 한층 더 일그러질 수밖에 없었다.

아프리카는 그 실제 모습도, 인류 역사에서 담당한 역할도 무시되고 간과된 채 다만 상상된 갖가지 모습으로 표현되고 있다. 그리고 오늘날 한국사회는 이러한 오류를 제대로 간파하여 여과하지 못하고 일그러진 아프리카의 모습을 우리의 의식에 그대로 받아들이고 있다.

우리가 아는 아프리카

한국사회에서 아프리카는 다양한 이미지로 각인되어왔다. 해외 여행이 자유롭지 않았던 시절, 아프리카는 다큐멘터리나 작가의 상상으로 그려진 드라마, 만화, 소설 등을 통해 소개되었다. 한국인이 떠올리는 아프리카의 모습은 대부분 영화 〈타잔〉이나 다큐멘터리 〈동물의 왕국〉 같은 대중적인 영상물에 기초한다. 아프리카에 대한 한국사회의 문화적 상상력은 '드넓은 초원과 지유로운 동물의 세계'에서 벗어나지 못한다. 『아프리카에서 문명과 잠시 작별하다』(김귀욱, 랜덤하우스코리아, 2005), 『아프리카 초원학교』(구혜경, 한겨레출판사, 2007) 같은 기행문 제목이나 『아프리카 초원학교』의 뒤표지에 있는 "만약 모든 것을 소진했다고 느낄 때, 그대, 아프리카로 가야 하리. 인류의 마지막 '로망' 아프리카에서 다시 찾은 나의 꿈, 나의 철학" 같은 홍보 문구는 책의 내용과 상관없이 아프리카를 꿈꾸는 한국인의 정서를 반영한다.

한국문학에 등장하는 아프리카는 주로 '드넓은 초원을 뛰노는 동물들의 자유'와 '자연 생태계의 섭리가 작동하는 생명의 근원'으로 표현된다. 문학 작품에 등장하는 아프리카는 아프리카인이 살아가는 실제 '삶의 현장'이 아니라 한국인이 꿈꾸는 '상상의 공간'이다. 유럽인들이 사제

1 아프리카와 타잔의 연상에 대한 비판은 한건수, 「한국사회와 아프리카 문화의 상상과 소비」, 앞의 책과 유네스코 아시아·태평양 국제이해교육원 편, 앞의 책, 38~40쪽을 참조.
2 한건수, 「한국사회와 아프리카 문화의 상상과 소비」, 앞의 책, 118~119쪽.

왕 요한의 전설을 믿었던 것처럼 한국인들은 삶의 고통과 무의미함을 벗어나게 해줄 공간으로 아프리카를 상상한다. 도시의 치열한 생존 경쟁에 지친 회사원들이 퇴근길 포장마차에서 소주를 넘기며 꿈꾸는 '드넓은 초원의 자유로운 공간'이다. "드넓은 풀밭 위에 온갖 초식 육식 동물들이 모여 사는 곳"으로 "무리지어 노니는 기린과 하마들, 나무를 뿌리째 뽑아 질질 끌고 다니는 코끼리, 놀란 듯 초원을 껑충거리며 뛰어가는 톰슨 가젤, 호수를 덮어버린 이백만 마리 홍학의 황홀한 군무"가 펼쳐지는 곳이다.[1] 같은 작가의 다른 글에서도 아프리카인의 모습은 늘 "들판을 숨차게 쏘다니는" 자유로운 인간[2]으로 묘사된다.[3]

자유로운 초원의 이미지는 원시적 생명력과 함께 겹쳐지며 삶에 대한 막연한 희망으로 연결되기도 한다. 치열했던 학생운동의 좌절 속에 방황하는 젊은이가 무작정 새로운 삶의 의미를 찾아 떠나는 곳으로 아프리카가 제시된다.[4] 한국문학에 등장하는 이러한 관념은 아프리카나 아프리카 사람들의 실제 삶과는 상관없이 도시문명과 물질문명에 지친 영혼의 안식처이거나 막연한 희망으로 발명되는 것이다.[5]

아프리카가 중심 소재, 주요한 공간으로 사용된 영화나 드라마는 찾기 어려운 반면 극 중 이야기 전개와 상관없이 등장하는 경우는 많다. 이때 아프리카는 실체 없는 추상적 공간으로 재현된다. 성공을 위한 경쟁과 물질 만능 세태에 찌든 영화 속 주인공들이 스스로의 삶을 반성하며 새로운 가치관을 받아들인다는 이야기 구성에서 극적인 전환의 계기로 동원되는 것이 아프리카다. 이현승 감독의 1995년 작 〈네온 속으로 노을지다〉에서 자본주의 사회의 소비 욕망을 자극하는 것을 업으로 삼는 광고회사 직원들은 르완다 난민들이 거주하는 난민촌을 짧게 방문한 뒤 이제껏 자신들이 작업한 모든 광고를 부정한다. 난민촌을 담은 비극적인 영상은 광고주나 다른 광고업계 전문가들의 비판을 제압하며 감독

의 뜻을 전달한다.[6]

대중문화에서 아프리카에 대한 희화화는 '오래된 전통'에 가깝다. 온몸에 검은 칠을 하거나 몸에 달라붙는 검은 옷을 입고 마른 풀로 하체를 가린 채 알아들을 수 없는 괴성을 질러댄다든가 원을 이루어 춤을 춘다든가 하여 보는 이를 웃기는 인간 소재가 아프리카인이다. KBS 코미디 프로그램 〈개그 콘서트〉에서 1999~2000년 방영된 인기 코너 '사바나의 아침'은 "빰빠야"라는 무의미한 소리를 질러대며 기이한 동작을 연기하는 아프리카 추장을 소재로 했다. 아프리카인을 무지하고 미개한 사람들로 묘사함으로써 사람들을 웃게 만드는 것이다. 이 코너를 기획한 코미디언은 어렸을 때 본 〈동물의 왕국〉에서 영감을 받았다고 한다.[7]

아프리카에 대한 이런 부정적인 정형화는 한국사회 일반에 넘쳐난다. 한국사회에서 생각하는 아프리카는 문명이 없는 '미개'의 상징이자 가장 낙후된 지역이다. 2002년 한·일 월드컵대회 기간에 방송된 한 공익 광고는 한국의 발달된 정보통신 기술을 홍보하고자 세계 각국의 선수들이 고국으로 국제전화를 걸며 즐거워하는 장면을 방영했다. 다른 선수들은 최신 휴대전화를 사용하는 데 비해 아프리카 출신 선수들은 구형 다이얼식 전화기를 들고 웃는 영상이 선택되었다. 아프리카는 미개한 곳이기 때문일까? 이러한 편견은 국회의 대정부 질문에서도 나타난다. 국

1 김소진, 「눈사람 속의 검은 항아리」, 서울: 도서출판 강, 1997, 361쪽.
2 김소진, 「달개비꽃」, 『자전거 도둑』, 서울: 도서출판 강, 1996.
3 한건수, 「아프리카 문화와 국제이해교육」, 『국제이해교육』 제5집, 2001, 117~118쪽.
4 박일문, 「살아남은 자의 슬픔」, 서울: 민음사, 1992. 1980년대 학생운동을 소재로 한 회고담 문학 작품. 작가는 소설의 말미에 수록된 작가의 말에서 "아프리카는 인류의 마지막 희망인지도 모르겠다"는 말을 남기고 아프리카로 떠난 주인공의 근황을 소개한다.
5 한건수, 「아프리카 문화와 국제이해교육」, 앞의 책. 한건수, 「한국사회와 아프리카 문화의 상상과 소비」, 앞의 책, 122~123쪽.
6 한건수, 「아프리카 문화와 국제이해교육」, 앞의 책. Han, Geon-Soo, "African Migrant Workers' Views of Korean People and Culture", *Korea Journal* 43, 1, 2003.
7 Han, Geon-Soo, 앞 글, p. 160.

회의원이 정부를 질타하면서 "우리가 아프리카의 미개국이냐?"는 표현을 거리낌 없이 사용하기도 한다.[1]

최근 한국경제가 성장함에 따라 시민사회에 국제사회 구성원이라는 의무와 책임 의식이 뚜렷해지고 해외 원조와 봉사에 대한 관심도 늘고 있다. 종교계에서도 난민 원조와 구호를 통한 선교 활동이 활발해지는 추세다. 정부 차원에서는 한국국제협력단KOICA을 통해 해외 원조 사업을 활성화하고 있다. 특히 2006년 대통령이 아프리카를 방문하고 '아프리카 개발을 위한 한국의 이니셔티브' 정책을 발표하면서 아프리카에 대한 정부 차원의 관심이 공식화되고 있다. 2006년에는 한·아프리카 포럼을 개최했으며 2007년에는 한·아프리카 경제협력기구도 창설했다.

그러나 이러한 관심들마저 아프리카에 대한 한국사회의 틀에 박힌 상상력 때문에 제대로 평가받지 못한다는 문제가 있다. 2006년, 한국 대통령이 26년 만에 아프리카를 방문하여 펼친 대 아프리카 정상 외교는 한국정부의 아프리카에 대한 장기 비전 발표로 이어지는 등 의미 있는 전기였으나, 아프리카에 대한 한국사회의 인식까지 바꿔내지는 못했다. 오히려 국내 언론은 나이지리아 방문에 관한 보도에서 한국사회에 자리 잡은 오래된 편견을 다시 한 번 드러냈다. 나이지리아는 아프리카 최대 산유국이며 인구 1억 3000만 명이 넘는 아프리카의 강대국이다. 그런데도 한국과 나이지리아 정상 외교를 전하는 기사에 수행원들과 기자단이 생존 용품으로 '생수병과 햇반, 모기향'을 배급받았다는 열악한 체험담이 보도되었다. 나이지리아 수도의 최고급 호텔에 머무는 수행원과 기자단이 어려움을 겪었다는 이야기는 아프리카에 대한 기존의 왜곡된 인식에 부합했기에 시민들의 관심을 끌었다.

국내 언론도 시민사회도 모처럼의 정상 외교를 통해 얻을 수 있는 그 나라 특유의 역사적 경험과 교훈에는 눈을 감았다. 1960년 영국으로부터 독립한 후 나이지리아 정치가들은 자신들의 고유한 민족 정체성이나 지역 정체성으로 지지를 받으려 하거나 지역과 민족의 이익을 대변하려는 '정체성의 정치'를 타파하고자 고심했다. 이러한 노력이 한국정치에는 아무런 상관이나 의미가 없어 보였는지도 모른다. 그러나 지역과 민족 집단 간의 지속적인 경쟁을 해결하고 지역 간 경제적 격차와 불균형 발전을 해소하고자 국토 정중앙에 새로운 수도를 건설, 이전한 나이지리아의 경험마저 무시되었다. 지역 균형 발전을 도모하고자 수도 이전을 추진하다 실패한 후 행정중심복합도시를 건설하게 된 한국사회에 '미개한 나이지리아'의 경험은 참조할 만한 정책적 대안이 되지 못했던 것이다. 단지 '비상용 한국음식'에 의존하며 현지의 열악한 상황을 견뎌낸 수행단과 기자단의 고행이 있었을 뿐이다.

나이지리아의 서민들이 자신들의 어려운 삶을 자조적으로 빗대는 '이것이 나이지리아야!'라는 표현을, 공식 방문단의 고충을 소개하는 기사 제목으로 사용하는 무례를 범하기도 했다. 대통령의 방문을 수행하며 공보 업무를 지원했던 한 수행원은 방문 후 어려운 환경에서 국익을 위해 헌신한 방문단의 노고를 소개하며 '이것이 나이지리아야'라는 현지인의 표현을 인용하여 국정브리핑에 글을 올렸다. 연합뉴스가 이 글을 소개하자 다른 언론들도 "정말 힘든 곳…… This is Nigeria"라는 이 기사를 전재하여 나이지리아 공무원과 현지의 열악한 사정, 방문단에게 제공된 '서바이벌 키트'가 세간의 화제가 되었다. "모기에 물려 말라리아에라도 걸릴까 우려해 긴팔 옷을 입고 에어컨도 안 되는 좁고 컴컴한 화장실에 앉아 있는 모습을 상상해 보십시오"라는 친절한 설명은 요즘 말라리

---

1 한 국회의원은 정부가 언론을 탄압한다고 비판하면서 "정부가 언론 검열을 하려는 걸 보면, 마치 대한민국을 아프리카의 어느 미개국쯤으로 아는가 보다"라고 발언했다(조선일보 1999. 10. 4.). 한건수, 「아프리카 문화와 국제이해교육」, 앞의 책. Han, Geon-Soo, 앞 글.

아 위험 지역으로 알려진 강원도의 비무장지대 접경 지역의 모습과 얼마나 다른지 궁금하다. 비무장지대 접경의 농촌 마을을 답사한 외신 기자가 이것이 한국의 현실이라고 보도한다면 국내 언론이나 시민사회의 반응은 어땠을지 궁금하다. 이런 식의 보도야말로 아프리카에 대한 한국사회의 인식 수준을 보여준다.[1]

우리 교과서가 왜곡한 아프리카

아프리카에 대한 한국사회의 편견과 오리엔탈리즘[2]은 한국의 교육에 그대로 반영되고 있다. 현재 중·고등학교 교과과정에서 아프리카를 다루는 과목은 『중학교 사회1』, 『중학교 사회2』, 『고등학교 세계사』, 『고등학교 세계지리』다. 『중학교 사회1』, 『중학교 사회2』 과정은 지리, 역사, 사회문화, 정치, 경제, 법을 모두 포함하는데, 이 중 지리와 역사의 비중이 높다. 고등학교 과정에서는 각 교과가 세분된다. 중·고등 과정의 각 교과목 교과서들은 정해진 교과과정의 틀과 교재 집필 요강에 따라 집필되었기 때문에 전체 목차나 장절의 내용, 분량이 서로 비슷하다.

지리 관련 교과서의 아프리카

『중학교 사회1』에서는 한국지리에 네 단원을 할애하여 기술한 후 「아시아 및 아프리카의 생활」, 「유럽의 생활」, 「아메리카 및 오세아니아의 생활」을 각각 한 단원으로 다룬다. 「아시아 및 아프리카의 생활」은 "경제가 성장하는 동부 아시아", "문화가 다양한 동남 및 남부 아시아", "석유 자원이 풍부한 서남 아시아와 북부 아프리카", "발전이 기대되는 중·남부 아프리카" 등 4개 장章으로 나뉘어 있다. 북아프리카는 서남아시아와 함께 기술되는데 이 절의 주 내용은 서남아시아에 관한 것이다. 사하라 남쪽의 아프리카는 마지막 절인 중·남부 아프리카 부분에서 다룬다.

『고등학교 세계지리』는 「세계와 지리」, 「우리와 가까운 국가들」, 「일찍 산업화된 국가들」, 「지역 개발에 활기를 띠는 국가들」, 「사회주의 붕괴 이후 변화를 겪는 국가들」, 「세계의 과제」 등 여섯 단원으로 구분된다. 아프리카는 「지역 개발에 활기를 띠는 국가들」에 포함되는데, 이 단원은 "동남 및 남부 아시아", "서남 아시아 및 북부 아프리카", "중·남부 아프리카", "라틴아메리카"로 구성되어 있다. 중학교 교과서와 마찬가지로 북아프리카는 서남아시아와 함께 묶여 분류되었다. "서남 아시아와 북부 아프리카" 장은 '이슬람 문화와 지역 분쟁', '유목과 오아시스 농업', '석유 자원의 개발과 영향' 등 3개 절로 이루어진다. "중·남부 아프리카" 장은 '인종 및 민족 갈등'과 '전통적 농업과 플랜테이션' 두 주제로 기술되었다.

지리 교과서는 뒤에 살펴볼 세계사 교과서에 비해 아프리카의 사회와 문화에 대해 많은 내용을 담고 있지만 다른 지역에 비하면 그 비중이 현저히 낮다. 『중학교 사회1』 교과서는 세계지리에 총 10~11개 장을 할당했는데 아프리카는 "중·남부 아프리카" 한 장과 "서남 아시아 및 북부 아프리카"에 북아프리카가 짧게 포함된 것이 전부다. 쪽수를 따져보면

1 한건수, 「한국 바로 알리기의 성찰: 국내언론의 아프리카 보도」, 한국학중앙연구원 한국문화교류센터 한국바로알리기 칼럼, 2006년 4월, www.ikorea.ac.kr/webzine/0604/column.asp. 수행원 체험담의 원문은 국정브리핑과 외교통상부 뉴스레터에 소개되었고, 연합뉴스가 2006년 3월 24일에 보도했다(http://app.yonhapnews.co.kr).
2 183쪽 주 1번 참조.

『중학교 사회1』(고려출판)의 경우 세계지리는 총 89쪽 분량인데 중·남부 아프리카는 5쪽에 그치고, 북아프리카는 서남아시아의 석유 자원을 설명하는 쪽에 반쪽만 할애되어 있다. 『중학교 사회1』 교과서 대부분이 비슷한 분량으로 구성되어 있다. 『고등학교 세계지리』도 장절의 구성이니 분량 면에서 중학교 교과서와 비슷한 비율로 아프리카를 소개한다. 『고등학교 세계지리』(지학사)를 보면 총 263쪽에 달하는 분량 중 중남부 아프리카는 10쪽, 북아프리카는 1쪽에 불과하다.

내용을 보면 지리 교과에 등장하는 아프리카는 중·고등학교 과정 모두, 다른 지역과 비교할 때 긍정적이기보다는 부정적인 소제목을 달고 있다. 예컨대 『중학교 사회1』 전 교과서가 장 제목부터 아프리카를 다른 지역과 차별한다. 「아시아 및 아프리카의 생활」에서 동북아시아를 뜻하는 "동부 아시아"는 "경제가 성장하는" 곳, 동남아시아와 남부 아시아는 "문화가 다양한" 곳, 서남아시아와 북아프리카는 "석유 자원이 풍부한" 곳이라는 제목을 달았지만, 중·남부 아프리카는 "발전이 기대되는" 곳으로 기술된다. 경제 발전의 정도나 역사적 경험이 아프리카와 크게 다르지 않은 동남아시아는 "문화가 다양"하다는 긍정적인 제목으로 서술하면서 동남아시아만큼 다양한 문화와 자연환경을 자랑하는 아프리카는 "발전이 기대되는" 곳에 지나지 않는다.

부정적인 시각은 제목에 이어 내용에도 그대로 반영되어 있다. 일부 『중학교 사회1』 교과서들은 앞에서 살펴본, 아프리카에 대한 오리엔탈리즘적 편견과 한국사회의 주관적 상상에 갇혀 있다. 한 교과서는 중·남부 아프리카를 소개하는 장을 시작하면서 아프리카를 "'타잔'과 '제인'이 때묻지 않은 자연 속에서 아름다운 사랑을 나누던 곳"(디딤돌 134쪽)으로 묘사한다. 아프리카와 타잔을 연결하는 서구인의 상상은 아프리카 출신 학자만이 아니라 수많은 학자들이 서구인 중심의 편견이 작동하는 오리엔탈리즘의 대표적 사례로 비판해왔건만,[1] 우리나라 현행 교과서는 거리낌 없이 타잔을 언급한다.

지학사의 『고등학교 세계지리』는 "북소리가 울리면 사람들이 하나둘씩 노래를 부르고, 춤을 추면서 축제가 시작된다"(164쪽)며 아프리카인의 생활을 북소리, 노래, 춤으로 소개한다. 물론 이 교과서에서 다른 지역은 아프리카처럼 상투적인 표현으로 왜곡되지 않는다. 『중학교 사회1』 (지학사 153쪽)의 "춤추는 아프리카"라는 상자 글에는 "아프리카인들은 기쁠 때나 슬플 때나 노래와 춤으로 감정을 표현한다. …… 흑인들의 유연한 몸은 춤을 출 때 너무나 자연스럽고 예술적"이라는 내용이 들어 있다. 이 서술에서는 백인은 이성적이고 흑인은 본능적이라는 인종주의적인 편견이 발견된다. 노래와 춤으로 감정을 표현하지 않는 민족이나 인종이 어디에 있는가? 인류 문화의 보편적 요소라고 부를 법한 노래와 춤이 아프리카와 흑인에게만 고유한 것인 양 설명하는 교과서 지문은 지난 세기 서구 백인 사회의 낡고 편협한 인종주의적 편견을 그대로 담고 있다.

우리나라 교과서들이 공히 키가 작은 일부 아프리카인에 지면을 할애하는 것도 문제다. 『중학교 사회1』 교과서들은 아프리카를 다루는 지면 자체가 매우 적은데도 굳이 키 작은 피그미 사람들의 사진을 싣고 그들의 키가 150센티미터 정도라는 구체적인 설명을 제공한다. 아프리카에 살고 있는 전체 민족 집단 중 중앙아프리카의 피그미 사람이나 보츠와나의 칼라하리 지역에 살고 있는 쿵산(한국에서는 이들을 경멸적으로 부르는 표현인 '부시맨'으로 알려져 있다) 사람은 극소수인데도 이처럼 지면을 할애하는 것은 과거 유럽인들이 상상한 아프리카의 기괴한 모습을 또 다

---

1 한건수, 「한국사회와 아프리카 문화의 상상과 소비」, 앞의 책. 유네스코 아시아·태평양 국제이해교육원 편, 『함께 사는 세상 만들기: 고등학생을 위한 국제이해교육 교과서』, 2004.

른 방식으로 재현하는 것이다.

우리나라 교과서는 아프리카에 대한 편견으로 얼룩져 있을 뿐 아니라 객관적으로 판단할 수 있는 사실 서술에서도 오류가 많이 발견된다. 아프리카의 기후를 설명하면서 "북부에서 남부로 내려오면서 건조, 열대, 온대 기후가 나타난다"(『중학교 사회1』 디딤돌 134쪽)고 하나 실제 아프리카에서는 적도를 기준으로 하여 남북 방향으로 열대, 사바나, 건조, 온대 기후가 대칭적으로 나타난다.

『중학교 사회1』(디딤돌 135쪽)은 아프리카의 생계 경제를 이렇게 설명한다. "중·남부 아프리카에서는 원주민들이 화전 농업을 하면서 평화롭게 살고 있었다. 그러나 유럽 인들이 들어와 중·남부 아프리카의 모습을 변화시켰다." 하지만 중·남부 아프리카인들은 유럽인과 접촉하기 전부터 목축, 정착 농경, 화전 농경, 수렵 채집 등 다양한 유형의 경제 활동을 영위하고 있었다.

또한 지형 구분과 지역 구분의 기준이 혼란스럽다. 지형을 기준으로 하여 "동부와 남부의 고원 지대, 기니 만 연안의 평야 지대, 중앙의 콩고 분지로 구분"(『중학교 사회1』 고려출판 136쪽, 동화사 162쪽)하는 것은 적절하지만 이러한 지형 구분으로 중남부 아프리카의 지역을 구분(『중학교 사회1』 성지문화사 148쪽)하는 것은 오류다.

분명 아프리카의 지역 분류는 학문 분야나 학자에 따라 다를 수 있다. 그러나 우리 교과서는 분류의 기준을 제시하지 못하고 단순히 아프리카 대륙을 북부 아프리카, 중·남부 아프리카로 크게 구분할 뿐이다. 지역을 구분할 때는 문화 영역이나 자연환경과 관련된 이론적인 분류 기준 논의가 필요하다고 본다. 아프리카 문화를 연구하는 학자들은 아프리카의 다양한 자연환경과 그에 맞추어 발전해온 생계 양식이나 문화적 특질을 고려하여 아프리카의 문화권을 세분하기도 한다. 그런데 이런 식의 문화권 구분은 현대 아프리카 사회가 발전하는 양상에 따라 적절성을 잃는 경우도 있다. 그래서 일반적으로는 자연환경과 사회·문화적 배경을 함께 고려하여 사하라 사막 북쪽의 북부 아프리카와 사하라 사막 남쪽 아프리카로 크게 나눈 뒤, 사하라 사막 남쪽 지역은 서아프리카, 중앙아프리카, 남아프리카, 동아프리카, 아프리카의 뿔horn of Africa, 에티오피아와 소말리아 지역 지역으로 구분한다.

『중학교 사회1』교과서의 개념과 용어 사용에도 문제가 있다. 교과서 대부분이 아프리카의 전통 사회를 '부족' 사회로 표현한다. 학계에서는 '부족'이라는 용어가 폐기된 지 오래다. 부족이라는 개념은 지칭하는 대상이 분명하지 않고 이제 학문적으로 분석 단위 기능을 할 수 없다는 결론이 도출된 것이 이미 1960년대다. 또 부족이라는 용어에는 서구 사회가 아프리카를 비롯한 비서구 사회를 폄하하는 의미가 들어 있다는 비판도 있어 이제는 학술용어로도 일상용어로도 통용되지 않는다. 다만 역사의 발전 단계를 구분하는 특수한 맥락에서만 '부족' 사회 개념을 사용할 뿐, 오늘날 아프리카 사회를 설명하는 데는 전혀 사용하지 않는다.

『중학교 사회1』교과서들은 '부족'이라는 잘못된 용어를 본문뿐만 아니라 절의 제목에서도 사용한다. 게다가 '국민', '민족', '종족' 등 집단 정체성을 나타내는 개념도 잘못 사용했다. 예컨대『중학교 사회1』(두산출판 134쪽)은 "나이지리아는 250여 개 부족으로 구성되어 있기 때문에 곳곳에서 민족 간의 분쟁이 자주 발생하고 있다"(이하 밑줄은 필자 표시)며 한 문장 안에 '부족'과 '민족'을 혼용하여, 부족과 민족의 뜻이 무엇인지 의문을 품게 한다.『중학교 사회1』(금성출판사 171쪽)은 "부족의 경계가 무시된 채 불합리하게 국경이 그어짐에 따라 민족 간의 대립과 충돌이 일어날 수밖에 없"고 "문화와 언어가 다른 여러 종족이 한 나라의 영토 안에" 산다며 한 문단에서 '부족', '민족', '종족'이라는 용어를 모두 사용했다. 교과서 집필자들은 과연 이 용어를 어떻게 이해하고 사용하는지, 그리고 교과서를 가르치는 현장의 교사들은 학생들에게 이 개념을 어떻게 설명하는지 궁금하다.

집단 정체성을 나타내는 이들 개념의 오류는 '부족tribe'이나 '에스닉 집단ethnic group', '네이션nation' 같은 말이 무엇을 지칭하는지 파악하지 못했기 때문이거나 혹은 이 개념들을 우리말로 번역하는 과정에서 생긴 혼동 때문인 듯하다. 먼저 '부족'은 1950년대까지 서구 학자들이 아프리카나 다른 제3세계 사회의 기본 단위로서 설정한 범주다. 부족이란 독자적인 경계를 갖고 혈연이나 문화를 공유하는 소규모 집단인데, 현재는 존재하지 않는 사회적 실체로 봐야 한다. '에스닉 집단'은 우리가 보통 '민족'이라 생각하는 범주로, 흔히 혈연과 문화를 공유하며 오랜 시간 공동체로 생활해왔다고 믿는 집단이다. 우리가 '한민족'으로 상상하는 범주가 바로 이 에스닉 집단이다. 반면 '네이션'은 18세기 이후 등장한 정치 공동체인 국민국가의 성원을 일컫는 개념이다. 우리나라 교과서에서 다루는 아프리카의 집단 범주는 대부분 에스닉 집단에 해당한다. 그런데 교과서들은 에스닉 집단에 해당하는 우리말 용어로 부족, 민족, 종족 등을 혼용하고, 또 교과서마다 서로 다른 개념을 선택한다.

학자들도 '에스닉 집단'과 '네이션'을 우리말로 어떻게 옮길지 아직 명확한 합의에 이르지 못했다. 문제의 시발은 '네이션' 개념이 '에스닉 집단'보다 일찍 만들어졌고 먼저 소개되었던 데서 찾을 수 있다. 중국의 양계초는 일본에서 국민국가의 성원을 말하는 '네이션' 개념을 접하고 이를 '민족'으로 번역했고, 우리는 이 용어를 그대로 수용했다. 근대 이후 일제강점기를 거치면서 '네이션'은 한국사회를 규정하는 핵심 범주로 자리 잡았다. 네이션(민족)과 내셔널리즘(민족주의) 개념 없이는 한국 근현대사를 논하지 못할 정도다.

'에스닉 집단' 개념은 한국사회에 뒤늦게 소개된 데다가, 우리 사회 현실에서는 '네이션'과 '에스닉 집단'을 구분할 필요도 없었다. 한반도라는 지리적 공간에 형성된 정치 공동체의 범주는 늘 동질적인 집단으로만 구성되었기 (혹은 그렇다고 믿어졌기) 때문이다. 그러나 최근 한반도 밖에 약 650만 명에 달하는 이산 한민족이 존재하고 국내에도 타민족 출신으로 대한민국 국적을 가진 이들이 늘어나는 상황[1]을 고려한다면, 이 두 범주는 구별하여 별개 용어로 정립해야 마땅하다.

필자는 '에스닉 집단'을 '민족'으로, '네이션'은 '국민', '내셔널리즘'은 '국민국가주의'로 번역하는 것이 가장 적절하다고 생각한다. 그러나 '네이션'을 '민족'으로, '내셔널리즘'을 '민족주의'로 번역하는 관용어가 아주 강력하게 정착되어 있기에 현실적으로는 새로운 용어를 사용하는 데 어려움이 있다. 최근 학계나 언론이 '에스닉 집단' 개념을 '종족種族'으로 번역하는 것은 이러한 현실을 인정하기 때문이다. '종족'이라는 번역에도 문제의 소지가 있다. '종種'이라는 말은 마치 인종과 유사한 생물학적 의미를 내포하는 것으로 오해하기 쉽기 때문이다. 그러나 '종족'이 말하는 범주는 우리가 일상적으로 '한민족'이라는 집단으로 떠올리는 '민족'과 같다.

따라서 사회 교과서가 전달하고자 하는 에스닉 집단 간의 갈등ethnic conflict을 '종족 갈등'이나 '종족 분쟁'으로 번역하면 현재 널리 쓰이는 관용적 표현을 따르는 것이고, 실제로는 '민족 갈등', '민족 분쟁'이라고 번역해야 하는 현상이다. 학자들 사이에서조차 용어에 대한 정확한 합

---

1 한건수, 「민족은 국가를 넘을 수 있는가」, 『황해문화』 51, 2006, 70~82쪽.

의가 이루어지지 않았다는 문제가 있지만, 적어도 교과서 편찬을 위해서라면 집필 요강을 통해 용어를 통일해야 옳다. 또한 한 문단이나 한 문장 안에 여러 용어를 혼용하는 오류 역시 피해야 마땅하다.

'종족(민족) 갈등'이라는 주제는 용어만이 아니라 그 내용도 검토 대상이다. 냉전 종식 이후, 세계에서 종족(민족) 갈등으로 몸살을 앓는 지역은 아프리카만이 아니다. 유럽의 발칸 반도나 동남아시아에서도 공히 종족(민족) 갈등이 벌어지고 있다. 그런데도 『중학교 사회1』 교과서는 유독 아프리카를 다루면서 그곳의 종족 갈등을 강조한다. 아프리카에 대한 편견이 드러난 결과가 아닌지 의심을 품을 법하다.

『중학교 사회1』(교학사 황재기 외 157~158쪽)은 아프리카의 종족 갈등을 소개하고자 먼저 본문에 갈등 양상을 간단히 알린 뒤, 상자 글로 '다이아몬드 쟁탈'을 종족 갈등의 원인으로 제시한다. 아프리카의 수많은 종족(민족) 갈등 중 다이아몬드 채굴권을 둘러싼 갈등은 시에라리온 등 몇몇 지역만의 양상인데도 이것을 아프리카 전체의 문제로 일반화하는 오류를 범한 것이다. 또한 다이아몬드 쟁탈이 갈등의 근본 원인은 아니다. 실제 아프리카 지역의 종족(민족) 갈등에는 식민 지배의 유산과 독립 이후 국민국가 건설 과정에서 발생한 정치적 부패와 독재, 국가의 자원을 특정 집단이 독점하는 차별 등 다양한 원인이 복합적으로 작동하고 있다. 다이아몬드를 비롯한 지하자원을 둘러싼 경쟁과 갈등은 복합적인 원인들 중 하나일 뿐이다. 다만 분쟁이 벌어지고 내전으로 발전하게 되면 무기를 비롯한 군비를 확보할 필요가 있기 때문에 지하자원 매장 지역이 가장 첨예한 전장으로 두드러지게 나타날 뿐이다. 따라서 아프리카의 종족(민족) 갈등을 단순히 몇몇 지하자원을 둘러싼 분쟁으로 설명하는 것은 현상을 제대로 설명하지 못하는 것이다.

고등학교 교과서는 중학교 교과서와 달리 종족(민족) 갈등의 원인과 종류를 좀 더 자세히 설명한다. 『고등학교 세계지리』(대한교과서 192~194쪽)는 유럽인의 식민 통치 시기에 그들의 편의에 따라 자의적으로 구획된 국경을 둘러싼 문제라든가, 식민 행정부가 주민들을 분리·차별했던 식민지 지배 정책의 후유증, 이후 국가 건설 과정에서 나타난 지역 간·종족 간 갈등, 흑백 인종 간 갈등 등 구체적인 원인을 짚어가며 사례를 제시했다. 그런데 이 교과서는 후투와 투치의 종족 갈등을 설명하면서 그 원인의 하나로 "벨기에가 에티오피아를 점령했을 때 투치 족이 후투 족보다 인종적으로 우수하다는 인종 우세론을 만들"었음을 들었다(193쪽). 하지만 벨기에는 에티오피아를 점령한 적도 없고 투치나 후투 모두 에티오피아와는 상관없는 지역에 살고 있다.

지학사의 『고등학교 세계지리』는 앞서 든 중학교 사회 교과서와 마찬가지로 종족 갈등의 원인을 '다이아몬드 쟁탈'로 단순화시켰다. 이러한 기술은 언론이나 방송에 보도된 지엽적인 내용을 그대로 수용한 결과다. 얼마 전 개봉한 미국 영화 〈블러드 다이아몬드〉도 이러한 인식에 한 몫을 할 것으로 예상된다. 학생들이 이 영화를 보고 편협한 인식으로 오도될지 모른다는 우려가 있다.

또 유럽의 아프리카 식민 지배를 설명하면서 "19세기 중반 노동력을 얻기 위해 아프리카로 들어선 영국, 프랑스, 미국 등은 각각 프리타운, 리브르빌(자유의 도시), 라이베리아(자유의 나라)라는 도시나 나라를 세우고 수탈을 시작하였"(192쪽)다며 노동력 확보가 19세기 유럽인들이 아프리카에 진출한 이유라고 설명하는데, 이는 명백한 오류다. 16~18세기에 벌어진 대서양 노예무역의 목적이 노동력 확보였다면 19세기 유럽의 아프리카 지배는 제국주의의 확장이라는 맥락에서 이해해야 한다. 또한 프리타운은 노예무역이 금지된 뒤에도 지속적으로 노예무역을 하던 노예상인과 노예선을 영국 군함이 나포하고 배에 실려 있던 노예들을 해방시켜준 항구에서 기원한 도시다. 라이베리아는 미국에서 해방된 노예들이 아프리카로 귀환해서 만든 국가다.

중·고등학교 교과서 전체에 공통되는 문제 한 가지는 신문 기사를 지나치게 자주, 많이 인용한다는 점이다. 교과서 집필자들은 학문적 연구에 근거하기보다는 국내 일간지에 실린 국제면 기사들을 충분한 검토 없이 인용하는 편찬 방식에 대해 반성해야 한다. 예컨대『고등학교 세계지리』(대한교과서 192쪽) 본문에서는 아프리카의 '침묵교역'을 소개하는 대목에 신문 기사를 인용했다. 아프리카의 다양한 교역 양식, 침묵교역의 내용과 의미에 대해서는 국내의 여러 인류학 교과서에 소개되어 있는데 굳이 신문 기사를 인용한 이유가 궁금하다.

우리나라 교과서의 무분별한 용어 사용은 "니그로 인종"이라는 표현에서 정점에 이른다.『중학교 사회1』(금성출판사 169쪽, 성지문화사 149쪽)은 "니그로 (인종)"라는 표현을 소제목에서든, 본문에서든 거리낌 없이 사용했다. 만약 "아프리카는 니그로 인종의 본고장"이라는 교과서 지문을 흑인민권운동가들이 본다면 19세기 서구 백인의 인종주의가 21세기 대한민국 교과서에 살아남아 있다며 놀랄 것이다.

혹시 이들 교과서의 집필자는 "니그로 인종"이란 표현이 인종을 구분할 때 사용하는 '니그로이드Negroid'라는 학문 용어라고 주장할지도 모르겠다. 17세기 이래 발전해온 인종 개념은 일단 그 당시의 학문 수준에 따라 주로 신체적 특징을 기준으로 인류를 분류한 것이다. 흔히 코카서스Caucasus, 몽골로이드Mongoloid, 니그로이드로 나누는 3대 인종 분류가 그것이다. 교과서 집필자들은 이 인종 분류 틀을 가지고 아프리카가 니그로 인종의 본고장이라는 제목과 지문을 작성했을 것이다. 그러나 인종 개념의 과학적 정당성을 둘러싼 현대 학자들의 논의나 현대 사회에서 '니그로'라는 용어에 깃든 인종 비하적 함의를 고려한다면 '니그로'는 결코 교과서에 등장해서는 안 되는 단어다. 한 한국인 여성은 영국을 방문했다가 거리에 흑인이 많은 것을 본 후 하숙집 할머니에게 영국에는 왜 니그로가 많으냐는 질문을 했다가 '니그로'라는 용어 사용은 옳지 않음을 지적받은 경험을 토로한 바 있다.[1]

좀 더 자세히 '니그로'의 의미 변천사를 살펴보자. '니그로negro'는 15세기 포르투갈과 에스빠냐 사람들이 피부가 검은 아프리카인을 부르던 말에서 비롯되었다. 이 말은 18세기부터 20세기 중반까지는 아프리카에서 잡혀온 노예나 해방된 노예들을 부르는 데 쓰였다. '니그로 인종'이라는 용어는 이런 배경에서 나온 말이다. 그리다가 흑인민권운동이 활발히 전개되기 시작한 1960년대부터 '니그로'는 백인이 흑인 노예를 경멸하는 의미로 쓰는 말로 여겨졌다. 따라서 1970년대부터 미국사회에서는 인종을 차별하는 의미를 띤 것으로 여겨지는 '니그로'라는 말을 기피하기 시작했다. '니그로'에서 파생된 '니거nigger'라는 속어는 흑인을 향한 가장 모욕적인 표현으로, 미국사회에서 금기시되는 말이다. 미국에서 '니그로'라는 말은 역사적 사실이나 맥락을 표현하려는 경우에만 특수하게 사용되며, 흑인들의 권익을 위해 활동해온 유서 깊은 단체들이 그 단체 이름에 유지하고 있을 뿐이다. 흑인민권운동가들은 자신들을 가리킬 때 '니그로'가 아니라 '흑인black people'이나 '아프리카계 미국인African American'이라 칭할 것을 요구하며, 사회 전반에 그런 호칭이 통용되고 있다.

또한 우리 교과서가 아프리카를 "니그로 인종의 본고장"으로 강조할 까닭이 있는지도 검토해야 한다. 학자들은 인종 개념 자체를 비판하고 있다. 현대 인류학자 다수가 과연 인종 개념이 객관적 실체를 규정

---

1 정지아, 「니그로? 블랙 피플? 톰?」, 『인권』, 국가인권위원회, 2006년 5월호.

하는 과학적 개념인지 의심한다. 특히 1960년대 이후, 인종 개념이 과학적 근거가 있는 분석적 개념이라기보다는 문화적으로나 사회적으로 구성되는 것이라는 인식이 확산되었다. 우리나라 교과서는 이러한 학문의 흐름을 고려하여 "니그로 인종"이라는 표현 자체를 재고해야 한다. 다른 인종을 두고 코카서스 인종, 몽골로이드 인종이라 하지는 않으면서 유독 흑인의 경우만 "니그로 인종"이라고 쓴 우리나라 교과서는 서술의 일관성도 결여한다.

　『중학교 사회1』 교과서들에서 발견되는 또 다른 문제는 아프리카 전통문화에 대한 설명이 제각각이며 어떤 것은 앞뒤가 안 맞기도 하다는 것이다. 예컨대 "일부 지역을 제외하고 원시 종교와 부족 단위의 생활 양식이 현재까지 이루어지고 있다"고 하다가 "백인들이 진출함에 따라 아프리카인들의 전통 문화가 침체되었다"고 평가하는 식이다(고려출판 138쪽). 이와 정반대로 "외래 문화를 독자적인 것으로 소화하여 아프리카적인 흑인 문화를 발전시켜, 다른 어떤 대륙보다도 그들의 고유한 문화를 잘 간직하고 있다"(교학사 155쪽)는 평가도 있다.

　지리 교과서 집필자들은 아프리카에 대한 부정적 인식과 편견, 인종주의적 개념을 장절의 본문과 제목에 아무런 문제의식 없이 내보인다. 또한 개념이나 용어, 내용이 현대 학문의 발전을 반영하지 못하여 학생들에게 잘못된 지식을 전달할 우려가 있다.

세계사 관련 교과서의 아프리카

현행 7차 교육과정에서 세계사 부분은 중학교 과정에서는『중학교 사회1』,『중학교 사회2』교과서에 편성되어 있고, 고등학교 과정에서는 독립 과목 교과서에 담겨 있다.『중학교 사회1』에서는「인간 사회와 역사」,「인류의 기원과 고대 문명의 형성」,「아시아 사회의 발전과 변화」이들 3개 단원 밑에 9~11개 장으로 구성된다.『중학교 사회2』교과서에서는「유럽 세계의 형성」,「서양 근대 사회의 발전과 변화」,「아시아 사회의 변화와 근대적 성장」,「현대 세계의 전개」등 4개 단원에 12~15개 장으로 구성된다. 세계사 전체 분량은『중학교 사회1』전체 10단원 중 3단원,『중학교 사회2』전체 7단원 중 4단원으로, 둘을 합쳐 교과서 17단원 중 7단원이 세계사에 할애되어 있다.

『고등학교 세계사』는 9단원, 35~38개 장으로 구성되어 있다. 각 단원을 보면「시간, 공간 그리고 인간」,「문명의 새벽과 고대 문명」,「아시아 세계의 확대와 동서 교류」,「유럽의 봉건 사회」,「아시아 사회의 성숙」,「유럽 근대 사회의 성장과 확대」,「아시아 세계의 근대적 발전」,「제국주의와 두 차례의 세계 대전」,「전후 세계의 발전」으로 이루어져 있다. 전체 분량은 교과서 대부분이 400쪽 내외다.

중 · 고등학교 교과서들은 모두 교과과정과 교재 집필 요강에 따라 동일한 장절, 유사한 내용으로 구성되어 있다. 반면 보조 교재로 사용되는『중학교 사회과부도』나『고등학교 역사부도』는 출판사별로 조금씩 차이가 있다.

먼저 세계사 교과서에서 아프리카 부분을 살펴보면 세계지리 영역에 비해 분량이 현저하게 적음을 알 수 있다.『중학교 사회1』,『중학교 사회2』중 아프리카 역사를 설명하는 독립된 장이나 절은 "제1차 세계 대전과 전후의 세계" 장의 '아시아 · 아프리카의 민족 운동' 절 하나뿐이다. 하지만, 예컨대『중학교 사회2』(교학사 차경수 외 104쪽)에서는 절의 제목이 '아시아 · 아프리카 민족 운동'인데도 본문에는 아프리카 관련 내용이 "북아프리카 지역에서도 제국주의의 침략에 저항하는 민족 운동이 전개되었다"는 단 한 문장뿐이고 본문 외 상자 글 "탐구활동"에서 2차 세계대전 후 등장한 범아프리카주의를 네 줄 분량으로 소개하는 데 그친다. 같은 책 98쪽 '제국주의의 등장'이라는 절에서는 유럽 열강에 의해 갈라진 아프리카 대륙 지도와 함께 아프리카 대륙이 식민지로 전락했다는 내용을 세 줄로 표현했다.『중학교 사회1』,『중학교 사회2』에서 아프리카 역사는 이집트 문명을 포함하여 단 두 쪽 안팎 분량으로 설명된다.

　　『고등학교 세계사』는 독립된 교과서이기 때문에 중학교 사회 교과서에 비해 아프리카에 대한 설명이 많으나, 다른 지역에 비해서는 여전히 미미한 분량이다. 특히 장절 전체를 훑어보면 아프리카를 독립된 장절로 다룬 경우가 거의 없다. 지학사가 펴낸『고등학교 세계사』를 살펴보면「문명의 새벽과 고대 문명」단원의 "문명의 발생" 장에 '이집트 문명'이란 제목으로 두 쪽 분량이 있고(33~34쪽),「유럽 근대 사회의 성장과 확대」단원의 "유럽 세계의 확대와 아프리카 · 아메리카 세계" 장에 '아메리카 · 아프리카 세계'를 제목으로 삼아 두 쪽 분량이 서술되어 있다(214~215쪽). 끝으로「제국주의와 두 차례의 세계 대전」에 포함된 "두 차례의 세계 대전 사이의 세계"에서 '아시아 · 아프리카의 반제국주의 운동' 절에 한 쪽도 안 되는 열 줄 분량으로 서술되어 있다(305쪽). 다른 출판사 교과서의 분량 구성도 이와 비슷하고 어떤 교과서는 여기에도 미치지 못한다.

　　아프리카는 간혹 다른 지역이나 주제를 설명하는 부분에 소개되기도 한다. "고대 아시아 세계"의 '서아시아의 세계' 절에 이집트가 몇 줄 포함되어 있는가 하면 "고대 지중해 세계"에도 이집트, 카르타고 등 북아프리카 지역의 역사가 언급된다. "이슬람 세계의 형성과 확대" 장에서도 북아프리카가 이슬람 세계의 일부로 언급된다. 세계사 교과서 한 권의 전체 분량인 400여 쪽 가운데 아프리카에 대한 기술은 넉넉잡아도 다섯 쪽 안팎이다.

분량 문제 다음으로, 아프리카의 역사를 어떤 기준으로 서술하는가를 검토해보아야 한다. 아프리카 대륙이라는 공간적 범위를 기준으로 아프리카의 역사를 구성할지, 혹은 그 역사적 공간을 점유하며 문명과 왕조를 형성해온 역사적 주체를 중심으로 지역사의 범주를 설정할지는 논의가 필요한 사안이다. 아프리카의 지식인, 역사가들은 서구 역사가들이 그동안 아프리카의 역사를 기술해온 방식에 대해 비판적 견해를 피력한다. 근본적으로 아프리카의 역사와 문화가 서구의 관점에서 만들어지고 어디의 무엇부터가 아프리카의 역사인지를 서구가 결정한다는 데에 대해 문제를 제기하는 것이다. 나아가 아프리카 학자들은 이집트 문명과 이집트 역사의 주체가 누구인지에 대해 문제를 제기하고 있다.

우리 교과서는 기본적으로 이집트 문명과 고대 이집트 왕국의 역사를 오리엔트 지역의 역사로 본다. 『중학교 사회1』 교과서들은 이집트 문명을 메소포타미아 문명과 함께 "오리엔트의 고대 문명"으로 소개한다. 또한 고대 국가로서 이집트 왕국을 서아시아의 역사 발전 과정에 포함하여 서술한다.

『고등학교 세계사』 역시 이집트 문명을 오리엔트 문명으로 본다. 교학사가 펴낸 『고등학교 세계사』는 단원 관련 연표(30쪽)에서 고대 문명을 유럽, 오리엔트, 중국, 인도 네 지역으로 구분하고는 이집트 문명을 메소포타미아 문명과 함께 오리엔트에 배속한다. 본문에서 이집트 문명을 설명할 때(37쪽)도 이집트와 메소포타미아를 관련지어 설명한다. 이 교과서는 이집트 왕국의 역사를 "고대 아시아 세계"의 '고대 서아시아 역사' 절에서 다룬다. 금성출판사와 지학사의 『고등학교 세계사』는 이집트 문명을 오리엔트라는 지역 범주로 설명하지 않고 중국, 인도, 메소포타미아, 이집트 문명을 따로 분류했으나, 이집트 문명과 아프리카를 연결하지 않으며 이후 이집트 왕국의 역사를 다른 교과서와 마찬가지로 고대 서아시아의 세계에 포함시켰다.

이집트 문명과 이집트 왕국의 역사를 오리엔트와 서아시아의 지역사로 분류하는 것은 역사학계의 일반적 경향인 듯하다. 실제로 이집트는 지중해 및 근동 지역 역사 발전에 한몫을 담당했기에 학문적으로 상당한 근거가 있다. 하지만 이집트 문명과 왕국을 아프리카인의 역사로 보려는 '아프리카 중심 사관'을 전적으로 수용하지는 않는다 해도, 이집트 왕국과 나일 강 상류 지역 아프리카 사회 사이의 상호 작용이나 상류 지역이 이집트 사회에 기여했던 바를 철저히 배제하는 것에는 비판의 여지가 있다. 아프리카사 연구자들은 나일 강 상류 지역의 누비아 문명이 이집트에 끼친 영향과 역사적 공헌에 대한 연구들을 활발하게 발표하고 있다.

이집트는 서기전 2450년경 누비아에 원정군을 보내 노예와 황금을 약탈한 이래 지속적으로 나일 강 상류 지역을 지배해왔다. 이집트 원정군의 기록에는 체격이 작은 피그미 사람이었을 것으로 추정되는 "춤추는 검은 난쟁이"를 "포로로 잡아왔다"는 내용도 있다. 흑인 노예들은 이집트 왕국의 다양한 분야에 노동력을 제공하며 이집트 왕국을 건설하고 유지하는 데 한몫을 담당해왔다. 나일 강 상류 누비아 지역의 흑인들은 서기전 1000년경 쿠시 왕국을 세우고는 외려 이집트를 위협할 정도로 세력을 확장했으며, 서기전 730년 무렵에는 이집트를 정복, 한동안 파라오가 되어 이집트를 다스리기도 했다. 따라서 이집트 왕국의 역사를 오리엔트 또는 서아시아의 역사에 포함시킬 수는 있겠지만 이집트 왕국의 역사에서 아프리카의 색채를 완전히 배제하는 것은 문제로 지적할 수 있다.

아프리카의 지식인들이 서구의 관점이 아닌 자신들의 관점으로 역사와 문화를 연구하려는 '아프리카 중심 사관'은, 아프리카가 사하라 사막으로 나뉘어 있긴 하지만 북아프리카 역시 아프리카 대륙의 일부이며 따라서 북아프리카의 역사 발전은 아프리카 역사 발전의 일부라고 강하게 주장한다. 일부 지식인들은 학문이라는 테두리를 벗어나 정치적 담론으로서 '아프리카 중심 사고'를 요구하기도 한다. 『블랙 아테나』라는 연구서는 이집트 문명을 비롯하여 서구 문명의 핵심인 그리스 문명에 아프리카 흑인이 기여한 부분을 강조한다.[1] 극단적인 예로 '클레오파트라는 흑인이었다'는 주장을 펴는 사람들도 있다.

아프리카 역사를 다루는 우리나라 교과서의 가장 큰 문제는 아프리카의 역사 발전 과정 자체가 누락되어 있다는 점이다. 사회와 세계사 교과서는 각 지역의 역사를 시대별로 정리하여 통시적인 연결 구조를 보여주지만 그 서술 대상은 유럽이나 아시아에 국한되어 있다. 곧 우리나라 교과서를 가지고서는 아프리카 대륙에 살았던 사람들의 역사적 경험을 통시적으로 조망하는 교육이 불가능한 실정이다. 아프리카는 고대 문명기에 잠깐 등장한 뒤, 독자적인 장절 없이 유럽의 역사 발전이나 이슬람 세계의 형성, 유럽인들의 새 항로 개척 등 다른 지역의 역사 발전을 설명하는 부분에 조금씩 언급될 뿐이다. 심지어 아프리카 관련 주제인데도 아프리카가 전혀 언급되지 않는 경우도 있다. 『중학교 사회1』(두산 291쪽)은

---

1 마틴 버낼 지음, 오흥식 옮김, 『블랙 아테나: 서양 고전 문명의 아프리카·아시아적 뿌리』, 서울: 소나무, 2006(1987).

이슬람 여행가 이븐 바투타를 설명하며 그의 여행 경로를 표시한 지도를 수록했는데, 이 지도에 그가 여행한 아프리카 지역은 표시되지 않았다.[1]

『고등학교 세계사』는 인류 역사상 가장 큰 비극이라 할 수 있는 대서양 노예무역을 한 쪽 분량으로 소개하는 데 그친다. 역사교육의 목적이 과거의 사건을 통해 미래를 살아갈 교훈을 얻는 것이라면 대서양 노예무역은 좀 더 자세하게, 그리고 더 올바른 관점에서 설명되어야 한다.

먼저 노예무역의 일반 구조에 대한 설명을 살펴보자. 우리나라 교과서들은 아프리카의 노예무역이 유럽과 아메리카, 그리고 아프리카를 잇는 3각 무역 체계로 이루어졌음을 설명한다. 곧 노예선이 유럽에서 실어온 공산품을 아프리카의 노예와 교환하고, 대서양을 건너가 아메리카에 노예들을 넘겨주고는 설탕이나 면화 등 아메리카 식민지에서 생산된 자원을 유럽으로 가져오는 식으로 진행되었다고 설명하고 이를 지도나 도표로 보여준다. 본문 외 상자 글로 실린 도움 자료로는 노예선의 비인간적 상황을 설명한다. 노예무역의 잔혹함과 아프리카인의 수난을 보여주는 좋은 자료다.

문제는 노예무역의 규모와 결과에 대한 설명이 부족하거나 부적절하다는 데 있다. 지학사와 금성출판사의 『고등학교 세계사』는 16세기에서 18세기에 걸쳐 대서양 노예무역을 통해 아프리카에서 끌려간 사람의 수가 1200만 명 정도로 추정된다고 썼다. 반면 교학사가 펴낸 『고등학교 세계사』(235쪽)는 "어느 학자의 연구에 의하면"으로 인용을 시작하여 아메리카 대륙에 도착한 노예의 수가 1465만 명, 아프리카 대륙에서 노예로 잡혀 배를 타고 떠난 사람 수가 6000만 명이라고 썼다. 그러나 노예무역으로 잡혀간 아프리카인의 규모에 대해서는 학자마다 견해가 다르기 때문에 교과서에서는 더욱 조심스럽게 설명할 필요가 있다. 일반적으로 학자들은 노예무역으로 희생된 아프리카인의 수를 1100만 명에서 1400만 명 정도로 추정하므로, 1200만 명 내외로 기술하는 것이 적절해 보인다.

또 교학사의 『고등학교 세계사』는 아메리카로 건너가는 항해 과정에서 노예 여섯 명 가운데 다섯 명이 죽었다고 주장한다. 그런데 1630년과 1803년 사이 네덜란드 노예선의 화물 기록에 근거한 한 연구는 노예들이 항해 중 평균 14.8퍼센트 사망한 것으로 분석한다.[2] 따라서 이 교과서의 설명에는 더 명확한 근거가 필요하다. 덧붙이자면 노예무역에 관해 가장 정교한 연구 업적을 발표하고 있는 필립 커틴Philip Curtin은 대략 1186만 명이 아프리카를 떠났으며 아메리카에는 960만~1080만 명이 도착한 것으로 본다.[3]

대서양 노예무역의 규모는 아무리 적게 잡아도 1000만 명이 넘는다. 이렇게 역사상 가장 거대한 비극이라는 노예무역이 어떤 역사적 결과를 낳았는지도 중요하다. 이에 우리나라 교과서는 아메리카로 끌려간 노예들이 유럽의 경제 발전에 공헌한 바나 아메리카의 인적 구성에 미친 영향을 설명한다. 또 흑인들이 아메리카 곳곳에 흩어져 살게 되어 이후

1 『중학교 사회1』(두산 291쪽)

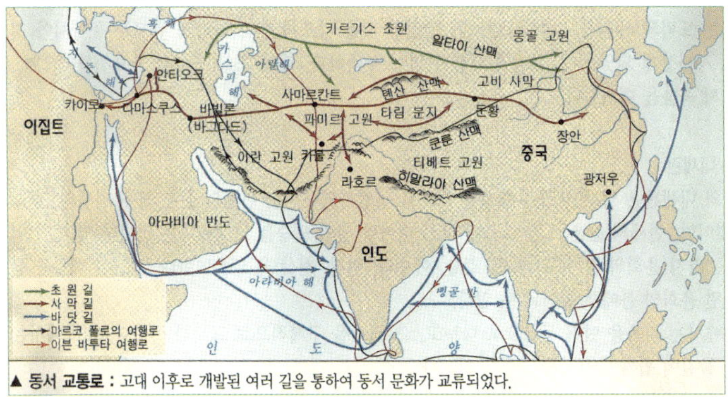

▲ 동서 교통로 : 고대 이후로 개발된 여러 길을 통하여 동서 문화가 교류되었다.

2 존 아일리프 지음, 이한규·강인황 옮김, 『아프리카의 역사』, 서울: 이산, 2002, 245쪽.

3 존 아일리프, 앞의 책, 236쪽.

미국, 캐나다, 중남미에 흑인 사회가 형성되었다는 사실을 알려준다. 그러나 실제 아프리카 출신 노예들이 아메리카에 기여한 문화적 성취는 훨씬 다양하다. 노예로 잡혀온 아프리카인들은 자신들의 종교를 전파해 오늘날 '움반다'나 '깐돔블레', '부두교'와 같은, 아프리카 종교에서 파생된 새로운 종교를 확산시켰다. 나아가 아프리카인의 무술 전통을 발전시킨 브라질의 카푸에이라Capoeira, 이 몸짓을 다시 춤사위로 발전시킨 브레이크댄스, 그리고 블루스, 솔Soul, 재즈 등 다양한 대중음악을 꽃피웠다.

약 300년 사이에 1000만 명이 넘는 건장한 남녀가 끌려갔다면 아프리카 본토에서는 어떤 일이 벌어졌을까? 안타깝게도 우리나라 교과서는 이에 대해 아무런 관심이 없다. 대서양 노예무역은 아프리카에 씻을 수 없는 상처를 남겼다. 유럽의 노예상인들이 노예와 맞바꾼 총과 화약은 아프리카 연안 지역뿐 아니라 내륙 지역에도 분쟁을 촉발했다. 무력을 강화한 왕국이 세력을 넓혀나가면 상대적으로 약한 집단은 스스로를 방어하고자 총과 화약을 구해야 했다. 아프리카인이 총과 화약을 구할 방법은 노예무역의 하수인이 되는 길밖에 없었다. 다호메이 왕국과 같은 해안 지역의 몇몇 정치 공동체나 가나의 아샨티 왕국은 노예무역을 통해 세력을 확대했다. 이 왕국들은 이웃한 소규모 집단들을 정복해 노예를 공급하면서 노예상인이나 다른 집단과 교역하여 일종의 중상주의 국가처럼 실질 이윤을 확대했다. 반면 콩고나 오요 왕국처럼 노예무역 기간에 정치적 격동을 겪으면서 쇠퇴하기 시작한 경우도 있다. 해안을 중심으로 진행된 노예무역은 무기 공급을 확산시켜, 아프리카 왕국의 세력 균형에 변화를 일으키거나 정치적 불안정을 심화시켰다.

노예무역이 초래한 인구 변동을 알아볼 수 있는 실증적 통계 자료는 구하기가 매우 어렵다. 아프리카 역사 연구자들은 인구 통계학 모델에 아프리카의 사례를 적용해보려 애쓰고 있다. 패트릭 매닝Patrick Manning은 복잡한 통계 모델을 사용하여, 노예무역 기간에 전 세계 인구 중 아프리카 인구가 차지하는 비중이 약 30퍼센트에서 10퍼센트를 넘는 수준으로 감소했다고 추정하기도 했다.[1] 그러나 이 역시 정확한 인구 자료가 없는 상태에서 여러 추정치들을 활용한 추론일 뿐이다. 다만 유럽인 노예무역상을 통해 서아프리카 지역에 결핵이나 간균성 폐렴, 천연두, 변형된 매독 같은 새로운 전염병이 퍼졌으며 상당히 많은 사람이 노예로 잡혀간 결과 전반적인 인구 감소 현상이 일어난 것으로 추정된다. 앙골라 등 몇몇 지역은 실질적으로 인구가 감소했으며, 정상적인 인구 성장이 불가능할 정도로 심한 영향을 받은 지역도 있었던 것으로 판단된다.

또한 노예무역으로 남녀 성비의 불균형이 생긴 것으로 분석된다. 노예상인들은 남녀를 가리지 않고 잡아갔으나 상대적으로 남성 노예의 수가 많았다. 노예무역으로 부를 축적한 일부 세력이 증가하여 공동체 내에 사회적 불평등이 심해지고 혼란이 뒤따랐다. 노예가 되는 것을 피할 수 있게 개인을 보호해주는 울타리로서 친족 체계가 강화되었으며, 고아나 잉여 여성 인구를 보호할 수 있는 사회제도가 나타나기도 했다.[2]

대서양 노예무역으로 아메리카에 아프리카의 종교나 문화의 씨앗이 뿌려져 다양한 문화가 빛을 발했지만, 노예무역이 강요한 비극적 희생을 생각한다면 그것은 아프리카 출신 노예들의 눈물과 한이 그만큼 쓰고 깊었다는 반증이기도 하다. 무엇보다 중요한 것은 대서양 노예무역이 아프리카의 정상적인 역사 발전을 저해하는 중요한 제약으로 작동했다는 분명한 사실이다. 그러나 우리나라 교과서는 이러한 노예무역의 비극적 결과에 주목하지 않는다.

우리나라 교과서의 또 다른 문제는 노예무역의 책임이 어디에

1 존 아일리프, 앞의 책, 247쪽.
2 존 아일리프, 앞의 책, 260~267쪽.

있는지 정확히 언급하지 않는다는 것이다. 『고등학교 세계사』(금성출판
사 197쪽)는 "유럽 인들이 신세계에 정착하기 훨씬 전부터 아프리카에서
는 노예 무역이 행해지고 있었다. 8세기경부터 이미 서아프리카 인들은
지중해 상인들에게 노예를 팔았다"고 실명하여 아프리카에서는 대서양
노예무역 이전에 이미 노예무역이 이루어졌다고 말한다. 여기서 "지중
해 상인"은 사하라 사막을 횡단하며 무역을 했던 이슬람 상인을 말하는
데, 아프리카의 노예무역은 크게 지중해 노예무역, 인도양 노예무역, 대
서양 노예무역으로 나눌 수 있다. 물론 그 규모 면에서는 대서양 노예무
역이 가장 컸다.

　　　아프리카인들이 초기의 노예무역에 가담하게 된 배경을 알려면
먼저 아프리카의 전통적 노예제를 이해해야 한다. 아프리카에 있었던 노
예제는 이슬람 사회나 아메리카의 노예제와는 다르다. 아프리카의 전통
적 노예는 전쟁 포로나 빚을 지고 담보로 잡힌 사람이 대부분이다. 이들
노예는 일상생활에서 자유인 신분과 별 차이가 없었다는 것이 이 제도의
중요한 특징이다. 아프리카의 전통 노예들은 주인집 자녀나 친족원과 함
께 기거하며 같은 조건에서 함께 농사를 지었다. 또한 노예 신분은 세습
되지 않아 노예의 자녀들은 노예가 아니라 자유인으로 인정받았다. 왕이
나 추장 같은 지도자나 세력가의 심복 노예들은 오히려 일반 자유인들
을 관리 감독하기도 했다. 따라서 아프리카 전통 노예제는 이슬람 상인
이나 백인들이 운영한 노예무역이나 노예제와는 달랐다. 곧 아프리카인
들은 다른 사회의 노예제가 그토록 비인간적이었음을 알지 못한 채 노예
를 넘겨준 것이었다. 물론 대서양 노예무역에 관여한 일부 아프리카인들
이 노예무역의 책임을 벗어난다는 말은 아니다. 그러나 노예무역은 유럽
인들이 새로운 식민지에 건설한 플랜테이션에 노동력을 공급하고자 인
간을 상품처럼 매매하며 착취한 반인륜적 범죄 행위라는 점을 분명히 해

야 한다.

　　노예무역 다음으로 교과서가 기술하는 아프리카의 역사는 제국주의에 의해 대륙이 식민지로 분할되는 시기의 역사다. 이에 대해 고등학교 세계사 교과서 대부분이 분할된 아프리카 대륙 지도를 보여주며 이 시대 역사를 지도 옆에 열 줄 정도로 간략하게 기술한다. 이후 반제국주의 운동을 설명하는 장에는 '아시아·아프리카의 반제국주의 운동' 절이 있는데, 제목에만 "아프리카"가 있을 뿐 본문 내용에는 아프리카와 관련된 내용이 없는 경우도 있다(『고등학교 세계사』 금성출판사 268~271쪽). 식민지 분할이나 반제국주의에 관련해서 아프리카의 역사가 본문에 설명되는 경우는 별로 없고, 식민지 경계나 반제국주의 운동 관련 사항을 표기한 지도가 삽입되는 정도에 그친다. 이런 방식으로는 교과서를 읽는 학생도, 가르치는 교사도 지도의 내용을 이해하지 못하고 넘어가기 쉬우리라 짐작된다.

　　결론적으로 중·고등학교 과정의 세계사 교과서는 아프리카의 역사를 체계적으로 배제한다. 물론 아프리카의 역사가 세계사에서 차지하는 비중에 대해서나, 한국의 역사와 관련된 부분이 적다는 점에서는 이론의 여지가 없다. 아프리카의 역사를 동아시아나 다른 유럽의 역사와 동일한 분량으로 소개하자는 것은 아니다. 다만 400여 쪽에 이르는 세계사 교과서에서 10쪽도 안 되는 분량은 정상적이지 않다는 점, 그리고 정확한 내용을 교과서에 담아야 함을 지적하고자 한다. 지리 교과목이 상대적으로 아프리카에 대한 기술을 '많이' 한 결과 '수많은' 오류와 문제점을 드러냈다면, 세계사 교과는 아프리카를 배제함으로써 오류가 겉으로 드러나지 않았을 뿐이다.

중학교 과정에 사용되는 사회과부도나 고등학교 과정의 역사부도는 교과서보다도 더 많은 오류를 범한다. 가장 먼저 지적할 사항은, 교과서 자체가 아프리카의 역사를 통사적으로 다루지 않기 때문에 사회과부도나 역사부도에 실린 아프리카 관련 역사 지도들이 시대적 변화에 따른 흐름을 보여주지 못하고 아무런 맥락 없이 나열되어 있을 뿐이라는 점이다. 특정 시기의 아프리카를 보여주는 지도에 각종 왕국들이 불규칙하게 소개돼 있어 아프리카 역사에 중요한 왕국들이 누락된 경우도 많다. 일반적으로 아프리카에 존재했던 주요한 왕국은 오른쪽 지도[1]에 표시된 것들이다.

부도에 삽입된 지도나 사진 설명에도 오류가 발견된다. 성지문화사가 펴낸 『고등학교 역사부도』(69쪽)[2]에서는 말리 왕국의 왕 만사 무사가 최초로 메카를 순례한 여정을 그린 그림을 소개하면서 그림 설명으로 "1375년 그려진 세계 지도의 일부"이며 "말리 국왕과 이슬람 상인"이 그려져 있다고 한다. 반면, 삼화출판사가 펴낸 『고등학교 역사부도』(91쪽)는 같은 그림의 일부를 소개하면서 말리 왕의 이름을 "만자무" 왕이라고 잘못 표기했다.

교학사의 『고등학교 역사부도』(97쪽)는 18세기 네덜란드 사신이

2 『고등학교 역사부도』(성지문화사 69쪽)

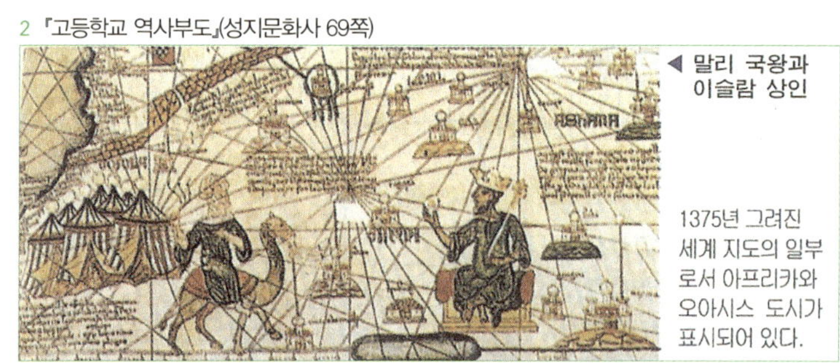

1 아프리카 역사의 주요 왕국들

쿠시(서기전 8세기~서기 350), 악숨(2~7세기), 가나(8~12세기), 카넴(9~18세기), 하우사(11~18세기), 말리(13~15세기), 송가이(1350~16세기), 콩고(15~16세기), 루바(15~16세기), 룬디(1450~17세기), 무와나무타파(15~18세기), 베닝(16~18세기), 분요로(14~19세기), 부간다(16~19세기), 안콜레(16~19세기), 루안다(16~19세기), 오요(17세기~1850), 아샨티(1650~19세기), 다호메이(18~19세기), 줄루(1800~1830).

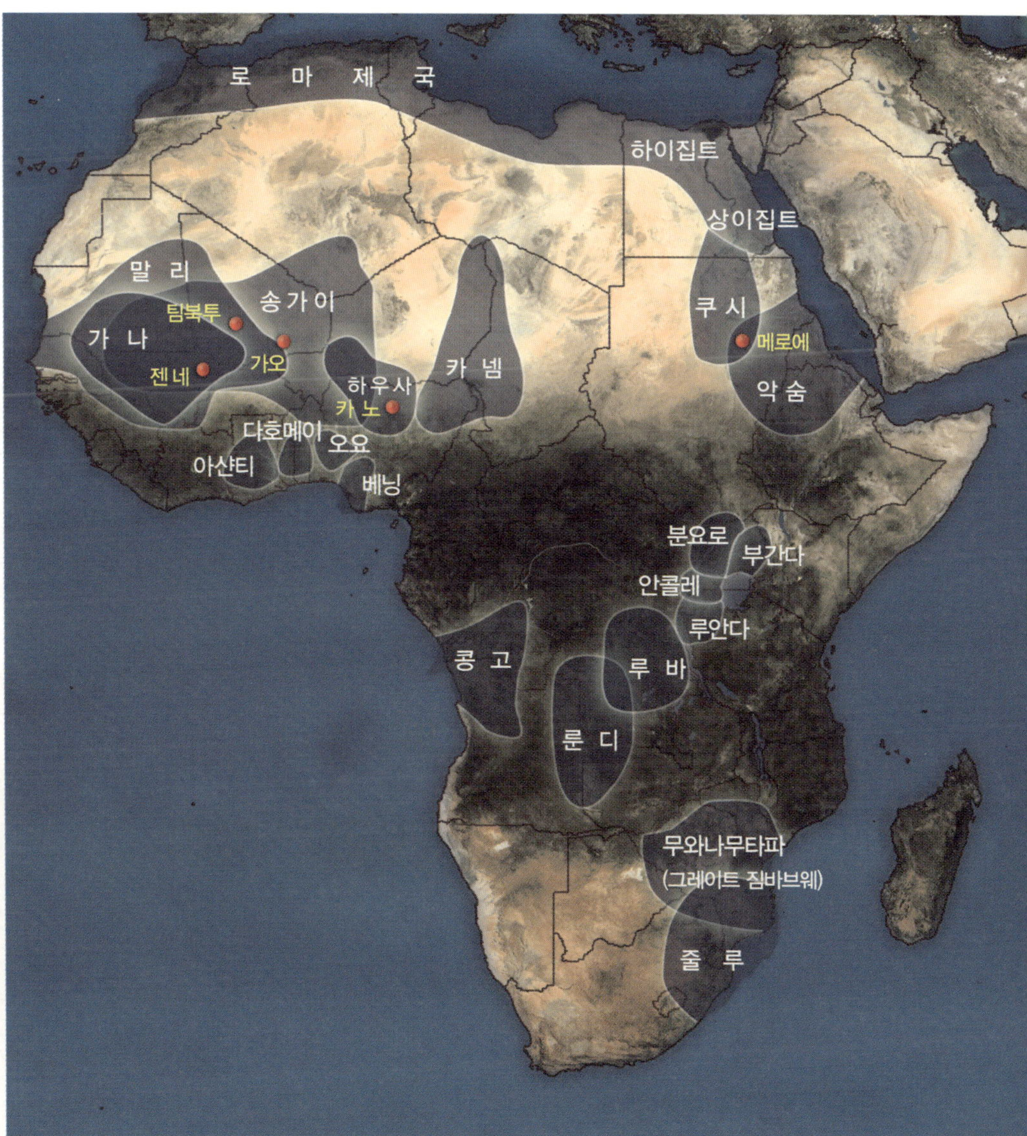

콩고 왕을 접견하는 그림[1]을 소개하면서 그림 설명에 "이븐 바투타가 체재하기도 하였다"는 설명을 달았는데 이 역시 오류다. 이븐 바투타는 14세기의 무슬림 여행가로, 사실 육로로는 북아프리카와 서아프리카의 말리까지 여행했을 뿐이고 배를 이용해 홍해를 거쳐 인도양으로 항해하며 동아프리카를 탐험했지만 콩고 왕국에는 가지 않았다.

짐바브웨의 돌로 된 성곽 유적은 아프리카에 보기 드문 석조 유적으로 상당한 권력을 행사한 정치 체제, 곧 왕국이 존재했던 증거로 주목받는다. 학자들은 이 유적의 성격에 대해서 명확한 판단을 내리지 못한 채 도시나 왕궁 유적으로 추정하고 있다. 그런데 지학사의 『고등학교 역사부도』(71쪽)는 어떤 근거에서인지 모르지만 이 유적의 용도를 "석조 신전"으로 규정하는 새로운 학설을 내놓았다. 그런가 하면 심지어 세계문화유산으로 지정된 서아프리카 말리의 젠네 이슬람 사원이 갑자기 "통부크투의 이슬람 사원"으로 설명되기도 한다(『고등학교 역사부도』 신유 89쪽).[2] 노예무역의 비참함을 보여주는 노예선 내부의 그림을 "노예 무역선의 설계도"라고 지문을 단 경우도 있다(『고등학교 역사부도』 성지문화사 93쪽).[3]

지도의 기본은 정확한 위치를 표기하는 것이다. 그러나 『고등학교 역사부도』는 설명하는 역사상의 왕국이나 현대 아프리카 국가의 위치를 잘못 표기한 경우가 많다. 지학사의 『고등학교 역사부도』(71쪽)[4]는 아프리카 왕국의 이름을 지도에 표시하면서 정확한 위치를 지정하지도 않고 왕국 이름을 지도의 여러 공간에 배치하여, 가나 왕국이 거의 북아프리카에 있었던 것처럼 되어 있고 말리와 송가이 왕국의 위치도 애매하다. 이 왕국들의 정확한 위치는 279쪽의 지도에 나와 있다.

금성출판사 『고등학교 역사부도』(91쪽)는 아프리카 왕국 중 몇몇 개만 자의적으로 지도에 표시했다. '베닝'이라고 읽어야 옳은 "베냉" 왕

1 (왼쪽) 『고등학교 역사부도』(교학사 97쪽)

2 (오른쪽) 『고등학교 역사부도』(신유 89쪽), "통부크투의 이슬람 사원"으로 설명된 서아프리카 말리의 젠네 이슬람 사원.

3 『고등학교 역사부도』(성지문화사 93쪽)

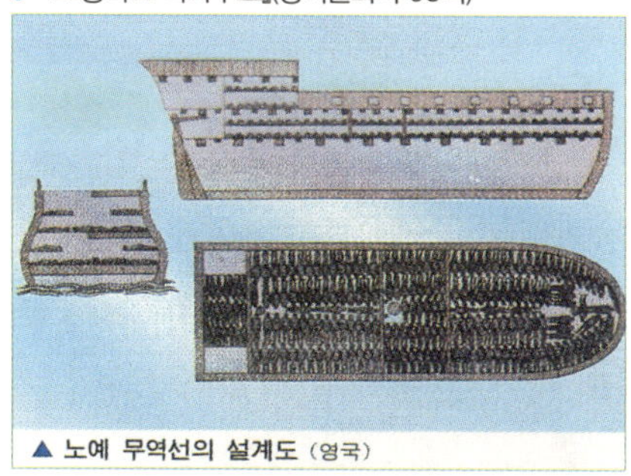

4 『고등학교 역사부도』(지학사 71쪽)

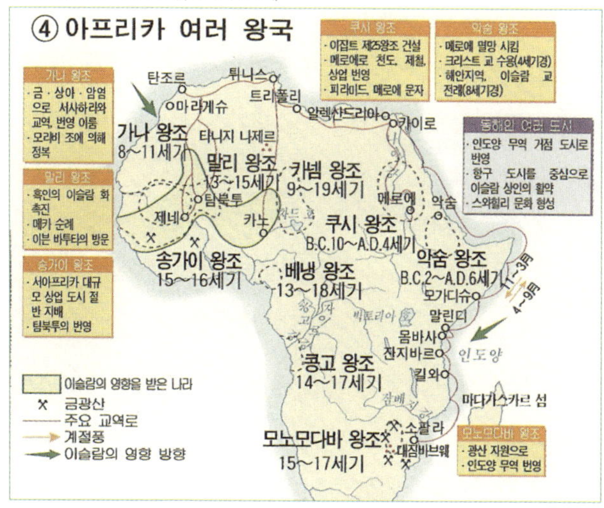

국을 표시해놓고는 밀접한 연관이 있는 요루바의 여러 왕국은 표기하지
않았다. '베냉'은 현재 서아프리카의 나이지리아와 토고 사이에 있는 나
라 이름이고, 이 지도에 표시된 역사상의 왕국 이름은 '베닝'이다. 또한
왕국의 세력권을 의미하는 영토 표시를 볼 때 에티오피아 왕국의 세력권
은 사실에 부합하지 않는다.

성지문화사의 『고등학교 역사부도』는 14~16세기 아프리카 왕국
들을 지도에 표시하면서 "보르구요르바"라는 정체불명의 왕국을 표시했
는데(92쪽) 요루바 민족을 연구한 필자로서도 들어본 적 없는 이름으로,
10여 개가 넘는 요루바의 중요한 왕국 중 어느 왕국을 말하는지 알 수 없
다. 16세기 왕국 지도(93쪽)에도 무엇인지 알 수 없는 "보루메" 왕국이
있고, 92쪽의 지도에는 표시되어 있는 (요루바가 옳은) "요르바" 왕국이
93쪽에는 나오지 않는다. 또한 아프리카의 흑인 왕조 일람표(69쪽)에서
도 (베닝이 옳은) "배냉" 왕국을 콩고 쪽에 표시했고, 다호메이 왕국을 "다
오머"라 잘못 썼으며, 아샨티나 다호메이, 베닝 왕국만큼 중요한 요루바
왕국들에 대해서는 아무런 언급을 하지 않았다. 279쪽 지도에서 베닝 왼
쪽에 있는 오요 왕국이 요루바의 한 왕국이다.

지도의 오류는 현대 아프리카 국가의 국경을 표시하는 데도 발견
된다. 서아프리카의 부르키나파소는 별개의 나라인 감비아와 함께 붙어
"감비아부르키나파소"라는 정체불명의 이름으로 표기되기도 한다(『고등
학교 역사부도』 보진재 106쪽). 이러한 실수는 단순한 오자로 인정할 수도
있겠지만 그러기에는 너무나 많은 오류가 발견된다.

유럽 열강이 아프리카를 분할하는 지도에서도 프랑스와 영국 등
유럽 국가들이 아프리카 대륙을 분할하는 과정을 충분히 설명하지 않아
누락된 내용이 많다. 천재교육의 『고등학교 역사부도』(109쪽)에 실린 "아

시아·아프리카의 반제국주의 민족 운동과 변혁 운동" 지도는 아프리카
의 식민 지배 현황에 이집트만 영국령으로 표시해놓았을 정도다.[1]

또한 지역적, 경제적 통합을 보여주는 세계 지도에서 역사부도

1 『고등학교 역사부도』(천재교육 109쪽) "아시아·아프리카의 반제국주의 민족 운동과 변혁 운
  동" 지도의 아프리카 부분. 열강의 아프리카 분할은 아래 지도(『고등학교 역사부도』 삼화출판사
  103쪽)를 참고.

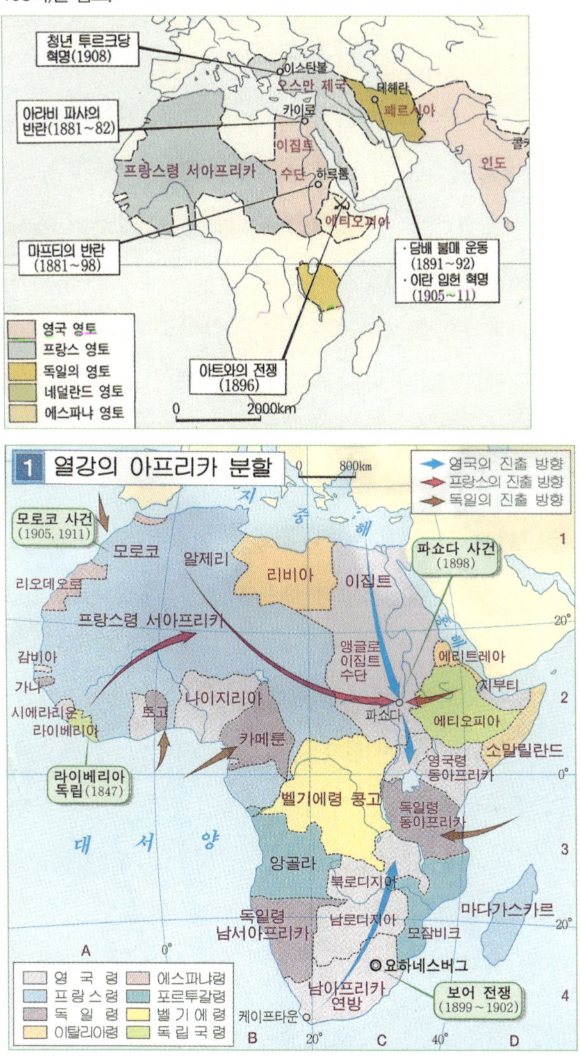

대부분이 서아프리카경제공동체ECOWAS나 남아프리카개발공동체SADC를 빠뜨렸다(『고등학교 역사부도』삼화출판사 108쪽, 금성출판사 108쪽 등). 현행 교육과정에서 엄연히 교육인적자원부의 검정을 통과한 교과서인 지리부도, 역사부도가 교과서로서 갖추어야 할 최소한의 기준조차 지키지 못하고 오류투성이인 것은 아프리카에 국한된 일이기를 바랄 뿐이다.

　　지명을 잘못 표기한 경우도 많다. 같은 이름을 역사부도마다 다르게 표기한 경우가 많다. 서아프리카의 중요한 교역 도시였던 팀북투(통북투)는 "통부쿠트", "톰브구츠", "팀북트" 등 여러 이름으로 표기되었는데, 해당 언어에 익숙하지 않아 발음을 잘못 표시할 수는 있다. 그러나 많은 역사부도들이 "통부쿠트", (악숨이 옳은 발음인) "아크섬"처럼, 영어로 표기된 아프리카 지명을 일본식으로 읽은 것으로 짐작된다. 이러한 사례는 모든 역사부도에 공통으로 나타나는데, 역사부도를 만드는 출판사들이 각각 일본 책을 베낀 게 아니냐는 의심을 품게 한다. 결국 일본의 역사부도가 범하는 수많은 오류를 그대로 되풀이할 뿐만 아니라 일본식 외래어 표기법을 학생들에게 가르친다고 비판할 수 있는 문제다.

　　역사부도는 아프리카에 대한 부정적 편견을 드러내기도 한다. 앞에서 언급한 말리 왕국의 만사 무사 왕은 메카 순례를 통해 말리 왕국의 부를 아랍 세계에 알린 사람이다. 이슬람 기록에는 만사 무사 왕의 호화로운 권세와 부가 잘 나타난다. 요즘도 미국이나 영국의 아프리카 관련 박물관에서는 만사 무사 왕의 메카 순례 그림을 통해, 기록으로 남아 있지 않은 아프리카 왕국의 풍요로움과 절대적인 권력을 설명한다. 그러나 삼화출판사 『고등학교 역사부도』(91쪽)는 왕의 이름부터 틀린 설명문에서 "흑인 이슬람 교 국가 황제 칸칸무사는 메카 순례 중에 돈을 물 쓰듯 하여 카이로의 금 시세를 문란하게 하였다"며 부정적으로 서술했다.

우리 교과서가 가르치지 않는 아프리카의 역사와 문화

지금까지 살펴본 내용을 근거로 세계사 교과서들은 아프리카의 역사를 체계적으로 배제한다고 말할 수 있다. 할당된 분량이 적기 때문에 오류가 그리 많지 않아 보이지만, 아프리카 역사의 '결여'야말로 우리나라 교과서의 가장 심각한 문제다. 앞에서도 말했듯이 세계사 시간에 모든 지역의 역사를 균등하게 교육해야 한다고 주장하려는 것은 아니다. 다만 외국의 주요 교과서와 달리 우리나라 교과서가 지나치게 아프리카 대륙의 역사를 무시하는 점은 시급히 개선해야 할 문제가 아닐까? 아프리카 역사가 아일리프는 아프리카인들이야말로 지구상에서 가장 척박하고 살기 어려운 지역을 일구어온 개척자라는 점을 강조한 바 있다. 아프리카 역사가 인류사에서 차지하는 의미를 가장 명료하게 지적한 말이다. 이 장에서는 아프리카의 역사를 온전하게 이해하기 위해 먼저 고려해야 할 주제들을 검토하면서 아프리카 역사의 의미를 새롭게 생각해보고자 한다.

아프리카 대륙 개관

다른 대륙과 비교할 때 아프리카 대륙의 크기와 다양성은 놀라울 정도다. 흔히 아프리카 대륙의 실질적인 크기를 알지 못하는 이유는 우리가 보는 세계 지도의 한계 때문이다. 지도에 그려진 아프리카 대륙의 모습은 실제 면적을 있는 그대로 보여주지 못한다. 구형인 지구를 평면으로 펼쳐 그린 세계 지도는 북반구에 위치한 지역의 면적을 실제보다 크게 표현한다. 따라서 지도 속 아프리카는 북반구에 비해 상대적으로 축소되어 버린다. 아프리카 대륙의 면적은 1170만 평방마일로, 미국(360만), 중국(370만), 인도(126만), 유럽(190만), 아르헨티나(106만), 뉴질랜드(10만)를

모두 넣고도 8만 평방마일이 남는 크기다.[1]

　　이토록 넓은 땅이므로 자연환경 역시 다채롭다. 사하라 사막, 열대우림 지역의 밀림이나 초원만 상상하는 한국인의 아프리카 관념과 달리 아프리카에는 다양한 기후와 자연환경이 존재한다. 적도를 중심으로 열대우림 기후가 펼쳐지고, 남북 방향으로 대칭을 이루며 기후의 변화가 나타난다. 열대우림 다음으로는 사바나 지역, 사헬 지역이 나오고, 사막을 건너가면 따뜻하고 온난한 지중해성 기후가 남부와 북부 양 끝에 나타난다. 열대나 사막, 초원 지역으로만 상상되는 아프리카에 만년설이 있는 킬리만자로 산이 있으며 지중해성 기후 지역도 있다.

　　아프리카 대륙은 인종과 민족도 다양하다. 흔히 아는 것처럼 피부가 검은 흑인만 있는 것이 아니다. 북아프리카에는 아랍인이 살고 동아프리카나 남아프리카 지역에는 식민 시기 정착한 백인, 노동자로 이주해 온 아시아인들도 거주한다. 대략 8억 명이 넘는 아프리카 인구는 전 세계에서 통용되는 언어의 3분의 1에 해당하는 언어를 사용하며 살고 있다. 아프리카 대륙에서 사용되는 언어의 수를 정확하게 말하기는 쉽지 않다. 언어 간 경계를 구분 짓는 기준이 모호하여 구별되는 언어의 수가 정확하게 집계되지는 못하지만, 1000여 개에서 1800여 개에 달하는 언어가 사용된다고 알려져 있다. 이들 언어는 코이산Koisan, 닐로사하란Nilosaharan, 아프로아시아틱Afroasiatic, 니제르콩고Niger Congo 어족으로 분류되는데, 아프리카 언어 대부분이 아프로아시아틱과 니제르콩고 어족에 속한다.[2]

　　아프리카 대륙에 사람이 살기 시작한 것은 인류학자들의 연구에서 이미 밝혀진 대로 인류의 기원부터다. 동부 아프리카 탄자니아의 올두바이 계곡이나 케냐의 쿠비포라 등에서는 가장 오래된 인류의 화석이 발견되었으며, 이후 다양한 단계의 인류 진화를 보여주는 자료들이 발굴되고 있다. 석기 시대의 유물, 유적뿐만 아니라 사하라에서 과거 사막으로 변하기 전의 삶을 보여주는 벽화가 발견되기도 했다. 열대우림 지역에서는 숲을 개간하며 삶의 터전을 개척해온 아프리카인들의 삶을 유추할 수 있는 자료들도 조금씩 발굴되고 있다. 문자로 기록된 사료가 없고 자연환경 때문에 남아 있는 유적이 적지만, 아프리카 대륙에서 오랜 삶을 영위해온 사람들의 역사 자체가 없는 것은 아니다.

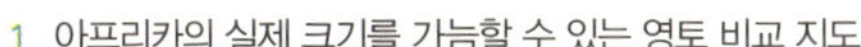

1 아프리카의 실제 크기를 가늠할 수 있는 영토 비교 지도

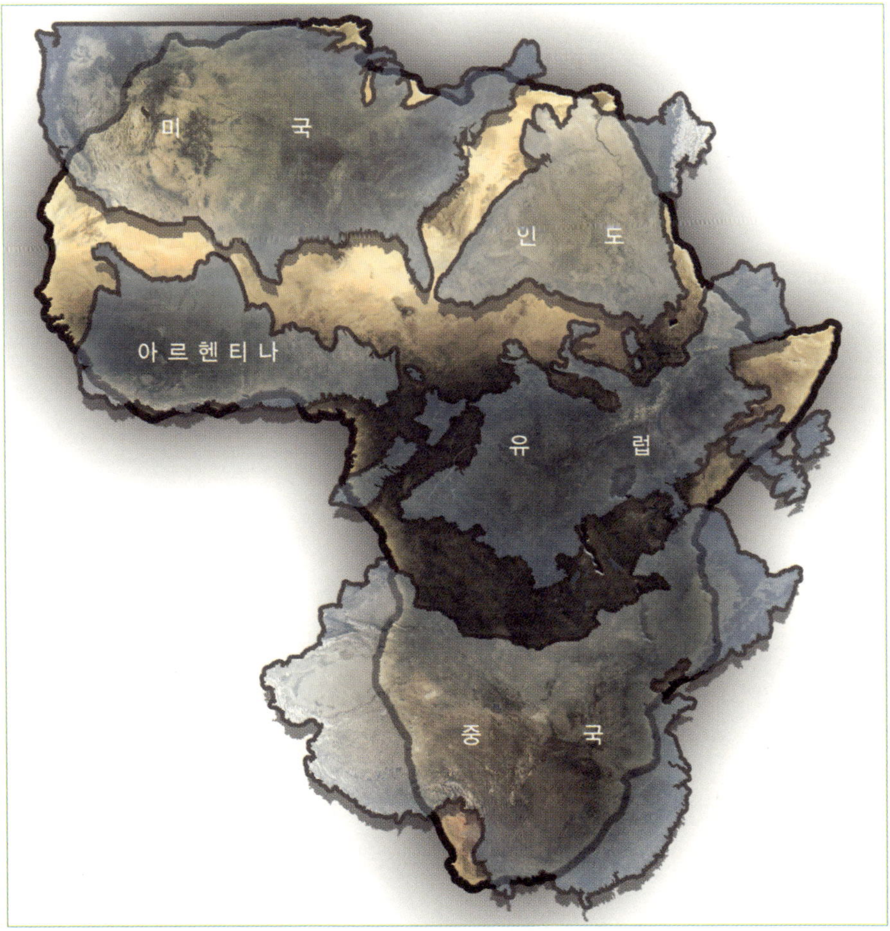

2 Joseph H. Greenberg, *The Languages of Africa*, Bloomington: Indiana University Press, 1966.

아프리카 대륙은 사하라 사막을 경계로 크게 둘로 나눌 수 있다. 사하라 사막 북쪽은 일찍부터 지중해 역사의 일부분이었으며 이슬람의 지배가 공고히 된 7세기 이래로는 문화적으로나 인종적으로 아랍의 범주에 속해왔다. 사하라 사막 남쪽은 서아프리카, 중앙아프리카, 남아프리카, 동아프리카, 그리고 아프리카의 뿔로 구분된다.

역사 없는 사람들? : 아프리카 역사와 구술 사회

이렇게 역사가 오랜 아프리카는 왜 역사가들에게 주목받지 못했을까? 그 이유는 여러 가지로 설명할 수 있다. 아마 가장 큰 이유는 전통적인 역사학에서 강조하는 문헌 사료가 없기 때문일 것이다. 문헌 사료를 통한 객관적인 연구방법론을 강조하는 역사 연구자들에게 아무런 기록이 없는 아프리카는 진지한 학문 연구 대상이 되지 못하기 때문이다. 따라서 일반인들에게 아프리카는 서구인들이 아프리카를 '발견'하고 기록을 남기기 전에는 어떠한 역사도 갖지 못했던 미지의 대륙이며 '역사 없는 땅'이 되었다.

문자가 없는 사회는 과연 역사가 없는 것일까? 인류 사회 전체를 보면 문자를 사용한 사회보다는 문자가 없는 사회가 더 많았고, 문자를 사용한 기간 역시 전 인류의 역사에서 보면 최근의 일일 뿐이다. 문자가 없을 때도 사람들은 문명을 만들어냈고 세대를 이어 자신들의 경험을 전수했다. 그러므로 문자성literacy보다는 구술성orality이 인류 역사에 차지하는 비중이 더 크다고 할 수 있다. 문자 없는 삶을 상상할 수 없는 현대 사회의 기준에서는 과거 무문자 시대, 무문자 사회를 이해하기 어렵겠지만.

아프리카는 대표적인 무문자 사회였다. 북아프리카의 이집트 문명은 상형문자를 발전시켰지만 아프리카 사회 대부분은 현대적 의미의 문자를 발전시키지 못했다. 따라서 아프리카인들은 자신들의 삶을 기록으로 남기지 못했으며 아프리카인들을 접한 외부인의 기록으로만 과거의 삶을 알린다. 지중해의 역사를 공유했던 북아프리카 지역의 역사는 유럽인이나 아랍 상인들의 기록에 의존해야 하고, 아프리카의 해안 지역은 15세기 이후 이 지역을 항해하거나 탐험했던 유럽인들을 통해 국지적인 자료를 구할 수 있을 뿐이다.

역사가들이 아프리카를 미지의 대륙으로 간주한 것은 바로 문자가 아닌 구술성에 기초한 아프리카 사회의 특징 때문이다. 아프리카인이 자신들의 역사적 경험을 다음 세대에 전승하는 방법은 입에서 입으로 전하는 것, 곧 다양한 구연 전승oral tradition이다. 따라서 아프리카의 역사를 이해하려면 먼저 문자 없는 사회의 특징인 구술성의 성격과 의미를 이해해야 한다.

문자에 익숙한 사람들은 문자가 없다는 사실만으로도 구술 사회에 편견과 선입관을 갖는 경향이 있다. 구술 사회의 구술성은 현대 문자 사회의 기준에서 그 가치를 제대로 평가받지 못하며, 나아가 구술 사회의 문화적 성취 자체가 무시되곤 한다. 흔히 구술 사회는 문자 사회에 비해 의사소통의 제약이 크고, 과거의 경험을 다음 세대에 전달하지 못해 역사적 경험을 축적하고 교훈을 얻는 데 한계가 있다고 평가된다. 글 없이 말로만 의사소통을 하면 공간을 뛰어넘지 못하는 어려움이 있는 것으로 인식된다. 멀리 떨어진 사람과 의사소통을 하려면 직접 만나야 하는 번거로움이 있기 때문이다. 실제 아프리카의 여러 지역에서는 구술에 의존한 의사소통의 불편함을 해소하고자 인간의 목소리보다 멀리 전달되는 북을 사용하는 방법을 고안하기도 했다. 나이지리아의 요루바 민족은 '말하는 북talking drum'을 사용하는데, '성조 언어소리의 높낮이를 달리하여 서로 다른 뜻을 전달하는 언어'인 아프리카어의 특징을 살려 북소리의 높낮이를 조절하여 의사소통을 한다. 모시 민족은 '큰 북'이라는 북을 활용한다.

필자는 나이지리아의 요루바 농촌에서 현지조사를 하던 중 장례식에 참석했다가 북소리만으로 누가 장례식에 오고 있는지 알게 되는 장면을 목격한 바 있다. 마을 어귀에서 북소리로 장례식에 모인 사람들에게 소식을 전해주었기 때문이다. 요루바 사람들이 춤을 출 때 춤꾼과 고수는 북소리로 대화를 나누기도 한다. 고수가 원하는 춤 동작을 북소리로 지시하는 것이다. 사람들이 감탄하는 춤꾼은 고수의 지시에 정확하게 대응하는 사람인데, 말없이 북소리로만 의사를 전달하는 모습은 경이롭기까지 하다. 아프리카의 열대우림 지역에서는 긴 나무를 재료로 음량을 키운 북을 사용하여 마을과 마을을 잇는 연락망으로 왕국의 소식을 전하기도 했다.[1]

또 구술 사회에서는 초보적인 상형문자인 도형과 기호를 사용하기도 한다. 서아프리카의 도곤이나 밤바라 민족은 표주박의 파편이나 나뭇조각에 새긴 문양을 통해 수장들 사이의 행정 연락을 유지했다.[2] 이처럼 구술 사회는 소리 전달의 한계를 극복하며 다양한 방법으로 의사소통 체계를 구축했다.

구술 사회의 가장 중요한 특징은 소리 자체에 대한 의미 부여다. 곧 발화되는 소리 자체를 신성하게 여기는 전통이다. 소리는 단순한 의사소통 수단이 아니라 그 자체가 신성한 힘을 갖는다고 여겨졌다. 실제 요루바 민족의 주술사들은 질병을 치료하는 데 소리가 중요함을 강조해왔다. 부르키나파소의 모시 민족도 소리의 신성함을 강조했다. 소리 자체를 신성시하는 문화적 전통은 문자 사회에서도 발견되는데, 문자 사회로 이행하기 전의 문화적 전통이 남아 전해진 것으로 보인다. 예를 들면 일본 문화의 전통인 '말의 영靈'에 대한 믿음은 과거 구술 사회의 유산으로 해석된다.[3] 과거 구술 사회의 유산인, 언어의 발화에 상징성과 주술성이 있다는 믿음은 여러 사회에서 많이 발견된다. 우리 속담에도 "말이 씨가 된다"는 말이 있는데 이 역시 넓게 해석하면 언어가 발화되는 것 자체에 신성함과 주술성이 있다는 관념으로 이어진다.

소리를 신성시하는 사회에서는 특히 조상이나 신의 이름을 부르는 것을 금기시한다. 집안에 모셔진 신주나 조상의 업적을 설명해야 할 때, 필자가 만난 요루바 사람들은 대부분 먼저 신과 조상에게 야자열매 술을 바친 후에야 말문을 열었다. 구술 사회에서 언어는 단순히 의사소통을 위한 도구에 그치지 않는다. 소리 자체가 신성한 것이었고, 따라서 구술 사회가 발전시켜온 구연 전승의 의미는 의사를 전달하는 기능적 차원을 넘어선다.

문자로 기록된 사료가 없는 구술 사회는 역사적 경험을 다음 세대에 전승하는 데도 어려움이 있는 것으로 여겨진다. 그러나 구술 사회는 비록 문자로 기록된 문헌 사료는 없지만 이야기나 찬양시, 전설 같은 다양한 구연 전승을 통해 과거의 경험을 기억하고 전해왔다. 아프리카의 왕국들에는 왕들의 세보世譜나 왕국의 역사를 이야기로 낭송하는 전문 이야기꾼이 있다. 서아프리카에서 그리오Griot나 벤다Benda로 불리기도 하는 이들은 전문적인 구술사가들이다. 이들은 왕국의 공식 의례에서 구연 전승을 낭송하여 왕국의 역사를 사람들에게 전달한다. 왕국뿐만 아니라 친족 집단에서도 조상을 찬양하는 찬양시를 전승함으로써 집안의 역사를

---

1 가와다 준조 지음, 임경택 옮김, 『무문자 사회의 역사: 서아프리카 모시족의 사례를 중심으로』, 서울: 논형, 2004, 39쪽.

2 Griaule, Marcel & Germaine Dieterlen, *Signes graphiques soudanais*, Paris: Hermann, 1951, pp. 27~28. 가와다 준조, 앞의 책, 39쪽에서 재인용.

3 가와다 준조, 앞의 책, 36쪽.

다음 세대에게 전달해왔다.

　　이러한 구연 전승은 역사 연구의 자료로 활용될 수 없는 것일까? 구술 사회의 문화적 특성에 관심을 가진 인류학자들은 아프리카의 다양한 구연 전승들이 실제 과거의 경험을 다양한 형태로 전달하는 것에 주목했다. 아프리카의 구연 전승에 새로운 의미를 부여하고 이를 연구하는 엄격한 연구방법론을 정립한 벨기에 출신 인류학자 반지나Vansina는 중앙아프리카의 반투계 민족들을 연구하면서 이들이 전승하는 구술 자료를 통해 이 지역 역사를 재구성했다. 그는 인류학자들이 아프리카의 구술 자료를 채록하고 분석하는 과정에서, 문헌을 연구하는 역사학자들이 '사료 비판'을 하듯이 구술자와 구술 자료에 대해 비판적 검토를 수행해야 함을 지적했다. 반지나는 구술 자료 수집의 방법론에 대한 논의와 실질적인 연구를 병행하면서 아프리카 역사 연구에 새로운 지평을 열었다.[1] 최근 사학계에서는 문자 사회에서 기록되지 않은 자료들, 특히 사회적 약자들의 집단 기억과 그 전승에 대한 연구에 관심을 기울이며 역사 연구의 방법론을 새로이 고민하고 있다. 주류의 기록에서 소외된 소수자 집단의 구술은 과거 문헌 자료 중심의 역사 연구에서 간과해온 많은 이야기들을 새롭게 발굴하고 해석할 수 있게 해준다.

　　아프리카 구술 자료의 역사적 정확성에 대해 새로운 평가를 내릴 수 있는 연구들도 이어졌다. 서아프리카의 고대 왕국인 말리 왕국의 통치자였던 순자타Sundiata[2]에 관한 서사시는 오랜 기간 전해 내려온 아프리카의 구연 전승을 새로이 평가하게 했다. 14세기 아랍의 탐험가이자 역사가였던 이븐 할둔Ibn Khaldun이 이 지역을 여행하고 남긴 기록에서 오늘날 전승되는 순자타 서사시의 일부 내용이 확인된 것이다. 이로써 문자로 기록되지 않고 700년이 넘는 동안 구술로만 전승된 순자타 서사시가 과거의 역사적 경험을 반영하고 있다는 것이 밝혀졌다. 이러한 연구들은 역사 연구의 대상과 방법론에 대한 다양한 논의를 불러왔고, 최근에는 역사학과 인류학이 서로의 방법론을 활용하는 학제적 연구가 늘어나고 있다. 역사 인류학은 특히 문헌 사료뿐 아니라 사회적 기억이나 의례를 비롯하여 다양한 물질문화를 통해 역사를 재구성하고 사람들의 역사의식을 분석하고 있다. 아프리카 역사 연구도 이러한 새로운 방법을 통해 문자 기록이 없는 한계를 극복하며 새로운 성과를 만들어내고 있다.

국가 없는 사람들 : 아프리카의 정치 체계와 역사

아프리카의 역사를 이해하는 데 또 다른 걸림돌은 중앙 집권 체계를 형성한 왕국이 많지 않다는 것이다. 세계사 교과서들을 보면 아프리카 대륙에 존재했던 왕국들이 시기적으로 불규칙하게 기록되어 있는데, 이러한 특징은 다른 지역과 달리 아프리카는 왕조 중심의 역사 서술이 불가능하다는 데서 나온다.

교과서 집필자들이나 학생들의 처지에서는 아프리카의 역사를 왕조 중심으로 서술할 수 있다면 일관된 흐름을 파악하기 쉬울 것

<hr>

1 Jan Vansina, *De la Tradition Orale: Essai de Methode Historique*, Tervuren(Belgium): Musée Royal de l'Afrique Centrale, 1961. Jan Vansina, *Oral Tradition as History*, Madison: University of Wisconsin Press, 1985.

2 순자타(Sundiata)는 1240년 무렵 창건된 말리 왕국의 창시자로 알려졌다. 말리 왕국은 서아프리카의 제국으로 영화를 누렸으나 1400년대 들어 쇠퇴하기 시작했고, 지역의 패권을 장악하기 시작한 송가이(Songhai) 왕국에게 1546년 패망했다. 말리 왕국을 여행한 무슬림 탐험가나 역사가의 기록에 순자타에 관한 내용이 등장한다. 1352년 2월에서 1353년 12월에 이 지역을 방문한 이븐 바투타는 말리 왕국과 순자타에 관한 기록을 남겼다. 서아프리카의 구술사가이자 구연 전승자인 그리오(griot)가 전하는 다양한 순자타 서사시에는 순자타의 성장 과정과 집안 내력, 왕국을 건설해나간 이력과 영웅담뿐만 아니라 그 휘하에서 활약한 장수들의 이야기도 들어 있다. 이 서사시는 말리 왕국의 후손인 다양한 '만딩어(Manding) 계' 민족들에게 전승되어, 오늘날의 기니, 부르키나파소, 말리, 세네갈, 감비아 등지에 전해 내려온다.

이다. 하지만 전통 아프리카 사회에서는 권력의 집중과 이에 따른 왕국 건설이 드물었다. 아프리카 사회 대부분은 유럽의 식민지로 전락하던 19세기에도 중앙 집권 정치 체제를 수립하지 못했다. 아프리카의 왕국은 도시국가 수준의 정치 체제에서부터 통치 지역의 규모나 권력의 위세가 막강한 수준까지 다양하게 존재했다. 중앙 권력이 없는 사회도 분절조직[1]인 친족 체계를 통해 견제와 균형을 이루며 질서를 유지하거나 연령 계단[2]에 의한 통치 방법을 발전시켰다. 따라서 아프리카의 역사 발전을 다른 지역의 기준으로 평가한다면 아프리카 사회의 특징을 이해하지 못할뿐더러 아프리카 역사가 제공하는 역사적 교훈을 받아들일 수 없게 된다.

현재 우리나라 교과서는 실재했던 왕국들조차 제대로 설명하지 못한다. 서아프리카의 경우, 가나나 말리 왕국은 기술되어 있지만 요루바 민족의 여러 왕국은 전혀 언급하지 않고, 유럽인이 식민지를 확장할 때 베닝이나 아산티 왕국 등 아프리카의 여러 정치 세력들이 어떻게 저항했는지도 기술하지 않는다. 동아프리카에 관해서도 마찬가지로 쿠시나 악숨 왕국의 의미가 올바로 평가되지 못하며, 중앙아프리카에 존재했던 소규모 왕국들의 역사도 인정받지 못한다.

아프리카의 수난과 극복
: 노예무역과 인종 차별, 그리고 '진실과 화해 위원회'

아프리카인들의 경험이 현대인들에게 놀라운 문명의 발전이나 세계 정복과 같은 역사적 교훈을 주지는 못할 것이다. 그러나 아프리카인들이 겪었던 비극적 경험과 그 극복 과정은 오늘날 역사를 연구하는 사람들에게 많은 것을 시사해줄 수 있다.

대서양 노예무역이 그 대표적 사례다. 세계대전이나 유대인 학살과 같은 전대미문의 비극을, 후대인들은 전 인류가 다시는 그 같은 반인륜적 범죄를 저지르지 않도록 뼈아픈 교훈으로 받아들이고 있다. 수많은 역사 연구자들이 왜 이러한 비극이 일어났는지, 왜 많은 사람들은 당대에 이러한 반인륜적 범죄에 동조했는지를 연구하고 해석한다. 대서양 노예무역은 그 규모나 지속 시기, 희생자들의 비극적 삶을 고려한다면 망각되어서는 안 될 사건이다. 오늘날 유럽과 서구가 누리는 풍요가 어느 정도는 대서양 노예무역으로 희생된 아프리카인들의 땀과 눈물로 이루어진 것이라면, 서구의 역사를 어떻게 해석할 것인가를 두고 역사가들은 진지하게 고민해야 한다.

노예무역은 유럽뿐만 아니라 아프리카와 아메리카에도 많은 변화를 불러왔다. 아프리카인이 전 지구적으로 이동하고 확산하는 계기가 되었고, 아프리카의 전통 종교를 비롯한 다양한 문화 전통들이 아메리카의 문화와 만나 새로운 방향으로 발전했다. 노예로 바다를 건너간 아프리카인들이 낯선 환경과 새로운 땅에 적응하여 자신들의 문화를 유지하고 발전시켜온 과정은 역사적 교훈을 찾는 사람들이라면 당연히 주목해야 할 주제일 것이다.

또한, 아메리카로 건너간 아프리카인들만 인종 차별에 희생된 것

1 분절 조직(segmentary organization) 수단의 누에르(Nuer) 사회를 연구한 영국의 인류학자 에번스프리처드(Edward Evans-Pritchard)가 누에르 친족 조직을 설명하면서 도입한 개념이다. 같은 조상의 후손들로 이루어진 친족 집단인 종족(宗族)이 단계별 중시조를 매개로 나뉘고, 이렇게 분절된 집단들이 일상생활에서 서로 견제하면서 균형을 이루는 사회 체계의 조직 원리를 일컫는 개념이다. 에번스프리처드는 이러한 분절적 친족 체계가 중앙 권력이 없는 사회에서 질서를 유지하는 일에 이바지한다고 설명했다.
2 연령 계단(age grade) 아프리카에서 같은 시기에 성인식을 치른 사람들은 각기 자신들의 연배(age set)를 형성한다. 따라서 한 사회에는 여러 연배가 존재하며 일정한 위계로 연결된다. 이 체계를 연령 계단(age grade)이라 한다. 각 연배는 각각의 고유한 사회적 역할을 수행하는데, 시간이 흐르면 새로운 연배에 자신들의 역할을 넘겨주고 윗단계 연배의 역할을 이어받는다.

은 아니다. 남아프리카공화국은 1990년대 중반까지 공식적으로 피부색을 근거로 사람들을 가르고 차별한 국가다. 흑인들은 대대로 살아왔던 자신들의 거주지에서 추방되었고, 과거 자신들의 땅이었던 곳에 세워진 백인들의 도시로 출퇴근하며 일해야 했다. 인종 분리 정책인 아파르트헤이트에 수십 년간 저항했던 남아프리카의 흑인들은 마침내 인종 차별 체제를 종식시키고 인류 역사에서 가장 귀한 역사적 교훈을 만들고 있다. '화해와 용서'를 향한 피해자와 가해자의 공동 노력이 그것이다. 남아프리카공화국은 아파르트헤이트 체제를 철폐한 후, 과거의 역사적 진실을 규명하고 이를 통해 과거를 청산하고 새로운 사회를 건설하려는 열망을 평화적인 방법으로 구체화했다. '진실과 화해 위원회'는 과거 아파르트헤이트 기간에 저질러진 반인륜적 범죄를 고백하고 용서하는 과거 청산을 추진했다. 보복과 처벌을 위한 과거 청산이 아니라 진실을 규명하고 역사적 교훈을 얻는 것이 이들의 목표였다. 자신의 범죄를 인정하고, 있는 그대로 사실을 증언한 사람들을 용서함으로써 진실을 규명해내고, 이를 토대로 역사적 교훈을 만들어나가는 남아프리카 사회는 살아 있는 역사 교육 현장이다.

아프리카는 인류 역사에서 화려한 주목을 받은 적이 없다. 오늘날 우리나라 역사 교과서가 아프리카를 배제하는 것도 같은 맥락이다. 그러나 화려하지는 않지만 온갖 수난을 극복해온 아프리카인의 역사적 경험은 전 인류가 함께 누릴 수 있는 귀한 역사적 교훈을 제공한다. 환경 파괴로 가속화되는 지구 온난화는 화석 연료를 가장 적게 사용해온 아프리카에 기후 변화로 말미암은 자연재해를 일으키고 있다. 가뭄과 기아의 연속, 후천성면역결핍증AIDS이나 말라리아와 같은 질병의 고통, 무책임한 식민 통치 결과 심해진 종족 갈등 등 인류가 직면한 가장 열악한 환경에

서 삶을 이어나가는 아프리카인들의 역사적 경험이야말로 인류 역사의
최전선이다. 오늘도 고통 속에서 묵묵히 자신의 몫을 다하는 그들의 경험
을 어떻게 받아들이고 이해하는가는 우리의 과제이며, 그 속에서 역사적
교훈을 발견하고 미래를 위한 인류의 지혜로 삼는 것은 역사 연구와 역사
교육이 마땅히 수행해야 할 몫이다.

참고문헌

가와다 준조, 『무문자 사회의 역사: 서아프리카 모시족의 사례를 중심으로』, 임경택 옮김, 논형, 2004.

김소진, 「달개비꽃」, 『자전거 도둑』, 도서출판 강, 1996.

김소진, 『눈사람 속의 검은 항아리』, 도서출판 강, 1997.

마틴 버낼, 『블랙 아테나: 서양 고전 문명의 아프리카 · 아시아적 뿌리』, 오홍식 옮김, 소나무, 2006.

박일문, 『살아남은 자의 슬픔』, 민음사, 1992.

아담 호크쉴드, 『레오폴드왕의 유령: 아프리카의 비극, 제국주의의 탐욕 그리고 저항에 관한 이야기』, 이종인 옮김, 무우수, 2003.

유네스코 아시아 · 태평양 국제이해교육원 편, 『함께 사는 세상 만들기: 고등학생을 위한 국제이해교육 교과서』, 일조각, 2004.

정지아, 「니그로? 블랙 피플? 톰?」, 『인권』, 국가인권위원회, 2006년 5월호.

제러미 블랙, 『세계 지도의 역사』, 김요한 옮김, 지식의숲, 2006.

존 아일리프, 『아프리카의 역사』, 이한규 · 강인황 옮김, 이산, 2002.

한건수, 「아프리카 문화와 국제이해교육」, 『국제이해교육』 제5집, 2001, 100~121쪽.

한건수, 「아프리카」, 오명석 외, 『세계의 풍속과 문화』, 한국방송통신대학교출판부, 2005.

한건수, 「한국사회와 아프리카 문화의 상상과 소비」, 문옥표 외, 『우리 안의 외국문화: 관광과 음식을 통해 본 문화소비』, 소화, 2006.

한건수, 「한국 바로 알리기의 성찰: 국내언론의 아프리카 보도」, 한국학중앙연구원 한국문화교류센터 한국바로알리기 칼럼, 2006년 4월, www.ikorea.ac.kr.

한건수, 「민족은 국가를 넘을 수 있는가」, 『황해문화』 51, 2006, 70~82쪽.

Greenberg, Joseph H. *The Languages of Africa*, Bloomington: Indiana University Press, 1966.

Griaule, Marcel & Germaine Dieterlen. *Signes graphiques soudanais*, Paris: Hermann, 1951.

Han, Geon-Soo. "African Migrant Workers' Views of Korean People and Culture", *Korea Journal* 43, 1, 2003, pp. 154~173.

Miller, Christopher L. *Blank Darkness*, Chicago: University of Chicago Press, 1985.

Rosaldo, Renato. *Culture and Truth*, New York: Beacon, 1989〔『문화와 진리』, 권숙인 옮김, 아카넷, 2000〕.

Sorenson, John. *Imagining Ethiopia: Struggles for History and Identity in the Horn of Africa*, New Brunswick, NJ: Rutgers University Press, 1993.

Vansina, Jan. *De la Tradition Orale: Essai de Methode Historique*, Tervuren(Belgium): Musée Royal de l'Afrique Centrale, 1961〔*Oral Tradition: A Study in Historical Methodology*, Aldine Press, 2005〕.

Vansina, Jan. *Oral Tradition as History*, Madison: University of Wisconsin Press, 1985.

야만과 문명의 틈새에서

라틴아메리카   이종득

라틴아메리카에 관한 상상과 오해

한국 사람들에게 라틴아메리카 하면 떠오르는 인상은 무엇일까? 흥미롭게도 적당히 찍어낸 붕어빵처럼 고정된 이미지가 주류를 이루고 있다. 문제는 그것이 라틴아메리카 국가들과 직접 접촉하거나 문화 교류를 하여 우리 스스로 만들어낸 이미지가 아니라는 데에 있다. 유럽이나 미국의 왜곡된 시각이나 편견이 학문적으로 여과되지 않고 그대로 통용되는 경우가 많은 것이 엄연한 현실이다. 한 예를 들자면, 아메리카 정복 시기에 대한 우리의 이해는 다음과 같은 수준을 넘지 못한다.

스페인 정복자들이 아메리카에 진출하기 이전에 인디오들은 풍요로운 자연 속에서 전쟁 없이 평화롭게 살고 있었다. 그들은 순수하여 물질에 물들지 않았으며, 고도로 발달한 문명을 이룩해냈다. 콜럼버스가 아메리카 대륙을 발견한 이후, 스페인 사람들이 아메리카를 침략하여 고대 문명을 무자비하게 파괴하고 인디오들을 살육했다. 식민지 시대에는 이들의 노동력을 착취하여 엄청난 부를 쌓아 올렸다.
(여러 교과서의 서술을 종합하여 만든 문장임)

우리에게는 별로 문제없는, 매우 익숙한 문장이다. 그러나 이러한 설명 이면에는 우리가 인식하지 못하는, '유럽인의 시각'이 농축되어 있음을 간파할 수 있는 한국인은 매우 드물다.

먼저 이 서술로부터 알 수 있는 사실은 유럽인들이 꿈꾸어왔던 유토피아적 이상향이 아메리카에 투사되어 있다는 것이다. 아메리카의 자연환경을 목가적인 풍경으로 보고, 원주민은 자연과의 조화 속에서 진정한 삶을 구현하는 '선한 야만인'의 모습으로 포장되어 있다. 이러한 이미지는 유럽인들이 낭만적인 상상으로 재구성한 모습일 뿐이다. 아메리카 원주민들은 야만인도 아니었고 모두 그저 선하기만 한 사람들도 아니었다. 고대 동아시아나 유럽 사람들이 많은 전쟁을 벌였듯 고대 아메리카에서도 많은 전쟁이 있었다. 게다가 유럽인들이 '절대' 이해할 수 없었던 인신공양도 아메리카 여러 지역에서 성행했다. 모락모락 김이 나는, 산 사람의 심장을 꺼내 든 사제는 유럽 사람들에게 악마의 모습 그 자체였다. 악마 숭배라는 야만적인 악습을 근절하고, 희생되는 착한 원주민을 구출해야 한다는 대의명분 아래 에스빠냐는 아메리카 정복의 피 묻은 칼날을 정당화했다. 또한, 미개하고 타락한 영혼을 악마로부터 구해야 한다는 명목 하에 원주민들의 영혼에 십자가를 휘둘렀다.

콜럼버스가 아메리카 대륙을 '발견'했다는 표현에는 서구 중심주의의 우월 의식이 함축되어 있다. 아메리카에 거주하며 독자적인 문명을 건설한 원주민들을 간과했기 때문이다. 엄격한 의미에서 아메리카를 최초로 발견한 인류는 베링 해협을 건넌 몽골인이 아니었던가? 또한 '발견'과 '진출'이라는 이미지에는 기독교 신앙을 바탕으로 이슬람 세력(모로족)을 이베리아 반도에서 몰아냈던 에스빠냐인들의 당당한 모습이 중첩되고, 이교도의 땅은 먼저 점유하는 자의 수중에 떨어졌던 당시의 관습이 얼룩져 있다. 나아가 지배 본능이 내재한 제국주의 냄새가 진하게 풍긴다. 에스빠냐가 아메리카를 정복하자 이를 시기한 프랑스와 영국 등이 식민지 개척에 혈안이 되어 유럽 제국주의 시대가 가속화되었기 때문이다.

에스빠냐의 정복자들이 평화롭게 살던 원주민들을 마구 죽이고 약탈했다는 설명에서는 바르똘로메 데 라스 까사스^{Bartolomé de las Casas} 신부의 노기에 가득 찬 얼굴이 어른거린다. 정복자들의 야만적인 횡포에 맞서 목숨을 걸고 원주민 보호에 앞장섰던 이 신부는 '흑색 전설leyenda negra'의 대표적인 인물이다. 인본주의적 양심과 맞물려 '흑색 전설'은 공교롭게도 영국과 프랑스가 에스빠냐를 국제적으로 비난할 때마다 단골로 사용한 문구다. 착한 원주민들을 무자비하게 살육하고 그들의 땅과 노동력을 야수처럼 약탈한다는 '흑색 전설'의 이면에는, 아메리카 대륙을 독점한 에스빠냐를 시기하고 견제하려는 영국과 프랑스의 정치적인 음모가 똬리를 틀고 있다.

마지막으로, 용어 표기법에도 문제가 있다. 투우와 플라밍고, 그리고 열정의 나라로 널리 알려진 이베리아 반도의 조그마한 나라를 어떻게 불러야 옳은가? 중·고등학교 교과서는 이 나라의 이름을 '에스파냐'로 통일하는 반면, 방송 매체를 비롯한 일반 사회에서는 '스페인'이 통용되고 있다. 어느 쪽이 정확한가? 한 국가의 명칭은 당사국에게 매우 민감한 문제일 수 있다. 특히, 자국이 영어식으로 불릴 때에 거부감을 느끼는 경우가 자주 발생한다. 따라서 국가 명칭은 당사국의 언어와 발음을 존중해서 부르는 것이 상대국에 대한 예의일 듯하다. 이런 원칙을 지킨다면 '에스빠냐'가 정확하다. '스페인'은 영어식 표기이고, '에스파냐'는 '에스빠냐'를 영어식 발음으로 통일하려는 한국의 표기법에 따른 용어다. 그러나 정작 큰 문제는 많은 한국인이 스페인과 에스빠냐가 같은 나라라는 사실조차 모르는 데에 있다.

용어상의 문제는 아메리카에 거주하는 원주민들을 지칭할 때에도 일어난다. 콜럼버스는 1492년 아메리카 대륙과 우연히 만나고, 이곳을 자신이 가고자 했던 인도로 착각하는 바람에 원주민들을 인도 사람이란 뜻으로 '인디오'라 불렀다. 이후 미국에서도 같은 의미로 '인디언'이란 용어가 사용되었다. 콜럼버스의 실수 때문에 세계사 호적에 아메리카 원주민들은 인도인으로 잘못 등재된 셈이다. 콜럼버스가 처음 도착한 산살바도르San Salvador 섬과 그 주위 섬들은 현재까지도 '서인도 제도'라고 불린다.

그렇다면 원주민을 지칭할 때는 어떤 이름이 적합할까? 우리나라 중·고등학교 교과서는 두 가지 용어, 인디오와 인디헤나를 혼용하지만, 라틴아메리카의 많은 나라에서 '인디오'라는 용어는 인종적으로 비하하는 의미를 띤다. 원주민들은 자신들을 '인디오'라고 부르면 벌컥 화를 내기도 한다. 따라서 '인디오'라는 용어보다는 원주민을 뜻하는 '인디헤나indígena'가 애용된다.

이 밖에도 중·고등학교 교과서에 여러 가지로 표기된 용어들을 하나로 통일할 필요가 있다. 에스빠냐 사람과 원주민 사이에 태어닌 혼혈을 '메스티조'라고도 하고 '메스티소'라고도 하듯이, 우리나라 교과서는 영어식 발음과 에스빠냐어식 발음을 혼용한다. 일반적으로 한국에서 자주 사용되어온 용어는 영어식 발음으로, 새로운 용어는 원어 발음에 가깝게 표기하는 경향이 보인다. 이 글에서는 용어 발음의 통일성을 유지하도록 가능한 한 에스빠냐어식 발음에 기초하여 용어를 표기할 것이다.

라틴아메리카의 자연환경

멕시코는 중앙아메리카에 속하는가, 북아메리카에 속하는가?

"리오그란데 강 이남에서 파나마까지를 중앙 아메리카라고 한다."
(『중학교 사회 1』 중앙교육진흥연구소 214쪽)
"라틴아메리카는 중앙 아메리카와 남아메리카를 모두 포함한 개념
이다."(『고등학교 세계지리』 대한교과서 201쪽)

중앙아메리카는 보통 지리적으로 멕시코 남부를 동서로 가로지르는 떼우안떼뻭 지협과 파나마 지협 사이를 의미한다. 하지만 이렇게 구분하면 멕시코가 중앙아메리카와 북아메리카 2개 지역으로 나뉘는 문제가 생긴다. 라틴아메리카 국가들 사이에서는 일반적으로 멕시코를 북아메리카에 포함시키고 과테말라, 벨리스, 온두라스, 엘살바도르, 니카라과, 코스타리카, 파나마를 하나로 묶어서 중앙아메리카라고 부른다. 1994년에 체결된 북미자유무역협정NAFTA이 미국과 캐나다뿐만 아니라 멕시코까지도 포함한다는 사실을 떠올리면 쉽게 이해할 수 있다.[1]

아메리카를 분류하는 또 다른 방식이 있다. 거주하는 인종과 언어, 문화에 기초하여 크게 앵글로아메리카와 라틴아메리카로 나누는 것이다. 전자는 앵글로색슨족이 많이 거주하고 영어를 사용하는 미국과 캐나다를 지칭한다. 후자는 라틴계인 에스빠냐와 포르투갈의 식민 경험이 있고 양국 문화의 영향을 많이 받은 지역이다. 이 지역에서는 식민 시대 이래 인종적인 혼혈이 이루어졌고, 대부분의 국가가 에스빠냐어나 포르투갈어를 사용한다. 아메리카를 앵글로아메리카와 라틴아메리카로 분류

할 때는 미국과 멕시코 사이를 흐르는 리오그란데 강Río Grande이 아메리카를 양분하는 적절한 지리적 경계가 된다.

　　우리나라 중·고등학교 교과서들은 보통 카리브 지역을 포함하여 멕시코에서 파나마까지를 중앙아메리카로 분류하고, 파나마 이남 지역은 남아메리카로 부른다. 지리적 분류와 문화(인종, 언어 등)적 분류가 모호하게 혼합되어 지리적인 분류조차 문화적으로 정의되어 있다. 라틴아메리카 국가들은 멕시코를 북아메리카에 속한 나라로 간주하는데 한국의 교과서에서는 중앙아메리카로 분류하는 것이다.

1　멕시코, 중앙아메리카, 라틴아메리카 북부의 지리(『중학교 사회과부도』 천재교육 68쪽)

그런가 하면 라틴아메리카 지형을 설명하는 과정에서도 지역적인 균형을 잃어버리는 경우가 자주 발견된다.

> "라틴아메리카의 서부에는 안데스 산맥이 남북으로 뻗어 있다. 이 산맥은 높고 험준하며, 환태평양 조산대에 속하며 화산 활동이 많고, 지진도 자주 일어난다. 동부에는 비교적 낮고 평탄한 브라질 고원과 기아나 고지가 있고, 서부 산지와 동부 고원 사이의 넓은 중앙 저지대로 아마존 강이 흐른다."
> (『중학교 사회1』 중앙교육진흥연구소 215쪽)
> "지형은 크게 서부의 산지, 중앙부의 저지대, 동부의 고원 지대로 나뉜다."(『중학교 사회1』 동화사 216쪽)

정확히 말해 라틴아메리카는 북반구에 있는 멕시코에서 남반구의 칠레까지 길게 이어진, 광활한 대륙이다. 그런데도 우리나라 교과서는 라틴아메리카의 지형을 설명하면서 콜롬비아에서 칠레에 이르는 남아메리카 지형만을 설명한다. 멕시코와 중앙아메리카 지역의 지형을 설명하는 내용은 대부분 생략되어 있다. 지리적인 위치에 대한 혼란은 다음과 같은 설명에서 극에 달한다.

> "우리나라와 계절, 낮과 밤이 반대인 라틴아메리카는 미국과 멕시코의 경계인 리오그란데 강 남쪽의 아메리카와 카리브 해의 여러 섬을 포함하는 지역이다."(『중학교 사회1』 교학사 황재기 외 199쪽)

위 문장을 쓴 교과서 집필자는 라틴아메리카가 남반구에 있다고 잘못 생각하고 있다. 라틴아메리카는 거의 우리나라 반대편에 있기 때문에 낮과 밤이 반대인 것은 사실이다. 그러나 라틴아메리카는 북반구와 남반구에 걸쳐 길게 이어진, 거대한 대륙이다. 따라서 북반구에 있는 지역은 대한민국과 계절이 비슷하게 나타나는 게 당연하다. 예컨대 한국이 겨울이면 라틴아메리카의 북반구 지역도 겨울이다. 다만 위도상 적도에 가까운 지역이라 겨울이 한국만큼 춥지 않을 뿐이다.

라틴아메리카 지형을 설명하는 내용에서도 생각보다 많은 실수가 발견된다. 그 한 예가 지도에 멕시코 시의 위치를 잘못 표기한 경우다(『중학교 사회1』 금성출판사 224쪽,[1] 『고등학교 세계지리』 지학사 186쪽). 이는 우리나라 서울의 위치를 지도상에서 대구나 부산쯤에 찍어놓은 것과 같다. 또한, 볼리비아의 수도 라 빠스의 고도 4071미터를 3632미터로 잘못 써놓은 경우가 있는가 하면(『중학교 사회1』 교학사 차경수 외 210쪽), 고산 기후의 분포를 보여주는 지도에 고산 지대인 멕시코 중앙고원 지대는 생략하고 고전기 마야 문명이 번영했던 멕시코 남부, 과테말라, 온두라스 북부, 벨리스 지역만 표시하기도 했다(『고등학교 세계지리』 대한교과서 32쪽).

지역 명칭 표기도 문제다. '오아하까Oaxaca'를 "오악사카"로(『고등학교 세계지리』 대한교과서 198쪽), '따라스꼬tarrasco'를 "타라스칸"으로(『고등학교 세계지리』 천재교육 208쪽) 표기하는 등 발음이 혼란스러운 경우가 많은데, 이는 지명을 영어식으로 읽거나 잘못 읽어 나온 문제들이다.

1 (왼쪽) 멕시코시티 위치를 잘못 표기한 『중학교 사회1』(금성출판사 224쪽), (오른쪽) 멕시코시티의 바른 위치(『중학교 사회과부도』 천재교육 68쪽)

라틴아메리카 지역 전문가와 협의하여 정확하게 지명을 표기할 필요가 있다.

이외에도 라틴아메리카에 대해 잘못된 선입견을 심어줄 우려가 있는 인용문이 발견된다. 예컨대 파나마의 기후를 설명하면서 이 나라의 열악한 도로 사정만 부각한 경우다.

"우리나라의 한 농기구 제조 회사가 라틴아메리카 지역에 처음 농기구를 수출하게 되었다. 이 회사는 납품 기일에 맞추어 농기구를 배에 실었고, 파나마 항구의 무역상으로부터 상품이 제대로 도착하였다는 연락도 받았다. 하지만, 3개월 정도 지난 후, 이 회사는 주문자에게서 손해 배상 청구를 받았다. 주문했던 농기구가 제때 공급되지 않아 손해를 입었다는 것이다. 이 회사는 자신들의 수출품이 파나마 항구에 방치되어 있음을 확인하였다.

파나마 지역은 연중 계절이 우기와 건기로 나뉘는 사바나 기후가 나타나는 곳이다. 6개월 정도 지속되는 우기에는 비가 많이 온다. 이 지역은 도로 포장이 제대로 되어 있지 않아 비가 오면 도로 사정이 매우 나빠진다. 공교롭게도 이 회사의 농기구가 파나마 항에 도착한 때에 우기가 시작된 것이다. 이런 사정으로 이 지역의 무역상은 농기구를 주문자에게 제대로 전달할 수 없었다."

(『고등학교 세계지리』 지학사 10쪽 "교실 밖 지리 여행")

라틴아메리카 기후에 대한 정보가 대한민국의 무역 활동에 매우 큰 영향을 줄 수 있음을 알리려는 교육 의도는 충분히 이해할 수 있다. 그러나 이 설명은, 라틴아메리카는 도로 시설이 미비하며 비만 오면 도로가 떠내려가거나 교통이 마비되는 낙후한 지역이라는 인상을 매우 강하게 심어준다. 외국의 교과서가 한국을 소개할 때, 상투를 틀고 소를 몰아 쟁

기질하는 노인의 사진을 삽입한다면 우리의 마음은 허탈할 게 당연하다. 마찬가지로 현재 라틴아메리카 국가 대부분은 앞의 설명만큼 도로 사정이 열악하지 않다. 밀림이나 오지에는 도로망이 확충되지 못한 지역도 있지만 그런 지역은 어느 나라에나 존재한다. 현실과 동떨어지게 비하하거나 부정적인 인상을 심어줄 수 있는 인용문은 삭제하는 것이 좋겠다.

고대 문명

　중·고등학교 교과서의 라틴아메리카 관련 내용 중 오류기 가장 많고 설명 또한 황당무계한 부분은 주로 고대 문명에 관한 서술이다. 이는 국내에 오랫동안 고대 원주민 문명을 연구한 학자가 거의 없었고, 라틴아메리카 국가와 교류도 적어 우리의 관심을 끌지 못했기 때문이다. 대신 우리나라에는 고대 문명의 불가사의한 측면이나 호기심을 자극하는 유적지가 각종 여행 서적, 방송 매체를 통해 파편적으로 소개되었을 뿐이다. 이러한 실태를 반영하듯, 우리나라 교과서에는 아메리카 고대 문명의 지리적인 위치와 연대를 비롯한 기본 개념조차 제대로 정립되어 있지 않다. 게다가 모든 교과서가 천편일률적으로 마야, 아스떼까, 잉까 문명 소개에 치우쳐 시기별, 문명별 균형이 결여되어 있다.

　마야 문명은 서기전부터 에스빠냐의 정복 시기까지 존재했고, 아스떼까는 1325년 멕시코 중앙고원에 건립된 제국이다. 또, 1250년경 안데스의 꾸스꼬^{Cuzco}에 세워진 잉까가 대제국으로 성장하기 시작한 것은 빠차꾸떽이 9대 왕으로 등극하는 1438년부터이고 멸망한 것은 1533년이다. 잉까의 전성기는 고작 해야 100년 미만이다. 따라서 아스떼까와 잉까 문명만을 다룰 경우, 멕시코 중앙고원과 안데스 문명권의 오랜 역사와 다양한 문화가 역사의 후미진 곳으로 밀려나게 된다. 교과서의 제한된 지면에 모든 문명을 자세하게 설명할 수는 없다 하더라도 최소한 시기와 지역별로 균형을 맞춰 분량을 안배할 필요가 있다.

더 큰 문제는 정확한 역사 사실에 근거하지 않은 오류가 많이 발견된다는 사실이다. 그리고 고대 문명을 '환상적'으로 묘사하고 아메리카 원주민을 야만인으로 보는 유럽인과 미국인들의 편견이 걸러지지 않은 채 우리나라 교과서에 그대로 투영되어 있다는 점이다. 그 한 예가 "엘도라도를 찾는 유럽 사람들"(『중학교 사회1』 지학사 202쪽)이라는 제목을 단 그림[1] 이다. 여기에는 북아메리카 원주민풍의 전사가 창과 알록달록한 방패를 들고, 배를 타고 다가오는 에스빠냐인 정복자들과 마주 보며 남아메리카 지도 위에 서 있다. 교과서 집필자들은 고대 원주민들의 의복 형태가 모든 지역에서 같았다고 생각했거나 혹은 할리우드 영화를 통해 익숙해진 북미 지역 원주민의 모습을 대충 그려넣으면 될 것이라 여긴 모양이다. 그러나 각 지역과 문명별로 의복 형태와 문화가 달랐다는 것을 고려하여, 이 그림의 원주민은 북아메리카 지역의 원주민 복장이 아니라 잉까 사람의 복장을 했어야 한다. 만일 외국 교과서에서 한국의 고대 의복 형태가 베트남이나 라오스 민족과 유사하다고 왜곡한다면 가만있을 수 없는 일 아닌가?

우리는 유럽인이 아닌 한국인이다. 이제는 우리 시각에서 고대 아메리카 역사를 재구성해볼 때가 되었다. 이를 위해서는 먼저 아메리카 원주민의 기원을 간략하게 설명하고, 고대 아메리카 문명을 지역과 시기에 따라 구분할 필요가 있다. 아메리카는 북반구에서 남반구까지 길게 걸쳐 있는 광대한 지역이고, 이 지역의 역사적인 문화와 언어는 이질적인 문화권으로 다양하게 구성되기 때문이다. 그런 다음 각 지역을 대표할 수 있는 문명을 선별하여 충분한 설명을 제공한다면 학생들의 총체적인 이해를 도울 수 있을 것이다.

아메리카 원주민은 우리의 형제자매인가?

"기원전 4만 년경에 베링 해를 건너 아메리카로 이주한 원주민들은 라틴아메리카의 험준한 안데스 산지와 아마존 강 유역의 열대 우림 지역에서 다양한 문화를 발전시키며 살아왔다."
(『고등학교 세계지리』천재교육 206쪽)

위 예문은 어떤 종류의 인종이 어떻게 베링 해협을 긴넜는지는 말하지 않는다. 서기전 4만 년경이면 지구는 빙하기에 해당한다. 그렇다면, 눈보라가 몰아치는 넓은 베링 해협을 원시인들이 어떻게 건넜겠는가? 이 설명에서는 이런 궁금증을 풀어줄 단서도 찾아볼 수 없다. 뿐만 아니라 원주민들이 형성했다는 고대 문명에 대한 설명은 지역 균형 없이 안데스 문명권에 치우쳐 있다.

아메리카 원주민은 바이칼 호에 기원을 둔 몽골인의 후예다. 몽

1 『중학교 사회1』(지학사 202쪽)

골인의 피가 흐르는 우리의 형제자매라는 이야기다. 그래서 한국 사람과 얼굴 생김새도 비슷하다. 원주민들은 황색 피부에 검은 눈, 그리고 검은색 머리카락을 가지고 있다. 또 눈이 '쪽' 찢어지고 광대뼈도 튀어나왔을 뿐만 아니라 어린아이 때는 등에 몽고반점도 있다. 그렇다면, 몽골인들은 어떻게 그 넓은 베링 해협을 건널 수 있었을까? 뗏목을 만들어 타고 건넜을까, 아니면 헤엄을 쳐서? 하지만 이러한 대답은 모두 틀렸다. 그 지역은 너무 추운 곳이기 때문이다.

서기전 3만 년경[1]은 지구가 빙하기에 있었을 때였기에, 아시아와 아메리카 사이 베링 해협은 꽁꽁 얼어붙어 육로처럼 연결되어 있었다. 얼지 않은 부분이 있었다 해도 그 폭은 작은 강 정도였을 것이다. 이때 유목 생활을 하던 몽골인들은 계절에 따라 이동하는 순록을 따라서 베링 해협을 건너 아메리카로 올 수 있었다.

그렇다면, 몽골인들이 서기전 3만 년경부터 아메리카에 들어왔다는 사실은 어떻게 알 수 있을까? 바로 고고학 발굴을 통해서 설명된다. 지금까지 아메리카에서 발견된 유골은 3만 년을 넘는 것이 거의 없다. 결국, 몽골인들이 오기 전까지 아메리카 대륙은 인간이 살지 않았던 땅임이 확실하다. 여기서 우리는 유럽 중심으로 쓰인 세계사의 가장 큰 오류 하나를 지적할 수 있다. 우리는 오랫동안 아메리카 대륙을 최초로 '발견'한 사람이 콜럼버스라고 배워왔다. 그러나 엄격한 의미에서 아메리카 대륙을 발견하고 그곳에 살기 시작한 사람은 몽골인이다. 유럽 사람들은 그 후에 몽골인들의 후예와 우연히 조우했을 뿐이다.

그렇다면, 왜 아메리카로 건너온 몽골인들은 아시아를 비롯한 다른 문명과 교류하지 못하고 독자적으로 살아왔을까? 이 역시 지구의 기후 변화로 설명된다. 서기전 1만 3000년경부터 빙하기가 끝나 바닷물이 녹기 시작한 뒤로 베링 해협은 지금처럼 넓어졌고, 아메리카로 온 몽골인들은 다시 베링 해협을 건너 아시아 대륙으로 돌아갈 수 없었다. 결국, 몽골인들은 떠나온 고향을 그리워하다 아메리카 대륙에 자신의 뼈를 묻어야 했다. 그리고 그 후손들은 다른 대륙의 문명과 접촉하는 일 없이 독자적인 문화를 만들어갈 수밖에 없었다. 말하자면 아메리카의 역사는 '이별의 아픔'으로 시작된 셈이다.

그렇다면, 몽골인들은 언제쯤 북아메리카와 파나마 해협을 거쳐 남미의 안데스 지역으로 들어왔을까? 당시 사람들이 살았던 지역을 방사성 탄소 연대 측정법으로 분석한 결과, 농경문화가 시작되기 전인 서기전 1만 1000년경부터 시작해서 서기전 1000년까지 지속적인 이주가 이루어졌음을 알 수 있다. 안데스 지역으로 온 몽골인들은 높은 산악 지대에 적응하는 과정에서 신체적으로 많은 변화를 겪었디. 높은 산은 기압이 낮고 산소가 부족하기 때문에 숨을 쉬기 편하도록 매부리코를 갖게 되었고, 폐가 발달해서 가슴이 떡 벌어진 체격으로 변했다. 발달한 상체를 지탱하기 위해 다리가 좀 짧아져서 평균 신장은 160센티미터 정도가 되었다. 그렇다고 원주민들을 '짜리몽땅'하다고 놀려서는 안 된다. 그들은 해발 3000미터가 넘는 험준한 산악 지대를 헐떡이지 않고 가뿐히 뛰어다닐 수 있는 강한 체력을 갖게 되었기 때문이다.

고대 아메리카 문명은 어떻게 분류할 수 있나?

"북태평양 인디언: 알래스카·로키 산맥과 태평양 사이에 사는 산악 원주민으로 아파치족이 대표적이다.

남태평양 인디언: 북아메리카의 인디언보다 신장이 작은 사람들로

---

1 교과서에서는 4만 년경이라고 하지만 발견된 유골이나 거주 지역을 종합적으로 판단해보면 서기전 3만~3만 5000년경이 적당해 보인다.

마야를 세운 아스텍족, 잉카를 세운 케추아족이 여기에 해당된
다."(『고등학교 세계사』 지학사 68쪽)

이 교과서는 지도상에 아메리카 원주민을 분류, 표시하면서 북태
평양 원주민의 거주 지역을 북아메리카 서부와 멕시코 중앙고원 지대로
묶었다. 남태평양 원주민을 설명하면서는 마야와 안데스 문명권을 같은
인종권으로 묶었다. 북태평양은 물론이고 대서양과도 접한 마야는 안데
스 문명권과 비교해 인종은 물론이고 언어와 문화도 매우 다르다. 게다가
아스떼까족이 마야를 세웠다는, 상식을 벗어난 설명을 하고, 아마존 강
지역에 어처구니없이 "카리브"라고 표기했다. 카리브는 그곳에서 비행기
를 타고 북쪽으로 약 7시간은 날아가야 나오는 지역인데 말이다.

에스빠냐 사람들이 도착하기 전에 현재의 라틴아메리카는 지역
과 문화의 차이를 바탕으로 크게 2개 문명권, 즉 메소아메리카와 안데스
문명권으로 구분할 수 있다. 메소아메리카 문명권[1]은 현재의 멕시코에서
니카라과를 아우르는 지역으로, 우리가 아는 아스떼까와 마야 문명이 여
기에 포함된다. 메소아메리카 문명권은 크게 멕시코 중앙고원 지역과 마
야 지역으로 나눌 수 있다. 지역에 따라 문화와 언어가 다르긴 해도 상호
간 교류가 있었고 비교적 공통된 문화적 특징이 많기 때문에 한 문명권
으로 묶인다. 반면, 안데스 문명권은 안데스 산맥을 중심으로 현재의 페
루, 에콰도르, 볼리비아, 아르헨티나 북부 지역을 아우른다. 험준한 고산
지대와 건조한 해안 지대에서 각양각색의 도시국가가 부침을 겪었지만
잉까 문명이 득세하면서 단일 제국권으로 통합되기도 했다.

그렇다면, 각 문명권을 시기별로는 어떻게 분류해야 할까? 메소
아메리카의 고대 문명은 신석기 시대가 종결되는 서기전 2000년을 기점

전고전기	고전기	후고전기	
올메까 (서기전 17세기 ~서기 200)	고전기 마야 (서기 325~975)	후고전기 마야(서기 975~16세기 초)	
	떼오띠우아깐 (서기전 200~서기 800)	똘떼까 (서기 800~14세기 초)	아스떼까 (1325~1521)

으로 전고전기서기전 2000~0, 고전기, 후고전기로 나눌 수 있다. 메소아메리카의 모태 문명이라 불리는 올메까Olmeca 문명서기전 17세기~서기 200을 바탕으로 현재의 멕시코 남부와 과테말라, 벨리스, 온두라스에 걸친 지역에서 고전기 마야 문명서기 325~975이 꽃을 피웠다. 후고전기 마야 문명서기 975~16세기 초은 유까딴 반도에서 발달했다. 한편 멕시코 중앙고원에서는 올메까 문명의 영향을 받은 꾸이꿀꼬Cuiculco를 거쳐 떼오띠우아깐Teotihuacán, 서기전 200~서기 800이 탄생하고, 이것이 이후 똘떼까Tolteca, 서기 800~14세기 초를 거쳐 아스떼까서기 1325~1521에 이른다.

안데스 문명권[1]은 역사 발전 과정이 메소아메리카 문명권과는 다르기 때문에 다른 방식으로 분류한다. 먼저 강력한 제국이나 문명이 나타나 비교적 전 지역에 같은 문화가 일구어진 시대를 3개 문명기차빈, 와리, 잉까로 구분한다. 그리고 세 문명기 사이에 두 차례 큰 제국이 멸망하면서 중소 도시국가로 분열되어 지역별로 발전하던 시기를 중간기라고 부른다. 이러한 방법으로 안데스 문명권의 역사 발전을 시기별로 명확하게 구분할 수 있다.

아메리카 원주민들은 신석기 원시인이었는가?

"유럽 인이 건너올 무렵, 대부분의 아메리카 원주민은 신석기 단계의 생활에 머물고 있었으나, 중앙 및 라틴아메리카에는 토착 문명이 번성하고 있었다."(『중학교 사회1』 디딤돌 185쪽)

유럽인의 눈에 고대 아메리카의 역사는 석기로 시작하여 석기로 종결된 석기 문명처럼 보였다. 콜럼버스가 아메리카 원주민과 우연히 만난 당시까지도 아스떼까, 마야, 잉까 문명은 석기를 일상생활의 주요 도

문명기	중간기
차빈 : 초기 문명기 (서기전 900~서기전 200)	
	초기 중간기(서기전 200~서기 600) : 띠아우아나꼬, 모체, 나스까
와리 : 중기 문명기 (서기 600~1000)	
	후기 중간기(서기 1000~1450) : 치무, 완까, 이까−친차, 아이마라
잉까 : 후기 문명기 (서기 1450~1533)	

구로 사용하고 있었다. 물론, 고대 아메리카인들이 청동과 철을 전혀 모른 것은 아니었다. 그러나 청동과 철은 각종 의례 용품이나 장신구 같은 극히 제한된 물품에만 이용했고, 이 물건들을 접할 수 있는 이들은 극히 좁은 계층에 한정되었다. 따라서 유럽인의 관점에서는 고대 아메리카 문명이 석기 시대를 벗어나지 못했다고 평가할 수도 있다. 그러나 원주민들이 발전시킨 각종 예술품과 건축술 등은 당시의 유럽 문명과 비교해 보아도 결코 뒤떨어지지 않았다. 천문학은 오히려 유럽보다도 앞서 있었다. 청동기와 철기 단계 없이도 훌륭한 문명을 창조해낸 것이다.

고대 아메리카의 이질적인 현실 앞에서 수많은 인류학자는 당황했다. 유럽의 역사 발전 단계론으로는 고대 아메리카 역사의 발전을 규명할 수 없었기 때문이다. 결국, 자신들이 서구 중심의 역사 발전 단계론을 맹신하고 있었고, 서구적인 시각에 맞추어 편의에 따라 세계 역사를 재단해왔음을 깨닫게 되었다. 이때부터 인류학자와 고고학자, 그리고 역사학자들은 고대 아메리카의 역사 발전을 설명할 수 있는 새로운 원칙을 찾으려고 고민하며 뜬눈으로 밤을 지새웠다. 그 결과 그들은 도구 제작에 기초한 유럽의 역사 발전 단계론(구석기-신석기-청동기-철기)을 폐기 처분하고, 사회 변화를 기준으로 고대 아메리카 역사를 분류하고 정의하기 시작했다.

고대 아메리카 문명이 독특한 까닭은 무엇인가?

고대 아메리카 문명에서는 우리의 일상과 상상을 넘어서는 특징들이 자주 발견되어, 경이로운 현실처럼 현대인을 유혹하고 상상의 날개를 펼치게 한다. 각종 방송 매체와 여행 책자가 묘사하는 '신비로움'은 독자들을 더욱 혼돈으로 끌고 간다. 이러한 현상이 나타난 주요한 원인은 아메리카로 건너간 몽골인들이 다른 대륙과 교류하지 않고 오랫동안 고립되어 독자적인 문화를 형성했기 때문이다. 따라서 문명 발달 방식이 우리 문명과 다르고 생활 방식도 색다르다.

먼저 눈길을 끄는 것은 바퀴 개념이 없었다는 사실이다. 무덤에서 바퀴가 달린 동물 모양 토기가 발견되기는 했지만, 실제 생활에서는 바퀴를 이용한 수레나 도르래가 전혀 사용되지 않았다. 각종 운반은 사람들이 등에 지고 나르는 식으로 이루어졌다. 도르래 없이 수십 톤이 넘는 바위를 가지고 그림 조각을 짜 맞추듯이 쌓아올린 잉까의 삭사우아만 요새[1] 는, 그래서 우리의 감탄을 자아낸다.

또 다른 특징은 가축을 짐 운반이나 농경에 사용하지 않았다는 것이다. 동물을 무척이나 사랑해서 그랬을까? 하지만 당시이 실상을 들여다보면 그 원인은 다른 데에 있다. 다른 대륙에서 흔하게 볼 수 있었던 말, 소, 양 같은 가축이 존재하지 않았기 때문이다. 따라서 운송 수단으로나 농경에 사용할 만한 마땅한 동물이 없었다. 예외로 안데스 고지에

1 삭사우아만 요새

서는 낙타과의 일종인 야마가 운반 수단으로 사용되기도 했지만 이 동물은 인내심이 약하고 튼튼하지 못하기 때문에 무거운 짐을 실을 수는 없었다. 이처럼 메소아메리카 문명권에서는 이용할 만한 동물이 없었기 때문에 가축을 이용한 운송이나 농경은 상상할 수조차 없었다. 그렇다고 당시에 흔하던 재규어에게 쟁기를 끌라고 할 수는 없지 않았겠는가? 우아한 사슴 역시 농경에 사용하기에는 너무 약하고 사람을 따르지도 않았다. 원주민이 집에서 사육한 동물은 닭, 칠면조, 개(털이 거의 없고 조그맣고 통통하다) 정도였다.

> "발전된 농업 지역에서는 관개, 거름 주기, 계단식 농업 등의 발전된 농업 기술을 갖고 있으면서 식량의 절반 이상을 농경이나 목축에 의존하였다. 미개한 농업 지역에서는 조잡한 농기구만을 가지고 화전 농업 등에 의존하면서 식량의 절반 이상을 수렵·채집 활동을 통하여 확보하였다."(『고등학교 세계지리』 천재교육 208쪽)
>
> "잉카·마야·아스텍 문명권에서는 많은 농작물이 재배되었으며, 그에 상응하는 농업 기술도 발달하였다. 수경 재배, 험한 산지 지형을 이용한 계단식 농업, 인공 수로를 이용한 농업용수 공급 등 다양한 농사 방법이 발달되었다."(『고등학교 세계지리』 지학사 175쪽)

계단식 농업은 안데스 지역에서 발달한 농경법이고, 수경 재배는 아스떼까의 메쉬꼬-떼노츠띠뜰란에서만 이용된 농경법이다. 이러한 농경법이 고대 아메리카 전 지역에서 실행된 것은 아니기 때문에 농경법이 사용된 지역을 정확히 표기해주어야 한다. 식량의 절반 이상을 농경이나 목축에 의존했다는 설명도 적합하지 않다. 소나 말, 양 같은 가축이 없었기 때문에 목축은 주로 안데스 고지에서 야마와 비꾸냐 등을 사육하는 데 그쳤다. 게다가 고대 아메리카에서는 농기구가 거의 발달하지 않았다. 천문학을 이용한 농경과 수로, 관개 시설 등은 상당 수준으로 발달했으나 농기구는 매우 빈약했다. 메소아메리카에서는 꼬아[1] 라는 끝이 뾰족한 작대기, 안데스 권에서는 뾰족한 삽 형태인 따끄야[2] 라는 농기구를 사용했을 뿐이다.

1 꼬아를 이용하여 옥수수를 심는 모습. 이 그림은 에스빠냐의 사제였던 베르나르디노 데 사아군(Bernardino de Sahagún)이 아스떼까의 풍습을 그림으로 기록한 플로렌띠노 고문서(Códice Florentino)에 실려 있는 것이다.

2 따끄야를 가지고 농사짓는 모습. 정복 시기의 연대기 기록자 구아만 뽀마(Guaman Poma)가 남긴 그림(Las ilustraciones de Guaman Poma)이다.

또 다른 특징은, 고대 아메리카에서는 반짝반짝 윤이 나는 도자기가 발견되지 않는다는 사실이다. 도자기는 1000도 이상 고온에서 구워 내야 하는데 고대 아메리카에서 발견된 각종 그릇이나 예술품은 모두 저온에서 구운 토기들뿐이다. 도자기는 에스빠냐가 아메리카를 정복한 후에야 이 지역에 들어온 물건이다.

이처럼 고대 아메리카 문명은 여러모로 다른 대륙의 문명과 다르다. 이런 현상은 다른 대륙과 교류 없이 오랫동안 고립되어 독자적인 문화와 생활 방식을 발달시켜온 결과다. 이렇게 독자적인 고대 아메리카의 문명을 이해하려면 유럽적인 시각과 편견에서 벗어나, 아메리카 주민의 처지에서 이해하려고 노력해야 한다.

마야 문명은 언제, 어디에서 발전했는가?

"마야 문명은 유카탄 반도를 중심으로 6세기경에 성립되었다."
(『중학교 사회1』 교학사 차경수 외 211쪽)
"멕시코 고원을 중심으로 마야 문명이, 뒤를 이어 아스텍 문명이 발달하였다."(『중학교 사회1』 성지문화사 196쪽)

교과서 대부분이 마야 문명의 발생지가 유까딴Yucatán 반도라고 주장(?)한다. 또한, 이해를 도우려고 함께 수록한 지도에는 마야 문명 유적지가 지리나 시기에 대한 고려 없이 알아보기 어렵게 표시되어 있다(『고등학교 세계지리』 천재교육 212쪽[1], 『중학교 사회1』 금성출판사 228쪽). 성립 시기와 발달 시기도 교과서마다 각양각색으로 다르게 표기한다. 마야 문명의 발상지가 멕시코 고원이라고 얼토당토않게 표기한 교과서도 있다. 이는 삼국 시대의 신라가 평양을 중심으로 발달했다는 이야기와 마찬가지다. 더 심하게는 마야 문명을 아스떼까족이 세웠다고 주장하는 교과서도 있다(『고등학교 세계사』 지학사 68쪽). 이러한 문제점이 발생하는 근본 원인은 교과서 집필자들이 고대 아메리카 원주민 문명에 대한 기초 지식조차 갖추지 않았기 때문이다.

"중부 아메리카 문명 중에서 대표적인 것이 마야 문명이다. 마야라는 이름은 하나의 정치·사회적인 전통의 틀을 수천 년간 유지하여 붙여진 것이 아니라 각각 다른 이름을 가지고 있었던 도시 국가들을 오늘날의 사람들이 부르기 쉽게 하나로 묶은 것이다."(『고등학교 세계지리』 대한교과서 200쪽)

'마야 문명'은 학문적인 편의를 위해 현대 인류학자들이 만들어 낸 용어다. 당시의 원주민들은 스스로를 마야인이라 부르지도 않았고 단일 제국을 형성한 적도 없다. 마야 문명은 밀림 속에 산재하여 건설된 많은 도시국가를 중심으로 형성되었다. '사크베Sacbé'라 불린 '마야의 길'이 거미줄처럼 뻗어 있었지만 밀림 지대였기 때문에 교통과 통신상의 어려움 등 많은 도시국가가 단일 제국으로 성장하는 데에는 한계가 있었다.

1 『고등학교 세계지리』(천재교육 212쪽)

하지만 이들이 같은 문화권에 있었기 때문에 현재 멕시코 남부와 유까딴 반도, 과테말라, 벨리스, 온두라스에 걸쳐 지역 문화권 전체를 마야 문명이라고 통칭하는 것이다. 이 문화권은 공통적으로 원시 마야어에서 파생된 언어, 같은 역력을 사용한다. 건축에서는 **마야 아치**[1] 를 이용하여 건물을 세웠다. 이외에도 종교 행사 등에서 성행하던 공놀이[2] 가 널리 퍼져 있었다.

다양한 분류 방법이 존재하지만 일반적으로 마야 문명은 전고전기서기전 500~서기 325, 고전기서기 325~975, 후고전기서기 975~16세기 초로 분류할 수 있다. 여기에서 중·고등학교 교과서 집필자들이 주의해야 할 점이 있다. 고전기 마야 문명과 후고전기 마야 문명이 동일 지역에서 발생해 동일 문화로 발전했다고 이해해서는 결코 안 된다는 사실이다. 두 문명은 발달한 지역과 시기가 다르며, 무엇보다 후고전기 마야 문명은 멕시코 중앙고원의 영향을 받았으므로 순수 마야 문명이 아니다. 그러나 교과서 집필자들 대부분이 이러한 사실을 모르고 있다.

전고전기와 고전기 마야 문명은 멕시코 만 연안 올메까 문명의 영향 아래 현재의 멕시코 남부와 과테말라, 벨리스, 온두라스 지역에 걸쳐 발달했다. 이 지역에는 서기전 500년경부터 강력한 지도자나 왕이 존재했음을 보여주는 신전과 비문 등이 등장했으며, 서기 250년경에는 중앙 집권적인 위계질서가 확립된 도시국가 꼬빤, 띠깔, 빨렌께 등이 나타났다. 마야인들은 다양한 기념물을 건축하며 지역마다 독특한 마야 문명을 창조해나갔다. 이 시기에는 천문학, 역법, 상형문자가 정립되었고 건축, 미술, 공예 분야의 수준이 최절정에 이르렀다.

후고전기 마야 문명은 멕시코의 유까딴 반도에서 발생했고, 치첸잇싸, 우슈말, 마야빤 등이 후고전기 마야 문명을 대표하는 도시국가다.

 세계사 교과서 바로잡기 라틴아메리카

1 마야 아치 유럽의 아치는 반원 형태로 벽돌을 쌓아 만드는 반면에, 마야 아치는 벽돌을 수평으로 쌓아 올려 세모 아치를 만든다. 사진은 유까딴 지역의 후고전기 마야 도시 라브나(Labna)의 건축물에 있는 마야 아치. 출처: *Arqueología*, vol. II, n. 11, 1995, p. 18.

2 고무공을 엉덩이와 허벅지로 쳐서 석조 링을 통과시키는 놀이로 사제와 귀족만 할 수 있었던 상류층 스포츠. 사진은 고전기 마야의 도시국가인 꼬빤(Copán)의 구기장에서 원주민들이 시연하는 장면. 출처: *Arqueología*, vol. VIII, n. 44, 2000, p. 58.

앞에서 설명했듯이 후고전기 마야 문명은 고전기 마야 문명과는 다른 지역, 다른 배경에서 탄생했다는 사실을 유의해야 한다. 한국의 교과서 집필자들은 이러한 기초적인 사실을 알지 못하여, 마야 문명의 발생 연대가 교과서마다 다르고 발생 지역을 설명하는 데도 혼동이 일어난다. 후고전기 마야 문명을 고전기 마야 문명의 연장선으로 이해해서는 안 된다. 후고전기 마야 문명은 순수 마야 문명이 아니라 멕시코 중앙고원 지대 똘떼까 문명의 영향을 받은 혼합 문화다.

멕시코 중앙고원에는 아스떼까 제국 이전에 어떤 문명이 있었는가?

올메까 문명이 멕시코 만 근처의 산 로렌소^{San Lorenzo}와 라 벤따^{La Venta}를 중심으로 전성기에 이르렀을 때, 멕시코 고원지대에는 북부에 뜰라띨꼬^{Tlatilco}가, 남부에는 꾸이꿀꼬^{Cuiculco}가 번성하고 있었다. 하지만 두 도시국가는 독자적인 문화를 형성한 것이 아니고, 각각 메소아메리카 문명의 모태라 불리는 올메까 문명의 영향을 받아 연합 도시국가를 이루었다. 특히 태양 중심 우주관과 피라미드 건축법 등은 올메까의 전통을 그대로 답습했다. 두 도시 외에도 여러 소규모 도시국가들이 멕시코 고원지대에 존재했지만, 대규모 도시국가로 전환하며 새로운 문명을 선도하기 시작한 문명은 꾸이꿀꼬였다. 올메까 문화를 이어받은 꾸이꿀꼬는 서기전 1세기경 쉬뜰레^{Xitle} 화산이 폭발하여 분출한 용암에 도시 전체가 뒤덮이면서 역사 속으로 사라졌다.

꾸이꿀꼬 멸망 후, 멕시코 중앙고원지대에서 두각을 나타내며 새롭게 등장한 도시국가는, 꾸이꿀꼬에서 북쪽으로 약 50킬로미터 떨어진 떼오띠우아깐^{서기전 200~서기 800}이었다. 서기전 600년경까지도 씨족 공동체 형태에 머물렀던 떼오띠우아깐은 서기전 2세기경부터 주변의 수많은 씨족 공동체와 도시국가들을 빠른 속도로 통합하기 시작, 멕시코 고원 지대의 패권을 차지하면서 대규모 도시국가로 전환했고, 각 씨족 공동체의 수장들을 귀족이나 관료로 흡수했다. 하지만 도시국가를 이루는 기본적인 사회 구성 요소는 여전히 씨족 공동체였다. 서기 3세기에서 6세기경 사이에 최고 전성기를 맞이한 떼오띠우아깐은 고전기에 가장 번성한 도시국가로, 인구가 많을 때는 거의 20만 명에 이르렀다. 교과서 중에는 교학사의 『고등학교 세계사』(82쪽)만이 유일하게 떼오띠우아깐 문명을 본문 중에 설명한다. 그러나 달의 피라미드[1] 사진을 태양의 피라미드라고 주장하는 옥의 티가 발견된다.[2]

1 달의 피라미드가 앞에 있고, 멀리 태양의 피라미드가 보인다.
출처: *Arqueología*, vol. II, n. 10, 1994, p. 77.

2 『고등학교 세계사』(교학사 82쪽)에 "태양의 피라미드"라고 실려 있는 달의 피라미드.

떼오띠우아깐 문명은 서기 800년경 북쪽에서 내려온 이민족들에게 망했다. 이후 서기 900년에서 1100년 사이에 뚤라Tula를 중심으로 똘떼까 문명이 발달했다. 똘떼까 문명을 형성한 씨족 공동체 중 일부는 남동쪽에 있는 유까딴 반도로 이주해서 마야인들과 연합하여 후고전기 마야 문명을 건설한다. 멕시코 중앙고원에서 똘떼까 문명의 패권을 대체한 세력은 메쉬까족이었다. 이들이 우리가 보통 아스떼까로 알고 있는 씨족 공동체다.

많은 교과서들이 떼오띠우아깐과 똘떼까를 아스떼까와 구분하지 못하고 혼동한다. 떼오띠우아깐의 피라미드 사진을 아스떼까 문명의 유적이라고 삽입하거나(『중학교 사회1』 금성출판사 228쪽), 똘떼까의 똘

1 뚤라 석주. 똘떼까 문명의 중심 도시국가인 뚤라에 있는 이들 석주에 조각된 형상이 신인지, 사제인지, 왕이나 전사인지는 현재까지도 분명히 밝혀지지 않았다. 출처: *Arqueología*, vol. II, n. 7, 1994, p. 1.

라 석주[1]에 "아스텍 문명"이라는 설명을 달기도 한다(『중학교 사회1』 두산 186쪽).

후고전기 마야 문명인, 치첸잇싸에 있는 천문대를 떼오띠우아깐의 태양의 피라미드라고 우기기도 하고(『고등학교 세계지리』 대한교과서 198쪽[2]), 떼오띠우아깐 신전을 아스떼까 문명의 유적지라고 주장하기도 한다(『중학교 사회1』 디딤돌 185쪽,[3] 교학사 차경수 외 211쪽, 교학사 황재기 외 205쪽). 떼오띠우아깐이 아스떼까 문명에 속한다고 지도에 표시하는가 하면(『중학교 사회1』 동화사 224쪽[4]), 떼오띠우아깐의 유적지를 아스떼까 문명이라며 사진으로 삽입한 교과서도 있다(『중학교 사회1』 중앙교육진흥연구소 223쪽[5]).

2 (왼쪽) 『고등학교 세계지리』(대한교과서 198쪽)
3 (오른쪽) 『중학교 사회1』(디딤돌 185쪽)

01 _ 태양의 피라미드, 테오티아칸(멕시코)

아스텍 문명

4 (왼쪽) 『중학교 사회1』(동화사 224쪽)
5 (오른쪽) 『중학교 사회1』(중앙교육진흥연구소 223쪽)

아스테크 문명

이 모두 떼오띠우아깐, 똘떼까, 아스떼까 3개 문명이 멕시코 중앙고원 지대에서 발달했지만 발달 시기는 서로 다른 도시국가였다는 기초 지식이 없어서 발생한 문제들이다.

용어에도 통일성이 부족하다. 특히, 1325년에 메쉬꼬-떼노츠띠뜰란을 건립한 씨족 이름이 교과서마다 "아스테카", "아즈텍", "아스테크" 등으로 다양하다. 멕시코 중앙고원 지대에서 가장 널리 사용되었고, 현재까지도 일부 원주민이 사용하는 나우아뜰náhuatl어 발음을 존중한다면, 정확한 발음은 '아스떼까'다. 한국에서는 영어 발음에 따라 보통 '아즈텍'이라고 부른다. 아스떼까가 한국에서 영어식으로 발음되면서 아스테카, 나아가 아스테크라는 변형이 나왔다. 이 글에서는 원 발음을 중시하여 '아스떼까'로 적는다.

아스떼까 문명은 마야 문명을 계승했는가?

"아스텍 문명은 멕시코 지방에서 11세기경에 성립되었는데 마야 문명을 계승하여 더욱 발달시켰다."
(『중학교 사회1』 교학사 차경수 외 211쪽)
"멕시코 고원을 중심으로 마야 문명이, 뒤를 이어 아스텍 문명이 발달하였다."(『중학교 사회1』 성지문화사 196쪽)
"13세기경 멕시코 지방에는 마야 문명을 계승한 아스텍 문명이 일어나 15세기에 절정에 이르렀다."
(『고등학교 세계사』 금성출판사 196쪽)
"13세기에 마야 문명의 뒤를 이어 멕시코 고원에서 아스테카 문명이 번영하였다."(『고등학교 세계사』 지학사 212쪽)

아스떼까 문명이 성립한 시기도 제각각이다. 1325년에 일어난 아스떼까 문명이 1486년에 세워졌다고 그림 도표로 설명하는가 하면(『중학교 사회1』 교학사 황재기 외 205쪽), 11세기경에 성립했다고 주장하기도 한다(『중학교 사회1』 두산 182쪽). 또한, 거의 모든 교과서에서 일제히 아스떼까 문명이 마야 문명을 계승했다고 썼다. 그러나 이는 황당무계한 설명이다. 아스떼까는 멕시코 중앙고원에서 일어났고, 당시의 마야는 후고전기로 멕시코 중앙고원 지대에서 멀리 떨어진 유까딴 반도에서 치첸잇싸, 우슈말, 마야빤 같은 도시국가들이 밀림 속에 산재해 문명을 이루고 있었다. 지역도 시기도 들어맞지 않는 두 문화권을 우리나라 교과서는 절묘하게 접합해 설명한 것이다. 유적지에 대한 설명에서는 그 괴이한 정도가 정점에 이른다.

"아스텍 신전에는 높이 솟은 태양의 피라미드와 평평하고 낮은 달의 피라미드가 있다."(『중학교 사회1』 교학사 황재기 외 205쪽)

아스떼까의 주요 신전은 메쉬꼬-떼노츠띠뜰란에 있는 대신전 Templo Mayor인데, 에스빠냐 정복기에 대부분 파괴되어 현재는 일부만 남아 있다. 따라서 이곳에서는 우리가 기대하는 높은 피라미드 유적을 발견할 수 없다. 그럼에도 교과서는 높이 솟은 태양의 피라미드가 있으며, 달의 피라미드는 낮고 평평하다고 말한다. 아마 떼오띠우아깐의 유적지를 아스떼까 유적지로 착각한 데서 온 오류인 듯하다. 이 설명 자체에서도 또 다른 오류가 발견된다. 달의 피라미드는 태양의 피라미드보다 약간 낮긴 하지만 높이가 60미터 가까이 되고, 정상 부분만 약간 평평하다. 이는 원래 피라미드 정상에 있던 신전이 파괴되면서 생긴 평지다.

아스떼까 문명은 1325년 현재의 멕시코 시에 세워졌다. 아스떼까 제국을 건립한 핵심 씨족 공동체는 메쉬까족이다. 이들은 농업과 사낭을 병행하던 반농경·반유목민이었다. 서기 1111년에 아스뜰란전설에 따르면, 멕시코 북쪽에 있는 호수의 한가운데에 있는 섬을 떠나서, 태양의 신우잇씰로뽀 츠뜰리이 예지한 약속의 땅을 찾아 방랑길을 떠났다. 남하를 지속하던 메쉬까족은 13세기 중엽에 이르러 멕시코 고원의 분지로 들어왔다. 그리고 1325년 분지의 호수에 있는 섬(현재의 멕시코 시)에 메쉬꼬-떼노츠띠뜰란이라는 도시를 건설했다. 이 조그만 도시국가가 훗날 대제국으로 성장하게 된다.

　　멕시코 중앙고원의 작은 섬에 정착한 이래, 메쉬까족은 척박한 땅을 일구며 자급자족을 시도했다. 농토가 모자랐기 때문에 치남빠스(수경 재배 시설)를 건설하고 관개 시설을 확충하여 수확량을 늘렸다. 그러나 석재나 목재 같은 원자재 부족을 해결할 수는 없었다. 도시국가를 유지하려면 주변의 도시국가를 복속시켜 생존에 필요한 공물을 얻어야만 했다.

　　메쉬까족은 반문명화한 소수민족이었지만 214년에 걸친 오랜 유랑 생활에서 살아남은 강인한 민족이었다. 게다가 멕시코 분지에서 오랫동안 용병으로 살며 생존해왔기에 전투 능력이 뛰어났다. 생존을 위해 시작한 정복이었지만, 메쉬까족은 100년이 지나지 않아 멕시코 중앙고원의 패권을 확보했다. 메쉬꼬-떼노츠띠뜰란은 1428년, 막강한 군사력을 갖고 있었던 주변의 도시국가들과 삼각동맹을 맺었다. 삼각동맹은 메쉬꼬-떼노츠띠뜰란이 대제국으로 성장하는 데에 결정적으로 기여했다. 메쉬까족은 삼각동맹을 바탕으로 주변의 도시국가들을 무력으로 침공, 복속시키거나 동맹을 맺으며 대제국을 건설했다. 따라서 우리가 아는 아스떼까 제국의 영광은 100년 정도에 불과했다. 에스빠냐 정복자들이 아메리카에 도착했을 무렵, 아스떼까 제국은 메소아메리카 대부분 지역에 정치적 영향력을 떨치고 있었고 원주민 수백만 명이 제국에 복속되어 있었다. 인구도 급속히 증가하여 주민 수 만 명이 넘는 도시국가가 약 12개에 이르렀고, 메쉬꼬-떼노츠띠뜰란의 인구도 적게는 3만에서 많게는 20만 명에 육박했다.

안데스 문명권에서 잉까 문명 이전에는 다른 문명이 없었는가?

"챠빈 문화는 돌로 쌓은 거대한 신전과 흑도, 그리고 재규어, 인간, 악어, 뱀 등의 돌 조각을 특색으로 한다. 페루 남부에서는 기원전 1세기부터 8세기경에 거대한 땅 위 그림으로 유명한 나스카 문화가 발달하였다. 이 안데스 지역에 고대 문명이 발생하는 것은 13세기에 잉까 제국의 등장 이후이다."(『고등학교 세계사』 교학사 81쪽)
"남아메리카의 중앙 안데스 지방에는 나스카, 티아우아나코 문화 등이 잇따라 번영하였고, 1200년경부터 지방적인 국가 형성기에 들어가, 각지에 왕국, 수장국 등 정치 조직이 성립되었다. 잉카 제국은 그들 여러 왕국 중에서 가장 늦게 나타나 치무를 비롯한 각지의 지방 정치 조직을 정복·통합하고 전 안데스 지대에 걸치는 통일 국가를 형성하였다."(『고등학교 세계지리』 대한교과서 201쪽)

잉까 이전의 문명에 대해 서술한 교과서는 위와 같이 단 2종뿐이다. 대한교과서의 『고등학교 세계지리』가 안데스 문명권의 역사를 매우 간략하게 설명하고, 교학사의 『고등학교 세계사』가 차빈과 나스까 문명에 대해서만 간단히 언급했을 뿐이다. 문제는 고대 문명이 잉까 제국에서 시작했다고 보는 견해다. 안데스 문명권의 고대 문명은 차빈에서 시작했기 때문이다. 따라서 안데스 문명권을 균형 있게 설명하려면 잉까 이전의 역사에 대해서도 간략하게나마 소개할 필요가 있다.

먼저 남아메리카에 들어온 몽골인의 후예들이 초기에 어떻게 살았는가를 설명해야 한다. 그들은 수렵과 채집 생활을 하면서 해안 지대와 고산 지대에 걸쳐 광범위하게 퍼져 살았다. 토기 이전 시대서기전 4000~1800에 접어들면서 점차 정착하기 시작했고, 각종 동물을 키우며 본격적으로 농사를 짓기 시작했다. 그들이 재배한 농작물은 감자, 끼누아(좁쌀같이 생긴 곡물), 옥수수, 콩, 고추, 아보카도, 토마토 등이었다.

> "잉카 인들은 옥수수 · 감자 · 사탕수수 · 토마토 · 호박 · 담배 등을
> 재배하고, 야마 · 알파카 등을 사육하면서 생활하였다."
> (『중학교 사회1』 성지문화사 197쪽)

정복 이전 고대 아메리카에는 사탕수수가 존재하지 않았다. 사탕수수는 에스빠냐인들이 아메리카에 들어와 플랜테이션 농업을 하면서 재배된 농작물이다. 다른 대륙과 비교해 사육할 만한 동물이 적었지만 안데스 문명권에서도 야마, 알빠까, 비꾸냐, 꾸이 등을 사육하며 고기와 털을 얻었다. 특히 당시에 집집마다 기른 꾸이일명 '기니안 피그'는 번식력이 뛰어나 중요한 단백질 섭취원이 되었다.

> "유럽 인들이 진출하기 이전에 라틴아메리카의 주민들은 감자와 옥수
> 수를 재배하고 야마와 알파카를 사육하였다."
> (『고등학교 세계지리』 천재교육 214쪽)

야마와 알빠까는 안데스 고원 지대에서만 사육되었지 메소아메리카 문명권과는 전혀 관련이 없다. 따라서 위 인용문은 범위를 라틴아메리카가 아니라 안데스 고원 지대로 명확히 제한해야만 한다. 그렇지 않으면 아메리카 대륙 전체에서 야마와 알빠까가 사육된 것으로 오해할 수 있다. 이렇게 자잘한 오류들이 우리나라 교과서에서 자주 발견된다.

"감자를 야외에 두면 밤에는 얼었다가 낮에는 녹는데 이러한 상태로 3~4일이 지나면 감자에서 전분과 수분이 분리된다. 인디오들은 이것을 발로 눌러 탈수시켜 튜뉴를 만든다. 이 튜뉴는 인디오들이 살아가는 데 절대적으로 필요한 보조식품이기도 하다."
(『고등학교 세계지리』 대한교과서 33쪽)

감자를 수확한 뒤 밭에 그대로 두면 밤에는 얼고, 해가 뜨면 녹기 시작한다. 이때에 원주민들은 감자를 발로 밟아서 수분을 제거한다. 이렇게 여러 날 반복하면 전분만 남은, 바짝 마른 감자를 얻을 수 있다. 이것의 이름은 "튜뉴"가 아니라 '추뇨Chuño'다. 추뇨는 보통 생감자와 달리 오래 보관할 수 있기 때문에 매우 중요한 식품이었다 생감자와 추뇨기 없었다면 안데스 문명은 훌륭한 문화를 형성하며 발달할 수 없었을 것이다.

서기전 2000년 가까이 이르러 원주민들은 신전을 세우기 시작했다.[1] 현재의 페루 북부 산악 지대에서는 꼬또시와 라 갈가다에 신전을 건설했다. 페루 북부 해안 지대의 우아까 쁘리에따, 아스뻬로, 엘 빠라이소에서는 많은 사람을 동원하여 신전을 건립했다. 신전은 돌과 흙벽돌을 사용하여 만들었는데, 독특한 특징이 있다. 신전에 벽감신전 벽에 사다리꼴로 움

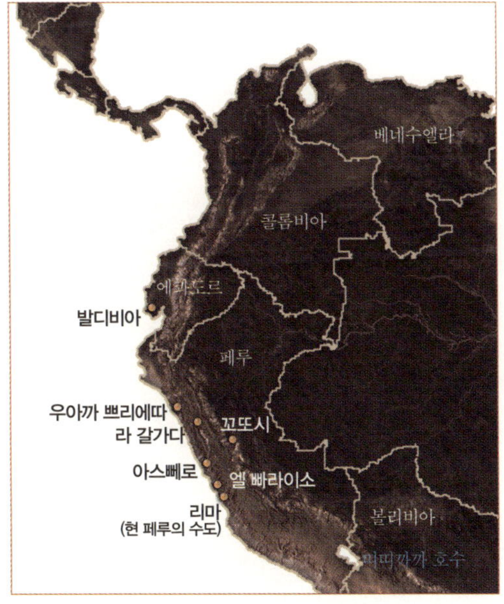
1 서기전 2000년 경에 세워진 신전들이 있는 장소

푹 들어간 공간[1] 이 있고 신전의 형태가 대부분 ㄷ자 형태[2] 라는 것이다. 이러한 건축법은 잉까까지 전통으로 내려온다.

　원주민들은 초기 토기 시대서기전 1800~900년에 들어서 토기를 만들기 시작했다. 신권을 겸비한 강력한 왕이 나타나고 초기 도시국가들이 탄생하기 시작한 초기 문명기서기전 900~200를 선도한 문명은 차빈이다. 페루 북부 산악 지대에 있었던 차빈 문명은 이전에 있었던 원시적인 형태의 문화들을 종합하며 탄생했다. 이 문명의 가장 독특한 특징은 신전의 각종 벽에 있는 석상[3]인데, 여기에는 인간 같으면서도 재규어를 닮은 신의 모습이 조각되어 있다. 신의 머리카락은 뱀이고 얼굴은 험악하다. 이렇게 반인반수 형태인 신의 모습은 안데스 문화에 지속적으로 나타난다.

　같은 시기, 안데스에는 차빈 문명 외에 빠라까스 문명도

1 　꾸스꼬의 꼬리깐차 신전(황금의 신전)에 있는 벽감

두드러졌다. 페루 남부 해안 지대에 있었던 이 문명은 화려하고 섬세한 직물로 유명하다. 또 죽은 사람을 미라로 만드는 풍습이 있었는데, 이 풍습이 잉까 제국으로 이어져 조상신 숭배라는 전통이 된다. 발굴 당시의 미라 두개골을 자세히 관찰하면 놀라운

2 차빈 문명의 중심 도시국가인 차빈 데 우안따르(Chavín de Huantar)에 있는 신전의 ㄷ자 형태 구조. 출처: Jorge E. T. Silva Sifuentes 외 9명, *Historia del Perú*, Barcelona: Lexus, 2000, p. 98.

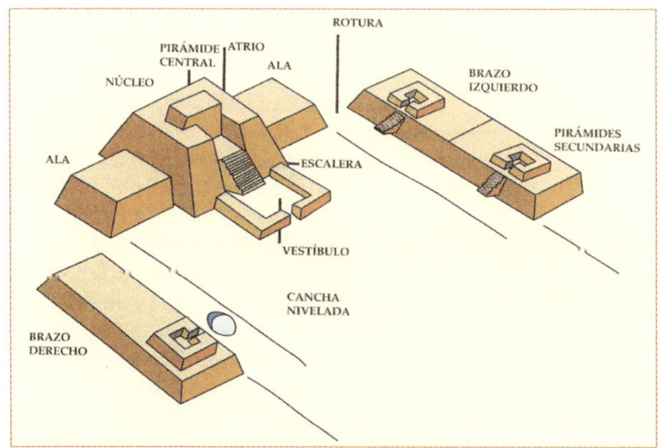

3 차빈 데 우안따르에 있는 반인반수 신상. 차빈 문명의 초기 신상으로 추측된다. 출처: José Antonio del Busto D., *Perú preincaico*, Lima: Octava, 1986, p. 108.

사실을 발견할 수 있다. 현대 의학에서도 어려운 뇌 수술을 시술한 흔적이 남아 있다. 게다가 뇌 수술 이후에 뼈가 자라 아문 흔적도 있다. 다시 말해, 수술을 하고 나서 환자가 상당 기간 살아 있었던 것이다. 이를 토대로 이 문명에서는 외과 수술 기술이 매우 발달했으며, 아마 코카 잎의 마약 성분을 이용하여 마취하고 몽둥이나 돌에 맞아 부서진 두개골을 잘라내고 봉합했을 것으로 추측된다.

차빈 문명이 몰락하면서 초기 중간기서기전 200~서기 600가 시작되었다. 안데스 지역은 소규모 도시국가들로 분열되었다. 이 시기에 눈에 띄는 문명은 페루 북부 해안 지대에서 일어난 모체 문명이다. 모체의 토기[1]를 관찰하면 재미난 사실을 알 수 있다. 토기 형태와 그림, 그리고 색에 일정한 규격이 있다는 점이다. 이로부터 국가가 토기 제작을 직접 통제했다는 사실을 알 수 있다. 그 이유는 무엇이었을까? 오늘날의 관점에서는 토기가 그렇게 가치 높은 물건은 아니다. 그러나 그때는 그렇지 않았다. 세련된 토기를 만드는 것은 높은 수준의 기술을 요하는, 당시의 최첨단 산업이었다. 만약 원료 배합과 온도 조절 등 고유한 제작 방법이 다른 도시국가에 알려진다면 큰 손실이 생길 수도 있었다. 이에 정부는 토기 제작을 직접 통제하면서 국가의 통치 이념을 불어넣고 주민들을 결속할 수 있는 그림을 삽입했다.

초기 중간기에 남부의 해안 지대에는 나스까 문명이 있었다. 이 문명에 대해서는 지학사의 『고등학교 세계지리』(174쪽)가 상세히 설명했다. 나스까인들은 건조한 사막의 지면에 사다리꼴이나 긴 선을 비롯하여 거미, 도마뱀, 원숭이, 고래, 벌새, 나무 같은 동식물을 그렸다. 도마뱀 그림의 크기는 180미터나 된다. 이렇게 큰 그림은 땅에서는 전체를 다 볼 수 없기 때문에 경비행기를 타고 하늘로 올라가서 봐야 한다. 비행기가 많이 흔들려서 속이 좀 울렁거리는 것쯤은 감수해야 한다. 하늘에서 내려다보면 수많은 그림으로 가득 찬 대평원이 펼쳐진다. 나스까인들이 거대한 사막에 이런 그림을 그린 이유는 무엇일까? 다양한 가설이 난무할 뿐 아직까지 그 정확한 이유는 알 수가 없다.

그 밖에 초기 중간기 문명으로 띠띠까까 호수 근처에서 번성한 띠아우아나꼬 문명도 중요하다. 이 문명은 '태양의 문'과 태양신 비라꼬차의 석상으로 유명하다. 띠아우아나꼬 건축에서 눈을 끄는 것은 H자 모양 이음쇠[2] 다. 석벽을 쌓을 때, 양편의 돌을 단단히 맞추기 위해 돌 하나하나에 T자로 홈을 내었다. 두 돌의 T자 홈을 서로 마주 대고 잘 붙이면 홈이 H자로 연결된다. 이 홈에 청동과 구리를 녹여 혼합한 액체를 부어 굳히면 두 돌이 단단히 이어진다.

이런 석조 기술이 발달한 원인은 지진과 엘니뇨 현상이 자주 일어나는 안데스 지역의 자연환경에서 찾을 수 있다. 지진과 홍수가 일어나

1 모체의 물항아리

©National Museum of Archaeology, Lima

2 볼리비아 북부 띠아우아나꼬 유적지 인류학박물관에 전시된 H자 이음쇠 유물.

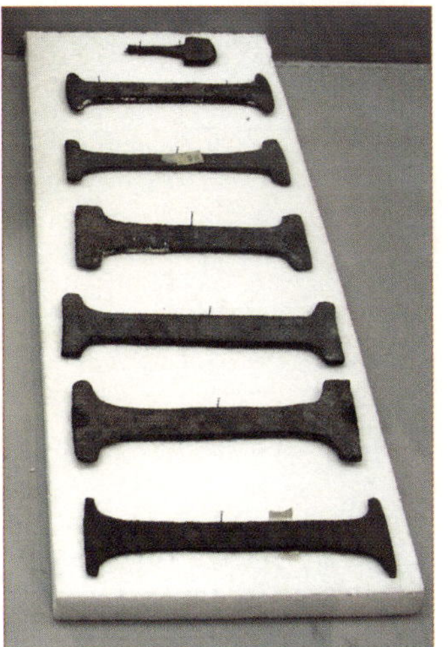

©이종득

면 석벽이 무너지고 서로 어긋나기 일쑤였다. 그래서 이런 문제점을 해결하고자 H자 모양 이음쇠를 발명하게 된 것이다. 이러한 띠아우아나꼬 문명의 석조 기술이 없었다면 잉까의 훌륭한 석조물들은 만들어질 수 없었을 것이다.

안데스의 중기 문명기서기 600~1000는 와리 제국이 등장하여 안데스의 여러 지역에서 싸우던 부족 국가들을 흡수하면서 시작되었다. 와리 제국은 강력한 군사력을 바탕으로 산간 지대와 해안 지대에 퍼져 있는 여러 도시국가를 정복하며 남아메리카 최초로 제국을 건설했다. 와리 제국은 매우 폭넓은 지역에 걸쳐 있어, 그 중심지가 한두 군데가 아니었다. 중기 문명기는 와리 제국이 안데스 지역을 주도했고, 띠아우아나꼬 제국도 와리보다 약하지만 어느 정도 영향력을 유지했다.

와리 제국은 도시를 바둑판처럼 질서정연하게 건설하고 건물을 흙벽돌로 쌓은 것으로 유명하다. 또 계단식 농지를 발전시킨 문명으로도 널리 알려져 있다. 안데스 산악 지대는 농사지을 땅이 부족하기 때문에 산비탈을 깎아 계단식 농토를 만들었다. 와리 제국 사람들은 돌로 계단식 농토의 축벽을 쌓고, 홍수와 가뭄에 잘 대처하려고 관개 시설을 만들기도 했다. 축벽에는 돌들이 차례로 튀어나와 있어, 이를 계단 삼아 아래에서 위로 올라갈 수 있다. 안데스 산지에 펼쳐진 광대한 계단식 농지를 보면 인간의 지혜와 기술에 감탄을 금할 수가 없다. 와리 제국은 이런 획기적인 농지 개혁을 통해 경제를 안정시키고 다른 도시국가들을 정복할 힘을 갖추었던 것이다.

1000년경 와리 제국이 무너지자 안데스 전역은 다시 작은 도시 국가들로 분열되었다. 이 시기를 후기 중간기서기 1000~1450라고 부른다. 이 시기에는 치무를 비롯하여 완까, 이까-친차, 아이마라 왕국 등이 있었다. 이 중 가장 강한 왕국은 페루 북부 해안 지대에서 발전한 치무 왕국으로, 모체와 와리 문화를 받아들여 크게 번성했다. 치무를 대표하는 예술품은 '뚜미'[1]라는 제의용 칼로, 형태는 반달 모양이고 소재는 금이나 구리다. 반달 모양 칼의 손잡이에는 치무족의 시조인 나임랍 조각상이 붙어 있다. 이 칼은 주로 의례에 사용되었지만, 뇌 수술을 하는 데도 쓰이곤 했다. 치무는 무엇보다도 금속 공예에 매우 뛰어났다. 잉까 제국에서 발견된 수많은 금 세공품은 치무의 전문가들이 전수한 기술로 만든 것이었다. 이 때문에 에스빠냐 정복자들이 금 세공품을 두고 벌인 흥미로운 이야기가 많이 전해진다. 당시 에스빠냐 사람들은 잉까 제국에서 금으로 만든 많은 수공예품을 약탈해 갔다. 그런데 그 상당수가 구리와 주석 등을 금괴 섞어 만든 합금이고 어떤 것은 금으로 도금된 것이라는 사실을 알고는 땅을 치며 실망했다는 것이다.

1 황금 뚜미. 출처: Viviano Domenici, *Perú*, Editora SBS, 2001, p. 66.

여러 왕국이 난립하던 후기 중간기를 마감한 제국은 잉까였다. 후기 문명기서기 1450~1533의 중심 국가 잉까 제국은 강력한 군사력을 바탕으로 안데스의 수많은 도시국가를 정복하고, 국가 행정 조직을 재편했다. 그러다 1533년 아따우알빠 왕이 에스빠냐의 정복자 프란시스꼬 삐사로에게 처형되면서 잉까 제국은 멸망하게 된다.

잉까 문명은 언제, 어떻게 일어섰는가?

"12세기 무렵에는 안데스 산지에서 오늘날의 페루를 중심으로 광대한 잉카 제국이 번영하였다."
(『중학교 사회1』 금성출판사 228쪽)
"잉카 문명은 깊은 산 속에 자리잡고 있어서 외부의 침략을 막고 문명을 발달시킬 수 있었다."
(『중학교 사회1』 교학사 차경수 외 216쪽)

일단 많은 교과서에서 잉까 문명 성립 시기를 잘못 표기해놓았다. 12세기 무렵 잉까족은 띠띠까까 호수 근처에서 사는 소수민족이었고 아직 현재의 꾸스꼬로 이주하지도 않았으므로, 그 시기에 광대한 잉까 제국이 번영했다는 설명은 어불성설이다. 잉까 문명권을 지도상에 축소 표기한 경우도 발견된다(『중학교 사회1』 중앙교육진흥연구소 216쪽[1]).

잉까 문명이 산속에 자리 잡아서 외부의 침략을 막고 문명을 발달시킬 수 있었다는 설명에서는 문제가 심각해진다. 교학사의 교과서는 이를 확인하려는 듯 마추삐추 유적지 그림을 삽입했다. 안데스 문명권의 씨족 공동체나 도시국가는 대부분 산간 지역에서 발전했다. 잉까 제국의 위대함은 그 같은 지리적인 한계를 극복하고 각 산지에 퍼져 있는 다양한

도시국가들을 통합했다는 데 있다. 교과서에 등장하는 마추삐추는 잉까
의 유적지이지만, 잉까가 에스빠냐에게 멸망한 후 산속으로 도망친 잉까
인들이 남긴 도시일 뿐이다.

잉까 제국에는 1250년경 꾸스꼬에 잉까를 세운 제1대 왕 망꼬
까빡부터 시작하여 1533년 삐사로에게 죽임을 당한 아따우알빠 왕까지

1 (위) 『중학교 사회1』(중앙교육진흥연구소 216쪽). (아래) 『고등학교 세계지리』(대한교과서 201쪽)
지도는 잉까 문명권의 범위를 바르게 표시했다.

잉카 제국은 1532년에 황금을 갈망하는 유럽 인들이 침입하기 전까지 에콰
도르에서 칠레 중부에 걸친 넓은 지역을 차지하고 있었다. 잉카 인들은 문자
가 없었음에도 불구하고, 제국의 인력 자원과 천연 자원을 정밀한 기록으로
남겼다. 그 당시 건설되었던 도로는 지금도 사용되고 있다.

13대 왕이 존재했다. 잉까의 건국 신화는 망꼬 까빡이 잉까족을 데리고 꾸스꼬에 정착한 역사를 설명한다. 꾸스꼬에 정착했을 당시 잉까족은 남쪽의 띠띠까까 호수에서 이주한, 힘 약한 소수 이방 민족에 불과했다. 와리 제국이 멸망한 후 많은 소도시국가들이 산간 지대와 해안 지대에 난립하던 때였다. 잉까의 1대 왕부터 8대 왕까지는 빌까노따 계곡에서 꾸스꼬를 중심으로 도시국가의 기틀을 마련하며 주변 지역으로 조금씩 지배 영역을 확대했을 뿐이다. 당시 중부 산악 지대에서는 창까Chanca족이 강력한 군사력을 바탕으로 주변 소도시국가들을 정복하며 빠른 속도로 영토를 넓히고 있었다. 잉까족이 중부 산악 지대에서 강력한 도시국가로 도약한 것은 당시 강력했던 창까족의 침입을 물리친 빠차꾸떽이 1438년 잉까의 제9대 왕으로 즉위하면서부터다.

> "원주민 언어로 파차쿠텍은 '대변혁'을 뜻하는 말로, 옛 잉카 제국의 황제들에게 붙여졌던 호칭이다."
> (『고등학교 세계지리』 지학사 176쪽)
> "잉카 제국이 주변 국가들을 향해 팽창하게 된 것은 15세기 초 파차쿠티 황제 시대부터이다."
> (『고등학교 세계지리』 대한교과서 201쪽)

'빠차꾸떽'은 잉까 제국 황제들의 호칭이 아니라 실제 존재했던 제9대 왕, 곧 잉까를 크게 번영시킨 황제의 이름이다. 그리고 그가 왕으로 등극한 것은 15세기 초가 아니라 15세기 중엽에 접어든 1438년이다.

태양신을 섬겼던 잉까족은 태양의 햇살이 모든 세상을 비추듯 안데스 전 지역을 태양신의 이름으로 지배하고자 했다. 종교적 신념과 정치권력이 결합하여 잉까 제국이 탄생한 것이다. 빠차꾸떽과 후대 왕들은 강력한 군사력을 바탕으로 대대적인 정복 활동을 벌였다. 또 연합과 동맹을 통해 빠른 속도로 잉까의 영향력을 넓혔다. 그 결과 제11대 와이나 까빡 왕에 이르러 오늘날의 에콰도르, 페루, 볼리비아, 칠레, 아르헨티나에 걸친 안데스 지역 전체를 정복하기에 이르렀다. 잉까족이 단기간에 안데스 전 지역을 정복하고 '4방위 제국'이라 불리는 잉까 제국을 건설한 것은 안데스 역사상 그 유례를 찾아볼 수 없는, 기적과도 같은 일이었다. 높은 산과 험준한 계곡으로 이루어진 안데스 지역은 북반구에서 남반구에 걸쳐 있는 광대한 지역이며, 각 지역에 거주하는 원주민들의 언어와 문화도 서로 달랐기 때문이다.

잉까 제국은 어떻게 통치되었는가?

"잉카가 광대한 지역을 효과적으로 통치할 수 있었던 것은 사방으로 뻗은 도로망의 건설과 이용에 의해서였다. 도로는 신속한 이동과 물자 수송을 위해 가능한 직선으로 뚫었다. 3~4만 km에 달하는 도로의 곳곳에는 9,000~1만 2,000개에 달하는 객사가 설치되었고, 선발된 파발꾼들이 항상 대기하고 있었다. 파발꾼들은 경주를 하듯 사방으로 나는 듯이 달려 황제의 명령을 전달하였다."
(『고등학교 세계사』 지학사 212쪽)

지학사 교과서는 잉까 제국의 통치와 도로의 연관성을 잘 설명했다. 다만 여기에 조금 더 설명을 보충하면 좋겠다. 잉까 제국이 대단위 정복 사업을 할 수 있었던 것은 군인 모집과 군수 물자 보급을 빠르고 효율적으로 진행할 수 있었기 때문이다. 25세부터 50세에 이르는 잉까의 모든 성인 남성은 병역 의무를 져야 했다. 지역별로 10진법에 맞추어 10명, 100명, 1000명 단위 군대가 다단계로 편성되었고, 군대 단위에 맞취 지방의 수장들이 지휘와 관리를 담당했다. 물론 모든 군대의 총사령 관은 잉까 왕이었다.

효율적으로 구성된 군대 조직 외에, 잉까 제국 건립에 결정적인 구실을 한 것이 '잉까의 길'이었다. 잉까 제국은 발달한 도로 시설이 제국 전체를 연결했기에 신속하게 병력을 이동하고 군수 물자를 보급할 수 있었다. 특히 도로 주변에 식량·무기 창고인 꼴까Colca를 설치하여, 군수 물자가 끊이지 않고 원활하게 공급되도록 했다. '잉까의 길'은 두 세로축(하나는 해안을 따라, 다른 하나는 산악 지대의 산마루를 따라 만들어졌다)을 수많은 지선이 긴밀히 연결하고 있다. 이 길은 안데스의 험준한 지형적 장애를 넘어 지역 간 교류를 촉진하는, 효율적인 연결망 구실을 했다. '차스끼'라는 전령들이 일정 간격으로 배치되어 도보로 긴밀하게 연락을 주고받았다. 얼마나 효율적으로 연결이 이루어졌는지, 해변에서 갓 잡은 생선이 차스끼들의 손을 거쳐 잉까 왕의 아침 식탁에 오를 수 있었다. '잉까의 길'은 잉까 제국이 안데스를 정치·경제적으로 지배하는 수단으로서, 지역 간 교류를 촉진해 제국을 한 공동체로 단일화하는 데에 크게 기여했다.

"잉카 제국의 통제 단위는 가족이었고, 새로운 식민지를 개척할 때마다 가족을 집단 이주시켰으며, 농토를 가족 단위로 할당하였다." (『고등학교 세계지리』 지학사 176쪽)

집단 이주는 가족이 아닌 씨족 공동체를 중심으로 이루어졌다. 씨족 공동체 일부나 전부를 집단으로 이주시키는 정책을 통해 잉까 제국은 정치적 안정을 꾀할 수 있었다. 정복된 씨족 공동체나 도시국가 중에서 반란을 일으킬 가능성이 있거나 힘이 강한 경우에는 그 힘을 약하게 만들려고 공동체를 나누어 집단 이주 정책을 실시했다. 이런 식으로 씨족 공동체나, 여러 씨족 공동체로 구성된 도시국가의 힘을 누그러뜨림으로써 제국을 안정되게 유지했던 것이다. 그런데 집단 이주 정책은 오직 씨족 공동체를 약화시키려는 방편만은 아니었다. 잉까 왕의 명령을 충실하게 수행하는 씨족 공동체는 잉까 제국을 선봉에서 방어하도록 위험한 국경 지역으로 이주시키기도 했다.

잉까 제국에는 문자가 있었을까?

"잉카 인들은 문자가 없었으나 새끼줄로 매듭을 지어 숫자와 의사를 표시하였으며……."(『고등학교 세계사』 지학사 212쪽)

잉까 문명에는 메소아메리카 문명권에서 발견되는 상형문자가 없었다. 대신, 인구와 곡물, 기타 물건의 다양한 분류와 그 수량을 표시하는 결승문자인 '끼뿌'[1] 가 있었다. 끼뿌는 중심 줄에 많은 줄을 매달아놓은 것이다. 자세히 보면 각 줄의 색이 다르고 매듭의 수도 각각 다르다. 또한 줄의 방향이나 연결이 다양하고 복합적이어서, 여기에는 단순한 통계 자료만이 아니라 잉까의 역사 같은 내용도 담겨 있다고 주장하는 사학자들이 있다. 어쨌거나 끼뿌는 분명 일종의 통계 자료, 곧 한 씨족 공동체나 도시국가의 인구, 식량의 종류와 양, 군인의 수 등을 한눈에 알아볼 수 있는 훌륭한 통계 자료다. 물론, 오늘날 우리에게는 복잡하기 그지없는 실타래로 보일 뿐이지만 당시에는 중

1 구아만 뽀마가 남긴 끼뿌 그림

요한 비밀 자료였다. 이것이 외부에 노출된다면 큰일이 일어날 수도 있었다. 잉까의 왕은 각 지역에서 보내오는 끼뿌를 통해 그 지역의 상황을 한눈에 볼 수 있었고, 쉽고 효율적으로 통치할 수 있었다.

끼뿌를 관리하는 회계사를 '끼뿌까마욕'이라 불렀다. 각 지역의 규모와 인구에 따라 끼뿌까마욕의 수가 달라, 적게는 몇 명에서 많게는 20여 명에 이르렀다. 성실하고 정직한 사람이 이 일을 맡았다. 하지만 회계사가 아무리 많아도 끼뿌는 각 지역에서 1년에 1개만 만들 수 있었다. 끼뿌의 기록에 따라 마을별로 세금(정확히 말하면 공물)과 노역의 양이 정해지기 때문에 끼뿌까마욕의 위세는 대단했다. 아마 현대의 세무서 직원과 비슷한 역할을 했을 것이다.

아메리카의 피라미드는 위가 평평한가?

"우리는 '피라미드' 하면 흔히 이집트의 피라미드를 떠올린다. 그러나 중남아메리카의 인디언들도 멕시코, 유카탄 반도, 안데스 산맥 등에 피라미드를 만들었다. 그런데 이들이 만든 피라미드는 이집트의 피라미드와는 달리 위가 평평하고 위로 오르는 계단이 있다."
(『고등학교 세계사』 지학사 68쪽)

고대 아메리카 피라미드를 이집트의 피라미드와 비교하자면 우선 피라미드의 용도가 서로 다르다. 이집트 피라미드는 왕의 무덤이었지만 고대 아메리카에서는 신전이었다. 피라미드의 정상에는 신전이 있었고, 여기서 각종 제례 의식과 인신공양을 주기적으로 올렸다. 그러나 한 문명이 멸망하게 되면 정복자가 피라미드의 신전을 철저히 파괴했기 때문에 피라미드 정상이 평평해 보이기도 한다. 그래도 그 평평한 부분의 면적은 매우 좁다.

또 지학사의 『고등학교 세계사』는 고대 아메리카의 피라미드를 설명하면서 그 옆에 적절치 않은 유적지 사진을 넣었다. "마야의 피라미드"라고 이름을 붙인 이 유적지는 똘떼까 문명에 속하는, 멕시코 중앙고원 지대에 있는 쏘치깔꼬Xochicalco의 제단 형태 유적이다. 메소아메리카 피라미드의 형태를 대변할 수 없는 그림을 삽입해놓고는, 이집트 피라미드와 비교하여 위가 평평하다고 주장한다.

게다가 석재를 사용하여 높은 피라미드를 건설한 것은 주로 메소아메리카 문명권에서 있었던 일이다. 안데스 문명권에서는 모체 문명에서 흙벽돌을 쌓아 피라미드를 축조하기도 했지만 대부분은 건물 형태로 신전을 건립했다.[1] 따라서 "중남아메리카의" 피라미드 정상이 평평하다는 설명은 안데스 문명권에는 들어맞지 않는다. 신전 지붕 위에 올라가서 무슨 종교의식을 치르겠는가?

[1] 안데스 문명권인 마추삐추의 신전 유적. 현재 신전의 지붕은 사라지고 벽만 남아 있다.

"250년경부터 시작된 마야 문명의 고전기에 티칼 인들은 신전 피라미드와 궁전을 정력적으로 건축하였다. 현재 지상에 남아 있는 5개의 거대한 신전 피라미드는 700년부터 810년경에 건립된 것이다. 신전 피라미드의 기단부 안쪽에 왕의 무덤이 있는데, 무덤의 내벽에는 상형 문자의 장식 벽화가 그려져 있다."
(『고등학교 세계사』 교학사 83쪽)

메소아메리카의 피라미드는 왕의 무덤이 아니라 신전으로 지어졌지만 그곳에서 왕의 시신이 발견된 경우가 있다. 바로 빨렌께Palenque에 있는 피라미드로, 빠깔 왕서기 603~683이 자신의 아들 찬발룬에게 왕위를 물려주는 벽화가 있고, 석관 뚜껑에는 죽은 빠깔 왕이 지하 세계로 하강하는 모습이 부조되어 있다. 교학사 교과서는 띠깔을 설명하면서 빨렌께 피라미드에서 발견된 빠깔 왕의 무덤을 이야기하는 황당한 오류를 범한다. 빨렌께는 띠깔과 같은 고전기 마야 문화권에 존재했지만 엄연히 다른 도시국가다.

잉까에서는 점을 쳐서 국가의 중요한 일을 결정했을까?

"이들은 태양을 숭배하였으며, 지배자는 관료와 군대를 거느리고 강력한 통치를 하였다. 사제들은 신전에서 살았으며, 중요한 일은 점을 쳐서 결정하였다."(『고등학교 세계사』 지학사 212쪽)

사제들이 점을 쳐서 중요한 일을 결정했다는 설명은 잉까가 미개하고 미신을 신봉하는 사회였다는 인상을 준다. 하지만 당시에 점치는 행위는 천문학과 밀접하게 관련되어 있었다. 강력한 왕권은 강한 군사력에 바탕을 두었지만, 초자연적인 현상을 사전에 예측할 수 있는 천문학적인 지식과도 밀접한 관련이 있었다.

그들의 시간관에 따르면 신들의 시간이 인간의 시간을 지배하기 때문에 신들의 힘은 정기적으로 인간 존재에 흔적을 남긴다. 따라서 같은 방식으로 나타나는 어떤 힘들과 과거의 사건들은 서로 밀접한 관련이 있으며 미래는 예견 가능한 것이었다. 이러한 예측은 면밀한 천체 관측과 기록, 그리고 역력 주기를 연결 지어 이루어졌다. 그래서 당시에 가장 인기 있었던 학문과 직업이 천문학과 천문관이었다. 천문학을 통해, 능력은 있으나 신분이 낮은 사람도 신분의 수직 상승을 꾀할 수 있었다. 그러나 주로 사제가 독점해온 천문관은 매우 위험한 직업이기도 했다. 일식이나 월식 날짜를 잘못 예측한 경우에는 죽임을 당하기도 했다. 고대 아메리카의 역력은 수많은 사제가 목숨을 걸고 관찰하여 얻어낸 눈물겨운 결과물이다.

고대 아메리카 원주민들은 과연 세금을 2/3나 냈을까?

"사제 역시 지배 계급에 속해 있었으며, 귀족들로부터 충원되었다. 평민들은 이들을 위해서 노동을 했는데, 수확물의 3분의 2는 귀족들과 사제들에게 바치고 나머지만을 소유할 수 있었으나 이를 부당하다고 생각하는 사람은 없었다."
(『고등학교 세계지리』 대한교과서 200쪽)

이 인용문은 한국 학생들에게 고대 아메리카 원주민들이 미개하고 순박하며, 그들의 정치 · 경제 체제가 부조리하다는 선입견을 유발할 수 있는 문장이다. 수확량의 3분의 2를 세금으로 낸다면 오늘날 스칸디나

비아의 복지 국가들에서보다도 더 많은 세금을 내는 것이다. 그러나 여기서 명확히 해야 할 중요한 부분이 있다. 원주민들이 정부에 바친 공물은 생산량의 3분의 2가 아니었다.

거대 도시국가에서 각 씨족 공동체의 경작지는 보통 3등분, 곧 중앙정부와 지방정부 그리고 씨족 공동체의 몫으로 나뉘었는데, 중앙정부와 지방정부 몫의 땅은 비옥한 지역에 자리 잡은 경우가 많았다. 이러한 경작지는 씨족장의 지휘 아래 구성원들이 공동으로 경작했다. 생산된 작물은 지방정부나 중앙정부로 보내지기도 하고, 각 지역에 설치된 정부 창고에 보관되기도 했다. 지방정부와 중앙정부는 이렇게 수집된 공물을 주로 운영 경비로 사용했지만, 주민의 생활이 곤궁할 때면 곡식을 풀어 돕기도 하고 다른 지역 생산물과 바꾸어 나누어주기도 했다. 만약 이런 경제 활동이 이루어지지 않았다면 해발 3000미터가 넘어 면화를 생산할 수 없는 지역에 사는 주민들은 면으로 만든 따스한 옷을 입을 수 없었을 것이다. 사료가 충분하지 않아 중앙정부와 지방정부에 낸 공물 중 얼마가 교환되어 되돌아왔는지 정확히 알 수는 없다. 시대와 왕의 정책에 따라 그 비율이 달랐을 것이다. 하지만, 이러한 재화의 유통과 분배가 정상적으로 이루어지지 못하면 경제가 피폐해졌고 사회가 동요했다. 심각한 경우에는 왕권이 교체되기도 했다. 따라서 이러한 경제 구조를 설명하지 않은 채 "수확물의 3분의 2는 귀족들과 사제들에게 바치고 나머지만을 소유할 수 있었으나 이를 부당하다고 생각하는 사람은 없었다"고만 한 교과서의 서술은 명백한 오류다.

아스떼까 제국은 에스빠냐인 정복자 500여 명에게 멸망했는가?

"그토록 번영하던 제국도 에스파냐의 코르테스가 말과 총으로 무장한 500여 명의 군대를 이끌고 쳐들어오자 1521년에 쉽게 무너졌다."(『중학교 사회1』 금성출판사 228쪽)

"에스파냐의 코르테스는 1519년 보병 400명, 기병 15명을 이끌고 아스텍 왕국의 내분을 적절히 이용하여 공격을 가한 끝에 1521년 수도인 테노치티틀란을 정복하였다."
(『고등학교 세계사』 교학사 234쪽)

마야 문명과 아스떼까 문명이 1532년에 멸망했다고 주장하는 교과서(『중학교 사회1』 디딤돌 185쪽)도 있긴 하지만 다수 교과서가 아스떼까 문명의 멸망 시기를 정확히 표기했다. 그러나 아스떼까 문명이 소수 에스빠냐 정복자들에 의해 멸망했다는 내용은 짙은 의구심을 불러일으킨다. 인구가 수백만에 이르렀을 아스떼까 제국이 에스빠냐 정복자 500여 명에게 멸망했다고 설명하기 때문이다. 이 설명을 보면 원주민들은 전혀 싸움을 못하는 순둥이이거나 '2퍼센트' 정도 부족한 야만인이라는 인상을 지울 수 없다. 아스떼까 제국의 멸망을 이해하려면 먼저 당시의 정치 제도와 사회 구조를 알아야 한다. 그러나 교과서에는 그런 필수적인 설명이 전혀 없다.

고대 아메리카의 도시국가를 이해하려면 씨족 공동체의 조직과 특성을 이해해야 한다. 씨족 공동체는 고대 아메리카 사회의 기본 단위로, 아스떼까에서는 '깔뿔리', 마야에서는 '꾸츠떼엘', 잉까에서는 '아이유'라고 했다. 당시의 도시국가는 친족 관계로 형성된, 대가족 형태의 수많은 씨족 공동체로 구성되어 있었다. 씨족 공동체 내에는 같은 조상(상상의 조상인 경우도 있음)을 둔 사람들이 고유한 신을 숭배하며 살았다. 정치적으로는 반독립적인 자치권이 있었고 군대도 보유했다. 씨족 공동체가 토지를 공동 소유하고, 자급자족을 기본으로 하는 자립적인 경제 활농을 영위했다. 따라서 씨족 공동체는 씨족의 독특한 문화를 유지하는 폐쇄성을 특징으로 한다. 당시에는 어떤 개인이 씨족 공동체에서 추방되면 자신을 보호해줄 공동체를 잃게 되기 때문에 다른 씨족 공동체 사람의 손에 죽임을 당하거나 붙잡혀 노예로 전락했다. 개인이 사회적으로 홀로 생존하기가 매우 위험한 시대였다.

흥미로운 것은, 씨족 공동체는 폐쇄적인 특성 때문에 다른 씨족 공동체와 통합하여 더 큰 규모의 부족으로 발전하지 못했다는 사실이다. 따라서 원주민들이 형성한 도시국가는 수많은 씨족 공동체가 동맹을 맺거나 정복해서 이루어진 일시적인 연맹체였을 뿐이다. 한 예로 아스떼까 제국도 수많은 씨족 공동체들이 연맹한 도시국가로 구성되어 있었다. 곧 모래알과 같은 수많은 씨족 공동체가 강력한 군사력을 가진 메쉬까족에 의해 인위적으로 결속되어 있었던 것이다. 따라서 중심체인 메쉬까족이 붕괴하면 수많은 도시국가와 씨족 공동체는 모래알처럼 산산이 흩어져버릴 수밖에 없는 구조였다.

메쉬까족은 전쟁과 회유 정책을 병행하여 주변 도시국가들을 정복해나갔고 그들에게 공물을 바치게 했다. 그러나 메쉬까족이 멕시코 중앙고원 지대의 대표적인 중앙 정부로 등장하게 된 계기는 1428년, 주위의 큰 도시국가였던 떼스꼬꼬와 따꾸바를 끌어들여 맺은 삼각동맹이었다. 수적인 열세와 지리적 한계를 극복하고자 깔뿔리를 바탕으로 한 혈연 중심 정치 체제를 넘어서 다른 도시국가와 동맹을 맺은 것이다. 결국, 삼각동맹을 통해 멕시코 중앙고원 지대의 중심 맹주로 등장한 메쉬까족은 동맹과 반목을 반복하며 분열되어 있던, 수많은 도시국가들을 단기간에 복속시킬 수 있었다. 하지만 다른 씨족 공동체와 통합되지 못했던 폐쇄성으로 말미암아 인구를 빨리 늘릴 수 없었기 때문에, 메쉬까인들은 정복지에 수비대를 배치할 수도, 총독을 임명할 수도 없었다. 표범 군단과 독수리 군단으로 이루어진 메쉬까 군대는 군인들의 수가 매우 적어 점령군 역할을 수행할 수 없었기 때문이다. 정복지에는 공물을 거두어들이는 데 필요한 공물 징수원만 몇 명 남겨 두었다. 따라서 정복지 기득권층의 권리뿐만 아니라 그들의 고유한 제도와 전통을 존중할 수밖에 없었다. 가끔 메쉬까인들은 자신들의 수호신인 우잇씰로뽀츠뜰리를 믿으라고 점령지에 강요하기도 했지만, 결코 점령지의 고유한 토착 신앙을 금하지는 않았다.

당시 원주민들은 에스빠냐 정복사들을 한 씨족 공동체로 이해했다. 피부색이 다른 이질 민족이지만, 원주민들은 자신들의 사회 조직과 정치 체제의 범주에서 정복자들을 이해한 것이다. 메쉬까에 대항하던 여러 씨족 공동체와 도시국가가 에스빠냐 정복자들과 연맹을 맺은 것도 매우 당연한 일이었다. 그들이 에스빠냐 정복자들과 쉽게 연맹을 맺을 수 있었던 이유는 뒤에 설명할 '꽃의 전쟁'과 인신공양의 후유증이었다. 메쉬까가 삼각동맹국과 함께 주변 도시국가를 침입하여 각종 생산물을 약탈해 가고 주민을 잡아다 메쉬꼬-떼노츠띠뜰란의 대신전에서 인신공양에 처하자 주민들의 분노와 증오가 하늘을 찌르고 있었다. 메쉬까의 독선과 횡포에 불만을 품은 많은 씨족 공동체와 도시국가는 에스빠냐 정복자와 연맹을 맺고 행동을 같이했다. 그러므로 아스떼까 제국은, 500여 에스빠냐인 정복자와 연맹한, 수만 명에 이르렀을 원주민 도시국가들에게 멸망한 것이었다.

"에스파냐 사람들은 멕시코시티 북동쪽에 있는 죽은 자들의 거리와 태양의 피라미드 등 문화 유산을 완전히 파괴하였습니다."
(『중학교 사회1』 교학사 황재기 외 205쪽)

정복 시기에 떼오띠우아깐 문명은 사라지고 없었기 때문에 위 내용은 잘못이다. 아스떼까의 왕들이 매년 주기적으로 떼오띠우아깐 피라미드로 순례를 가서 종교 행사를 치렀지만 그곳은 잡초와 선인장이 무성한 유적지에 불과했다. 에스빠냐의 정복자들이 아스떼까 제국에서 파괴한 것은 떼오띠우아깐의 피라미드가 아니라 아스떼까의 대신전Templo Mayor이었다.

원주민들은 백인들에게 쉽게 영토를 내주었는가?

"아스테크 사람들에게는 동쪽에서 온 흰 피부와 털이 많은 사람들이 자기들을 구원해 줄 것이라는 믿음이 있어서 에스파냐 군인들에게 결사적으로 저항하지 않았다."(『중학교 사회1』 고려출판 189쪽)
"아스텍의 원주민들은 침입한 백인들을 자기들을 구원해 줄 존재로 믿고 저항하지 않아 끝내 그들에게 땅을 내주게 되었습니다."
(『중학교 사회1』 교학사 황재기 외 205쪽)

아스떼까 제국의 멸망을 황당하고 유치하게 설명했다. 교과서 집필자들의 냉철한 반성과 연구가 필요한 부분이다. 아스떼까 제국은 1521년 8월 13일 에스빠냐의 에르난 꼬르떼스가 이끄는 정복자들에게 멸망했다. 그 원인은 다양하다. 그중 하나가 '다섯 번째 태양' 멸망이라는 세기말 증상이었다. 또한 정복자들이 나타난 해가 마침 신화에서 껫쌀꼬아뜰 신이 지상 세계로 돌아와 새로운 시대를 연다는 52년 주기(메소아메리카에서 1세기는 52년이다)의 마지막 해이기도 했다.

이 신화에 따르면 똘떼까를 다스리던 껫쌀꼬아뜰 신이 어느 날 떼낄라 술을 마시고 만취했다. 쌍둥이 형제인 떼스까뜰리뽀까가 보여준 거울 속에서 인간의 얼굴을 한 자신을 발견했기 때문이다. 신이기에 얼굴이 없을 것으로 생각했던 껫쌀꼬아뜰은 좌절했다. 게다가 인간의 얼굴을 하고 있다니! 그렇다면, 인간처럼 죽어 사라져야 하는가? 그래서 떼낄라 술을 마시고 대취했다. 술이 들어간 탓이었을까, 아니면 외로웠을까? 자신의 친여동생이 여자로 보였다. 근친상간이라는 실수를 깨달은 것은 이튿날 새벽이었다. 주위의 비난과 도덕적 자책을 느낀 그는 떠나기로 했다. 자신을 자책하며 동쪽 바닷가로 가서, 자신의 몸을 태워 금성이 되어 하늘로 올라갔나.

껫쌀꼬아뜰이 자신의 행동을 반성하며 조용히 하늘로 승천했으면 되는데 술이 덜 깬 탓인지 다음과 같은 이야기를 남겼다. "내가 세기 마지막 해에 다시 돌아오리라. 돌아와 다시 영광을 줄 것이다."

전설에 따르면 껫쌀꼬아뜰의 머리카락은 황금빛이고 얼굴은 하얗다. 게다가 턱에는 휘날리는 수염이 있었다. 그리고 세월이 흘렀다. 매 세기말이 되면 껫쌀꼬아뜰이 하늘에서 돌아와 지상 세계에 영광을 줄 것을 눈이 빠지게 기다리는 전통이 생겼다.

에스빠냐의 정복자 에르난 꼬르떼스가 1519년 멕시코에 도착했을 때가 우연하게도 세기말 마지막 해였다. 아스떼까 주민들은 당황했다. 정말 할아버지 대부터 내려오는 예언이 실현되는 것인가? 게다가 에스빠냐 정복자의 외모가 껫쌀꼬아뜰 신과 유사했다. 금발 머리에 하얀 얼굴, 더부룩하게 자란 턱수염은 그들을 현혹하기에 충분했다. 게다가 정복자들은 세상을 뒤흔드는 천둥을 자유자재로 다루고 번개를 마구 휘둘러댔다. 사실은 원주민들을 겁주려고 가끔 대포와 화승총을 쏘아댔을 뿐이지만 말이다. 신화와 종교 체제에서 살던 아스떼까인들의 불안은 세기 말 징후와 맞물려 가중되기 시작했다. 당시 아스떼까의 왕이었던 목떼수마가 생면부지인 에르난 꼬르떼스를 미중히려고 왕궁을 나섰고, 주민들은 지붕에 올라가 메쉬꼬-떼노츠띠뜰란으로 들어오는 에스빠냐 정복자들을 두려움과 기대 속에 구경했다. 우리에게는 황당하고 어이없어 보이는 이런 일들이 실제 일어났고, 당시의 혼돈과 불안은 라틴아메리카 연대기 문학에 기록으로 남아 있다.

귀빈 대접을 받으며 목떼수마 왕궁으로 들어온 에스빠냐 정복자들이 처음으로 한 일은 성벽에 대포를 거는 일이었다. 하지만 목떼수마 왕도 만만치는 않았다. 신과는 다르게 하는 짓이 천박하고 금만 찾는 정복자들이 미심쩍어 고민스러웠다. 그러나 에르난 꼬르떼스가 더 영악했다. 단기간에 메쉬꼬-떼노츠띠뜰란의 정치적인 허점을 간파했기 때문이다. 결국 그는 메쉬까족의 최대 적이었던 뜰랄스깔라와 동맹을 맺고 연합군을 조직하여 메쉬꼬-떼노츠띠뜰란을 멸망시켰다. 메쉬까인들은 60여 일에 걸쳐 피비린내 나게 저항했지만 대포와 화승총, 말과 칼 등 우세한 무기를 갖고 있던 에스빠냐 정복자들을 막아내기에는 역부족이었다.

"거대한 아스테크가 쉽게 몰락한 데에는 몇가지 이유가 있다. 첫째는 군사력의 차이이다. 에스파냐 군인들은 대포, 말, 사나운 군견 등으로 무장하였지만, 아스테크 군인들은 청동으로 만들어진 칼, 창 등을 가지고 싸웠다."(『중학교 사회1』 고려출판 189쪽)

아스떼까 멸망의 원인은 신화·종교적인 측면 외에 무기의 격차에서도 찾을 수 있다. 아스떼까 군인들의 무기는 대부분 돌을 날카롭게 박아 넣은 나무 몽둥이나 창이었다. 멀리 떨어져 있을 때에는 주로 투석전을 벌였다. 따라서 아스떼까의 군인들이 청동으로 만들어진 칼과 창 등을 갖고 싸웠다는 교과서의 내용은 잘못이다. 한편 에스빠냐의 정복자들은 총, 창, 칼, 대포 등을 갖고 있었다. 당시 대포와 총은 원주민들을 공포로 몰아넣은 위력적인 첨단 무기였으며, 갑옷을 입고 말을 타고 달리는 정복자는 원주민들에게 괴물 그 자체로 보였다. 당시 아메리카에는 말이 없었기 때문에 사람과 말을 나누어 생각하지 못하고 일심동체의 괴물인 줄 알았던 원주민도 많았다.

마야 문명은 어떻게 멸망했는가?

"지금까지 알려진 바에 의하면 마야·아스텍 문명은 16세기 전반에 멸망하였다고 한다. 멸망의 직접적인 원인은 에스빠냐 인들의 침입이지만 이 외에도 여러 가지 견해가 있다. 인구 증가에 따른 농경지 개간으로 삼림이 황폐화되어 일어난 기후 변화, 사람을 제물로 바치는 제사 의식의 잔인성, 귀족 계급들에 대한 농민들의 반란, 이민족의 침입……."(『중학교 사회1』 동화사 224쪽)

이 교과서는 아스떼까 문명의 멸망 시기가 명확한데도 16세기 전반이라고 얼버무렸다. 물론 그보다 더 큰 오류는 아스떼까 제국과 고전기 마야 문명의 멸망 원인을 가져다 후고전기 마야 문명의 멸망을 설명한 데 있다.

고전기 마야 문명이 멸망한 원인을 설명하는 가설은 여러 가지다. 그중 검증된 것은, 급격한 인구 증가에 따른 토지 부족과 기후 변화다. 이 가설에 따르면 인구 증가에 따라 토지 개간이 빠른 속도로 이루어지고, 각종 건축이나 연료로 사용하려고 나무를 베어내면서 삼림이 황폐해졌다. 따라서 토지 침식이 심해지고 농경지의 생산성이 낮아졌으며 기후 변화가 일어났다는 것이다. 이러한 상황은 지배층과 피지배층 사이의 긴장을 높이며 사회를 불안케 했고, 곧 정치적인 붕괴로 이어졌다. 이때 멕시코 중앙고원 지대에서 북방 민족이 침입하여 정치적 불안은 더욱 고조되었고 이것이 마야 문명의 멸망으로 이어졌다. 내란이나 외부와 전쟁을 벌였기 때문에 멸망했다는 설도 있으나 신빙성이 매우 낮다. 도시 대부분의 신전 건물이 전혀 훼손되지 않고 보존되었기 때문이다. 당시의 관례에서는 전쟁에서 승리하면 피라미드 정상에 있는 신전부터 두드려 부수었다. 10세기 말이 되면 강력했던 고전기 도시국가들이 완전히 해체되었고, 이들이 남긴 유적은 열대 밀림 속에 방치되었다.

반면에 에스빠냐의 정복자들이 16세기 초 유까딴 반도에 들어갔을 때, 후고전기 마야 문명은 이미 쇠퇴해 사라진 후였다. 치첸잇싸를 멸망시키고 후고전기 마야 문명의 중심으로 등장한 마야빤은 강력한 정치력을 발휘하지 못했다. 그 결과 도시국가 간 결속력이 약해지고 경제 교류가 어려워져 도시국가의 경제가 피폐해졌다. 여러 도시국가들은 소규모 씨족 공동체 수준으로 해체되었고, 거대한 피라미드와 건물들은 밀림 속에 방치되어 풀과 나무로 뒤덮였다. 따라서 에스빠냐의 정복자들은 밀림 속에 산재하던 소규모의 도시국가들을 큰 힘 들이지 않고 쉽게 정복할 수 있었다.

잉까 제국은 에스빠냐인 정복자 180여 명에게 멸망했는가?

"1532년 11월 16일 잉카제국은 에스파냐의 피사로가 이끄는 180여 명의 군대에 의해 멸망하였다. 당시 잉카의 군대는 3만 명이었다고 한다."(『중학교 사회1』성지문화사 197쪽)

"에스파냐의 피사로는 1531년 186명의 병사를 이끌고 안데스 산맥의 고원 지대에 자리잡은 잉카 제국을 공격하여 황제를 처형하고 이곳을 정복하였다."(『고등학교 세계사』 교학사 234쪽)

"이 문명의 멸망 역시 정확한 결론은 없다. 왕위 계승 다툼으로 약화된 잉카 제국에 에스파냐 인들이 침입(1531년)하면서 새로운 병원균이 전파되어 많은 사람들이 희생되고, 제국 내의 반항 세력이 에스파냐 인들과 손을 잡으면서 급격히 몰락했을 것이라는 견해가 있다."(『중학교 사회1』 동화사 225쪽)

잉까 문명이 프란씨스꼬 삐사로에게 멸망한 것은 1533년이다. 많은 교과서에 잉까 문명의 멸망 시기가 잘못 표기되어 있다. 게다가 잉까가 멸망하게 된 원인을 자세히 설명한 교과서는 거의 없다. 몇 명 되지 않은 에스빠냐인 정복자들에게 잉까가 멸망하게 된 원인은 상당 부분 아스떼까 멸망의 원인과도 유사하다. 무엇보다도 씨족 공동체의 폐쇄적인 구조와 밀접하게 관련되어 있고, 잉까족에 반발하여 에스빠냐인 정복자들과 동맹을 맺은 도시국가가 있었던 것도 같다. 무기 수준의 현격한 차이 때문에 잉까의 군인들이 정복자들을 두려워했고, 정복자들이 가져온 천연두로 많은 원주민이 죽어갔던 것도 사실이다.

그러나 잉까의 멸망을 앞당긴 결정적인 원인은 우아스까르와 아따우알빠가 왕권을 두고 벌인 골육상쟁이었다. 와이나 까빡 왕의 적자였던 우아스까르가 1525년에 제12대 왕으로 등극했지만, 끼또잉까의 제2 도시국가에 정치적 기반이 있었던 서자, 아따우알빠가 반기를 들면서 잉까 제국은 내부 분열하여 약해졌다. 이후 아따우알빠가 제13대 왕으로 등극했고, 프란씨스꼬 삐사로는 강력한 무기를 바탕으로 180여 명밖에 안 되는 군인을 데리고 대담하게도 아따우알빠 왕을 생포하는 데 성공했다. 그리고 반대 세력을 적절히 이용하면서 패권을 확보하고 왕을 처형했다. 1533년, 이로써 잉까 제국은 멸망했다. 이후에도 원주민들은 새로운 왕을 세우며 항거했지만 역부족이었다.

아스떼까 제국은 왜 인신공양을 했는가?

"아스테크 인들은 주변 부족을 정복하여 공물을 받았으며, 살아있는 사람을 제물로 바치기도 하였다."(『중학교 사회1』 고려출판 188쪽) "아스텍 인들은 그림 문자와 달력을 사용하였고, 피라미드형 신전을 만들었으며, 그들의 신에게 전쟁 포로의 살아 있는 심장을 바치는 희생 의식을 치렀다."(『고등학교 세계사』 지학사 212쪽)

잔인하며 미개한 느낌을 주는 인신공양人身供養은 이집트와 메소포타미아, 중국과 인도, 그리고 아메리카의 고대 문명을 포함해 세계 여러 지역에서 쉽게 발견할 수 있는 제의 양식의 하나다. 그럼에도 교과서는 고대 아메리카의 인신공양을 원색적인 어조로 소개할 뿐, 그 배경에 대해서는 한마디도 언급하지 않는다. 이 인용문들을 읽으면 아메리카 원주민들이 미개하고 잔인하다는 인상을 받을 뿐이다. 인신공양이 실행된 원인을 간략하게나마 설명하는 쪽이 낯선 문화를 이해하는 데 더 적합할 듯하다.

아스떼까 제국에서 인신공양은 흔하게 이루어지던 전통적인 종교의식이었다. 인신공양에는 메쉬까인들이 사는 '다섯 번째 태양'을 지속시키고 우주의 질서를 유지하기 위한 제례의식이라는 신화적·종교적인 의미가 있었다. 메쉬까인들은, 기존에 존재했던 다른 네 태양처럼 '다섯 번째 태양'도 우주의 순환 고리에 연결되어 언젠가는 소멸한다고 믿었다. 그리하여 신들에게 생명력을 불어넣어 현세를 지속시키고자 인간 생명력의 원천이라 여겨지던 심장의 피를 공양하는 풍습이 만연했다. 오늘날 우리의 시각에서 보면 메쉬까인의 인신공양은 야만적인 행위임이 틀림없다. 하지만 그들은 인신공양을 신의 세계로 진입하여 신이 되는 '영광의 길'이며 지상 세계에서 구원되는 것으로 미화했다.

정치적인 측면에서 보면, 인신공양은 정복한 도시국가들을 효과적으로 통치하고 정복한 도시의 왕과 귀족 등 위험인물들을 합법적으로 제거할 수 있는 효율적인 정치적 장치였다. 메쉬까인들은 삼각동맹을 기반으로 수많은 씨족 공동체와 도시국가들을 결속했지만, 인적 자원이 부족해 각 지역에 총독과 군대를 파견하여 직접 통치할 수는 없었다. 따라서 중앙정부 기능을 하던 메쉬꼬-떼노츠띠뜰란에서 멀리 떨어진 지방의 도시국가들은 메쉬까족의 전횡과 과중한 공물에 항거하여 반란을 일으켰다. 메쉬까족은 제국의 각 지역에 산재한 수많은 씨족 공동체와 도시국가들을 가장 효율적으로 통제할 수 있는 정치 수단을 찾다가 멕시코 중앙고원의 전통에서 그 해답을 발견했다. 먼저, 다른 도시국가에 침입하여 전쟁을 일으키는 행위를, 신에게 바칠 공양물(인간 포로)을 확보하려는 성스런 '꽃의 전쟁'으로 정당화하고 미화했다.

어느 도시국가가 메쉬꼬-떼노츠띠뜰란에 대항하여 반란을 일으킨다거나 조공을 제대로 바치지 않는 등 통제권에서 벗어나는 행위를 하면, 메쉬까는 즉각 삼각동맹국과 연합하여 복속된 도시국가들로부터 군인을 징발했다. 그리고 반란을 일으킨 도시국가를 대규모 병력으로 가혹하게 응징했다. '꽃의 전쟁'은 메쉬까족의 강력한 통치 수단이었고, 복속된 도시국가에게는 공포 그 자체였다. '꽃의 전쟁'이 많은 시간과 노력이 소요되는 무력적인 통치 수단이었다면, 그에 뒤이은 인신공양은 공포를 유발해 복속된 도시국가를 적은 비용과 최소한의 노력으로 관리할 수 있는 가장 효율적인 정치 수단이었다. 메쉬까족은 중앙정부에 대항하는 도시국가의 왕이나 위험인물을 생포하여, 우잇씰로뽀츠뜰리를 모시는 대신전에서 인신공양에 처했다. 이때는 반드시 주변의 도시국가는 물론이고 먼 곳에 있는 도시국가의 왕이나 귀족들까지도 초대하여 그들 앞에서 흑요석 칼로 심장을 도려내는 피의 제전을 벌였다. 인신공양의 끔찍한 광경을 본 참석자들은 공포에 질렸고, 메쉬까족에 대항하려는 엄두조차 낼 수 없었다.

정복 시기

유럽은 신대륙을 발견했는가?

"신항로의 개척은 유럽 국가들이 세계 무대로 진출하는 중대한 역사적 계기가 되었다. 신항로와 신대륙의 발견과 이에 따른 탐험 활동, 식민지 정복과 대제국의 건설 과정을 따라 대서양 국가들은 점차 전 세계를 유럽화하면서 우월권을 확립하였다."
(『고등학교 세계사』 교학사 231쪽)

우리는 습관적으로 아메리카를 '신대륙'이라고 부른다. 이에 대해서 깊게 생각해볼 기회도 적었다. 아메리카는 새롭게 만들어진 대륙도 아니고, 유럽 대륙보다 지질학적으로 늦게 생성된 지역은 더욱 아니다. 단지 유럽 사람들이 아메리카 대륙이 존재하는 것을 몰랐다가, 항해 기술이 발달하면서 새롭게 알게 되었을 뿐이다. 게다가 아메리카에도 오래전부터 원주민들이 살고 있었다. 아메리카 원주민에게는 유럽 대륙이 '신대륙'일 수도 있다. 아메리카에 대한 유럽 중심적인 역사 해석은 '진출'이라는 용어와 함께 계속 이어진다.

> "유럽 인들이 진출하기 전까지 라틴아메리카에는 멕시코의 마야, 아스테크, 안데스 산지의 잉카 왕국이 번성하면서 수준 높은 농경 문화를 발전시켰다."(『중학교 사회1』 고려출판 183쪽)

에스빠냐를 중심으로 이루어진 아메리카 정복에 대해 한국의 교과서는 '침략'이라는 용어와 '진출'이라는 용어를 섞어 사용한다. 유럽인의 시각으로 보면, 현재 라틴아메리카 국가의 집권 세력은 에스빠냐인과 포르투갈인의 피를 이어받은 라틴계 사람들이다. 아메리카 정복 이래 현재까지 지속적으로 집권해왔기 때문에 '진출'이나 '확장' 같은 용어가 딱히 문제일 리 없는 것이다. 하지만 원주민 입장에서 이들의 '진출'과 '확장'은 명백히 유럽인들의 침략, 즉 자신들이 살던 지역을 약탈한 것이다. 이러한 용어 선정은 한국에서도 대단히 민감한 현안이다. 일본 교과서에서 한국에 대한 침략을 "진출"로 표기하여, 우리도 일본이 역사를 왜곡했다고 흥분하며 교과서 정정을 요구하지 않았는가? 이러한 우리의 요구는 정당한 것이다. 대한민국 역사의 주체는 일본인이 아닌 한국인이기 때문이다. 하지만 라틴아메리카 역사에서는 정복 시대 이후 식민 시대와 독립 시기를 거쳐 현재까지도 계속, 역사의 실질적인 주체가 유럽인이다. 역사는 항상 승리한 자들의 손으로 쓰인다는 평범한 진리가 이 지역에서는 현재 진행형인 현실이다. 유럽 사람들은 여기서 한 걸음 더 나아가, 아메리카 정복의 역사를 정당화하거나 미화하는 작업을 오래전부터 진행해왔다.

"1492년 콜럼버스가 이끄는 에스파냐 선단이 대서양을 건너 서인도
제도의 아이티에 첫 발을 내딛음으로써 미지의 대륙을 향한 유럽인
의 꿈이 실현되었다. 콜럼버스 일행이 상륙하여 십자가를 세우는 동
안 인디언들이 선물을 들고 나와 이방인들을 반갑게 맞이하였다."
(『고등학교 세계사』 지학사 209쪽)

교과서 안에 영화 같은 장면이 펼쳐져 있다. 주연은 콜럼버스이
고 조연은 선물을 들고 환영하는 원주민이다. 이 각본은 아메리카 침략
을 미화하고 합리화한다. '유럽인은 아메리카를 침략한 것이 아니다. 문
명화한 유럽인이 아메리카에 도착한 것이 그저 고마워서 미개한 원주민
들은 선물을 들고 나와 열렬히 환영하고 있지 않은가?' 이런 논리는 일본
이 한국 침략을 부정하고 오히려 한국인들이 일본에 통합되기를 원했다
고 주장하는 제국주의 논리와 일맥상통한다. 이러한 내용을 확인이라도
하듯이 인용문 옆에 "콜럼버스와 인디언의 첫 만남"이라는 제목을 단 그
림[1]에는 멋지게 무장한 콜럼버스가 창을 들고 거만하게 서 있고, 떼를 이
룬 원주민들은 그에게 목걸이 같은 각종 선물을 바치고 있다. 게다가 원
주민들은 거의 벌거벗은, 미개한 모습으로 그려졌다. 다른 한쪽에서는 에
스빠냐인들이 땅에 십자가를 세우고 있다. 이 그림은 '야만과 문명'이라
는 이분법적인 틀로 에스빠냐의 아메리카 정복을 정당화하고, 기독교 포
교를 합리화하는 유럽인의 시각을 그대로 함축한다.

교과서에 실린 그림은 실제 존재하는 그림으로, 라틴아메리카 국
가들의 역사책에서 자주 볼 수 있다. 하지만 원주민들이 콜럼버스를 환영
하고 선물을 주는 모습은 콜럼버스와 원주민 사이에 이루어진 물물 교환
을 왜곡해 그려놓은 것이다. 원주민의 모습도 건장한 체격에 오뚝한 코
와 얼굴 외형이 영락없는 유럽인이다. 단지 피부색만 약간 바꾸었을 뿐

이다. 이렇게 왜곡되고 잘못된 그림으로 아메리카 정복을 합리화하는 에스빠냐인들의 역사 인식에 우리나라 교과서가 동참해야 할 이유는 과연 무엇인가?

『중학교 사회1』(동화사 218쪽)의 "식민 개척 초기의 백인과 인디언"이라는 그림[2] 도 마찬가지다. 벌거벗은 원주민 부부, 무서워 엄마 아빠에게 매달린 아이들의 모습이 총을 든 백인과 잘 대비된다. 하지만 실제 원주민들은 원시인처럼 벌거벗고 살지 않았다. 또 "식민 개척 이전 인디언들의 생활"이라는 그림[3] 에서는 몸매가 서구적인 원주민들이 행복하게

1 『고등학교 세계사』(지학사 209쪽)

2 (아래) 『중학교 사회1』(동화사 218쪽)

3 (오른쪽) 『중학교 사회1』(동화사 218쪽)

사는, 유토피아 같은 풍경이 그려져 있다. 아메리카는 유럽인들이 상상한 것처럼 유토피아도 아니었고, 원주민의 체형도 서구인과는 달랐다.

유럽인들이 왜곡하여 그린 원주민 그림이 우리나라 교과서에도 여과 없이 사용된다. 한국 교과서의 아메리카 역사 왜곡은 이 지역에 대한 우리의 이해와 지식이 부족해서 학문적으로 검증하지 못하고 유럽의 시각과 자료를 그대로 받아들였기 때문에 생긴 현상이다. 그러나 이제는 유럽 중심의 시각을 걷어내고서 아메리카의 역사를 연구하고 평가해야 할 때다.

아메리카 정복 시기의 오류들

우리나라 교과서에서는 아메리카 정복 시기의 역사적인 사실들을 잘못 기록하거나 왜곡하여 서술한 오류도 자주 발견된다.

"엘도라도에 대한 호기심과 황금에 대한 욕심 때문에 유럽 사람들이 라틴아메리카를 탐험하고 정복하였다."
(『중학교 사회1』 지학사 202쪽)
"이후 16세기 중반에 멕시코를 탐험하였던 코르테스가 카카오를 에스파냐의 귀족과 부유층에 소개하여, 17세기 중반에는 유럽 전역에 퍼졌다."(『고등학교 세계사』 지학사 69쪽)
"엘도라도는 에스파냐 어로 '황금으로 가득 찬 도시'라는 뜻을 가지고 있다."(『중학교 사회1』 지학사 202쪽)

첫 번째 인용문에서는 유럽 사람들이 "라틴아메리카를 탐험하고 정복하였다"고 기술했는데 "라틴아메리카"를 '아메리카'로 정정해야 한다. 이 사건은 영국이 아메리카 북동부에 식민지를 건설하기 전에 이루어졌기 때문이다. 1670년 에스빠냐와 영국 간의 협약에 따라 북쪽 지역이 영국의 식민지가 된 이후에야 앵글로아메리카와 라틴아메리카라는 용어를 사용할 수 있다. 또한, 에스빠냐인 정복자 에르난 꼬르떼스가 16세기 중반에 멕시코를 탐험했다는 내용도 오류다. 그는 16세기 중반이 아니라 초반인 1519년에 멕시코의 베라끄루스Veracruz 지역에 도착했고, 아스떼까 제국의 수도인 메쉬꼬-떼노츠띠뜰란을 멸망시킨 것은 1521년이었다. 엘도라도가 "황금으로 가득 찬 도시"라는 뜻이라고 설명한 것도 오류다. 에스빠냐어 El dorado는 직역하자면 '황금으로 도금된 사람' 정도이고, 의역을 하면 아메리카에서 황금을 찾아 벼락부자가 된 '황금의 사나이'란 뜻이다.

이외에도 아메리카 정복에 관해 흔히들 오해하는 내용이 있다.

"1532년 11월 16일 잉카 제국은 에스빠냐의 피사로가 이끄는 180여 명의 군대에 의해 멸망했다."(『중학교 사회1』 성지문화사 197쪽)

우리는 일반적으로 에스빠냐 왕실이 아메리카 정복을 직접 지휘했고 정복자들은 에스빠냐의 정식 군인이었다고 생각한다. 이러한 생각은 완전히 착각이다. 아메리카 정복은 민간 사설 무장 집단이 주도했고, 정복자들도 일반 민간인이었다.

711년 이슬람 세력이 이베리아 반도를 침공하여 점령한 뒤, 여러 기독교 왕국들이 이슬람 세력을 몰아내는 재정복 사업에 돌입한다. 이 과정에서 까스띠야 왕국이 여러 왕국을 통합하기 시작했고, 1492년에는 이베리아 반도에서 이슬람 세력을 완전히 몰아낸다. 까스띠야 왕국을 주축으로 여러 왕국이 모여 탄생한 나라가 에스빠냐다. 당시 에스빠냐는 기독교 정신이 충만하고 자신감이 넘쳤지만 경제적으로는 어려움을 겪었다. 따라서 아메리카를 탐험하고 정복하는 일을 국가적 차원에서 직접 주도

할 여유가 없었다. 대신, 콜럼버스가 이사벨 여왕과 산타 페Santa Fe 협약을 맺었듯이, 정복자들은 개인적인 차원에서 왕들과 개별 협약을 맺고 새로운 땅을 개척할 권리를 받았다. 요즈음 용어를 사용한다면 아메리카 정복은 철저히 '민영화' 차원에서 이루어졌고, 소수 모험가들에게 '아웃소싱'된 것이었다. 정복자들은 아메리카로 떠나기 전에 에스빠냐에서 사람을 모으고 배를 구입했다. 모집 광고를 보고 지원한 사람들 대부분이 하류층에 속한 가난한 젊은이들이었다. 각종 무기나 말 등을 가져온 사람은 그것을 '투자 비용'으로 계산하여 전리품을 더 많이 배분받을 수 있었다. 따라서 아메리카 정복자들은 에스빠냐의 정식 군인들이 아니라 민간 사설 무장 집단이었던 것이다.

정복 시기에 관련하여 발견되는 오류는 여기에 그치지 않는다. 원주민 인구가 감소한 사실을, 지역을 고려하지 않고 전체 아메리카에 일어난 일로 확대·과장하기도 한다.

> "유럽 인의 무자비한 살육과 가혹한 착취, 그리고 그들이 가져온 천연두와 홍역 등의 질병으로 면역력이 없는 원주민들이 무참히 죽어 불과 반세기가 지나지 않아서 인디언은 거의 멸종되다시피 하였다."(『고등학교 세계사』 지학사 213쪽)

에스빠냐 정복자의 살육과 노동력 착취로 많은 원주민이 사망했다. 그런데 놀랍게도, 정복자들과 함께 온 각종 질병, 특히 천연두에 걸려 사망한 원주민이 더 많았다. 소가 없었던 아메리카의 원주민들이 천연두에 대한 내성이 전혀 없었던 까닭에 천연두에 집단 감염되어 발생한 현상이었다. 하지만, 당시 원주민 상당수가 사망한 것은 사실이지만 "거의 멸종되다시피" 한 것은 결코 아니다. 급격한 인구 감소 현상은 원주민 노동력을 착취하며 운영되던 금광 지역이나 유럽 시장을 겨냥하여 플랜테이션 농업을 하던 지역에 특히 심하게 나타났다. 이 문제를 해결하려고 레빠르띠미엔또에스빠냐어로 '분배'라는 뜻라는 제도를 통해 다른 지역 원주민들을 데려와 노동력이 필요한 지역에 분배하기도 했다. 이후에도 노동력이 지속적으로 확보되지 않자 플랜테이션 농업을 하는 지역에서는 아프리카 흑인을 수입하기에 이르렀다. 따라서 특정 지역에서 심각하게 나타난 현상을 전체 아메리카에서 일어난 일처럼 서술한 것은 잘못이다.

같은 면에 실린 "인디언 인구의 감소"라는 도표[1]도 신빙성이 부족하다. 라틴아메리카에서도 원주민 감소에 관한 연구가 활발히 이루어졌지만 정확한 통계를 산출하기가 쉽지 않아 연구서마다 내용이 다르다. 당시에 인구 조사를 구체적으로 실시하지도 않았고, 유럽인들의 손길이 닿지 않은 산간 지역이나 밀림 지역에서는 많은 원주민이 고유 방식대로 살았기 때문이다. 교과서가 주장하는 대로 원주민이 거의 멸종되었다면 고대 문명이 번성했던 멕시코 남부와 유까딴 지역, 과테말라, 페루, 볼리비아 같은 국가에 현재에도 많은 원주민이 살고 있는 것을 어떻게 설명할 수 있겠는가?

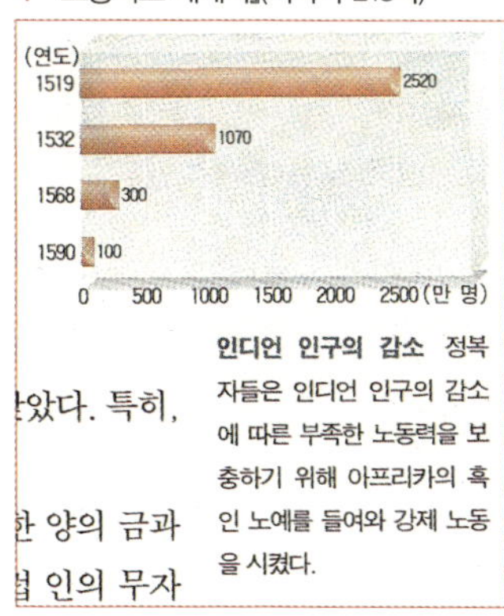

1 『고등학교 세계사』(지학사 213쪽)

인디언 인구의 감소 정복자들은 인디언 인구의 감소에 따른 부족한 노동력을 보충하기 위해 아프리카의 흑인 노예를 들여와 강제 노동을 시켰다.

식민 시기

모든 교과서가 식민지 시대의 상황에 대해 기독교 전파와 인종 혼혈, 그리고 아씨엔다와 플랜테이션을 중심으로 설명한다. 하지만 여기에는 당시의 정치 상황이 빠져 있다. 정복 이후 에스빠냐는 아메리카에 자신들의 정치 제도를 빠르게 이식했다. 1535년 현재의 멕시코 시에 부왕령을 설치했고, 1543년에는 페루의 리마에도 부왕령을 두었다. 파나마 지역을 경계로 식민지 전체를 남북 2개 지역으로 나누고, 양 지역에서 두 부왕이 각각 에스빠냐 왕을 대리하여 식민지를 통치했다. 이러한 식민화 과정을 통해 사회의 위계질서를 강조하고 소수 집단의 특권을 옹호하는 봉건적인 중앙 집권 체제가 아메리카 대륙에 뿌리를 내렸다.

왜 플랜테이션 농업이 성행했을까?

모든 교과서가 플랜테이션을 라틴아메리카 경제의 중요한 제도로 간주하고 이 농업 방식을 상세히 언급한다. 실제로 플랜테이션은 식민지 경제의 중요한 축을 담당했고 현재까지도 그 영향이 강하게 남아 있다. 그러나 교과서에서는 플랜테이션이 발생하게 된 원인을 설명하지 않으며, 라틴아메리카 전체 지역이 아니라 일부 지역에서만 대규모 단일 작물 생산이 집중적으로 발달했다는 사실도 빠뜨린다.

식민 초기 에스빠냐인들은 아메리카에서 금과 은을 캐 가는 데 주력했다. 그래서 광업이 성행했다. 그러나 예상만큼 많은 광산이 발견되지 않자 실망한 에스빠냐인들은 원주민의 노동력에 주목하기 시작했다. 원주민의 값싼 노동력을 이용하여 돈을 벌 수 있는 사업을 생각하다가 착안한 탈출구가 플랜테이션이었다. 유럽에는 귀한 열대나 아열대 작물인 사탕수수, 커피, 담배, 바나나 등을 대규모로 경작하여 대서양을 통해 유럽으로 수출하는 대형 프로젝트를 계획한 것이었다. 포르투갈인들도 이 사업에 본격적으로 뛰어들었고, 점차 유럽의 다른 나라들도 막강한 자본과 기술력을 가지고 참여하기 시작했다.

플랜테이션 지역으로는 작물을 유럽으로 수출하기가 편하도록 해안에 있는 열대·아열대 기후 지역이 선정되었다. 그 결과 서인도 제도 대부분 지역, 중앙아메리카 지역, 브라질 북동부 지역 등지에 플랜테이션이 발달했다. 유럽인의 자본과 발달한 기술, 그리고 경영 능력은 아메리카 원주민의 값싼 노동력과 결합하여 사탕수수, 커피, 담배, 바나나 등 단일 작물을 대규모로 생산했다. 이러한 결합은 1994년 미국, 캐나다, 멕시코 사이에 발효된 북미자유무역협정NAFTA의 역학 구도, 곧 미국과 캐나다의 자본과 기술이 멕시코의 값싼 노동력과 결합하는 구조와 매우 흡사하다. 어쩌면 역사는 항상 되풀이되는 것이 아닌지.

플랜테이션 농업이 활발해지면서 노동력 부족 현상이 나타났다. 플랜테이션이 발달한 지역은 대부분 고대 문명이 발달하지 않은 지역이라 원주민 인구가 적었고, 그마저도 천연두 같은 유럽산 질병과 가혹한 노동으로 많은 원주민이 사망했기 때문이다. 노동력을 확보하려고 다른 지역의 원주민들을 강제로 이주시키기도 했지만 여의치 않았다. 다른 지역 엔꼬멘데로엔꼬미엔다의 수장들의 반응도 시원찮았고, 원주민에 대한 탄압과 착취를 비판하며 원주민 보호를 주창하는 바르똘로메 데 라스 까사스 신부의 반격도 만만치 않았다. 그는 원주민을 가혹하게 착취하는 행태는 기독교 윤리에 어긋나며, 원주민을 보호하기 위해 아프리카에서 흑인을 데려와야 한다고 주장했다. 이러한 모순된 주장이 가능했고, 또 실행될 수 있었던 이유는 당시 에스빠냐에서 아프리카 원주민은 인간으로 취급받지 못했기 때문이다. 게다가 정복자들이 아메리카에 독립 왕국을 건설할까 봐 내심 걱정하던 에스빠냐 왕실은 슬그머니 바르똘로메 데 라스 까사스 신부의 주장에 손을 들어주었다. 결국, 노동력 부족 현상은 아프리카 흑인을 수입하여 충당하는 것으로 해결되었다.

엔꼬미엔다와 아씨엔다는 어떻게 다른가?

플랜테이션 농업이 성행한 지역은 라틴아메리카 일부이지만, 엔꼬미엔다Encomienda는 라틴아메리카 거의 전 지역에서 발달했고 이후에는 아씨엔다Hacienda가 발달하기 시작했다. 많은 교과서가 엔꼬미엔다와 아씨엔다에 대해 설명하지만, 두 제도가 서로 다른 시기에 등장했으며 그 성질도 다르다는 점은 언급하지 않는다. 1542년 아메리카에서 모든 종류의 노예 제도가 금지됨으로써 원주민들은 이미 식민 초기부터 법적으로는 에스빠냐 왕실의 자유로운 신하였다. 그러나 그들의 삶과 활동은 교묘한 정치·경제적 틀에 갇혀 있었다. 가장 대표적인 것이 엔꼬미엔다였다.

> "엔코미엔다: 아메리카 개발에 공이 있는 사람에게 해당 지역을 소유하도록 하고 원주민으로부터 공납을 징수할 수 있는 권리를 준 제도이다."(『고등학교 세계사』 지학사 213쪽)

정복 초기에 엔꼬미엔다 제도는 에스빠냐 국왕이 정복에 대한 대가로 정복자들에게 정복지와 거주 원주민을 위탁하는 제도였다. 따라서 정복자는 원주민을 위탁받아 '보호'하고 가톨릭으로 개종시키며 교육할 의무를 졌다. 대신 1년 중 일정 기간 원주민의 노동력을 이용할 권리가 있었다. 정복자는 원주민을 이용하여 공공시설을 건축하는 등 공익사업을 벌이기도 했지만, 많은 경우 자신의 농장에 원주민을 무상으로 동원하여 부를 축적했다. 이처럼 원주민들은 강제적으로 노동력을 제공해야 했을 뿐만 아니라, 주거지를 자유롭게 옮길 수도 없었다. 다시 말해, 자신의 토지를 자유롭게 팔 수도 없고 소속된 공동체를 마음대로 바꿀 수도 없었다. 게다가 원주민들은 무기를 소유할 수 없었고, 말을 타서도 안 되었다. 엔꼬미엔다 제도는 사실상 노예제와 별반 다르지 않았다. 엔꼬미엔다의 규모는 우리가 상상할 수 없을 만치 컸다. 개중 큰 것은 거의 대한민국 땅 크기에 육박했다.

시간이 지나면서 원주민들이 사실상 노예로 전락하고 엔꼬미엔다가 독립 왕국처럼 변모하자 에스빠냐 왕실은 엔꼬멘데로들을 견제할 필요를 느꼈다. 믿을 수 있는 왕실 측근이나 고위 관료들에게 엔꼬미엔다를 맡기기도 하고, 원주민의 노동력 착취를 막고자 노동력 대신 화폐나 곡물로 공납을 받도록 하기도 했다. 정복 초기만 해도 정복자는 엔꼬미엔다를 자손 대대로 영구히 상속할 권리를 보장받았다. 그러나 식민 시대가 진행되면서 에스빠냐 왕실은 엔꼬미엔다 소유를 정복자 당대로 제한하거나 자식 대까지만 허락하는 등 정책을 자주 변경하여 정복자와 그 후손들을 불안하게 했다. 당시 엔꼬미엔다를 상실한다는 것은 정치·경제적 토대를 일거에 상실하고 일반 평민으로 전락함을 의미했기 때문이다. 에스빠냐 왕실은 이를 통해 통제하기 어려운 엔꼬멘데로들을 손아귀에 넣고 충성스런 신민으로 만들려 했다. 그러나 에스빠냐는 대서양 너머 먼 곳에 있었고 정책은 뜻한 대로 움직이지 않았다.

이에 왕실은 아씨엔다 제도, 곧 봉건제적인 대농장 제도를 고안해냈다. 아씨엔다 제도는 16세기 말부터 생기기 시작했다. 17세기에 접어들면서 많은 엔꼬미엔다가 아씨엔다로 전환되었다. 아씨엔다의 대농장주는 엔꼬미엔다의 의무로부터 벗어났고, 노동력을 제공한 원주민에게 임금을 지급해야 했다. 아씨엔다의 주민들은 노동력을 무상으로 제공할 필요도 없었고 거주지를 자유롭게 옮길 수 있었다. 에스빠냐 왕실은 아씨엔다를 통해 원주민에 대한 엔꼬멘데로들의 통제력을 누그러뜨려 이들이 독립 왕국처럼 성장하는 것을 막으려 했다. 하지만 왕실의 뜻은 이루어지지 못했다. 대농장주들이 원주민 땅을 강압적으로 약탈하면서 토지 집중이 가속화한 결과, 아씨엔다는 소수에 의한 대토지 소유제로 굳어갔기 때문이다.

대농장은 중세의 봉건 영지와 비슷한, 폐쇄적인 공동체였다. 대농장 내에는 교회와 학교, 상점 등 각종 시설이 갖추어져 있었다. 땅 없는 농민들은 날품팔이꾼처럼 낮은 임금을 받으며 일했다. 그런데 노동력이 집중적으로 필요한 시기에 농민들이 고임금을 쫓아 자유롭게 이동할 경우에는 생산성이 떨어진다는 문제가 있었다. 그리하여 대농장주들은 다양한 방법을 동원하여 농민들에게 빚을 떠안겨서, 그들이 빚에 매인 '부채 노예'로 전락하도록 하는 데에 성공했다. 먼저, 농장의 자체 상점에서만 사용할 수 있는 '피차'라는 화폐로 임금을 지급했다. 이 화폐는 다른 농장에서 사용할 수 없었기 때문에 주거 지역을 옮기기가 어려워졌다. 또 아씨엔다의 폐쇄성을 이용하여 각종 물건을 외부보다 비싸게 팔았고, 돈이 필요한 농민들에게 돈을 고리로 꾸어주었다. 할아버지의 부채는 아버지와 아들, 그리고 손자 대대로 갚아야 했고 빚은 기하급수적으로 늘어났다. 이런 식으로 해서 저임금 날품팔이꾼은 부채 노예의 굴레에 매이게 되었다.

대농장주는 절대군주와 같은 막강한 권력을 누렸다. 라틴아메리카의 대농장주는 우리가 생각하는 농장 주인과 다르다. 대통령이나 장관, 지방정권의 수장 대부분이 대농장주 중에서 나왔다. 라틴아메리카의 대농장주는 언제든지 정치가나 행정 수반이 될 수 있을 만큼 권력 있는 사람들이었다.

"하시엔다는 지방에 따라서 파젠다, 에스탄샤 등으로 불리기도 한다. 상파울루 주를 중심으로 하는 브라질 고원에서는 커피를 재배하는 하시엔다를 파젠다라고 부른다. 한편 아르헨티나 팜파스 지역에서는 육우, 젖소, 양, 말 등을 사육하는 대목장을 에스탄샤라고 부른다."(『고등학교 세계지리』 대한교과서 205쪽)

라틴아메리카의 대농장 제도는 지역마다 이름이 다르다. 정확하게 표기하면 멕시코에서는 아씨엔다Hacienda라 하고, 아르헨티나 지역에서는 에스딴씨아Estancia라 칭한다. 과테말라에서는 핀까Finca, 브라질에서는 파젠다Fazenda라고 부른다.

라틴아메리카에는 왜 혼혈이 많은가?

"라틴아메리카에 진출한 유럽 인들은 가족 단위가 아닌 남자 중심이었기 때문에 이들과 원주민 사이에는 자연스럽게 혼혈인이 탄생하게 되었다."(『고등학교 세계지리』 천재교육 210쪽)

아메리카 지역의 혼혈을 다룰 때에는 혼혈이 탄생하게 된 역사적 배경을 간략하게나마 설명할 필요가 있다. 앵글로색슨족이 이주해 온 현재의 앵글로아메리카 지역에서는 원주민과 그다지 혼혈이 진행되지 않은 데 비해, 라틴아메리카에서는 대대적인 혼혈이 이루어졌고 이것은 자연 우리의 관심을 끌기 때문이다.

그 원인은 다양하게 설명할 수 있다. 첫째, 영국에서 앵글로아메리카로 이민 온 사람들은 종교적 박해를 피해 가족 단위로 이주했다. 반면 에스빠냐와 포르투갈에서 아메리카로 건너온 사람들은 대부분 목숨을 걸고 황금을 찾거나 정복 사업을 벌이러 왔다. 따라서 가족 단위 이주가 아니라 젊은 남성의 단독 이주가 많았다. 이들은 아메리카를 정복하는 과정에서 수많은 원주민 여성을 겁탈했고, 원주민 귀족의 딸과 결혼하기도 했다. 그래서 '겁탈당한 여자의 아들hijo de chingada', 곧 아버지는 누구인지 모르고 어머니만 있는 혼혈 사생아들을 일컫는 말까지 생겨났다. 또 '말린치스따malinchista'라는 용어도 생겨났는데, 이 말은 정복자 에르난 꼬르떼스의 정부가 되어 아스떼까 제국을 멸망시키는 데 결정적인 역할을 했던 말린체Malinche라는 원주민 여성의 이름에서 나왔다. 당시 원주민 사회에는 다른 씨족 공동체나 도시국가와 동맹을 맺을 때 딸들을 정략결혼시키는 관습이 있었다. 이 전통대로 딸들을 에스빠냐 정복자와 결혼시켜 권력과 기득권을 유지하려던 원주민 귀족, 그리고 정복자의 품에 안긴 여성들을 라틴아메리카에서는 '말린치스따'라 부르며 경멸한다. 현재도 외국인을 좋아하거나 외국의 이익에 빌붙어 조국에 해가 되는 행위를 하는 사람들을 비난할 때 이 말을 사용한다.

정복 초기에 에스빠냐인들의 남녀 성비는 극단적으로 불균형을 이루었다. 결혼할 배우자를 찾지 못한 에스빠냐 남성들은 원주민 여성들을 강탈하거나 결혼을 하여 정복 초기부터 혼혈이 급속히 이루어졌다. 이러한 인종적 혼혈이 수월했던 원인은 에스빠냐의 독특한 역사적 경험에서 찾을 수 있다. 에스빠냐와 포르투갈이 위치한 이베리아 반도 사람들은 711년부터 1492년까지 700년 이상 이슬람 세력의 지배를 받으며 타민족과 공존해왔다. 공존 과정에서 어느 정도 혼혈을 경험했기 때문에 에스빠냐인들은 인종적 혼혈에 비교적 관대했다. 반면 기독교 정신이 충만했고, 타민족과의 혼혈 경험이 거의 없었던 앵글로색슨족은 아메리카 원주민과 혼혈이 이루어지는 것에 적대적이었다.

모든 라틴아메리카 국가에 흑인들이 살고 있을까?

"라틴아메리카의 인디오들은 고된 노동과 유럽 이주민이 전파한 질병에 걸려 수백만 명이 죽어 갔다. 이후 부족한 노동력을 채우기 위해 아프리카의 흑인들을 강제로 데려왔다. 이러한 과정을 통해 라틴아메리카의 주민 구성은 매우 복잡해졌고, 인종의 지역적 분포도 이러한 역사를 반영하게 되었다."(『중학교 사회1』두산 182쪽)

"유럽 인들은 라틴아메리카의 넓은 토지와 자원을 개발하는 데 필요한 노동력을 확보하기 위해 아프리카에서 흑인 노예들을 데려오기도 하였다. 그 결과 라틴아메리카에는 아메리카 원주민과 유럽 인, 흑인, 그리고 이들 사이에서 태어난 메스티소, 물라토 등의 혼혈인이 다양한 문화를 형성하며 살고 있다."

(『중학교 사회1』교학사 차경수 외 211쪽)

플랜테이션 농업을 하던 대표 지역은 카리브 해와 중앙아메리카, 그리고 브라질의 북동부 지역이다. 이 지역들은 고대 문명지가 아니어서 거주 원주민이 적었고, 원주민들이 혹독한 노동과 천연두 같은 갖은 질병으로 사망하자 정복자들은 부족해진 노동력을 채우려고 아프리카 흑인을 수입한다. 따라서 흑인의 아메리카 유입은 아메리카의 모든 지역이 아닌 일부 특정 지역에서만 이루어졌다. 그 결과 현재도 카리브 해에 위치한 쿠바나 아이티, 남미의 브라질 등을 제외한 다른 국가에서는 거리에서 흑인을 만나기가 쉽지 않다. 이러한 역사적 배경에 대한 설명이 없기 때문에 아프리카 흑인이 라틴아메리카 전역에 유입되었다고 오해하기 십상이다.

한국의 교과서들은 라틴아메리카를 원주민과 백인, 그리고 흑인들이 공존하는 '인종의 도가니'로 설명하려고 여러 시도를 한다. 혼혈 종족인 물라토, 삼보, 메스띠소를 한눈에 알아보도록 브라질의 축구 경기장으로 보이는 사진을 삽입한 교과서(『중학교 사회1』 디딤돌 180쪽[1])도 있고, "멕시코의 어린이들"이라는 제목을 단 사진에 "서로 다른 피부색을 가진 어린이들이 사이좋게 지내고 있다"는 설명을 덧붙인 교과서(『중학교 사회1』 지학사 205쪽[2])도 있다. 그러나 두 자료 모두 다양한 인종을 총체적으로 보여주겠다는 의도를 전혀 달성하지 못한다. 첫 번째 사진은 사진 속에 등장하는 사람들과 인종 분류가 정확하게 상응하지 않기 때문이다. 두 번째 사진도 인종적으로 거의 구별되지 않는, 원주민과 메스띠소 어린이만 등장한다. 인종 구성을 구체적으로 보여줄 수 있는 정확한 사진을 선별하여 게재할 필요가 있다.

이런 오류가 생각보다 많이 발견된다. 한 예로, 흑인이 많은 브라질에 흑인 인구가 전혀 없는 그림 도표를 삽입하고, 백인이 많고 흑인이 거의 없는 칠레에 흑인의 인구가 거의 90퍼센트에 육박하는 도표를 그려 넣은 교과서(『중학교 사회1』 교학사 차경수 외 212쪽)도 있다. 나아가 다양한 인종의 지리적인 분포를 도식적으로 설명한 경우도 있다.

> "중앙 아메리카와 안데스 산지에는 인디오와 메스티소가 많으며, 카리브 해 연안에는 흑인과 물라토가 많다. 백인은 남동부의 온대 기후 지역에 주로 분포하고 있으나, 나머지 지역에서도 소수의 백인들이 대부분의 토지를 소유하며 사회의 상류층을 차지하고 있다."
> (『중학교 사회1』 금성출판사 223쪽)

비교적 무난해 보이는 설명 같지만 문제가 있다. 안데스 산지에는 인디오와 메스띠소가 많고, 남동부 온대 기후 지역에는 백인이 많다는 설명이 그러하다. 마치 척박한 지역에는 주로 원주민과 메스띠소가 거주하고 백인은 기후가 좋은 지역을 차지하고 있다는 인상을 주기 때문이다. 게다가 인용문이 말하는 남동부의 온대 기후 지역은 어디를 의미하는가? 문맥상 아르헨티나 지역을 염두에 두고 설명한 듯하지만, 경우에 따라서는 흑인이 많은 브라질까지 포함할 수 있다. 이런 식의 모호한 설명은 피하고 국가별로 정확하게 인구 비율을 설명하는 편이 더 효과적이다. 뿐만 아니라 인종 비율의 분포가 지역마다 다른, 역사적인 원인을 함께 밝혀야 한다.

"고대 문명이 발달했던 안데스 산지에서는 원주민 문화가 우세하고 전통 문화의 흔적이 아직도 많이 남아 있다. 한편, 기후가 온화한 아

1 『중학교 사회1』(디딤돌 180쪽)

2 『중학교 사회1』(지학사 205쪽)

자료 Ⅷ-24 멕시코의 어린이들　서로 다른 피부색을 가진 어린이들이 사이좋게 지내고 있다.

르헨티나와 우루과이 등에는 남부 유럽적인 요소가 많이 나타나며, 아프리카 흑인의 이주가 많았던 카리브 해 연안과 브라질 북동부 등지는 아프리카적 요소가 나타나고 있다."
(『고등학교 세계지리』 천재교육 211쪽)

중앙 아메리카와 안데스 산지는 고대 문명이 발달했던 곳으로 본래 원주민 인구가 많다. 그리고 현재 아르헨티나와 칠레에 백인이 많은 이유는 고대 문명이 발달하지 않았던 지역이라 원주민이 적었고, 유럽인 이민을 적극적으로 받아들인 데 있다. 1868년에 아르헨티나 대통령이 된 사르미엔또는 원주민과 새로 탄생한 혼혈 인종을 신체적으로 불완전하고 지적으로도 미성숙한 인종으로 비하했다. 또한, 이들을 바탕으로는 아르헨티나의 발전을 기대할 수 없으며 인종 개종을 위해서는 유럽 이민자들을 유치해야 한다고 주장했다. 지금은 상상도 할 수 없는 일이 일어난 것이다. 이 시기에 돈을 벌고자 하는 가난한 이탈리아인들이 아르헨티나로 몰려들었고, 부에노스아이레스 항구를 중심으로 모여든 유럽 이민자들의 애환이 탱고를 낳았다. 이런 배경에서 돈을 벌려고 아르헨티나로 건너간 엄마를 찾아가는 이야기인 이탈리아 동화 『엄마 찾아 삼만 리』도 탄생했다. 하지만 백인이 많은 아르헨티나가 다른 라틴아메리카 국가보다 월등하게 잘사는 나라가 아닌 것을 보면, 백인이 원주민이나 혼혈 인종보다 더 우등한 인종이라는 주장은 인종주의적 편견에 불과하다.

인종 차별에 관한 오류도 발견된다.

"라틴아메리카는 여러 인종과 민족으로 구성되어 있지만 인종 차별이 거의 없다."(『중학교 사회1』 지학사 208쪽)

라틴아메리카에도 인종 차별은 엄연히 존재한다. 특히, 백인이 많은 아르헨티나나 칠레 같은 나라에는 백인 우월주의가 강하다. 인종 차별 문제에 접근하려면 먼저 라틴아메리카의 사회 구조를 차분히 분석해볼 필요가 있다. 인종을 크게 끄리오요^{에스빠냐 혈통으로 아메리카에서 태어난 백인종}, 메스띠소, 원주민으로 분류할 경우, 끄리오요와 다른 인종 사이에는 난공불락인 장벽이 존재한다. 끄리오요는 식민 시대 이래 현재까지 라틴아메리카에서 정치·경제를 비롯한 모든 부문을 움켜쥔 집권 세력이다. 예컨대 원주민은 술 한잔 마시고 싶어도 끄리오요 클럽에는 들어갈 수 없다. 물론, 법적으로는 아무런 제약이 없지만 문 앞을 지키는 사람이 앞길을 막아설 것이다. 백인들이 가정부나 정원사 같은 직업을 가진 원주민이나 메스띠소를 대하는 태도에서는 무소불위의 힘을 휘두르는 절대군주의 모습을 발견할 수 있다. 반면, 하류층에 속하는 상당수 메스띠소와 원주민, 혹은 기타 혼혈 인종 사이에서는 심각한 인종 차별이 발견되지 않는다. 문화와 생활 방식이 다르긴 하지만 경제적으로는 별 차이가 없고, 사회적으로도 공히 소외되어 있기 때문이다.

라틴아메리카 성모의 얼굴은 검은색인가?

"에스빠냐 인이 원주민을 혹사하여 원주민이 급격하게 줄어들자 에스빠냐 정부는 원주민을 가톨릭으로 개종시켜 보호하는 대신, 아프리카의 흑인을 노예로 데려와 노동을 시키기로 정책을 바꾸었다." (『고등학교 세계사』 교학사 234쪽)

원주민들을 가톨릭으로 개종시키는 종교 활동은 정복 초기부터 시작되었다. 극성맞은(?) 선교사들이 신앙심에 불타 그리스도의 빛을 야만의 땅에 비추어야 한다며 정복자들과 한 배를 타고 아메리카로 건너왔기 때문이다. 위 인용문이 말하듯이 원주민들의 수가 격감하자 에스빠냐 왕실이 잘못을 깨닫고 원주민들을 보호하며 가톨릭으로 개종시킨 것은 결코 아니다.

에스빠냐의 아메리카 정복은 칼과 십자가로 이루어졌다고들 한다. 대포와 화승총, 그리고 창과 칼을 갖추고 갑옷으로 무장한 정복자들을 따라 가톨릭 수도사들이 성경을 하늘 높이 쳐들고 아메리카로 건너왔기 때문이다. 사실 에스빠냐의 가톨릭 교회는 미지의 땅을 복음화해야 한다는 사명감으로 콜럼버스의 2차 항해 때 1493년부터 선교사들을 동행시켰다. 그들은 그리스도의 빛을 전해 원주민들을 악마로부터 구원하겠다는 일방적인 휴머니즘을 기반으로 매우 적극적인 선교 사업을 펼쳤다. 결국, 선교사들은 원주민의 영혼을 '정복'함으로써 에스빠냐가 아메리카 정복을 공고히 하는 데에 결정적인 역할을 했다.

1511년에 최초로 주교 2명이 아메리카에 파견된 이후 교회 행정 조직이 정비되기 시작했다. 성직자들은 에스빠냐·포르투갈의 식민 정책과 이해관계를 같이하면서 짧은 시간 내에 거의 온 대륙에 가톨릭 교회의 뿌리를 단단히 내렸다. 그들에게 가톨릭 신앙은 절대적 가치를 지닌 복음이자 식민지화를 수행하는 중요한 수단이었다.

그러나 복음화가 한 방향으로 쉽게 전개되지만은 않았다. 아메리카 원주민들은 비교적 수월하게 기독교 신앙을 받아들여 개종하긴 했지만, 전통적인 민간 신앙을 완전히 버리지도 않았다. 원주민들은 아프거나 괴로울 때, 혹은 아이가 태어났을 때 신의 은총이나 위로를 받으러 교회로 달려가고 세례를 받았지만, 이것만으로 이들이 완전히 기독교화했다고 보기는 어려웠다. 그래서 에스빠냐 정복자들과 교회 관계자들은 가톨릭의 토착화 작업을 서둘러야 했다. 바로 이 시기에 또난친 지신地神과 결합한 구아달루뻬Guadalupe 성녀[1] 신앙이 나타났다.

"인디오들은 이같은 압박 속에서 자신들의 토착신과 기독교를 잘 혼합하여 '검은 성모' 등 자신들만의 독특한 신앙을 만들어 냈다. 검은 머리에 갈색 피부를 가진 인디오 성모는 멕시코 인의 정신적 구심점이다."(『고등학교 세계지리』 대한교과서 203쪽)

멕시코의 구아달루뻬 성녀는 전통적인 대지 모신 또난친과 유럽의 성모가 혼합하여 탄생한 것이다. 나아가 원주민들은 자신의 신들을 기독교의 신이나 사도들과 동일시하기도 했다. 이처럼 원주민들은 새로운 종교에 적극적으로 저항하지 않고, 대신 자신들의 토속 신앙을 계속 유지하면서 종교적 혼합을 이루어나갔다. 이른바 '신끄레띠스모Sincretismo, 혼합주의'가 시작된 것이다. 그런데 위 인용문은 성녀의 피부색이 검은색("검은 성모")인지 갈색("갈색 피부")인지 헷갈리게 한다. 이 문장만 보면 흑인 성모로 오인할 소지가 있다. 구아달루뻬 성녀는 엄격히 말해 성모가 아니며, 얼굴 형태뿐만 아니라 피부색도 원주민과 같다고 정확히 설명할 필요가 있다.

1 구아달루뻬 성녀상. 출처: *Guía México desconocido*, 2001, diciembre, p. 16.

근현대사

우리나라 교과서에는 식민 시대 이후 라틴아메리카의 신생국들이 어떻게 에스빠냐로부터 독립하여 탄생했는가를 설명하는 내용이 없다. 이러한 무관심은 교과서 역사 연표에서도 똑같이 드러난다(『고등학교 세계사』 금성출판사 322~327쪽). 학생들에게 라틴아메리카의 총체적인 역사를 전달하려면 간략하게나마 라틴아메리카 독립의 역사를 삽입해야 한다.

카리브 해의 여러 섬나라를 제외하면 라틴아메리카 국가 대부분이 1810년에서 1824년 사이에 에스빠냐로부터 독립했다. 현재의 멕시코 지역에서 독립운동을 이끈 선구자는 이달고^{Miguel Hidalgo} 신부였다. 베네수엘라, 콜롬비아, 에콰도르 지역에는 그란 콜롬비아^{Gran Colombia} 공화국 탄생을 주도한, '해방자'라 불리는 시몬 볼리바르^{Simón Bolívar}가 있었다. 남미에는 아르헨티나 독립을 주도하고 안데스 산맥을 넘어 칠레와 페루 지역까지 진격하여 에스빠냐 군을 몰아낸 산 마르띤^{José de San Martín} 등이 있었다.

라틴아메리카의 독립은 다양한 측면에서 그 계기를 발견할 수 있다. 미국의 독립과 프랑스 혁명이 독립운동의 전기를 마련하기도 했지만, 무엇보다 1808년 프랑스의 나폴레옹이 에스빠냐와 포르투갈을 점령한 사건이 결정적인 영향을 끼쳤다. 말하자면 라틴아메리카는 졸지에 '식민지의 식민지'가 되는 이상한 처지에 놓였다. 식민 모국이 프랑스에 점령된 사건을 계기로 라틴아메리카에 독립운동의 불길이 번지기 시작했다.

그러나 불행히도 독립의 주체 세력은 원주민이 아니라 식민지 토착 집단으로 정착한 끄리오요였다. 식민 시대에 끄리오요들은 행정 기관에서 중·하위직을 차지하며 식민 모국과 뻬닌술라르^{peninsular, 에스빠냐 태생}

으로 순수한 에스빠냐 혈통을 지닌 사람들로부터 많은 차별을 받았다. 마치 신라 시대의 6두품과 같았던 끄리오요는 부왕이나 대주교로는 거의 임명받지 못했다. 식민 시대의 고급 관리와 주교는 에스빠냐 왕실이 직접 보낸 사람들로 채워졌고, 이들은 아메리카에서 일정 기간 근무한 뒤 본국으로 돌아갔다. 식민 모국에 엄청난 이익을 안겨다주는, 황금알을 낳는 식민지가 독립을 시도하거나 독자적인 행동을 하지 못하도록 식민지를 직접 통치한 에스빠냐의 정책 때문이었다. 그 결과 에스빠냐의 차별적인 식민 통치에 반감을 품고 이에 대항한 끄리오요들이 라틴아메리카 독립운동을 주도하게 되었다. 물론, 원주민이나 메스띠소도 독립운동에 참여했지만 주체 세력으로 성장하지는 못했다. 따라서 라틴아메리카의 독립은 에스빠냐의 뻬닌술라르로로부터 아메리카에서 태어난 끄리오요 집단으로 권력이 수평 이동한 것에 지나지 않는다.

라틴아메리카 국가들은 자원이 풍부한가?

"라틴아메리카는 지하자원이 풍부하지만 자본과 기술 부족으로 대부분의 지하자원이 선진국의 투자에 의해서 개발되었기 때문에 산업 발달이 제대로 이루어지지 않고 있다."(『중학교 사회1』 두산 184쪽)
"라틴아메리카는 '신의 축복이 내린 땅'이라 불릴만큼 지하 자원이 풍부하다. 그러나 일부 지역에 편중되어 있어, 자원을 가진 나라와 그렇지 못한 나라 사이에 경제 발전의 차이가 크다."
(『중학교 사회1』 교학사 황재기 외 202쪽)

우리나라 교과서 대부분이 라틴아메리카를 다양한 지하자원이 넘쳐나는 지역으로 설명한다. 하지만 다른 대륙에도 이 정도 지하자원은 존재한다. 북반구에서 남반구까지 길게 이어져 있는 광대한 지역에 그 정도 자원이 없다면 오히려 이상할 것이다. 유독 라틴아메리카를 자원이 풍부한 지역으로 여기는 데에는 오랜 기간 라틴아메리카의 자원을 저가에 약탈해 간 유럽 제국주의의 탐욕이 그대로 느껴진다. 유럽인의 정복을 자극하던 라틴아메리카의 각종 자원이 이제는 한국인을 유혹하는 것 같다. 한국 교과서는 라틴아메리카를 33개 국가가 존재하는 대륙이 아니라 한 통일 국가, 단일한 지역으로 취급하는 듯하기 때문이다. 예컨대 교과서에서 다음과 같은 문장을 쉽게 발견할 수 있다.

> "라틴아메리카는 상업적 농·목업이 발달해 있으며, 석유, 주석 등 지하 자원의 생산이 많다."(『중학교 사회1』두산 185쪽)

라틴아메리카 모든 국가에서 상업적 농·목업이 발달한 것도 아니고, 석유와 주석이 생산되는 것은 더욱 아니다. 상업적 농·목업이 발달한 나라는 아르헨티나가 대표적이고, 석유가 많이 생산되는 나라는 멕시코와 베네수엘라 정도다. 주석이 많이 생산되는 나라는 볼리비아다. 다른 나라 대부분은 이러한 자연 혜택에서 소외되어 있다고 할 수 있다. 다시 말해, 라틴아메리카 대륙에 아무리 자원이 많다고 해도 나라별로 분류해본다면 몇 가지 특정 광물로 제한될 수밖에 없다. 한 국가에 몇 가지 광물이 풍부하다고 해서 무조건 잘살 수 있는 것은 아니다. 그런데도 우리나라 교과서는 라틴아메리카의 주요 수출 품목 자료를 통해 라틴아메리카를 수많은 지하자원이 매장되어 있는 지역으로 견고하게 포장한다. 산업이 발달하지 못한 저개발 상태에서 수출할 수 있는 물품은 1차 산업에 관련된 것일 수밖에 없는 상황은 간과된다. 더 나아가 우리의 교과서는 다음과 같은 질문을 던진다.

"농산물과 지하 자원이 풍부한데도 라틴아메리카 대부분의 주민들은
왜 가난할까?"(『중학교 사회1』 고려출판 183쪽)

지하자원이 적은 한국 입장에서는 자원이 어느 정도 있음에도 경
제 발전을 이룩하지 못하는 라틴아메리카의 현실이 답답하게 느껴질 수
있다. 하지만 라틴아메리카에 대한 한국인의 선입견과 무의식적인 비하
도 저변에 깔려 있음을 부정하기 어렵다. 라틴아메리카 경제가 발전하지
못하는 원인을 다음과 같이 설명하는 교과서도 있다.

"라틴아메리카는 높은 인구 증가율로 인한 빈곤과 인구의 도시 집중
으로 경제 발전이 이루어지지 않고 있다."
(『중학교 사회1』 두산 185쪽)
"라틴아메리카는 멕시코의 석유와 은, 칠레의 구리, 볼리비아의 주석,
브라질의 철광석 등 지하자원이 풍부하지만, 생산된 자원은 대부분 수
출되기 때문에 공업 발전이 느리게 진행되었다."
(『고등학교 세계지리』 대한교과서 206쪽)

인구 증가율이 높고 인구가 도시에 집중되어 있으며 생산된 자
원을 대부분 외국에 수출하기 때문에 라틴아메리카의 경제 발전이 지체
된다는 설명은 적당하지 않다. 경제 낙후의 한 원인이 될 수는 있지만 주
요 원인은 아니기 때문이다. 또 다른 교과서에서는 좀 더 황당한 설명이
발견된다.

"라틴아메리카 지역은 산업 혁명 이후 중요한 동력원이었던 석탄이
부족하여 대부분의 나라들이 공업화에 뒤처졌으며, 석유가 주요 동
력원으로 등장한 오늘날에도 채굴된 지하 자원의 대부분이 외국으

로 수출된다. 최근에는 풍부한 자원을 바탕으로 브라질, 아르헨티나, 멕시코에서 중화학 공업이 발달하고 있다.”

(『중학교 사회1』 고려출판 184~185쪽)

라틴아메리카 지역에 석탄 매장량이 적은 것은 사실이지만 석탄이 부족하여 공업화에 뒤졌다는 설명은 심각한 오류다. 경제 발전이 늦어진 원인은 식민 통치 경험, 정치와 사회 불안정, 경제 구조의 왜곡, 자본과 기술 부족 등 다양한 측면에서 찾아야 한다.

식민 시대에는 식민 모국의 이익에 반하는 산업과 경제 활동이 금지되었다. 예컨대 에스빠냐는 자국 포도주 산업을 보호하려고 아메리카에서 포도 재배를 금지하기도 했고, 식민지 내의 교역까지 금지하기도 했다. 결과적으로 식민지 경제는 광산과 농장에서 생산되는 원자재를 싼값에 유럽에 수출하고, 유럽이 생산하는 공산품을 비싸게 수입하는 구조로 정착되었다. 독립운동이 일어나면서 1810년을 기점으로 라틴아메리카 대륙에 많은 신생국이 탄생하기 시작했다. 그러나 뻬닌술라르에서 끄리오요로 권력이 수평 이동했을 뿐, 정치나 경제 제도상의 변화는 거의 없었다. 토지 개혁이 실행되지 못해 소수가 대토지를 소유하는 대농장 제도는 그대로 유지되었다. 독립 이후에도 단일 경작을 하는 플랜테이션이 지속되어 라틴아메리카 경제는 국제 원자재 가격이나 세계 경제 동향에 쉽게 영향을 받는 취약한 구조를 갖게 되었다.

물론, 라틴아메리카 국가들도 독립 이후에 토지 개혁을 시도하고, 플랜테이션의 단일 작물 생산에서 벗어나고자 농업의 다각화를 추진했다. 1850년경부터는 유럽의 실증주의를 받아들여 근대화에 착수했고, 1930~1940년대에는 수입 대체 산업화를 통해 외국에서 수입하는 소비재만큼은 스스로 생산하자는 산업화도 추진했다. 1960~1970년대에는 모든 산업을 총체적으로 망라하는 수직적 산업화를 꾀하면서 새로운 길을 모색했지만 실패하고 말았다. 결국, 1982년에 멕시코가 모라토리엄을 선언하고 상당수 국가들이 멕시코의 뒤를 따르면서 라틴아메리카는 "잃어버린 10년"이라 불리는 1980년대를 맞이했다.

라틴아메리카의 모든 도시들이 멕시코 시처럼 공해가 심한가?

"이 지역 인구의 대부분은 멕시코시티, 상파울루, 리우데자네이루 등 거대 도시에 집중되어 있어서 주택 부족, 교통 문제, 환경 오염과 같은 각종 도시 문제가 발생하고 있다."
(『중학교 사회1』교학사 차경수 외 214쪽)
"멕시코시티는 4000~5000m 높이의 산으로 둘러싸인 분지라는 지형적 요인과 인구 2000만 명이 넘는 거대 도시로 무계획적인 팽창을 해 온 점, 도시 내부에 산재한 공장과 자동차 매연 등으로 세계적인 공해 도시가 되었다."(『고등학교 세계사』대한교과서 206쪽)

라틴아메리카에서 나타나는 환경 문제를 다룰 때면 거의 모든 교과서가 천편일률적으로 멕시코 시를 예로 든다. 실제로 멕시코 시의 공기 오염은 매우 심각한 지경이다. 비가 오지 않는 건기에는 그 정도가 더욱 심해져서 100여 미터 앞에 있는 아파트가 희미하게 보일 때도 있다. 그러나 이러한 공해 문제는 유독 멕시코 시에서만 도드라지는 현상이지, 전체 라틴아메리카 도시에서 일반적으로 나타나는 현상은 아니다. 멕시코 시의 공기 오염은 인구 집중과 무분별한 도시 확장에 따라 생겨난 문제이기도 하지만 문제가 더욱 심해진 원인은 도시가 위치한 지리적 여건에 있다. 멕시코 시는 해발 2240미터 높이 분지에 있다. 기압이 낮고 높은 산지로 막혀 있기 때문에 바람이 불지 않으면 오염된 공기가 외부로 배출되지 않고 그대로 축적된다. 따라서 멕시코 시의 심각한 공해 문제는 모든 라틴아메리카 도시에서 공통으로 나타나는 현상이 아니므로 대표성이 없다. 무엇보다도 교과서는 멕시코 시의 지리적인 특이 상황을 반드시 밝혀야 한다. 멕시코 시의 특이한 경우만을 부각하면 학생들은 라틴아메리카의 모든 도시들이 멕시코 시처럼 공기 오염이 심각한 것으로 지레짐작하기 쉽기 때문이다. 멕시코 공해 문제의 심각성을 부각하려고 다음과 같은 인용문을 삽입한 교과서도 있다.

> "멕시코시티의 시내 곳곳에는 공중 전화 부스 같은 산소 호흡 시설이 마련되어 있고, 전문가들은 아이에게 모유를 먹이지 말라는 경고도 한다. 2000만 명의 멕시코시티 시민들은 두통, 불면증, 무기력, 구토 등의 증세를 호소하는데, 이들이 체내에 보유하고 있는 중금속의 양은 독일과 미국에 비해 무려 20배 이상이다. - 김소희, 생명 시대-"
> (『고등학교 세계지리』 대한교과서 206쪽)

필자는 12년간 멕시코 시에서 살았던 경험이 있다. 공기 오염 문제가 심각한 것은 분명한 사실이지만 위 인용문의 내용은 지나치게 과장되어 있다. 12년간 살면서 멕시코 시내에 산소 호흡 시설이 설치되어 있는 것을 본 적이 없다. 멕시코 시에 거주하는 시민들이 기관지염을 비롯한 각종 폐 관련 질환을 앓는 경우가 다른 지역보다 월등히 많은 것은 사실이다. 하지만 2000만 명 모두가 두통, 불면증, 무기력, 구토 증세를 호소하고 체내 중금속 양이 독일과 미국의 20배 이상이라고 주장하는 것은 지나친 과장이다. 일부 학자가 모유를 먹이지 말라고 경고한 적은 있지만 일반화하기 어려운 주장이다. 참고로 멕시코 시의 공기 오염은 건기가 본격적으로 시작되는 10월부터 이듬해 4월까지가 심각하다. 우기

에는 하루에 한 번씩 30여 분 정도 비가 오기 때문에 공기 오염이 상대
적으로 줄어든다.

공기 오염 문제 외에도 주택 부족, 교통 혼잡, 빈곤 문제 등을 소
개하면서 교과서들은 으레 대표적인 도시로 멕시코 시와 상파울루를 꼽
는다. 단지 2개 도시의 예를 전체 라틴아메리카의 문제로 확대함으로써
현대 사회의 모든 문제점이 라틴아메리카에 압축, 집약되어 있는 듯한 느
낌을 준다. 이러한 문제는 미국과 유럽에도 마찬가지로 존재하며 대한민
국에서도 심각하게 진행되고 있다. 교과서는 라틴아메리카 지역을 설명
하면서 부정적인 측면만 강조하여 이 지역에 대해 매우 부정적인 인상을
유도한다. 무절제하게 팽창한 도시라고 악평한 멕시코 시는 주소만 알면
지도책을 보면서 쉽게 원하는 장소를 찾아갈 수 있는 곳이다. 도시의 주
요 도로가 바둑판처럼 동서남북으로 체계 있게 건설되어 있기 때문이다.
또 교통 순환을 돕기 위해 일방통행을 실시하고 있다. 도로망은 서울보
다 잘 정비되어 있고 교통 체증도 덜하다.

아마존 지역 개발은 지구 온난화의 주범인가?

"사람의 편의를 위해 주변 환경을 고려하지 않고 무계획적으로 진
행된 도로 건설과, 그 도로를 이용해 더욱 활발해진 삼림 벌채, 이주
민들의 화전 등은 풍성한 아마존의 삼림을 무자비하게 파괴하였다.
…… 아마존의 삼림 파괴는 지구상의 산소 공급을 감소시키는 것만으
로 끝나지 않는다. 대규모 화전 개간 및 삼림의 화재로 인한 다량의 이
산화탄소 배출로 지구의 온난화가 더욱 가속화되며, 밀림에서 생활하
는 각종 생물들의 생명이 위협당하고 있다. 결코 먼 곳의 일로만 여길

수 없는 환경 파괴가 지구의 한쪽에서 벌어지고 있는 것이다."
(『중학교 사회1』동화사 223쪽)
"지구의 허파라 할 수 있는 세계 최대의 열대림 지역이다. 최근 이 지
역의 무분별한 개발로 자연 생태계가 위협받고 있으며 지구 온난화를
부추기고 있다."(『고등학교 세계지리』천재교육 27쪽)

라틴아메리카의 문제를 다루는 과정에서 거의 모든 교과서가 아
마존 지역 개발 문제를 지적한다. 아마존 지역의 자연환경 파괴는 브라
질의 국내 문제이면서도 국제 문제로 확산되고 있는 실정이다. 무계획적
인 삼림 파괴는 생태계를 어지럽히며, 무엇보다도 지구 온난화에 큰 영
향을 미치는 중요한 사안이기 때문이다. 그러나 이 문제에 대한 우리나
라 교과서의 서술은 미국과 유럽의 이기적인 시각과 편견으로 얼룩져 있
음을 알 수 있다. 브라질의 아마존 파괴 면적은 전 세계에서 파괴되는 삼
림 면적에 비하면 매우 적은 수치이고, 많은 이산화탄소를 배출하며 지구
온난화를 가속화시키는 주범 국가는 발달한 선진국들이기 때문이다. 특
히, 미국은 이산화탄소를 가장 많이 배출하는 국가다. 지구 온난화를 막
으려고 온실가스 배출량을 줄이자는 「교토의정서」가 1997년에 마련되었
지만, 협약에서 탈퇴하면서 무력화시킨 장본인 역시 미국이었다. 그럼에
도 미국과 유럽의 편향된 주장이 전혀 여과되지 않고 우리나라 교과서에
버젓이 반영되어 있다. 오히려 온난화의 모든 책임을 브라질의 삼림 개발
에 전가하고, 그 면적을 구체적으로 제시하거나 환경 파괴의 결과를 과장
하여 위기감을 조성한다.

"매 시간당 축구장 13개의 넓이만한 숲이 사라지고 있는 것이다."
(『고등학교 세계지리』지학사 187쪽)

"상파울루의 산성비는 산성도가 보통 물의 천 배에 달한다고 한다."
(『중학교 사회1』 성지문화사 200쪽)

경각심과 위기감을 높이려고 각종 수치를 과대 포장만 할 뿐, 환경 파괴를 막으려는 브라질 정부의 노력이나 경제 상황은 거의 고려하지 않는다. 선진국들은 경제 발전이라는 명목하에 오랫동안 삼림을 개발하며 자연환경을 파괴했다. 그럼에도 경제적으로 낙후된 브라질이 산업 발전을 위해 20세기 후반부터 밀림 지역을 개발하자 자연환경을 파괴한다며 지구 온난화의 주범이라고 몰아붙인다. 자신들은 자연환경을 자유롭게 개발할 수 있지만, 브라질은 지구의 환경보존을 위하여 삼림을 파괴해서는 안 되며 계속 못살아야 한다는 선진국식 논리다. 브라질만, 원목을 베어내 외국에 수출하고 산림을 개발하여 부가가치가 높은 다양한 농·목업을 육성함으로써 국민의 생활수준을 높이면 안 된다는 말인가? 미국을 비롯한 유럽 선진국들은 아마존 지역이 "지구의 허파"라는 생체 비유까지 사용하면서 브라질의 삼림 개발을 막아왔다. 아마존 지역은 열대우림 기후이므로 이산화탄소를 흡수하고 산소를 내뿜는 광합성 작용이 타 지역의 삼림보다 월등하게 높은 것이 사실이다. 그러면 미국이나 유럽의 삼림은 이러한 정화 작용과 전혀 무관하고, 크리스마스 장식용 나무들만 자라는 곳이란 말인가? 환경 파괴와 지구 온난화는 전 지역의 인류가 책임지고 함께 해결해야 할 문제다.

교과서의 라틴아메리카 관련 내용을 시기별로 분류해보면 고대 문명, 정복 시기, 식민 시기, 근현대사로 나눌 수 있다. 교과서가 지면을 상당히 할애하여 설명하는 고대 문명 편은 가장 많은 오류와 문제점을 담고 있다. 유럽인의 유토피아적 관점이나 '야만과 문명'의 틀 속에서 고대 문명이 미화되거나 비하된다. 그리고 무엇보다도 역사적인 사실들을 잘못 이해하거나 왜곡한 학문적인 오류가 빈번히 발견된다.

정복 시기에 대해서는 에스빠냐인을 비롯한 유럽인들의 제국주의적 시각과 원주민들에 대한 동정적인 시각이 병행하여 나타난다. 식민 시기에 대해서는 교과서 대부분이 경제 구조에 치중하여 아씨엔다와 플랜테이션을 집중적으로 다루면서 원자재 수탈과 원주민의 노동력 착취에 초점을 맞추고, 그와 함께 인종 혼혈 문제를 다룬다.

근현대사에 와서는 민감한 정치 상황은 거의 다루지 않고, 경제적인 문제만 크게 부각한다. 풍부한 자원이 있음에도 산업을 발전시키지 못했고 오늘날까지 가난에서 벗어나지 못한 게 라틴아메리카의 현실이라는 것이다. 대규모 농장과 광산, 철도 같은 각종 산업 시설은 외국인이 소유하고, 국부 유출에 의한 경제 종속이 심각하며, 토지는 소수에게 편중되어 있고, 사회는 극단적으로 양극화된 불평등 구조라는 내용 등이 실려 있다. 또한, 인구의 도시 집중에 따른 다양한 문제를 안고 있으며, 아마존 열대 지역에서는 무자비한 환경 파괴를 일삼아 지구 온난화를 가속화시키고 있다는 내용도 함께한다.

한국 중·고등학교 교과서가 서술하는, 식민 시기 이후부터 현재에 이르는 라틴아메리카의 역사는 지나치게 부정적이며 암울하다. 모든 불행과 악이 압축되어 있어서 사람 살 곳이 못 되는, 마치 지옥 같은 지역이라는 인상을 받는다. 이러한 시각에는 유럽과 미국이 라틴아메리카에 대해 갖는 편견과 멸시가 담겨 있고, 동시에 경제 발전을 이룬 한국이 아직도 못사는 라틴아메리카를 무시하는 오만함도 도사리고 있다.

한국의 신문, 방송 매체의 시각도 중·고등학교 교과서의 상투적이고 왜곡된 관점과 크게 다르지 않다. 예컨대 한국의 경제 성장이 침체되거나 미래가 불안한 듯하면 지체 없이 우리나라가 "중남미 꼴"이 난다고 야단법석이다. 정부나 야당의 각종 정책이 국민의 표몰이와 관련된 듯하면 "중남미의 포퓰리즘대중영합주의"을 답습한다는 비판이 신문지상과 각종 방송 매체를 달군다. 이러한 몰이해는 라틴아메리카에 대해 한국인들이 갖고 있는 천편일률적인 선입견이나 편견과 밀접하게 연관되어 있다. 한국인 대부분은 라틴아메리카를 다음과 같이 이해한다. "라틴아메리카 국가들은 대중을 선동하는 포퓰리즘 정치 때문에 정국이 항상 불안하고 쿠데타가 자주 일어나며, 외국의 돈을 빌려다 갚지 않는 불량 채무국이다. 또한, 빈부의 차이가 심하고 실업과 빈곤 문제가 심각하며 국민은 나태하다."

그런데 흥미롭게도 문화적인 측면에서는 라틴아메리카를 다르게 평가한다. 살사와 삼바의 리듬이 넘치고 탱고의 낭만이 흐르는 열정의 나라라는 것이다. 또한, 사람들은 춤추며 놀기를 좋아하고 낙천적인 성격이며 축구를 열광적으로 좋아한다고 알고 있다. 베레모를 쓴 체 게바라가 등장하여 순수한 공산혁명을 꿈꾸었던 낭만적인 대륙으로 미화되기도 한다. 한국인의 머릿속에는 이러한 선입견이 지워지지 않는 낙인처럼 똬리를 틀고 있다. 심각한 것은, 이렇게 생각하는 한국인 중 라틴아메리카를 방문하거나 접촉한 경험이 있는 사람이 거의 없다는 사실이다. 그런데도 어떻게 해서 이러한 인상이 생겨났을까?

우리가 아는 라틴아메리카의 모습은 많은 경우 유럽과 미국의 시각으로 재구성되었고, 우리의 잘못된 편견으로 은폐되거나 왜곡되었다. 따라서 한국 교과서에서 나타나는, 라틴아메리카 역사에 대한 왜곡과 오류는 일차적으로 그 지역에 내한 이해와 전문 지식이 부족하기 때문에 생긴다고 볼 수 있다. 유럽이나 미국의 시각을 학문적으로 검증하지 못하고 타인의 시각을 빌려 라틴아메리카를 재구성하는 과정에서 왜곡과 오류가 발생하는 것이다. 이제는 우리 스스로 학문적인 엄정함과 비판적인 시각을 가지고 라틴아메리카의 역사에 접근해야 한다. 우리 관점은 미국이나 유럽 국가들과는 다른, 신선한 평가를 창조해낼 수 있다.

이를 위해 교과서의 필진은 라틴아메리카의 역사를 기술할 때에 일정 시기나 지역에 서술이 편중되는 것은 피하고 총체적인 역사를 다양한 시각에서 서술해야 한다. 특히, 근현대사에서는 라틴아메리카 국가들이 시도했던 정치 개혁이나 산업화에 대한 열망을 좀 더 긍정적으로 소개해야 한다. 이들 역시 독립 이후 여러 차례에 걸쳐 산업화를 시도했으며, 국가를 발전시키고 인민을 빈곤에서 구해내고자 다양한 노력을 기울였기 때문이다. 더불어 다양한 문화와 전통을 소개하여 학생들이 라틴아메리카를 더욱 폭넓게 이해할 수 있는 계기를 마련해주었으면 한다.

 세계사 교과서 바로잡기 **라틴아메리카**

오세아니아는 백인과 양떼의 대륙인가

오세아니아   이태주

오세아니아에 대한 교과서의 편견과 오류

'오세아니아'라고 하면 우리는 무엇을 떠올리고 어떤 것을 상상하는가? 대부분의 사람들에게 오세아니아는 오스트레일리아와 뉴질랜드를 지칭하는 말이기도 하고, 따뜻한 크리스마스와 남태평양, 산호초, 그리고 양떼가 노니는 지상 낙원 같은 이국적인 장소를 떠올리게 하는 이미지일 것이다. 그러나 이러한 정의나 이미지는 학교 교과서에서, 그리고 대중 매체들을 통해 잘못 만들어진 것이다. 특히 중 · 고등학교 사회 과목 교과서들은 하나같이 그러한 내용들만 다룬다. 과연 오세아니아는 교과서에서 강조하는 것과 같이 '양들의 천국'이고 '백인들의 대륙'인가?

그렇지 않다. 우리네 중 · 고등학교가 쓰고 있는 사회와 세계사, 지리 교과서에는 오세아니아에 대해 올바르게 기술한 부분보다 잘못된 부분이 더 많다. 대부분의 교과서가 오세아니아를 제대로 이해하지 못한 채 그 피상만을 기술한다. 교과서에 담긴 오세아니아에 대한 편견과 오류를 요약하면 다음 네 가지다.

첫째, 오세아니아는 '원시의 땅', 곧 세계사와 세계의 문화 지도에 있으나 마나 한 존재로 묘사된다. 교과서는 유럽을 중심에 두고 세계사를 말할 뿐만 아니라, 경제적으로 선진적인 지역과 낙후된 지역을 이분법적으로 구분하여 기술한다. 그러니 교과서 속의 오세아니아는 극지방과 다름없는 '오지'다. 오세아니아는 인류 문명의 요람도 아니고, 독자적인 문화를 전개하지도 않았고, 유럽의 침략과 지배에 반反식민주의, 반제국주의 운동으로 맞선 역사도 없는, '텅 빈 땅'이다.

둘째, 오세아니아는 유럽인들의 대륙인 것처럼 설명된다. 교과서들이 수차 강조하는바, 오세아니아는 백인들이 '발견'하고 '개척'한 대륙이다. 원주민의 수만 년 역사는 완전히 '무'가 되었다. 반면 유럽인의 침략과 약탈, 지배의 역사는 미화되고 합리화된다. 오세아니아에 있는 수많은 섬들은, 각자 고유한 문화와 역사를 가진 원주민들의 땅과 바다가 아니다. 오세아니아의 역사는 유럽의 역사로 기록되고 말았다.

셋째, 교과서는 오세아니아에 마치 오스트레일리아와 뉴질랜드만 있는 것처럼 말한다. 멜라네시아, 폴리네시아, 마이크로네시아라고 불리는 광활한 바다, 수많은 섬들은 어디로 간 것일까? 유럽인이 정착한 오스트레일리아와 뉴질랜드만이 남아 있다. 심지어는 남태평양의 문화권이 저 먼 유럽의 "게르만 문화권"에 속한다고 설명한다. 우리는 교과서에서 원주민들의 다양한 문화와 생존 방식, 군소 섬나라들의 특수한 역사와 환경에 대해서는 단 한 가지도 찾아볼 수 없다. 오직 '양떼의 대륙' 오스트레일리아와 뉴질랜드의 피상적인 산업 구조, 관광 정보만 보일 뿐이다.

넷째, 오세아니아는 '양떼의 천국'으로 묘사된다. 교과서가 그려내는 오세아니아 문화의 표상은 '양떼의 대륙'으로 압축된다. 오세아니아는 '오지'이고 산호초 섬, 아무것도 없는 무인도, 그리고 그 텅 빈 땅에 백인들이 정착하여 개척한 신대륙으로 그려진다. '텅 비어' 있으니, 사람보다 수십 배나 많은 양떼, 소떼가 방목되고 있다고 묘사된다.

오세아니아는 무시할 법한 하찮은 지역인가?

오세아니아는 섬 2만 5000여 개로 이루어진 거대한 바다 지역이다. 5대양 6대주 중에서 육지 면적으로는 가장 작은 대륙이면서 바다 면적은 가장 큰 대양으로 둘러싸여 있다. 그래서 대양주라고 한다. 그런데 교과서『중학교 사회2』6종(고려출판, 교학사 차경수 외, 교학사 황재기 외, 디 딤돌, 중앙교육진흥연구소, 지학사)을 펼쳐보자. 이른바 세계사 중심으로 구성한 사회 교과서인데 오세아니아에 대한 언급은 단 한 줄도 찾을 수 없다. 오스트레일리아와 뉴질랜드를 비롯해 2만 5000여 개나 되는, 원주민들이 살고 있는 남태평양의 다채로운 섬들이 세계사에서 완전히 사라져버렸다.

어쩌다 오세아니아는 우리네 세계사 교과서에서 완전히 증발한 것일까? 열 발짝쯤 양보한다 하자. 그래도 최소한「서양 근대 사회의 시작」단원의 "신항로 개척과 유럽의 팽창"이라는 장에서는 유럽인들이 오세아니아 지역을 탐험하게 된 경위, 식민지를 개척한 역사를 언급해야 한다. 또한「아시아 사회의 변화와 근대적 성장」및「현대 세계의 전개」라는 단원이라면 마땅히 오스트레일리아와 뉴질랜드, 남태평양 섬나라들의 독립과 독립운동, 원주민 운동 등에 대해 짧게라도 설명해야 한다.

고등학교의 세계사 교과서도 마찬가지다. 교과서 본문에 오세아니아를 다룬 경우는 단 한 종도 없다. 다만 보조교재인『고등학교 역사부도』8종(교학사, 금성출판사, 보진재, 삼화출판사, 성지문화사, 신유, 지학사, 천재교육) 가운데 일부가 오세아니아를 다루긴 했다. 그러나 그 내용은 미국과 일본, 서구 열강의 제국주의 역사를 설명하는 데에 그친다. 예를 들면『고등학교 역사부도』(금성출판사 103쪽) 〈제국주의와 반제국주의 민족 운동〉 지도[1] 에는 "19세기 초에 카메하메하 왕에 의해 통일된 하와이는 미국·에스파냐 전쟁 때 미국에 병합되었다"는 내용이 기술되어 있다. 그러나 엄밀히 말해 이것은 오세아니아의 역사라기보다는 미국의 역사를 소개한 것이다.

그런가 하면 몇몇 역사부도에서 〈열강의 태평양 분할〉 지도[2] 를 발견할 수 있다. 여기에서도 태평양 제도의 역사는 그곳을 점령한 영국,

1 『고등학교 역사부도』(금성출판사 103쪽) 〈제국주의와 반제국주의 민족 운동〉 지도의 부분

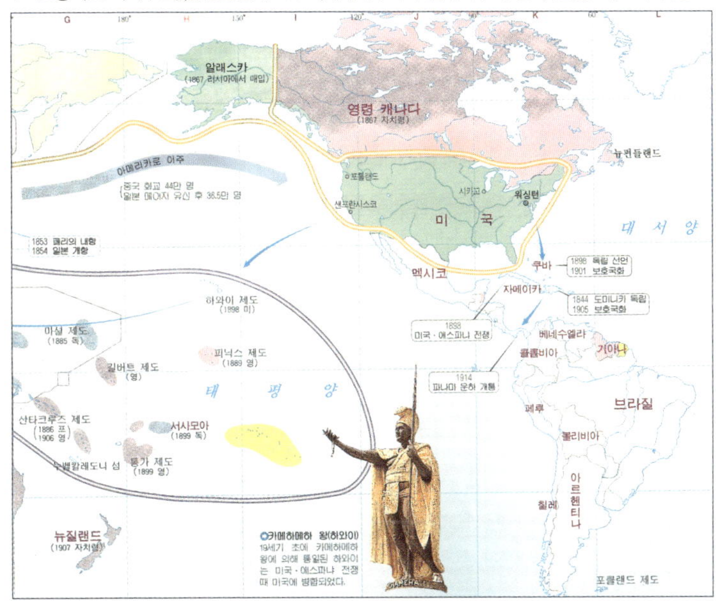

2 『고등학교 역사부도』(천재교육 108쪽) 〈열강의 태평양 분할〉 지도

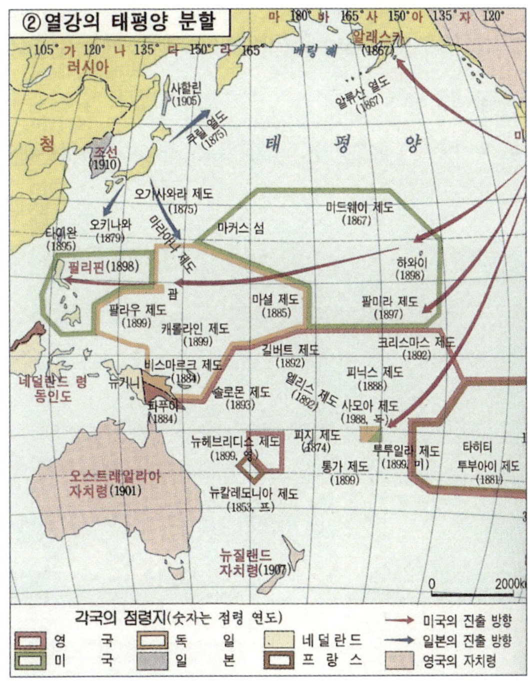

독일, 프랑스, 미국, 네덜란드 등 제국주의 역사의 일부로 다루어진다. 또한 "유럽 세계의 확대와 아메리카·아프리카 세계"라고 명기된 장章은 당연히 오세아니아를 포함해야 했으나 그러지 않았다.

흥미로운 것은 모든 역사부도에 제2차 세계대전 기간에 일어난 태평양전쟁에 관한 상세한 지도가 수록되어 있다는 점이다. 『고등학교 역사부도』 8종(금성출판사 106쪽, 천재교육 113쪽, 성지문화사 107쪽, 신유 103쪽,[1] 교학사 114쪽, 보진재 105쪽, 삼화출판사 106쪽, 지학사 107쪽)을 들여다보자. 이 지도들은 일본과 연합국이 괌, 마리아나 제도, 솔로몬 제도의 과달카날 섬, 뉴기니와 마셜 제도, 키리바시 제도 등에서 격전을 벌였다는 사실을 자세히 설명한다. 그러나 이 내용은 제2차 세계대전 중 일본군과 연합군의 격전 상황을 보여주는 전쟁사에 해당하므로 오세아니아의 역사와 문화를 직접 다루는 것은 아니다.

또, 각 『고등학교 역사부도』의 마지막 면에는 '세계 주요 나라의 역사 변천도'나 '주요 국가별 연대 대조표'가 첨부되어 있는데, 여기에도 아프리카, 아메리카는 있으나 오세아니아는 없다. 우리의 교과서에서 오세아니아는 역사도 사건도 문명도 없는, 있으나 마나 한 대륙이다.

교과서 『고등학교 세계사』 3종(지학사, 교학사, 금성출판사)에도 오세아니아는 없다. 「문명의 새벽과 고대 문명」이라는 단원은 아프리카와 아메리카에 관해서는 한 장을 할애해 상세히 기록한 데 반해, 오세아니아의 고대사는 다루지 않는다. 오세아니아에는 선사 시대도, 고대 문명도 없었다는 말인가, 아니면 아예 사람이 살지 않았다는 말인가? 그렇다면 5만 년 전부터 원주민들이 살아왔음을 입증하는 오스트레일리아의 암각화, 동굴 벽화들은 무엇인가? 이스터 섬에 있는 거대한 불가사의, 곧 **모아이 석상**[2] 들은 무엇을 말하는가? 또 고고학자들이 발굴한 **라피타 토기와 주거 유적**[3] 은 무엇인가?

1 『고등학교 역사부도』(신유 103쪽) 〈제2차 세계 대전(태평양 전쟁)〉 지도

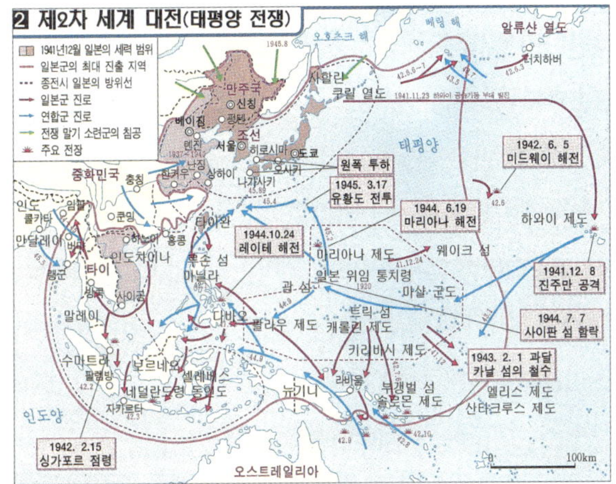

2 **고아이 석상** 폴리네시아의 동쪽 끝에 위치한 이스터 섬에는 거대한 돌을 깎아 조각한, 모아이(Moai)라고 불리는 거인 석상이 천여 개나 흩어서 있다. 이 석상들 중에서 큰 것은 높이 10미터, 무게 90톤에 이르고 미완성인 채로 남아 있는 한 석상은 높이가 21미터에 육박한다. 이렇게 거대한 석상들을 누가, 언제, 왜 만들었는지는 풀리지 않는 수수께끼로 남아 있다. 일반적으로 이 석상들은 서기 1000년~1600년에 만들어진 것으로 알려져 있다. 이 작은 섬의 원주민들은 석상을 만드는 기술 수준이 높았고, 이를 운반하는 밧줄, 나무, 도구 등은 큰 숲에서 조달했을 것으로 추측된다. 그런가 하면 오랜 시간에 걸쳐 많은 석상을 제작하려면 많은 사람을 부릴 수 있는 강한 권력자나 노예를 부리는 계급 사회가 존재했을 가능성이 있다. 지금은 사라진 고대 문명이 있었을지도 모른다.

©Dara J. Norman

3 **라피타 토기와 주거 유적** 오세아니아를 연구하는 고고학자들은 1950년대에 뉴칼레도니아의 해변에서 톱니 무늬가 있는 라피타 토기를 발견했다. '라피타'는 이 해변의 이름을 따서 붙인 이름이다. 라피타 토기는 지금으로부터 3500년 전부터 2000년 전에 걸쳐 만들어진 것으로 밝혀졌으며, 오세아니아의 서쪽 멜라네시아 해안부터 사모아, 통가 같은 동쪽 폴리네시아 해안까지 광활한 지역에 걸쳐서 발굴되었다. 이로써 멜라네시아인과 폴리네시아인들이 본래 같은 언어, 같은 문화를 향유한 '라피타 문화복합(Lapita culturural complex)'의 사람들이었으며 이들이 오세아니아 섬들의 원주민으로서 장기간에 걸쳐 여러 섬으로 이주하여 퍼져나갔음을 알 수 있게 되었다. 또한 라피타 토기와 주거지가 발굴됨으로써 이 지역 원주민들이 이미 3500년 전에 마을을 형성하고 어로와 가축 사육, 원시 농경과 같은 경제 활동을 영위했으며, 원시적인 교역 활동도 했음을 증명할 수 있게 되었다.

"유럽 세계의 확대와 아메리카 · 아프리카 세계"를 다룬 장에도 오세아니아는 없다. 오세아니아가 유럽인의 탐험과 무역, 선교, 식민지 확장에 중요한 무대였다는 사실이 간과된 것이다. "두 차례 세계 대전 사이의 세계"를 다룬 장에 아시아와 아프리카의 반제국주의 운동은 기술되어 있다. 그러나 오세아니아와 남태평양의 섬나라 주민들은 역시 전혀 나타나지 않는다. 오세아니아가 유럽의 거대한 식민지이자 정착지였다는 역사적 사실이 간과된, 이해할 수 없는 구성이다.

각 『고등학교 세계사』 끝 부분에 실린 '세계 주요 나라의 역사 변천도' 등 연대표에도 오세아니아는 완전히 누락되어 있다. 교과서에서 오세아니아는 태평양전쟁 관련 지도, 제국주의 열강의 침략 지도에 등장할 뿐이다. 「아시아 세계의 근대적 발전」 단원에는 '동남아시아의 식민지화와 근대적 성장'이 있고, 「제국주의와 두 차례의 세계 대전」에서는 '아시아 · 아프리카의 반제국주의 운동'에 관해 설명하면서, 오세아니아의 반제국주의 운동과 식민화 과정, 근대적 발전에 대한 설명은 전혀 없다. 이 지역의 특징적인 문화, 예컨대 **하물 숭배**[1] 와 천년왕국 운동, 다양한 형태의 토착 민족주의 운동은 마땅히 다루어질 가치가 있음에도 우리 교과서에 실려 있지 않다.

또한 오세아니아에 대한 몇 안 되는 내용은 그 안에 오류나 오해의 소지를 담고 있다. 지리 영역을 다룬 『중학교 사회1』(고려출판 192쪽)에는 이런 서술이 나와 있다. "오스트레일리아의 개척은 1788년 영국의 유형 식민지가 건설되면서부터 시작되었다." 중대 사건 범법자들을 재판하여 자국 영토 밖으로 귀양 보내는 데 이용하는 식민지를 가리키는 '유형 식민지'라는 개념을 어떤 배경 설명도 없이 그대로 썼다.

오스트레일리아의 독립 연도도 각각 다르다. 어떤 교과서는

1931년이라고 하고 어떤 교과서는 1901년이라고 한다(『중학교 사회1』 디딤돌 188쪽, 중앙교육진흥연구소 224쪽).

마이크로네시아, 폴리네시아, 멜라네시아에 대해 간략하게 설명한 책도 있으나 대부분의 교과서는 오세아니아를 오스트레일리아와 뉴질랜드만으로 설명한다. 사회 교과서 대부분이 오세아니아에 대해 2~3쪽에 걸쳐 설명하는데 간혹 5쪽 이상을 수록한 교과서도 있다(『중학교 사회1』 중앙교육진흥연구소). 그렇지만 오세아니아에 대한 소개는 한여름의 크리스마스, 양모 생산과 찬정 지형, 지하자원, 자연환경과 동식물의 특성, 시드니 등 관광지 소개, 내륙 건조 지대의 스테이션찬정을 중심에 두고 형성된 거주 시설 생활, 화산섬과 산호초, **백호주의**,[2] 부메랑과 에버리진, 마오리족 등에 그친다.

더 큰 문제는 모든 교과서가 세계를 '선진화된 문명사회'와 그렇지 못한 '저개발 사회'라는 이분법적 도식으로 나눈다는 점이다. 『중학교 사회 1』 10종, 『중학교 사회2』 8종에는 이러한 이분법적 세계관이 명확히 나타난다.

---

1 하물(荷物) 숭배(cargo cult) 멜라네시아에 대한 서구 유럽의 침략과 유럽인들이 가져온 엄청난 문물과 무기, 상품, 종교에 충격을 받아 생겨난 현상으로서, 전통의례와 격렬한 춤이 동반되는 원주민들의 집단의례이며 조상들이 환생하여 더 많은 하물을 가져다줄 것이라는 믿음을 표현하는 종교운동이다. 천년왕국 운동도 전통적인 토착종교와 기독교가 충돌하면서 나타난 혼합적인 형태의 메시아 운동인데, 정치적으로는 반식민 민족운동과 재생운동으로 발전하기도 했다. 재생운동은 무기력한 식민지 원주민 사회가 종교적 지도자나 예언자를 중심으로 자신들의 정체성과 집단의식, 집단정신을 확인하고 강화함으로써 식민 세력에 저항할 뿐 아니라, 미래에 도래할 평화롭고 풍요로운 세계를 꿈꾸고 이를 준비하도록 하는 일종의 종교적 영적 부흥 운동이라고 할 수 있다.

2 백호주의 백호주의(White Australia)는 오스트레일리아가 1901년 영국으로부터 독립한 이후 1970년대 초까지 유지했던 국가 정체성 이념으로, 앵글로색슨계의 영국인들을 중심으로 하는 백인 이민자들만 허용하고 아시아계와 다른 이민자들을 엄격히 제한하여 백인들의 호주를 만들겠다던 인종주의 이념이다. 1973년 노동당 정부는 오스트레일리아의 백호주의를 공식 폐기하고 대신 다문화주의를 표방했다.

일단 단원 구성에서부터 유럽 및 아메리카와 그 외 지역이 차별된다. 유럽 및 아메리카를 다룬 장의 제목은 "선진 지역 앵글로아메리카", "일찍 산업화를 이룬 서부 및 북부 유럽", "관광 산업이 발달한 남부 유럽" 등이다. 반면 그 외 지역은 "발전 가능성이 큰 오세아니아", "석유 자원이 풍부한 서남 아시아와 북부 아프리카", "경제가 성장하는 동부 아시아" 같은 제목이 붙어 있다. 이런 식의 구성을 보면 여러 가지 의문이 들 수밖에 없다. "앵글로아메리카"라는 명칭은 무슨 의미이고 그곳은 왜 "선진 지역"인가? 아시아, 아프리카, 오세아니아는 자원은 많은데 '아직은' 경제적으로 발전하지 못한 후진 지역이라는 것이 세계를 각 지역으로 구분하는 데에 가장 중요한 기준인가?

경제 수준을 중심으로 지역을 구분하는 방식이 세계를 올바로 이해하고자 하는 공부에 얼마나 도움이 될까? 경제는 호황과 불황, 발전과 퇴보가 언제나 교차하며 진행되는 영역이다. 그러므로 경제적으로 잘사는가 못사는가를 기준으로 지역을 나누는 데에는 오류가 뒤따르기 쉽다. 예컨대 1950년대에 우리나라는 세계에서 가장 가난한 나라 축에 들었다. 그런데 이를 근거로 당시 우리보다 경제 수준이 높았던 일본과 비교하여 '가난한 한국'과 '잘사는 일본'이라는 식으로 구분한다면 과연 그것이 타당하다 할 수 있을까?

경제 중심적 세계관은 세계 각 지역을 경제라는 한 가지 기준에 맞춰 줄지어 세운다. 그리고 이는 인종 차별, 지역 차별로 귀결된다. 경제적으로 앞선 유럽과 미국이 경제 수준을 두고 여타 지역을 차별해서는 안 되는 것과 마찬가지로, 우리나라의 교과서 또한 세계를 빈부 차이로 구분하는 오류를 범해서는 안 된다. 지역 구분의 올바른 기준은 다양한 문화와 생활양식, 역사와 환경의 유사성과 차이다. 우리의 역사 교육은 더 타당한 기준으로 세계의 지역과 인간들을 나누어 보고 더 깊이 이해하는 방향으로 선회해야 마땅하다.

오세아니아는 유럽인의 신대륙인가?

우리나라 중·고등학교 교과과정의 사회, 지리, 세계사 교과서들은 하나같이 오세아니아를 '유럽인들이 개척한 신대륙'이라고 설명한다. 교과서에서 오세아니아에 대한 정확한 설명을 찾아볼 수 없다는 것보다도 더 근본적인 오류는 이처럼 오세아니아를 유럽인이 개척한 땅으로 강조하는 역사관에 있다. '서양인이 점령하기 전의 오세아니아는 없다'는 유럽 중심 역사관이 우리네 교과서에 고스란히 배어 있는 것이다.

한국의 교과서에서 오세아니아는 인류 문명의 발생기와 고대, 중세 세계사에는 한 번도 등장하지 않다가 15세기 이후의 이른바 **대항해 시대**[1]에 아메리카 대륙과 함께 백인들이 '발견'한 신대륙으로 기록된다. 『중학교 사회1』(교학사 차경수 외 217쪽)은 "'신이 인간에게 준 마지막 선물'이라는 오세아니아는 가장 작은 대륙이지만 인간의 손이 닿지 않은 곳이 많다"며 오세아니아가 인류의 문명사와 동떨어져 있다가 어느 날 문득 발견된 별천지 세계인 양 묘사한다.

『중학교 사회과부도』에서는 오세아니아와 오스트레일리아를 서양인들이 '발견'했다는 잘못된 내용이 발견된다. 교학사(72쪽)와 성지문화사(66~68쪽)의 『중학교 사회과부도』에는 각각 〈발견과 민족〉, 〈오스트레일리아의 탐험과 개척〉이라는 지도에 태즈먼아벌 타스만(1642, 1644), 쿡(1768~1771, 1776~1780)뿐 아니라 에이어에드워드 에어(1841), 라이하르트

---

1 **대항해 시대** 15~17세기에 유럽인들이 경쟁적으로 진행했던 지리상 '발견의 시대'를 말한다. 이 시기에 유럽인들은 서아프리카 항로를 비롯하여 아프리카의 희망봉, 아메리카와 서인도 제도를 '발견'했으며, 이로써 세계화의 첫 단계가 열려 무역이 증대하고 비서구 사회에 대한 서구의 침략과 지배가 본격적으로 시작되었다.

(1844), 스튜어트(1860~1862, 1845) 등이 오스트레일리아 내륙을 탐험한 기록을 실었다. 이 지도들은 이들 영국계 오스트레일리아인, 영국계 뉴질랜드인이 마치 오스트레일리아와 뉴질랜드를 '발견'하고 '개척'하여 오늘날 오세아니아의 주인이 된 것처럼 가정한다. 『중학교 사회과부도』에서 오세아니아 원주민의 역사는 기록할 가치도 없는 역사다.

다만 지학사의 『중학교 사회과부도』만은 이 지역의 민족 이동과 구성을 명확히 밝히려 노력했다. 69쪽의 〈민족 이동과 구성〉 지도[1]에서는 약 4만 년 전에 원주민들이 지금의 동남아시아 지역을 통해 이주해 왔고 18세기 후반 이후에야 영국인들이 이주했으며 최근에는 아시아계 이민자들이 증가하고 있음을 보여줌으로써 오세아니아가 오랜 이주의 역사로 이루어졌음을 강조했다.

오세아니아를 '유럽인의 신대륙'으로 보는 시각은 교과서의 단원 구성에서도 뚜렷하게 드러난다. 『중학교 사회과부도』 8종 중 6종(교학사, 두산, 보진재, 삼화출판사, 지학사, 천재교육)이 오세아니아를 독자적인 단원으로 취급하지 않고 「아메리카 및 오세아니아의 생활」이라는 제목으로 아메리카와 함께 묶어놓았다. 여기에서 말하는 오세아니아도 2만 5000여 섬을 삭제한, 오스트레일리아와 뉴질랜드뿐이다. 백인들의 정착지인 오스트레일리아와 뉴질랜드만을 '다룰 만한' 지역으로 보는 편파적인 시각 때문이다. 예컨대 오스트레일리아 관련 자료 중 〈개척 과정〉에는 타스만과 쿡 선장이 세 번에 걸쳐 항해한 바닷길이 자세히 표시되어 있다. 오스트레일리아가 17~19세기 서양인들의 탐험에 의해 '개척'된 신대륙이라는 관점을 대변하는 지도다. 항로 지도 외에는 경제 지도가 대부분으로, 오스트레일리아의 농목업, 뉴질랜드의 농목업, 양 사육지, 찬정 분지의 방목, 광공업 등이 오세아니아 관련 지도의 주요 주제다.

그나마 『중학교 사회1』(두산 188쪽)은 간략하지만 비교적 정확하게 유럽인들이 발견하기 이전의 오세아니아 역사를 기록했다. "1800년대 유럽 인들이 진출하기 이전에 오스트레일리아의 어보리진, 뉴질랜드의 마오리 족, 태평양 여러 섬의 원주민들은 고유한 문화를 이루고 있었다." 이 교과서는 영국이 1700년대 말에 오스트레일리아를 식민지로 삼고 그곳에 죄수들을 수용했고, 1892년에는 서부에서 금광이 발견되어 골드러시가 일어난 것도 기록했다. 또한 오세아니아에는 몇몇 토속 종교가 남아 있지만 1900년대 말에 이미 기독교가 널리 전파되었다는 점, 약 1200가지 토착 언어가 사용되지만 가장 많이 쓰이는 언어는 영어라는 점 등을 설명한다. 이에 더해 "태평양에 있는 여러 섬들은 해외 무역로와 원료 자원을 확보하기 위해 해군 기지를 건설하려는 세계 각국의 관심 지역이었다. 이로 인해 세계대전이 일어났을 때 남태평양에 있는 섬들은 치열한 전쟁터가 되기도 하였다"고 적었다.

아메리카 대륙이 '신대륙'이 아니라 수천 년 동안 원주민들이 살아왔던 아주 오래된 땅인 것과 마찬가지로 오세아니아도 백인 항해자들이 '발견'하기 수천 년 전부터 다양한 원주민들이 살아왔던 오래된 땅이다. 오세아니아는 유럽인들이 오기 오래전부터 엄연히 존재하고 있었으며, 유

1 『중학교 사회과부도』(지학사 69쪽) 오세아니아의 〈민족 이동과 구성〉 지도

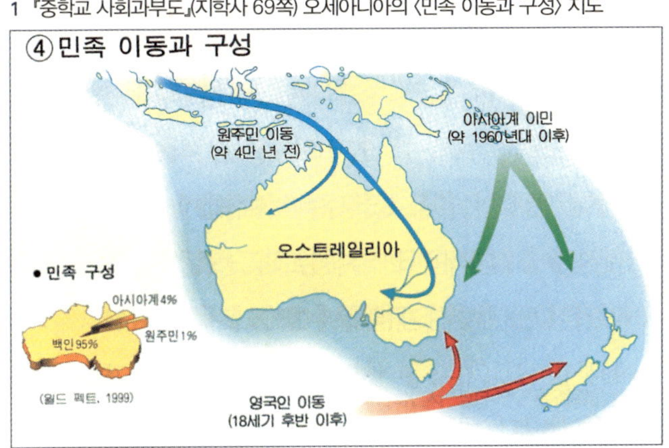

럽인들은 이 대륙과 바다, 그리고 환상적인 산호초 섬들을 처음 발견한 것도, 개척한 것도 아니었다. 유럽인은 '개척자'가 아니라 침략자이자 약탈자였고 식민주의자였다. 그러나 한국의 교과서는 원주민의 눈이 아니라 침략을 '개척'으로 포장하는 유럽인의 눈으로 오세아니아를 바라본다.

오세아니아에는 오스트레일리아와 뉴질랜드만 있는가?

거의 모든 사회 교과서에서, 뿐만 아니라 우리 사회의 어법에서 '오세아니아'는 '오스트레일리아 및 뉴질랜드'와 동의어로 사용된다. 각 교과서의 오세아니아 부분에서 오스트레일리아와 뉴질랜드는 상세히 설명된 데 반해 남태평양의 2만 5000여 섬과 14개 독립 섬나라는 전혀 이야기되지 않는다. 더구나 오세아니아가 "남반구의 서태평양 지역에 위치"한다는 그릇된 설명도 있다(『중학교 사회1』 디딤돌 186쪽). 서태평양은 오스트레일리아와 뉴질랜드 및 뉴기니 섬이 위치한 지역이므로 오세아니아의 한 끝에 지나지 않는다. 오세아니아는 남태평양의 동서와 남북을 가로지르는 광대한 지역에 걸쳐 있다고 설명해야 옳다.

그나마 원주민과 이주민의 역사를 독립적인 내용으로 다룬 교과서는 성지문화사의 『중학교 사회1』(204쪽) 한 종뿐이다. 그러나 여기에서도 오스트레일리아와 뉴질랜드의 원주민인 '에버리진Aborigine'과 마오리족에 대해서만 기술했을 뿐 이들보다 더 많은 멜라네시아인, 폴리네시아인, 마이크로네시아인에 대해서는 설명하지 않는다. 그들이 어디에서 어떻게 이 지역까지 항해하여 오게 되었는지, 이들은 어떤 식으로 백인에게 자신들의 땅과 문화를 빼앗기게 되었는지, 오늘날 원주민들은 어떻게 살고 있는지 하는 중요한 문제에 대해서도 설명이 없다. 오세아니아 원주민들의 역사는 계속해서 무시되고 서양인들이 '발견'하고 '개척'한 땅으로 기록될 뿐이다.

금성출판사의 『중학교 사회1』(232쪽)은 "태평양의 수많은 섬들은 어느 나라의 것일까?"라는 무게 있는 질문을 던지고도 이에 대한 적확한 내용, 곧 역사적인 맥락을 설명하지 않는다. 중학교 사회 교과서들은 이 지역의 특수한 역사와 문화적 다양성은 거의 무시하고, 오스트레일리아와 뉴질랜드의 농·목축업과 양모 산업을 지나치게 강조한다. 오늘날 오스트레일리아의 산업 구조에서 양모 산업은 전체 수출액의 약 2.5퍼센트를 차지할 뿐이다. 그러나 우리가 보는 교과서는 이 지역 사람들이 지금껏 양에 의존하여 먹고사는 듯 설명한다. 더구나 이 지역 원주민들은 수만 년 동안 양이나 소를 모르고 살아왔다. 그럼에도 교과서는 유럽인의 이주 후 벌어진 최근 수백 년의 역사에만 집중하고, 원주민들이 겪은 변화는 파악하지 못한다.

그런데 디딤돌의 『중학교 사회1』(188쪽)은 원주민의 깃발 그림을 싣고, 원주민의 이야기를 듣는 장면을 설정해놓아 관심을 끈다.[1] 그러나

1 『중학교 사회1』(디딤돌 188쪽). 오른쪽 사진 아래에는 인터뷰 형식으로 다음 글이 실려 있다. "우리 원주민들은 60,000년 이상 오스트레일리아에서 살아 왔습니다. 땅은 우리들에게 신성한 존재입니다. 모든 것을 땅에서 얻고 있으며, 이 땅은 우리 삶의 모든 부분에 영향을 주기 때문이지요. 우리는 땅을 훼손하지 않고 이용하는 법을 알고 있습니다. 우리는 필요한 모든 것을 자연에서 얻고 있습니다. ……"

원주민의 깃발. 검은색—사람, 노란색—해, 빨간색—땅을 상징한다.

원주민의 모습

원주민들에게 왜 깃발이 필요하며 이들이 백인 사회에서 어떻게 살고 있는지에 대한 설명은 전혀 없다. 설명이 없어 학생들이 오히려 이 내용을 보고 의아할 수 있겠나는 생각이 든다. 백인들이 주류인 오스트레일리아와 뉴질랜드에서 차별받고 쇠퇴해가는 원주민들과 이들의 권리회복 운동에 대해 좀 더 설명이 필요하다.

그런가 하면 고등학교 세계지리 교과서에서는 『고등학교 세계지리』(교학사 119쪽)만이 "오세아니아에 사는 원주민들"이라는 제목으로 "어보리진"과 마오리족을 설명했을 뿐, 그 밖의 교과서들은 하나같이 오스트레일리아와 뉴질랜드의 지형과 지질, 자연환경, 양모 산업, 관광 산업 등을 중심으로 오세아니아를 설명한다. 곧 『고등학교 세계지리』 교과서에서도 오세아니아란 오스트레일리아 및 뉴질랜드와 같은 말이다. 멜라네시아, 폴리네시아, 마이크로네시아 지역에 산재한 수천 개 섬들은 세계 지도에서 사라져버렸다.

고등학교 세계지리 교과서의 세계의 인문 환경 편에서는 "태평양 문화권"을 다음과 같이 설명한다. "대부분 섬으로 이루어져 있으며, 최근 교통 발달과 자원 개발 및 관광 산업의 발달로 외부와의 접촉이 커지면서 외래 문화에 급속히 동화되어 가고 있다."(『고등학교 세계지리』 천재교육 64~65쪽). 중·고교 사회과 교과서들이 서로 다른 지식을 전하는 셈이다. 어떤 교과서는 오세아니아를 "게르만 문화권"에 편입하고 백인들이 개척한 지역이라고 가르치는데 또 어떤 교과서는 "태평양 문화권"으로 기술하는 등, 오세아니아에 대한 이해 부족과 개념상의 혼란이 보인다. 오세아니아는 오스트레일리아와 뉴질랜드뿐 아니라 남태평양의 수많은 섬나라를 포함하는 지리·문화·국제정치적 개념이라는 것을 정확히 이해한다면 이런 혼란은 없을 것이다.

유럽인들은 대항해 시대 이전부터 지구의 남반구 어딘가에 '알려지지 않은 남쪽의 큰 대륙Terra Australis Incognita’이 있다고 믿었다. 그리고 이 상상의 대륙이 17세기 항해자들에 의해 오스트레일리아 대륙으로 확인된 것이다. 거대한 섬이면서 대륙이기도 한 오스트레일리아는 수억 년 전에 유라시아 대륙에서 떨어져 나왔다. 이 대륙에는 5만 년 전부터 사람이 살기 시작했으며, 1만 2000년 전부터 8000년 전 사이에 빙하기가 끝나고 해수면이 급격히 상승하자 해협이 깊어지고 인도네시아, 뉴기니 섬들과 더욱 멀어지면서 유라시아 대륙과 떨어지게 되었다. 그전까지 오스트레일리아와 뉴기니는 뗏목을 타고 건너다닐 수 있을 정도로 가까운 거리에 있었다. 5만 년 전부터 오스트레일리아는 다른 대륙과 동떨어져서 독자적인 문명을 발전시켜왔고, 1만여 년 전부터는 아시아에서 바다를 건너온 대항해자들이 뉴기니를 거쳐 오세아니아의 여러 섬들로 지속적으로 퍼져나갔다. 그럼에도 우리나라 교과서는 이러한 유럽인 이전의 오세아니아 역사와 문화를 전혀 다루지 않는다. 그러므로 교과서에 나타난 오세아니아 역사는 불연속과 단절의 역사이고 유럽에 의해 시작된 역사다.

오세아니아는 양들의 천국인가?

『중학교 사회1』은 현대 오세아니아를 "양의 등에 탄 대륙"(동화사 232쪽) 혹은 "양들의 천국"(두산 191쪽), "양의 나라, 오스트레일리아"(디딤돌 194쪽), "양이 사람보다 많은 오스트레일리아"(중앙교육진흥연구소 224쪽)라고 표현하여 마치 인간보다도 양이 중심인 대륙인 듯한 인상을 심어준다. "코알라와 캥거루의 나라 오스트레일리아"(성지문화사 202쪽), 오스트레일리아는 "양의 천국", "양모의 천국"(교학사 차경수 외 225쪽)이라고 설명되기도 한다. 고등학교 교과서도 "양의 대륙, 오스트레일리아와 뉴질랜드"(『고등학교 세계지리』 대한교과서 138쪽)라고 말한다. 마치 이 지역은 사람보다 양이 많고 현대 문화나 도시 문명은 없는 오지 세계인 것처럼 묘사한다.

그래서 제목부터 "발전 가능성이 큰 오세아니아와 극 지방"(『중학교 사회1』 지학사, 성지문화사)이다. 오세아니아를 사람이 살 수 없는 극지방과 함께 취급한 것이다. 『고등학교 세계지리』(천재교육, 대한교과서, 지학사) 교과서는 세계의 지역과 국가들을 "우리와 가까운 국가들"(중국, 일본), "일찍 산업화된 국가들", "지역 개발에 활기를 띠는 국가들", "사회주의 붕괴 이후 변화를 겪는 국가들"로 구분하여 제1세계, 제2세계, 제3세계라는 구분을 그대로 답습한 듯하다. 옛 소련과 동유럽 국가들이 체제 붕괴를 겪고 시장 경제로 이행한 후 제2세계, 제3세계라는 개념은 사용되지 않는다. 그런데도 우리나라 교과서는 아직도 냉전 시대의 지역과 국가 구분 틀을 그대로 사용한다. 그리고 오스트레일리아와 뉴질랜드를 제외하고 오세아니아의 수많은 섬나라들은 이 중 어디에도 들지 않는다.

『고등학교 지리부도』(교학사 등 9종)를 비롯한 사회과부도의 편제 역시 거의 마찬가지다. 아메리카와 오세아니아는 '신대륙'이기 때문에 함께 다루어지는 듯하고, 극지방과 오세아니아는 사람이 거의 살지 않는 '오지'이기 때문에 함께 다루어진다. 〈오세아니아의 지형〉이라는 지도에는 오스트레일리아만 등장하고, 수많은 섬으로 이루어진 멜라네시아, 폴리네시아, 마이크로네시아는 보이지 않는다.

내용에도 문제가 많다. 오세아니아 지역은 밀 생산, 소 사육, 양 사육, 농업과 광공업 등이 주요한 특징이고, 사람보다도 2700만 마리 소와 1억 2000만 마리 양이 살고 있는, 머나먼 '자연 상태의 대륙'으로 다루어진다(『고등학교 지리부도』 삼화출판사 61~62쪽, 교학사 71~72쪽, 천재교육 70~71쪽, 금성출판사 60~62쪽, 두산 67~68쪽, 성지문화사 66~68쪽, 보진재

60~62쪽). 오세아니아는 문명의 세계와는 동떨어진 자연의 세계라는 인상이 교과서를 통해 생산되고 있다.

지명을 잘못 적은 경우도 있다. 뉴칼레도니아New Caledonia를 "누벨칼레도니"라고 하여 프랑스어를 그대로 사용하기도 하며(두산을 제외한 『중학교 사회과부도』 전 종), 바누아투Vanuatu를 "Banuatu"라고 오기한 경우도 있다. 뉴칼레도니아가 프랑스령이긴 하지만 프랑스령인 다른 지역 모두 영어식 발음으로 표기하고는 뉴칼레도니아만 프랑스어로 표기하는 것은 어색하다. 어떤 지리부도는 오세아니아라는 용어를 사용하지 않고 아예 "오스트레일리아와 뉴질랜드"로 써버렸다(『고등학교 지리부도』 교학사 91쪽).

마치 사람이 살지 않는 오지 극지방인 것처럼 잘못 생산된 오세아니아 이미지는 오세아니아가 겪어온 위기 상황을 가려버린다. 이 지역은 세계대전 이후 강대국들의 군사 기지가 되어 핵무기 실험 장소로 쓰였으며, 무모한 개발 때문에 환경이 파괴되고 산림이 줄어들 뿐 아니라 지구 온난화로 인한 해수면 상승으로 섬이 사라질 위기까지 겪고 있다.

오세아니아는 세계에서 가장 다양한 종족과 언어, 문화가 존재하는 광활한 지역이다. 원시와 현대가 공존하는, 살아 있는 인종·문화 박물관이라고 할 수 있다. 이러한 다양성에는 주목하지 않은 채 백인 사회와 양모 생산, 양들의 천국과 같은 잘못된 이미지를 생산하는 것은 이 지역을 세계에서 더욱 고립시키는 결과를 낳는다. 우리나라 교과서는 서구에 의한 강압적 문화 변동으로 말미암아 심각한 정체성의 혼란과 세계화의 위협 속에서 살아가는 오세아니아 사람들의 역사와 문화를 제대로 알려야 한다.

원주민들의 땅과 바다, 오세아니아

오세아니아는 전 지구 면적의 3분의 1이나 차지하는 광활한 남태평양에서 오스트레일리아, 뉴질랜드와 뉴기니 섬을 비롯한 2만 5000여 개 섬들로 이루어져 있다. 오세아니아라는 명칭은 1831년 프랑스 출신 남태평양 탐험가이며 지리학자인 뒤몽 뒤르빌Dumont d'Urville이 처음 붙였다. 그는 오세아니아를 마이크로네시아Micronesia, 멜라네시아Melanesia, 폴리네시아Polynesia와 오스트랄아시아Australasia로 구분했다. 이 구분은 각 섬에 사는 원주민들의 체질적 특성과 자연환경, 고고학적 발굴 결과와 언어학적 분류 등을 토대로 문화 특질의 차이를 설명하는 문화 영역culture area 구분이다. 19세기 이후 현재까지도 오세아니아 지역은 오스트레일리아 및 뉴질랜드를 포함하는 오스트랄아시아와 세 남태평양 문화 영역으로 구분되어 설명된다. 그만큼 이들 문화 영역 간에 인종, 문화, 역사, 자연환경, 언어 등의 차이가 뚜렷하다는 말이다. 일부 학자들은 오스트레일리아와 뉴질랜드를 중심으로 하는, 국제정치상의 지정학적 지역 개념으로만 '오세아니아'란 말을 사용하고 이 지역의 문화와 원주민들을 지칭할 때는 '남태평양South Pacific'이라는 개념을 선호한다. 다시 말해 남태평양은 폴리네시아, 마이크로네시아, 멜라네시아를 아우르는 섬들의 바다이고, 오세아니아는 여기에 오스트레일리아와 뉴질랜드를 더한 지역 개념이다.[1]

그런데 멜라네시아는 '검은 섬들'이라는 의미다. 지리상의 명칭에서부터 서양인들의 편견과 부정적인 인상이 드러난다. 뒤르빌은 논문에서, 폴리네시아인들은 미신을 믿고 카바kava를 즐겨 마시고 귀족과 카스트, 관습, 에티켓, 종교, 예술을 지닌 문명화된 인종이라고 썼고, 멜라네시아는 산재한 부족들로 이루어졌으며 정부 체계나 종교, 의례나 제도가 없는 사회라고 설명했다. 또 멜라네시아 인종은 피부색이 검고 여자들은 흉측하고 언어가 다양하여 폴리네시아나 마이크로네시아보다 좀 더 야만적이라고 기술했다. 다시 말해 멜라네시아는 서양인들이 뉴기니 섬과 이웃한 솔로몬 제도 및 뉴칼레도니아 섬들을 탐험하면서 그곳의 '원시적이고, 조악하며, 검은 인간들'을 보고 놀란 마음에서 붙인 이름이다.

멜라네시아 지역은 뉴기니로부터 솔로몬 제도, 뉴칼레도니아와 바누아투, 그리고 피지의 서쪽 섬들을 아우른다. 멜라네시아에는 지금까지도 수백만 명에 이르는 원주민이 지구상에서 가장 고립된 채 부족 사회를 이루고 수렵 채집을 하며 살고 있다. 이들 멜라네시아 사람들은 인근 바닷가에서 물고기를 잡으며 생활하는 물의 사람들mansolwata과 고산지대에서 사냥과 채집을 하는 숲의 사람들manbusi로 이루어진다. 뉴기니

1 남태평양의 폴리네시아, 마이크로네시아, 멜라네시아, 오스트레일리아(『중학교 사회과 부도』 교학사 71쪽)

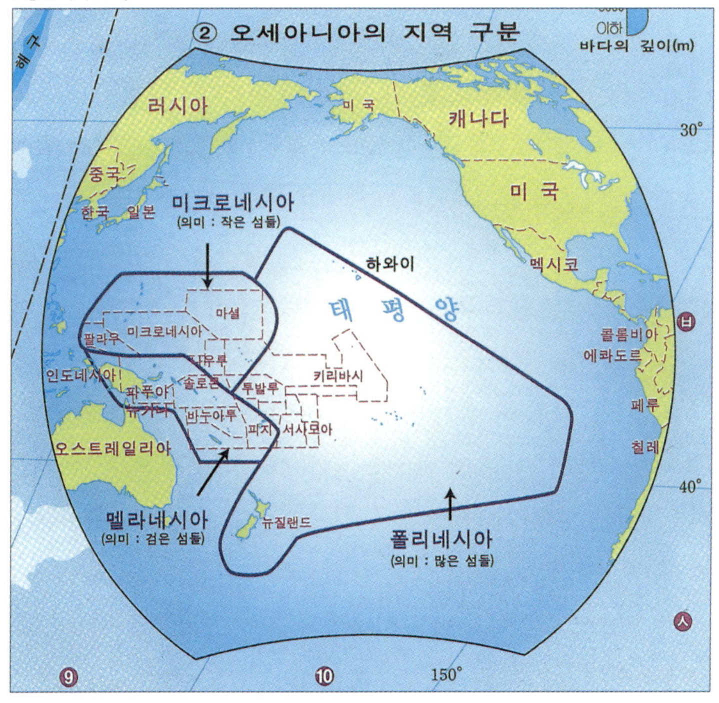

만 해도 800여 언어 집단이 공존하는 등 지구상에서 가장 풍부한 언어 다양성을 보이는 지역이기도 하다. 멜라네시아인들은 검고 머리기 곱슬곱슬하며, 평등 지향적이고, 고립 분산해서 단순 생활을 하며 생계를 영위한다.

반면에 폴리네시아 지역은 뉴질랜드 동부의 섬들로부터 하와이와 칠레 인근의 이스터 섬을 잇는, 거대한 폴리네시아 삼각 지대의 수많은 섬들로 이루어진다. 폴리네시아를 대표하는 섬으로는 피지, 통가와 사모아, 그리고 타히티 같은 프랑스령 섬들이 있다. 폴리네시아인들은 수천 년에 걸쳐 연속적으로 카누를 타고 광활한 대양을 항해하여 이주 정착했다. 이들은 현재의 남아시아에서 멜라네시아를 거쳐 오기도 했고 대만, 필리핀 같은 동아시아 섬에서 항해해 오기도 했다. 이 과정에서 인종 융합이 일어났고, 고립된 멜라네시아인들과는 달리 여러 섬들 간의 다양한 문화 접촉이 이루어져 강력한 추장제chiefdom가 형성되고 문명이 발전했다. 그래서 폴리네시아인들은 외모부터 멜라네시아인들과는 달라, 얼굴이 상대적으로 희고 체구도 장대하며 체질적으로 매우 강인하다. 이들 사회에서는 전통적으로 강력한 추장제를 통해 정치적 위계질서를 유지해왔으며, 끊임없는 전쟁과 혼인 동맹 관계를 통해 종족 집단이 이합집산하기도 했다. 그래서 폴리네시아 문화는 매우 정교하고 위계적이며 다양하다.

한편, 마이크로네시아는 축구를 하면 공이 바다에 빠질 정도로 작은 섬들로 이루어진다. 마이크로네시아 연방과 투발루, 키리바시, 마셜 제도, 괌과 사이판 등이 모두 마이크로네시아 지역에 포함된다. 이 지역은 태평양전쟁 기간에는 각각 일본과 미국에 점령되기도 했으며, 지금까지도 강대국들의 군사 기지로 이용되거나 급속히 관광지로 변모하고 있다. 지구상에서 가장 적은 인구가 가장 작은 섬들에서 살고 있으며, 지구 온난화에 따른 해수면 상승으로 섬이 사라지는 등 환경 재앙의 영향을 가장 먼저 받는 취약한 지역이기도 하다. 이 작은 섬들에도 추장이 있고 각각 고유한 전통적 관습을 유지하고 있다. 이곳 주민들은 토지가 부족한 탓에 거의 어로와 관광 산업에 종사하면서 생활한다.

그러면 오세아니아의 원주민들은 언제 어디에서 왔을까? 오스트레일리아에서는 이미 5만 년 전부터 원주민들이 고유한 삶의 터전을 일구고 살아왔다. 이들은 현재의 인도네시아 섬들을 거쳐 오스트레일리아로 이주해 온 것으로 추정된다. 오스트레일리아의 카카두 국립공원Kakadu National Park과 윌랜드라Willandra 호수 지역에서는 4~5만 년 전의 인류 생활을 입증하는 동굴 벽화와 암각화, 거주지 유적 등이 발견되었다. 한편, 오스트레일리아와 뉴질랜드를 제외한 남태평양의 군소 섬나라는 거의 모든 주민과 동식물이 아시아로부터 건너온 것으로 추정된다. 수만 년 전에 해수면은 지금보다 훨씬 낮았고 인도네시아와 뉴기니 섬 사이는 뗏목으로 건널 수 있을 정도로 가까웠으며, 오스트레일리아와 뉴기니도 그다지 멀리 떨어지지 않았다. 따라서 남중국과 남아시아 사람들이 인도네시아를 거쳐 뉴기니로 이주했으며, 지금의 솔로몬 제도와 피지의 작은 섬들을 따라 동으로 동으로 오랜 세월 동안 이주의 역사를 이어갔다. 인도네시아인들이 처음 뉴기니의 섬에 정착한 것은 지금부터 약 5만 년 전으로 추정되며, 뉴아일랜드를 거쳐 솔로몬 제도에 이른 것은 약 3만 년 전쯤의 일이다.

빙하기가 끝날 무렵인 1만 2000년 전부터 8000년 전 사이에 세계적으로 해수면이 상승하여 오스트레일리아와 뉴기니 섬 사이의 토러스 해협이 더욱 깊어지고 넓어졌다. 오스트레일리아 원주민들은 5만 년 전부터 다른 대륙과 거의 교류하지 않고 살아왔으나 7000년 전경부터는 멜라네시아인들이 뉴기니에서 오스트레일리아로 이주하기 시작했다. 그러므로 현재의 오스트레일리아 원주민은 수만 년 동안 고립되어 살아오다가 수천 년 전부터 뉴기니에서 온 멜라네시아인들과 혼혈이 이루어진 사람들이다.

뉴기니에서는 9000년 전경부터 농업과 돼지 사육이 시작되었는데 이는 유럽 및 다른 지역의 농업 발전과는 별개로, 독립적으로 발전한 것이다. 약 4000년 전부터는 대만과 중국 남부에서 온 아시아계 이민자들이 뉴기니 해안에 정착해 석기와 질그릇 만드는 기술을 전했다. 이들의 언어는 오스트로네시안Austronesian 언어로서 지금도 대만 원주민들의 언어는 멜라네시아·폴리네시아 지역의 언어와 비슷한 데가 있다.

이러한 아시아인들의 이주 역사는 이후 수천 년 동안 누적해서 이어졌으며, 이 과정에서 특히 카누 만드는 기술이 발전했고, 이주자들은 아주 멀리 떨어진 폴리네시아와 마이크로네시아 섬들에까지 다다를 수 있었다. 뉴기니에서 솔로몬 제도와 바누아투를 거쳐, 뉴칼레도니아와 피지를 통해 통가, 사모아 등으로 이주민들이 퍼져서 각 섬의 첫 원주민들이 된 것이다.

오세아니아 원주민들과 식민주의

　　서양인들은 오래된 아메리카 원주민들의 역사를 부정하고 '신대륙'이라고 칭했던 것과 마찬가지로 오스트레일리아를 '빈 땅terra nullius'이라고 하며 자신들의 침략 역사를 정당화했다.

　　유럽인들은 16세기경부터 오세아니아를 정복하기 시작했다. 1521년 에스빠냐 사람들이 가장 먼저 마젤란 항해를 통해 필리핀을 거쳐 남태평양에 나타났고, 1565년에 괌을 정복했다. 네덜란드의 대항해자 아벌 타스만Abel Tasman은 1642년에서 1645년 사이에 오스트레일리아와 태즈메이니아, 뉴질랜드를 처음 발견했고 통가, 피지 등도 발견했다. 그다음으로 영국인 쿡James Cook 선장 일행이 10년 동안 3차에 걸쳐 오스트레일리아, 남태평양을 탐험1769~1779한 이후 유럽인들은 가장 살기 좋은 뉴질랜드와 오스트레일리아에 집중적으로 정착하기 시작했다. 유럽인들은 무역과 어업, 선교 활동을 했고, 이곳을 근거지로 하여 남태평양의 거의 모든 섬을 정복하면서 수세기간 식민지 역사를 만들었다.

　　네덜란드가 뉴기니 섬 서부 이리안자야를 병합1828년하고 프랑스가 마르케스 제도를 병합1842년한 것을 시발로 서국 열강의 식민지 쟁탈전이 벌어졌다. 프랑스는 이어서 타히티 섬과 소시에테 제도를 보호령으로 삼았고 뉴칼레도니아와 로열티 제도도 병합했다. 이에 자극을 받은 영국이 피지를 병합1874년, 독일 역시 뉴기니 북동부와 마셜 제도, 사모아를 점령했다. 미국도 식민지 쟁탈에 뛰어들어 하와이와 괌을 점령했고, 영국은 오스트레일리아, 뉴질랜드와 뉴기니 남동부, 바누아투, 솔로몬 제도 등 멜라네시아 지역에 식민 지배를 확대했다.

　　오세아니아 원주민 사회는 선원, 탐험가, 무역상, 선교사, 고래잡이 업자, 플랜테이션 농장주, 식민지 관료들에 의해 착취되고, 관리되었으며, 재구성되었다. 유럽인들은 중국과 교역하는 데 필요한 백단향과 해삼을 이 지역에서 무단으로 가져갔다. 나중에는 사탕수수, 야자열매, 코코아, 커피, 면화를 플랜테이션으로 재배하려고 토지를 강탈했고, 기독교 선교와 식민지 지배를 통해 원주민들의 삶을 통째로 흔들어놓았다. 유럽인들이 나타나면서 질병과 전쟁이 일어나고, 인구는 줄었으며, 토지는 빼앗기고, 상업적 착취와 원주민 삶의 파괴가 만연했다. 유럽인들은 자신들의 제도와 가치 체계, 신앙, 상품과 물질을 원주민 사회에 이식했고, 본래 먹고사는 데 필요한 것만 공동으로 채집, 생산하여 추장이 공평하게 재분배하며 평등하게 교환하던 경제 양식을 시장 교환과 자본제적 사회 관계로 바꾸어버렸다. 또한 식민주의자들은 다양한 원주민 사회의 관습 체계를 무시하고 서구의 정치 제도와 법체계, 소유권 체계를 도입하여 획일적으로 식민지 법과 제도를 만들고, 새로운 식민지 전통을 만들어 이식했다. 토지 소유와 친족 관계, 신분 질서, 교회와 종교 제도, 음식과 의복까지 유럽인들에 의해 새롭게 변형되고 전통은 날조되었다.

그러나 오세아니아의 여러 원주민 사회가 모두 동일하게 식민 지배를 경험하지는 않았다. 식민주의 지배 유형과 그것이 미친 사회·문화적 영향은 각각 다르다. 남태평양 섬나라 중에서 식민주의 때문에 가장 극심한 변화를 겪었던 곳은 유럽인들이 가장 선호했던 섬 지역이다. 바로 하와이, 뉴질랜드, 뉴칼레도니아 등이 이에 해당한다. 이들 지역의 토지는 거의 유럽인들에게 박탈당했고, 원주민 사회는 소멸 직전의 상태에 이르렀다. 반대로 토지를 빼앗지 않고 원주민들을 노동자로 동원하여 플랜테이션을 경영했던 독일령 마이크로네시아 섬들과, 자원도 토지도 없고 격리되어 있어서 유럽인들이 관심을 두지 않았던 작은 섬들은 식민주의의 영향을 거의 받지 않았다.

한편, 남태평양 지역에서 가장 강력했던 식민 지배 국가는 영국과 프랑스로, 이들은 서로 다른 지배 방식으로 원주민 사회를 재구성했다. 서태평양 지역을 점령한 영국은 피지·통가·쿡·키리바시·투발루 같은 섬나라들을 간접 통치 방식으로 지배했다. 그 결과 이들 사회에서는 원주민들의 전통과 관습이 보호되었고, 유럽인과 만나기 전 유지되었던 전통적인 지방 권력과 추장제, 귀족 정치 체제가 더욱 강화된 경우도 있었다. 그러나 영국은 당시 지방 권력 체제가 형성되어 있지 않았던 뉴기니와 솔로몬 제도에는 직접 통치 방식을 취했고, 그 결과 이들 사회는 더욱 파괴적으로 재편되었다.

프랑스는 원주민 사회에 대한 직접 통치를 자신들의 특권이자 의무라고 생각했다. 프랑스는 프랑스식 제도와 관행을 이식하여 원주민들을 '문명화'시키려고 했기 때문에 프랑스령 폴리네시아 지역에서는 전통적인 추장제의 흔적이 거의 사라지고 그 자리에 프랑스식 민법 체계와 선거제, 행정 제도가 들어섰다. 뉴칼레도니아, 푸투나 섬 등이 모두 이러한 상황이다.

그 밖에 16세기부터 마이크로네시아를 점령했던 에스빠냐는 괌, 사이판에 극심한 영향을 끼쳤다. 이후 마이크로네시아 지역의 지배권은 미국과 일본에 넘어갔다. 네덜란드는 인도네시아와 뉴기니의 이리안자야 지역을 통치했다. 독일은 서사모아와 뉴기니 북동부를 지배했으며, 에스빠냐에게서 마이크로네시아의 마셜 군도, 캐롤라인 제도, 마리아나 제도를 넘겨받았다. 칠레는 이스터 섬을, 일본은 제1차 세계대전 뒤 독일 지배 지역을 점령했고, 자치 정부가 들어선 오스트레일리아와 뉴질랜드가 서사모아와 뉴기니, 솔로몬 제도의 일부를 점령하기도 했다.

이처럼 오세아니아의 모든 섬나라는 예외 없이 서구의 식민 지배를 경험했다. 독자적인 문화를 지니고 있으나 서구로부터 독립하지 못한 채 살아가는 섬나라들도 아직 있다. 현재 오세아니아의 독립 국가는 오스

트레일리아 · 파푸아뉴기니 · 팔라우 · 마이크로네시아 연방 · 마셜 군도
· 키리바시 · 나우루 · 솔로몬 군도 · 투발루 · 서사모아 · 니우에 · 쿡 세
도 · 통가 · 피지 · 바누아투 · 뉴질랜드 등 16개국이며, 미국령 사모아,
프랑스령 폴리네시아와 뉴칼레도니아, 월리스와 푸투나 섬, 미국령 하와
이 · 괌 · 북마리아나 제도, 인도네시아령 이리안자야, 오스트레일리아령
노퍽과 토레스 해협 제도, 뉴질랜드령 토켈라우 제도, 칠레령 이스터 섬,
영국령 핏케언 등은 아직도 독립하지 못한, 열강의 점령 지역이다.

오스트레일리아 에버리진, 그들은 누구인가?

유럽 탐험가들은 오스트레일리아 원주민들을 보면서 "이들은 전
세계에서 가장 비참한 자들이며 짐승에 가까운 인간들이다"라고 기록했
다. 이들은 안면 구조나 피부색도 유달라 백인들은 이들을 유인원과 인류
사이의 '잃어버린 고리missing link'라고 생각하기까지 했다. 그러나 이런 원
시적인 수렵 채집 집단들은 이미 5만 년 전부터 '텅 빈' 대륙에서 생존해
왔다. 문명사학자 재레드 다이아몬드Jared Diamond에 따르면 이들은 어느
다른 대륙에서보다도 먼저 간석기마제 석기를 사용했고, 세계에서 가장 먼
저 자루 달린 돌도끼를 발명했다. 이들은 배도 만들었으며, 이들이 바위
에 남긴 그림은 전 세계 암각화 중에서 가장 오래된 축에 든다.

1만 2000년 전부터 8000년 전경 오스트레일리아 대륙 근방의 해
수면이 점차 높아지면서 토레스 해협을 뗏목으로 이동할 수 없게 되자, 이
후 아시아인들의 항해술이 발전할 때까지 오스트레일리아로 이주하는 일
은 거의 불가능했다. 오스트레일리아 원주민들은 약 7000년 전 뉴기니인

들이 이주해 오기 전까지 거의 수만 년 동안을 고립되어 살아왔던 것이다.

이들의 고립 정도는 상상을 초월한다. 지난 몇 천 년 사이에 비로소 돼지와 개가 아시아에서 오스트레일리아에 넘어온 것이 증명하듯이, 이들은 철저한 고립 상태에 있었다. 그래서 이들의 언어는 인근 멜라네시아 원주민 언어들과 아시아 언어, 파푸아 언어군과 가까운 관계를 보이지 않는다. 유전적으로도 이들은 외부인과 유전자 교환을 하지 않고 오랫동안 따로 진화하여, 뉴기니인들과도 사뭇 다르다. 이들의 머리칼은 직모이거나 물결형이고, 얼굴과 골격도 뉴기니인들과 다르다.

오스트레일리아 원주민들에 관해 제대로 된 지식을 처음으로 유럽에 전한 사람은 영국의 제임스 쿡 선장이다. 당시 쿡 선장과 동행한 박물학자들은 오스트레일리아 원주민들의 외모와 생활양식이 다른 지역 인종들과는 현저히 다르다는 것을 알아차렸다. 이 신기한 검은 인종은 코가 넓고 이마가 좁고 머리는 곱슬곱슬하며 남자들은 턱수염이 무성했다. 이들의 문화는 그들이 태평양 다른 섬들에서 만난 원주민들의 문화보다 훨씬 단순하고 조악했다.

유럽인들이 오스트레일리아 원주민들을 발견했을 때 원주민들은 금속도, 농경도, 개를 제외한 가축 사육도 몰랐으며 토기, 활과 화살을 사용할 줄도 몰랐다. 1700년대 당시에 이들은 순전한 수렵 채집 상태였다. 이는 유럽에서 대략 2만 년 전에서 6000년 전에 존재했던 중석기 시대에 해당하는 상태였다. 백인들이 도착했을 당시 원주민은 대략 30만 명 정도였는데, 평균 12평방마일당 한 사람이 사는 정도로 인구 밀도가 희박했다. 오스트레일리아에는 서로 거의 통하지 않는 언어가 최소 500여 가지 정도 있었으므로, 한 언어 집단에 평균 500여 명이 있었던 셈이다. 이러한 원시 종족 집단 중에는 아룬타Arunta, 먼긴Murngin, 티위Tiwi처럼 비교적 규모가 큰 집단도 있었지만 이들도 2000명을 넘지 않는 정도였다. 이들은 부메랑과 엉성한 돌촉창을 가지고 수렵을 했으며, 백인들에게 저항할 수 있는 어떤 도구도 지니고 있지 않았다.

오스트레일리아의 에버리진은 유럽인들이 정착할 당시 약 30만 명이 있었지만 1921년에는 6만 명까지 인구가 급감했다. 18, 19세기만 하더라도 백인들은 원주민들을 큰 죄의식 없이 사살했다. 또 1788년 유럽인들이 시드니에 도착하여 정착하게 되었을 때, 1년도 지나지 않아 천연두, 홍역, 장티푸스 같은 유행병으로 죽은 에버리진의 시체를 거리에서 흔히 볼 수 있었다. 백인들의 만행은 강간을 비롯한 성폭력, 성매매, 노예화, 학살 등으로 이어졌다. 마지막 대규모 학살은 1928년 앨리스스프링스Alice Springs에서 일어났는데 이때 백인들은 에버리진 31명을 무참히 학살했다.[1] 4만 년이나 생존해온 에버리진이 유럽인과 만나면서 한 세기 만에 거의 사라질 지경에 처한 것이다.

1973년 오스트레일리아 정부가 백호주의를 포기할 때까지 에버리진은 차별과 격리, 배제의 대상이었다. 오스트레일리아는 1970년대에 원주민 운동이 일어나기 전까지는 원주민을 국민으로 받아들이지 않았다. 원주민에게 시민권을 준다고 해도 백인화된 원주민에게만 한정했으며, 시민권을 획득한 원주민이 그렇지 못한 원주민들과 어울려 살면 즉시 시민권을 박탈했다. 그러므로 원주민이 시민권을 획득하려면 자신들의 뿌리를 부정해야 했다. 격리되어 '보호' 구역에서 살든지 아니면 백인화되어 시민권을 받든지 둘 중 한 길을 선택해야 했다. 가혹한 원주민 차별 정책은 원주민 자녀를 가족에게서 강제로 격리 수용하여 백인화 교육을 시킨 것에서 극단적으로 나타난다. 원주민 아이들은 부모와 떨어져 집단 수용 시설에서 지내면서 백인들의 문화와 종교, 관습을 교육받아야 했다. 이렇게 성장한 아이들은 자신들의 문화를 영영 잃어버리고 원주민 문화를 혐오하기도 했다.

원주민이라는 뜻인 '에버리진aborigine'이라는 용어 자체가 식민주의자인 백인들이 원주민들을 지칭하여 쓴 개념으로서, 자신들과 대비하여 부정적인 모든 의미를 부여한 차별적인 말이다. 백인들은 일상에서 원주민들을 지칭할 때 '검은 놈들blackfellows', '에버리진'이라고도 했지만, 흔히 '검둥이들coons, boongs'이라고 불렀다. 이들은 주로 서부 사막 지대에 살면서 '마르두mardu'라고 불리는 '사막 사람들'이기도 하다. 마르두는 백인들과 대비하여 자신들과 같은 흑인을 지칭하는 말이며, 백인이나 아시아인과 혼혈인 원주민은 '마르다마르다mardamarda'라고 한다. 에버리진은 농촌과 사막 지대의 사람을 지칭하기도 하고, 백인들과 대비해 원주민 전체를 지칭하기도 한다. 에버리진에게는 공통된 문화·관습적 특징이 있는데, 가장 뚜렷한 것은 토지에 대한 강한 집착이다.

그래서 에버리진들은 자신들의 권리와 토지를 되찾고자 1970년대 이후 본격적으로 원주민 저항 운동을 펼치고 있다. 에버리진들은 붉은색과 검은색 배경에 황금 태양을 그린 자신들만의 국기(415쪽 참조)를 만들어 상징적인 통합을 이루었다. 1972년에는 국회의사당 앞에 원주민 천막을 설치해 대사관으로 삼고, 토지권과 정착지 보호 및 보상을 요구했다.

1938년 1월 26일은 1788년 필립 선장이 죄수 750명을 이끌고 보터니 만에 도착한 지 150주년이 되는 날이었다. 이때 백인들은 뉴사우스웨일스의 식민화 및 시드니 정착 150주년 기념행사를 거행했고, 에버리진들은 이날을 조상에 대한 추도와 항거의 날로 정했다. 이들은 이 날짜 전후로 해서 1월 말 한 주를 에버리진 주간으로 정하여 축제를 벌이고, 자

1 앨리스스프링스 원주민 대학살 사건은 1928년 9월 24일, 앨리스스프링스 북서쪽 350킬로미터 지점에 있는 코니스톤에서 한 백인 경찰과 백인 주민들이 원주민 31명을 살해한, 잔혹한 인종청소 사건이다. 한 백인이 원주민 여자를 강간하자 원주민들이 그를 살해한 데 대한 복수극으로 벌어진 사건으로, 원주민 측 주장에 따르면 당시에 200명 이상이 무참히 살해되었다고 한다.

신들의 문화와 예술을 통해 에버리진의 유산과 전통을 강화하고 있다.[1]

　　오스트레일리아 에버리진들은 **제4세계**[2]의 일원으로서 세계원주민협의회World Council of Indigenous People, WCIP에 가입하여 대표를 파견했고, 유엔의 차별 철폐 소위원회에도 참석한다. 이들은 한때 에버리진 국민회의National Aboriginal Conference, NAC를 조직했으나 1985년에 오스트레일리아 정부에게 강제 해산되었다.

　　에버리진들은 오스트레일리아의 보호주의적인 법체계 때문에 정해진 보호구역에서 살아야 했고, 이동하려면 허가를 받아야 했다. 각 주의 에버리진 정책은 조금씩 달랐지만, 1936년의 원주민관리법은 4분의 1 이하 혼혈까지 에버리진으로 구분하여 격리했다. 원주민관리법은 1963년에 원주민복지법으로 대체되었는데, 이 법에서는 4분의 1 이하 혼혈은 에버리진 범주에서 제외했다. 그러나 이 법으로 원주민 보호구역이 정해졌으며, 에버리진들은 거주 이전의 자유가 박탈된 채 실질적인 감옥 생활을 해야만 했다. 원주민 보호구역이 정해지기 전에는 원주민들은 자신들의 고유한 삶의 터전에서 관습대로 살아가든가 아니면 토지를 빼앗기고 도시로 쫓겨 나와 백인 사회에 어렵게 적응하면서 살아가야 했다.

　　원주민 여성이 폭력적인 백인들에 의해 강제 임신하는 일이 빈번하자, 이에 대한 적대감으로 에버리진들은 혼혈아를 숨기거나 백인 어린이를 살해하기도 했다. 원주민보호법에 따라 에버리진 어린이들은 가족과 떨어져서 정해진 기숙사에서 생활하게 되어 부모 자식 간 유대가 끊길 지경에 처했다. 이들 보호구역과 학교 기숙사는 대개 선교사나 공무원이 운영했고, 매우 엄격한 규율을 적용하여 에버리진을 통제했다. 원주민들의 종교나 의례는 금지되고 기독교가 전파되었다. 이런 통제 정책의 결과 에버리진의 언어도 사라지게 되었다.

　　보호구역 감독자의 허가 없이는 에버리진 여성이 에버리진이 아닌 남성과 혼인하는 것도 법으로 금지되었다. 심지어는 혼인하지 않은 에 버리진 여성이 다른 남성과 여행하거나 동거하는 것도 위법 행위로 규정 했다. 성 차별도 극심하여 여성들은 가사 노동에 종사하고 남자 아이들 은 농장 일을 해야 했다.

이처럼 에버리진들은 거주, 혼인, 교육 등 모든 생활을 백인들에 게 철저히 통제받고 차별과 격리 속에서 살아야 했다. 에버리진들은 보호 구역에서 백인 사회로 탈출하기도 했는데, 퀸즐랜드Queensland 주처럼 원

1 아래 사진은 뉴기니의 씽씽이다. 뉴기니에서는 870개가 넘는 민족 집단이 각각 아름다운 축제 (씽씽)를 벌이며 자신들의 전통과 의례, 춤을 통해 집단 정체성을 확인한다.

2 **제4세계** 전 세계에는 모두 70여 개국에 3억 7000만 명에 이르는 원주민이 살고 있다. 브라 질, 중국, 인도, 인도네시아, 베네수엘라, 콩고 등지에 많다. 호주의 에버리진은 25만 명, 뉴질랜드 의 마오리족은 35만 명이다. 지구상 언어 6000여 개 중에 4000여 개가 원주민이 사용하는 언어 다. 이들은 전 세계적으로 차별받고 사라져갈 위험에 처해 있는 사람들로서 '제4세계 사람들'이라 고도 한다. 유엔인권위원회와 유네스코는 원주민들의 인권과 언어를 보호하고자 노력한다. 유엔 은 1993년을 '세계 원주민의 해'로 정한 바 있으며, 매년 8월 9일을 '세계 원주민의 날'로 정하여 원주민들의 인권과 권익을 보호하고 신장하기 위한 각종 사업을 펼치고 있다. 세계원주민협의회 (World Council of Indigenous People, WCIP)는 원주민들의 토지권, 문화권을 회복하고 원주 민들에 대한 차별과 격리, 배제 정책에 반대하고자 1975년에 코펜하겐에서 조직된 NGO다. 세계 원주민협의회는 유엔경제사회이사회(ECOSOC)에서 처음으로 '협의적 지위'를 획득한 NGO였 다. 1996년 내분으로 해체될 때까지 원주민 권리 선언을 확정하여 공표하기도 하는 등, UN과 연 계하여 강력한 국제정치 활동을 전개했다.

주민들을 백인 사회에 완전히 동화시키고 말살시키려고 했던 지역에서 이러한 탈주자가 가장 많았다.

1967년이 되어서야 에버리진에게도 시민권이 주어졌으며, 1976년에는 에버리진 토지권리법이 제정되어 에버리진의 토지 권리를 포괄적으로 인정하기 시작했다. 그러나 백인 인종차별주의자들은 '한 나라에 한 가지 법'을 주장하며 이들에 대한 특별한 권리 인정과 우대 정책에 반대했다.

이는 뉴질랜드에서 1840년 이미 마오리족을 대표하는 추장 40여 명과 뉴질랜드의 영국인들이 와이땅이 협정Treaty of Waitangi을 맺고, 마오리족의 선주민 권리와 토지권을 인정했던 것과 대조적이다. 와이땅이 협정에 따라 마오리족은 영국 왕실에 주권을 넘기고 왕실의 보호를 받게 되었으나, 자신들의 자원과 주민, 전통에 대한 자치권을 지켰다. 또한 마오리족과 다른 유럽인 사이의 법적인 평등 원칙과 상호 협력 원칙이 보장되었다. 뉴질랜드 마오리족은 제2차 세계대전에도 참여했고, 1946년에 제정된 마오리 사회경제진흥법에 따라 이들은 자기 문화에 대한 자부심과 특권을 보장받았다.

뉴질랜드의 마오리-파케아Pakeha, 백인 관계는 오스트레일리아의 에버리진-백인 관계와 무척 다르다. 뉴질랜드 정부는 마오리 사람들의 주권과 토지권, 백인들과 동등한 시민권과 원주민 우대 정책을 통해 이들의 다양한 문화유산을 보호하고 지원하는 일에 적극적이었다. 오스트레일리아의 에버리진이 최근까지 차별과 격리, 통제의 대상이었던 것과 대조된다. 에버리진들은 지금도 오스트레일리아의 하류층을 형성하고, 선교회나 정부 보조금으로 연명하며 보호구역에서 전통적인 방식으로 살거나 백인들의 목장에서 일꾼으로 살아가고 있다.

총, 균, 쇠, 그리고 성경

왜 어떤 민족은 서구에게 정복되어 영원히 지구상에서 사라져버리고 어떤 민족은 서구를 닮아 동화되며, 또 어떤 민족은 서구를 이용하여 더욱 강성한 문명을 만들게 되었는가? 이러한 질문을 마주한 재레드 다이아몬드는 『총, 균, 쇠Guns, Germs, and Steel』(1997)라는 책을 통해 문명의 수수께끼를 추적했다. 이 책에서 재레드 다이아몬드는 거의 모든 비서구 문명사회가 유럽인들의 접촉과 침탈 과정에서 사라져갔음에 주목했다. 철기와 총 외에 원주민들에게는 전혀 면역성이 없는 질병과 병원균들도 원주민 사회를 무너뜨린 주요 요인이었다. 천연두·홍역·인플루엔자·발진티푸스·페스트를 비롯한 유럽인의 전염병들은 다른 대륙의 많은 민족을 몰살함으로써 유럽인들의 정복에 결정적인 구실을 했다. 학자들의 연구에 따라, 원주민들은 전쟁과 약탈로 죽은 인구보다 질병에 감염되어 죽어간 인구가 더 많은 것으로 밝혀졌다. 유럽인들은 가는 곳마다 원주민들에게는 없었던 박테리아와 병원균을 옮기고 다녔다. 면역성이 전혀 없는 원주민들에게 천연두 같은 질병은 무섭게 확산되었고, 결핵·독감·홍역·나병·성병 등에 의해서도 원주민들은 집단적으로 사라져갔다.

유럽인들이 오스트레일리아에 정착하기 시작한 1788년경 오스트레일리아 원주민은 30만 명 정도로 추정되었으나 약 10년이 지난 후에는 거의 멸종 상태에 이르렀다. 이들은 모두 질병과 학살로 죽어갔다. 남태평양의 작은 섬 피지에서는 당시 가장 힘 있던 대추장들이 회의에 모였다가 유럽인들에게서 전염된 인플루엔자 때문에 모두 병에 걸려, 단 몇 명 외에는 전부 죽는 엄청난 사건이 벌어지기도 했다. 그렇기 때문에 유럽인들이 질병과 병균으로 원주민 사회를 정복했다는 다이아몬드의 주장에는 설득력이 있다.

　　다른 대륙에서와 마찬가지로 오스트레일리아와 뉴질랜드, 남태평양의 작은 섬들에서도 유럽인들의 잔혹한 약탈과 살육, 질병 전파와 종족 말살 정책이 진행되었다. 오스트레일리아 동남쪽에 떨어져 있는 섬인 태즈메이니아에서 일어난 원주민 학살이 그 대표적인 사건이다. 영국에서 유배된 죄수들이 오스트레일리아에서 다시 쫓겨나 태즈메이니아 섬까지 오게 되었는데, 유럽인들은 자신들이 데려온 양들을 훔치거나 병들게 할 수 있다는 이유로 원주민들을 사살하거나 생포했다. 당시 아서 총독은 죄수와 일반인들이 한 줄로 길게 서서 섬을 샅샅이 훑는 블랙라인black line이라는 방법으로 원주민들을 모두 찾아내어 죽이려고까지 했다. 태즈메이니아 원주민들은 아무런 무기도 없었고 군대를 가져본 적이 없는 사람들이었기에, 맹렬하게 저항했으나 역부족이었다. 백인 이주민들은 1800년부터 약 30여 년 동안 원주민 4000여 명을 학살했다. 나머지 살아남은 원주민 수백 명은 다른 섬으로 모두 유배해버렸다. 이렇게 해서 태즈메이니아인들의 혈통은 완전히 끊어졌고, 종족 말살이 완성되었다. 영국 정부와 식민지 공권력은 태즈메이니아인들을 지구상에서 완전히 멸절해버렸다.

　　흥미로운 사실은, 처음 유럽인을 만났을 때 원주민들은 유럽인 탐험대를 매우 극진하게 대접했고, 때로는 오랫동안 기다려온 자신들의 조상신이라고 믿기도 했다는 점이다. 남태평양 군도를 탐험했던 쿡 선장은 하와이 섬 원주민들에게 신처럼 모셔졌다. 인류학자 오베예세케레Gananath Obeyesekere와 마셜 살린스Mashall Sahlins는 하와이 원주민들에게 쿡 선장이 조상신으로 여겨졌는지, 아니면 이 역시 유럽인들이 만든 또 다른 역사 날조인지를 놓고 논쟁하고 있다. 마셜 살린스는 하와이 원주민들이 1778년과 1779년에 쿡 선장을 자신들의 조상신인 로노Lono 신으로 여겼다고 주장하는 반면, 오베예세케레는 원주민들이 그렇게 어리석지 않았으며 살린스의 해석은 쿡 선장에 대한 유럽인들의 생각이 원주민들에게 투영된 것, 혹은 쿡 선장을 영웅시한 유럽인들의 생각일 뿐이라고 본다. 어쨌든 쿡 선장이 하와이에 도착한 당시 원주민들은 마카히키Makahiki라는 조상신을 기다리는 대규모 축제 중이었기 때문에 그를 극진하게 대했으며, 쿡 선장은 하와이의 족장으로 취임하고 관습대로 족장으로서 신처럼 모셔졌던 것은 사실이다. 그러나 쿡 선장은 두 번째 하와이 방문 때 일행이 신성한 제단을 해쳤다는 이유로 원주민들에게 살해되었다.

오세아니아 원주민들은 강압적인 식민 지배에 저항하고 전쟁을 하기도 했으나 유럽인의 군사력과는 차이가 심해 항상 패배할 수밖에 없었다. 18세기 이후 오세아니아의 군소 섬나라들은 급속하게 유럽인들에게 정복되었고, 무역 상인과 선교사들의 활동 무대가 되었다. 특히 선교사들은 남태평양의 '원시적이고 야만스런' 관습을 기독교식으로 개종하고 '개화'시키려고 애썼으며, 결국 남태평양 거의 모든 나라가 기독교화되었다. 그래서 현재의 남태평양 섬들에는 마을마다 교회와 전통적인 조상 신당이 공존하는 경우가 많다. 아직도 원주민 마을에는 피지나 사모아, 통가의 조상 신당이나 뉴기니의 **땀바란**[1] 같은 영혼의 집이 전통의 상징처럼 남아 있지만, 주민들

1 **땀바란** 뉴기니 섬에서 조상들의 영혼을 모셔두는 신령한 집이다. 축제 때에는 이곳에 모셔두었던 조상의 두개골을 아름답게 꾸며서 환생시키기도 한다.

© 이태주

은 매일 교회에 가서 노래하고 기도하는 것을 더 즐기는 것을 볼 수 있다.

오세아니아의 기독교화는 전통과 관습에 많은 변화를 초래했다. 조상신 숭배와 토착적 신념들은 사탄의 짓이라 하기도 하고 원시적인 관습으로 매도되기도 했다. 모든 교육과 가치 체계, 믿음 체계가 기독교 교리에 맞게 변용되었다. 의례도 교회를 통해 목사를 중심으로 이루어지게 되었으며 전통적인 추장과 제사장의 권위는 약해졌다. 국가 정치와 지방 정치에서도 점차 교회가 중요한 역할을 담당하게 되었다.

기독교가 국교로 되면서 식민지 기간 중 오세아니아에 이주해 온 인도인, 중국인 등 아시아계 주민들과 문화·종교적 갈등도 일어났다. 피지에서는 종교와 관습이 전혀 다른 인도인들이 경제를 장악하자 원주민들과 인종 갈등을 겪게 되었으며, 파푸아뉴기니에서는 중국인과 원주민들 간에 민족 갈등이 벌어지기도 했다. 솔로몬 제도에서는 여러 섬에서 사는 다양한 원주민들 간에 정치적 주도권을 둘러싸고 갈등이 나타났으며, 바누아투에서는 영국과 프랑스 공동 식민 통치의 결과로 아직도 원주민들이 서로 다른 사회 제도와 문화 정체성을 주장하면서 혼란을 겪고 있다.

오세아니아는 수세기 동안 아주 심각한 문화 충격과 강압적인 문화 접변을 경험했다. 주민들은 처음 보는 유럽의 문물과 대포, 화약, 군함을 보고 충격을 받았고, 그중에서도 기독교가 전파되면서 전통적인 가치관과 신념 체계는 극심한 혼란을 겪게 되었다. 이 모든 문화 충격과 정신적 스트레스, 전통과 단절되는 상황에서 나타난 것이 종교적 형태의 민족주의 운동이다. 토착 종교·의례와 기독교가 결합하여 새로운 세계를 꿈꾸는 기이한 말세적 종교 운동·의례가 나타나기도 했다. 그중 대표적인 것이 하물 의례^{cargo cults}다.

　　하물 의례는 주로 멜라네시아 지역에서 발생했다. 서구 문화와 접촉하게 된 원주민들은 어느 날 죽었던 조상들이 환생하여 서구인들이 가지고 있는 물질과 재물, 상품을 모두 가져다줄 것이라는 환상을 품고 광적인 의례를 벌이기 시작했다. 원주민들은 극심한 문화 변동과 혼란 상황이라는 비참한 현실과 욕망 사이에서 종교 지도자들을 추종했고, 종교 지도자들은 기독교의 천년왕국 운동과 토착 의례를 결합한 광적인 의례 운동을 통해 사회의 변화를 기원했던 것이다. 하물 의례는 19세기부터 20세기 후반까지 반복적으로 나타났으며 특히 제2차 세계대전 기간에 절정을 이루었다. 원주민들은 서구인들의 모습을 흉내 내고 서구인들의 종교를 믿고, 귀중한 물품을 가져다줄 선박이나 비행기를 기다리는 의식을 했다. 1960년대에는 미국의 존슨 대통령을 뉴기니에 와서 살게 하여 미국의 모든 신기한 하물을 가져오자는 존슨 대통령 운동이 일어나기도 했는데, 이것도 하물 숭배 의례의 일종이다.

　　천년왕국 운동은 하느님이 다스리는 영원한 천년왕국이 도래할 것이라고 믿고, 조상들이 유럽인들보다 더 많은 하물과 상품을 가져다줄 것이라고 믿기도 하는 하물 숭배를 포함하여 종교적 예언자나 지도자를 따르는 식민지 종교 운동이었다. 뉴기니와 솔로몬 제도, 피지 등에서 나타났던 다양한 형태의 예언자 운동, 하물 숭배 운동, 바이랄라^{Vailala} 광란, 타로 의례 등은 이러한 구체적인 토착 종교 운동의 사례들이다. 뉴기니 섬 엘레마^{Elema}족에게서 일어났던 바이랄라 광란은 죽은 자들이 부활하여 서구인의 재화를 싣고 오는 배와 함께 나타날 것이라는 믿음이 널리 유포되면서 나타난, 모든 사람이 머리를 돌리면서 광적인 춤을 추다가 의식을 잃어버리는 식의 종교적인 운동이었다. 타로 의례는 피지에서 새로운 세계와 재화를 꿈꾸면서 이들의 주요한 음식인 타로를 형상화하는 춤을 추고 영적 지도자를 추종하는 집단적 의례가 널리 유행한 것을 말한다.

또 피지에서는 투카Tuka 운동이라는 것이 일어났다. 이 의례 운동의 지도지 눙구머이는 예언과 기적을 일으키면서, 무소부재하며 신령한 영이 나타나 피지를 새롭게 바꿀 것이라고 예언했다. 또 조상들의 영이 다시 돌아오면 백인들은 원주민의 종이 되고 추장은 평민보다 낮은 신분이 되는 천년왕국이 도래할 것이라고 했다. 이러한 예언자 운동은 원주민들을 동요시키기에 충분해, 투카 운동은 점차 피지 사회 전체에 확산되어 오래 지속되었다. 투카 운동도 하물 의례와 마찬가지로 급격한 사회문화적 변동에 대한 원주민들의 반응이라고 볼 수 있다.

피지에서는 기이한 개종의 역사가 벌어지기도 했다. 대추장 다콤바우는 당시에 막강한 세력이었던 통가 왕국의 위협과 영국 식민주의자들의 위협, 그리고 다른 대추장들을 상대하는 권력 경쟁에서 우위를 점하고자 발빠르고 영리한 선택을 했다. 그는 1854년 4월 30일, 아내 수십 명과 추종자들을 거느리고 바우 지방에 있는 교회에 나가 기독교로 개종했다. 이후 피지의 다른 대추장들과 거의 모든 피지 원주민들이 그를 따라 집단적으로 개종했다. 피지는 대추장을 정점으로 하는 고도로 위계적인 추장제 사회였기 때문에, 가장 막강한 추장이 개종하면 나머지 모든 주민이 그를 따라 개종하는 것은 시간문제였다. 즉, 다콤바우와 대추장들은 백인들과 다른 부족들의 권력관계를 활용하여 우위를 점하고자 쉽게 기독교로 개종했던 것이다. 당시 유럽인들은 군함과 막강한 대포와 화약을 싣고 와서 추장들에게 그 위력을 보여주었고, 추장들은 경쟁하는 부족들에게 승리하려고 유럽인들을 이용하고자 했다. 유럽인들은 추장과 주민들이 개종하는 것을 조건으로 군사적 지원을 해주었던 것이다. 또 대추장들은 화포 같은 유럽인들의 무기를 얻으려고 유럽인들의 신을 찬양하기도 했다. 그래서 추장들은 이렇게 이야기했던 것이다. "참되다! 백인들의 나라에서 온 것들은 모두 참되다. 화통과 화약이 참된 것과 같이 당신들 유럽인의 신도 참되다."

이처럼 식민지 토착 세력과 원주민들에게 기독교는 총, 화포와 마찬가지로 두렵고 위력 있는 실체였다. 유럽인들의 하물을 숭배한 것과 같이 원주민 지도자들은 이들의 신을 받아들임으로써 권력을 유지할 수 있다고 믿었던 것이다.

오세아니아 지역에서는 유럽 식민주의자들의 전통 날조가 극심하게 진행되었다. 뉴기니는 영국과 독일이 각각 분리 지배하다가 1901년에 영국령 뉴기니(파푸아)를, 1920년에는 독일령 뉴기니 지방을 오스트레일리아가 통치하게 되었다. 식민주의자들은 수백 가지로 고립 분산되었던 부족 사회의 전통을 무시하고, 교회와 학교, 식민지 정부를 통해 유럽식 제도와 관행을 이식하고자 했다. 예를 들면 토지 조사 작업을 벌여 토지를 나누고, 사유권 개념이 없었던 원주민들에게 소유권을 등록하게 함으로써 원주민들이 미처 등록하지 못한 많은 토지가 유럽인들 손으로 넘어갔다. 또 고유한 토착 언어 대신에 식민 통치를 위한 교통어로서 피진 영어Pidgin English를 만들어 가르침으로써 원주민들은 고유한 언어를 잃고 종족 정체성도 상실하게 되었다. 뿐만 아니라 강력한 추장이나 정치 지도자가 없었던 멜라네시아의 문화 전통을 무시하고 식민지 대리 통치자로서 지방 추장과 지방 관료들을 육성하여, 지역 갈등과 분쟁을 초래하기도 했다.

피지에서는 인류학자들까지 동원하여 피지의 관습을 대대적으로 조사했는데, 영국 식민주의자들은 피지의 다양한 친족 제도를 무시하고, 식민지 행정 편의를 위해 마땅갈리mataqali라는 단일한 친족 제도로 획일화시켰다. 당시 피지에는 부계 제도와 모계 제도가 혼합된 다양한 친족 집단이 있었고 각 지방마다 친족 관계와 집단들의 관계가 달랐는데, 영국 식민주의자들은 이러한 다양성을 무시하고 부계 친족 집단인 마땅갈리만을 인정하여 그들이 토지를 소유하게 했던 것이다. 또한, 모든 남자와 여자들이 교회 같은 공공장소에서는 영국 왕실의 의병대가 착용했던 것과 비슷한 술루sulu라는 치마를 입도록 하여 전통 복장을 만들어주었다. 지금도 피지인들은 공적인 자리에서는 항상 치마를 입으며, 치마를 입어야 전통에도 맞고 예의도 지키는 것이라고 생각한다. 그 밖에도 유럽인들은 피지 식민 통치를 위해 대추장 회의와 같은 독특한 권력 기구를 만들어 비용이 안 드는 간접 통치를 손쉽게 실현할 수 있었고, 영국 여왕을 정점으로 하여 식민지 총독, 대추장으로 이어지는 식민지 권력 체계를 다질 수 있었다.

오늘날의 오세아니아 원주민들과 다민족 사회

'마지막 남은 지상 낙원'으로 불렸던 남태평양 지역은 종족 분쟁이나 인종 갈등과는 무관하게, 매우 안정된 정치 체계를 유지하는 것으로 알려져왔다. 그러나 최근 수년간 피지와 솔로몬 제도에서 발생한 일련의 쿠데타와 파푸아뉴기니, 바누아투에서 일어난 군 반란 등으로 인해 일부 학자들은 이 지역이 '아프리카화'되고 있다고 말하기도 한다. 그 정도로 최근 남태평양 지역의 종족·인종 분쟁은 학계의 주목을 받고 있다.

특히, 멜라네시아 지역 국가들에서 종족 갈등 문제는 식민주의와 식민 지배 탓에 초래된 경우가 대부분이어서, 종족 분쟁과 식민주의의 불가분한 관련에 대한 논의가 전개되고 있다. 파푸아뉴기니에서는 세계 최대인 부건빌 동광 개발권을 둘러싸고 폭력적인 분쟁 사태가 발발했는데, 검은 피부인 부건빌 섬 주민들은 다른 뉴기니 섬의 종족 집단들을 '빨갱이들red skins'이라고 경멸하면서 전혀 민족적 동질성을 느끼지 못한다. 바누아투에서는 영국과 프랑스가 공동으로 식민지를 경영하면서 양국 공동의 식민지 통치 제도인 콘도 식민주의condo-colonialism 체제를 만든 바 있다. 그런데 식민지 독립 이후에도 영어 사용 주민과 프랑스어 사용 주민 간의 갈등이 문제가 되었다. 콘도 식민주의는 콘도미니엄condominium, 곧 공동 통치에 기초한 식민지 지배 방식을 말한다. 1906년부터 1980년 독립 때까지 바누아투는 영국과 프랑스에 의해 모든 사회 체계가 이중으로 통치되었으며, 행정 체계·경찰·학교·보건 의료·언어 등이 모두 영국식과 프랑스식으로 분리 운영되었다.

피지에서는 1987년과 2000년, 2006년에 토착 원주민들의 쿠데타가 발발했다. 피지에서는 인도계 주민들과 피지계 원주민들 간의 반목과 갈등이 심한데, 피지계 원주민들은 군과 경찰, 공무원 사회를 지배하고 인도인들은 경제를 장악하고 있다. 인도인들이 점차 인구가 늘어가면서 노동조합 운동과 결합하여 선거에서 승리, 다수당이 되어 인도인 총리와 내각이 등장하는 경우가 생기자 그때마다 피지계 원주민들은 군을 동원하여 쿠데타를 일으키는 것이다.

뉴칼레도니아에서도 원주민인 카낙Kanak은 프랑스 이주민들, 다른 섬에서 유입된 이주민들과 종족 갈등을 겪고 있다. 솔로몬 제도에서도, 말라이타 섬에서 과달카날 섬으로 이주한 집단이 자체 군대 조직인 독수리 부대를 창설하면서 과달카날 섬 주민들과 갈등이 심해졌다. 양쪽 군대는 수도 호니아라 장악과 토지 보상을 둘러싸고 무력 충돌을 빚었고, 결국 쿠데타가 발생했다. 이 쿠데타는 2000년 5월 피지 쿠데타가 발발한 2주 후인 2000년 6월 5일에 일어났는데, 말라이타 독수리 부대가 솔로몬 제도의 수상을 납치 감금하고 정권을 탈취하고자 한 것이 피지 쿠데타의 복사판이라고 언론들은 논평했다. 하지만 솔로몬 제도의 말라이타 주민들은 제2차 세계대전 중에 미군이 주둔하면서 일본군을 몰아내고자 동원한 사람들이라는 점에서 계약 노동자로 이주한 피지의 인도인들과는 다르다.

이처럼 멜라네시아 지역의 분쟁과 군사 쿠데타는 모두 종족 문제와 관련되며, 종족 갈등은 식민 통치와 식민지 경영으로 말미암은 외지인들의 집단적 노동 이주와 토지 소유 정책 등과 복잡하게 얽혀 전개되었다.

남태평양 섬나라들에서 전통은 그 자체가 국가 이념이다. 멜라네시아 국가들의 전통kastom, 사모아인들의 **사모아 방식**,[1] 피지의 **바누아 방식**[2] 등은 그 자체로서 강력한 민족·국가 이념이 되며, 다른 어떤 국가 이념보다 우선한다. 민족은 정치적 공동체일 뿐 아니라 문화적·인종적 공동체를 의미하기도 하는데, 남태평양 국가들에서 민족은 식민주의의 산물로서, 민족국가nation-state라는 것도 정치 제도상의 의미를 띤다기보다는 전통에 의해 규정되는 문화 공동체다. 그래서 전통은 다른 어떠한 민족 이념보다 강하게 작동한다. 이러한 고유한 문화적 정체성과 전통에 대한 강한 집착, 원주민 운동은 모두 식민 과정에서 만들어지고 강화된 것이다. 그런데 식민지 시기부터 지속적으로 외부 민족 집단이 유입되어 경제·정치적으로 원주민들을 위협할 정도가 되면 그러한 전통주의 원리는 강력한 국가 이념이 되어 외부의 위협에 대처하는 방식을 형성한다. 관습의 정치, 사모아 방식, 바누아 방식 등이 바로, 원주민들이 외세에 적응한 방식이다.

자원이 없는 남태평양의 섬나라들은 관광 산업과 해외 원조 자금, 이민자들의 송금으로 경제를 지탱한다고 해도 과언이 아닐 정도이며 특히 관광 산업의 비중이 매우 크다. 남태평양의 전통과 관습들은 급속히 상품화하여 관광 자원이 되었다. 이러한 전통과 관습의 상품화는 경제적인 측면에서는 긍정적이기도 하지만, 원주민들의 생활과 의식, 정체성 측면에서는 외국 관광객과 원주민의 생활 격차에서 오는 비참함과 상대적 박탈감, 개발과 전통 사이 가치관의 혼란을 초래하기도 한다. 하와이 원주민들의 삶이 그러하고 뉴질랜드 마오리족의 삶도 그러하며, 사모아·피지·뉴기니·통가·괌·사이판·팔라우·타히티 등 이러한 문제에서 예외가 되는 남태평양의 섬은 없다.

관광 산업의 대표적인 본보기가 하와이 오아후oahu 섬에 위치한 폴리네시아 문화 센터다. 세계적으로 잘 알려진 폴리네시아 문화 센터는 한곳에서 14개 섬나라의 문화와 의례, 공연 예술을 한꺼번에 볼 수 있도록 기획한, 살아 있는 민속 박물관이다. 모르몬교 계통의 브리검 영 대학이 운영하는 이 문화 센터는 남태평양의 모든 문화를 무대화하여 성공한 대표적인 관광 상품이다. 이 문화 센터 방식이 다른 나라에서도 시도되어, 뉴질랜드의 로또루아와 피지의 오차드 섬, 마이크로네시아의 포나페 섬 등에 문화 센터가 설립되어 운영 중이다. 이러한 오락형·민족형 문화는 남태평양에 급속히 확산되어 외국인들의 눈요기와 체험관광거리가 되고 있다. 외국인 관광객들은 피지의 양고나카바라고도 불리며, 약초나무 뿌리를 갈아 물에 타서 마시는 전통 음료로 마취 성분이 있음를 함께 마시는 의례에도 참가하고, 불 위를 걷는 쇼를 즐기며, 카누를 타고 고기를 잡으며 번지점프를 하

---

1 사모아 방식 사모아인들이 자신들의 전통과 추장제 관습을 존중하고 지켜야 한다는 전통주의, 곧 뉴질랜드나 서구인들의 방식이 아닌 사모아인들의 전통 관습에 맞게 생활하고 공동체를 유지해야 한다는 생각이다.

2 바누아 방식 '바누아'는 '땅'이라는 뜻이므로 땅의 관습을 말하는데, 같은 지역에서 사는 주민과 그 지역을 지배하는 추장과 그들의 문화를 모두 지칭하는 포괄적인 개념으로 사용된다. 곧 바누아 방식은 피지의 원주민 전통, 추장 전통, 원주민들의 관습과 생활양식을 대변하는 말이다.

는 체험관광을 한다. 관광 산업을 통해 남태평양은 다시 '지구상에 남은 마지막 낙원', '때 묻지 않은 순수한 자연'으로 재현된다. 동시에 원주민들은 달러를 벌기 위해 종교 의례와 생계 방식을 되풀이 무대화하고 공연해야 하는 혼란에 빠지게 된다.[1]

오세아니아 원주민들의 전통 관습과 문화는 최근 수십 년 동안 급속한 변화를 겪고 있다. 이미 세계화의 영향은 오지 마을까지 미치고 있다. 주민들은 매일 위성 텔레비전을 통해 오스트레일리아, 뉴질랜드, 미국, 영국의 영화나 오락 프로그램을 시청하며, 서구식 옷과 음식을 선호하게 되었다. 돈이 필요 없었던 자급자족적 생계 경제였으나 이제 소비를 위해 자금이 필요하게 되었고, 돈을 벌려고 무작정 도시로 나가는 이주 현상이 빠르게 늘고 있다. 일부 엘리트 계층은 오스트레일리아, 뉴질랜드, 영국 등으로 유학하거나, 노동 이민을 떠나서 본국에 상당 금액

1 (위) 뉴질랜드 마오리족의 전통 춤이 관광 상품으로 변형되었다. (아래) 피지의 전사 춤. 피지의 전통 가옥인 부레 앞에서 전사봉을 들고 춤을 추는 모습이다.

© 이태주

© 이태주

을 송금하기도 한다. 도시마다 맥도날드 같은 프랜차이즈 음식점이 생겨나고, 청소년들은 떼를 지어 술과 마약을 즐기기도 하고 외국인을 상대로 범죄를 저지르기도 한다. 파푸아뉴기니와 같은 국가는 세계적으로 범죄율이 가장 높은, 최악의 치안 상황을 경험하고 있으며, 솔로몬 제도나 피지에서는 종족 갈등과 쿠데타가 발생했다. 게다가 마이크로네시아와 프랑스령 폴리네시아 등에서는 미국, 프랑스의 군사 기지가 만들어지고 핵실험이 진행되기도 하는 등 심각한 환경 파괴와 위기 상황이 전개되고 있다.

무엇보다도 오세아니아의 작은 섬나라들은 외부의 충격과 세계회의 영향에 매우 취약할 수밖에 없는, 아주 규모가 작은 사회들이다. 이들은 오스트레일리아, 뉴질랜드, 영국, 미국, 프랑스, 일본 등이 제공하는 국제 원조 자금으로 개발 사업을 추진하고 관광 산업을 육성하기도 하며, 학교, 병원, 도로를 건설하기도 한다. 그러나 이러한 외부 원조는 자신들의 전통문화에 기반을 둔 자율적이고 내생적인 발전이 아니라 문화와 환경 파괴를 수반하는 경제 중심 개발을 초래하여 지속 가능한 발전을 어렵게 한다. 이들의 유일한 자원인 토지가 외지인에게 소유권이 넘어가기도 하고, 관광 산업으로 인해 문화적 정체성에 심각한 혼란을 겪기도 한다.

마지막으로 오세아니아 지역의 국제적인 인구 이동도 무시할 수 없는 문화 변동 요인이다. 매년 수천 명에 이르는 남태평양 원주민들이 더 나은 직업을 찾아 선진국인 오스트레일리아와 뉴질랜드, 아메리칸사모아 등지로 이주한다. 이들은 본국의 친척들과 강력한 유대를 이어가며 매년 크리스마스나 부활절 휴가 때 고향을 찾아오는데, 이들을 통해 유럽인들의 생활 방식과 생활 도구들이 쉽게 전파되기도 한다. 농촌에서 도시로, 도시에서 다시 선진국 대도시로 옮기는 일련의 이주 과정을 통해 현재도 오세아니아 지역의 문화 변동은 속도를 더하고 있다.

글쓴이들

이옥순(indo21@naver.com)
인도 델리대학교에서 인도 근대사로 석사, 박사 학위를 받았다. 인도 전문가로, 현재 연세대학교 인문과학연구소 연구교수다. 역사의 변방에 위치한 식민지인, 여성, 동양-인도의 목소리를 복원하는 데 관심이 있다.

지은 책에 『인도에는 카레가 없다』, 『우리 안의 오리엔탈리즘』, 『인도에 미치다』, 『여성적인 동양이 남성적인 서양을 만났을 때』, 『위대한 영혼, 간디』, 『인도 현대사』가 있다.

이종득(leejong@duksung.ac.kr)
한국외국어대학교 스페인어과를 졸업하고, 멕시코 국립대학교에서 라틴아메리카 문학으로 석사, 박사 학위를 받았다. 현재 덕성여대 스페인어과 교수로 있다. 라틴아메리카 고대 원주민 문학과 문명을 중점적으로 연구하고 있으며, 멕시코-쿠바 한인 이민사에도 관심이 많다.

라틴아메리카 지역학과 관련하여 지은 책으로 『멕시코-쿠바 한인 이민사』(공저)가 있고, 「라틴아메리카 고대신화의 구조」, 「아즈텍 문명의 장례문화」, 「아즈텍 제국의 인신공양」, 「"태양의 돌 Piedra de sol"에 나타난 서사구조와 아즈텍 역력과의 관계」, 「멕시코에서의 정체성 문제 : 사무엘 라모스의 "멕시코인과 문화의 면모"와 옥따비오 빠스의 "고독의 미로"」, 「멕시코 한인 이민자들의 성격과 정체성 변화-농장생활(1905-1909)을 중심으로」, 「멕시코 한인 후손들의 정체성 연구 : 현황과 정책-멕시코시-」 등 논문을 여러 편 썼다.

이태주(tjlee@hansung.ac.kr)
서울대학교 인류학과에서 남태평양 피지 현지연구로 문화인류학 박사 학위를 받았고, 현재 한성대학교 교양과 문화인류학 교수로 있다. UNES-CO한국위원회와 KOICA에서 근무한 바 있고 한국문화인류학회 연구위원장, 무지개청소년센터 소장, 경실련 국제위원, ODA WATCH 실행위원, 한국대학사회봉사회 자문위원, 사회복지공동모금회 배분위원, 아시아·태평양 국제이해교육센터(APCEIU) 자문위원, 국제이해교육학회 상임이사로 활동 중이다. 주요 연구 분야는 시민사회인류학, 발전인류학, 오세아니아 지역 문화 연구이고, 요즈음에는 한국의 대외원조 정책에 관한 평가 연구와 다문화 사회를 준비하는 실천적 연구에 전념하고 있다. 지은 책으로 『문명과 야만을 넘어서 문화 읽기』, 『종족과 민족 : 그 단일과 보편의 신화를 넘어서』(공저) 외 여럿이 있고, 「한국의 대외원조 정책에 관한 인류학적 연구」, 「멜라네시아의 토지 공동체주의와 전통의 정치」, 「서로 다른 발전의 길-피지 인도인과 원주민들 간의 종족갈등과 발전담론」 등 많은 논문을 썼다.

이평래(pyungrae@paran.com)
몽골 과학아카데미 역사연구소에서 몽골 근대사로 역사학 박사 학위를 받았고, 현재 한국외국어대학교 역사문화연구소 연구교수다. 한국의 대표적인 몽골 전문가로, 최근에는 몽골의 역사 외에 신화와 종교 등 몽골인들의 정신문화에도 많은 관심을 갖고 연구 활동을 펼치고 있다.
『실크로드와 한국문화』, 『실크로드의 삶과 종교』, 『중국 역사가들의 몽골사 인식』 등을 공동 저술하고, 『몽골 민간 신화』, 『몽골의 종교』, 『중앙 유라시아의 역사』, 『몽골 신화의 형상』을 우리말로 번역했으며, 몽골 근대 정치사, 법사, 종교, 민속에 관해 논문 20여 편을 썼다.

이희수 (lee200@dreamwiz.com)
터키 이스탄불대학교에서 역사학 박사 학위를 받고, 이스탄불 마르마라 대학교 조교수로 극동사와 유목문화론을 가르쳤다. 이슬람 역사와 문화를 전공하면서 이슬람권에서 10년간 공부하고, 29년째 현장 연구를 하고 있다. 현재 한양대 문화인류학과 교수다.
중동-이슬람 관련 책을 국내에서 32권 저술(공동 저술 포함)하고, 6권을 번역했으며, 외국어로 발표한 저서가 4권 있다.

조흥국 (seathai@pusan.ac.kr)
서강대학교 사학과를 졸업하고, 독일 함부르크대학교 동양학부의 동남아학과에서 석사, 박사 학위를 받았다. 서울대학교 국제지역원 초빙교수, 서강대학교 공공정책대학원 대우교수를 역임하고 현재 부산대학교 국제전문대학원 교수로 있다. 동남아시아의 역사, 종교, 민족, 화인, 여성 등에 주로 관심을 두고 연구하고 있다.
『한 권에 담은 동남아시아 역사』를 우리말로 옮겼고, 『태국 : 불교와 국왕의 나라』를 썼으며, 『동남아의 사회와 문화』, 『동남아의 화인사회: 형성과 변화』, 『동남아의 종교와 사회』, 『메콩강과 지역협력』, 『동남아의

지역주의와 종족갈등』, 『동남아의 중산층, 시민운동, 지역사회』, 『불교군
주와 술탄』을 공동 저술했다.

한건수 (yoruba@kangwon.ac.kr)
서울대학교 인류학과를 졸업하고 미국 버클리대학교(UC Berkeley) 인류
학과에서 석사, 박사 학위를 받았다. 역사인류학과 민족정체성을 주제로
하여 나이지리아의 요루바 민족을 대상으로 현지조사를 했다. 현재 강원
대학교 문화인류학과 교수다. 나이지리아와 가나를 중심으로 서아프리
카 지역을 연구하며, 최근에는 전 지구화와 아프리카인의 국제 이주에 관
한 조사를 진행하고 있다.
지은 책에 『처음 만나는 문화인류학』(공저), 『종족과 민족 : 그 단일과 보
편의 신화를 넘어서』(공저), 『세계의 풍속과 문화』(공저) 등이 있고, 주
요 논문으로 "Community of Memory: History, Ritual and Kinship in the
Construction of Yoruba Social Identity", "Foreign Migrant Workers and
Social Discrimination in Korea", 「경합하는 역사 : 사회적 기억과 차이의
정치학」, 「나이지리아에서의 언어사용과 종족정체성」 등을 썼다.